U1013770

心路同行：辅导员守护大学生心灵之路

主　编　张　钊　王　铭

副主编　李慧媛　崔　佳　张　璐　郭　颖

参　编（按姓氏笔画排序）

石晓琪　刘　杨　杜奥迪　李舒妮

杨思琳　岳琦淞　曹琳卓　樊梦吟

武汉理工大学出版社

·武汉·

图书在版编目（CIP）数据

心路同行：辅导员守护大学生心灵之路 / 张钊，王铭主编. -- 武汉：武汉理工大学出版社，2025. 8. -- ISBN 978-7-5629-7570-0

Ⅰ. G444

中国国家版本馆 CIP 数据核字第 20250ZP707 号

项目负责人：尹　杰　　**责任编辑：**尹　杰
责任校对：王　旭　　**封面设计：**许伶俐
出版发行：武汉理工大学出版社
社　　址：武汉市洪山区珞狮路 122 号
邮　　编：430070
网　　址：http://www.wutp.com.cn
经　　销：各地新华书店
印　　刷：武汉市籍缘印刷厂
开　　本：787 mm×1092 mm　1/16
印　　张：21
字　　数：500 千字
版　　次：2025 年 8 月第 1 版
印　　次：2025 年 8 月第 1 次印刷
定　　价：53.00 元

前　　言

守护心灵之路：与青春同行，与成长共振

在当代高校的育人图景中，学生心理健康教育已不再是隐于幕后的辅助性工作，而是逐渐成为支持大学生成长发展的重要内容和关键环节。随着社会竞争的加剧及信息爆炸、价值多元的冲击，大学生的心理困扰问题呈现复杂化、隐蔽化、高频化的趋势。近年来，国家教育主管部门及各高校高度重视大学生心理健康问题。教育部多次发文强调高校心理健康教育的重要性，要求各高校构建“全员、全过程、全方位”的心理健康服务体系，通过多种形式提升大学生心理健康素养，预防严重心理危机事件发生。

高校辅导员作为与学生接触最频繁、关系最密切的群体，是心理健康教育服务体系中不可或缺的“神经末梢”，也是学生成长路上的“引路人”和“守护者”，被赋予前所未有的责任与使命——既是学生心理动态的“晴雨表”，也是危机干预的“前哨站”，更是用心灵叩击心灵的“解铃人”。但在现实工作中，大量辅导员面临专业困境：

如何在纷繁复杂的案例中抽丝剥茧找到关键支点？

如何将心理学理论知识转化为可操作的育人工具？

如何将人文关怀的温度与科学干预的精度有机统一？

……

回答这些问题，正是编者编写本书的初心。

面对辅导员们的疑问和困惑，我们希望有一本专业书能真正面向高校辅导员群体，帮助辅导员夯实理论基础，提升专业自信心，从心理学视角去理解学生、剖析问题、建构方案，将碎片化经验升华为系统化策略，将心理学知识具象化为可掌握、可复制、可验证的方法论体系。

本书以“专业赋能”与“人文关怀”为双核，遵循“认知—实践—反思”的逻辑链条，立足辅导员的工作场景，从基础认知到实践技能，从危机干预到自我关照，层层递进地构建心理健康教育的完整框架。全书包括心理健康观念、认识心理疾病、走进心理咨询、大学生人际关系与心理健康、“特殊群体”学生的发展与引导、“高关怀学生”的个性化支持、谈心谈话、家校沟通、心理危机干预、辅导员的自我保

健十章。全书既引入心理学、教育学相关理论，也结合大量实际案例与操作指南，每个主题以案例导入还原真实情景，案例点评从辅导员视角剖析要点难点，并给出相应的专业理论证据支持，最后提供实用性的应对方法、技巧建议，以及相关的推荐阅读资料。特别声明，本书使用的案例，均从大量工作实际案例中提取典型要素后经加工而成，学生姓名均为代称，不对应具体个案，请勿对号入座。

希望各位辅导员在阅读本书时，不仅能"知其然"，更能"知其所以然"，实现"行之有效"。愿本书能成为您办公桌上常备的"工具箱"，成为深夜加班时的"同行者"，更成为您职业成长中的"见证者"。让我们共同相信：每一次真诚的倾听、每一份科学的干预、每一刻自我的觉醒，都在为青春的心灵播撒希望的种子。

守护学生，亦守护自己；心路同行，终见星辰。

本书编委会

2025 年春

目　录

第一章　心理健康观念

本章导读

心理健康是大学生成长成才的重要基石，也是高校育人工作的核心议题。大学阶段不仅是大学生知识积累的黄金期，更是心理成熟的关键期。面对学业压力、职业选择、人际关系等多重挑战，大学生如何在心理层面实现自我调适与成长，是每一位教育工作者需要深思的问题。

本章列举四位性格迥异、背景不同的青年大学生案例，通过剖析他们在大学期间的案例，展现了心理健康问题的复杂性和多样性。贾佳同学因家庭学术氛围浓厚而追求卓越，却在入学初期因自由环境迷失方向；毅羿同学因家庭支持缺失与理想落差，陷入游戏的泥潭；秉冰同学在音乐梦想与成长期望的冲突中坚持自我，最终开辟独特路径；定鼎同学则以树立领导力与责任感，在职业选择中实现个人价值与社会贡献的平衡。这些故事不仅揭示了大学生心理健康问题的普遍性，更凸显了家庭支持、自我认知、社会互动在心理调适中的关键作用。

本章结合心理学经典理论，系统探讨了人格特质、心理发展阶段、生涯规划及社会支持对大学生心理健康的影响。通过埃里克森的社会性发展理论，我们理解了大学生在身份认同探索中的困惑；通过霍兰德的职业兴趣理论，我们分析了个体与职业环境的匹配如何促进职业满意度；通过布朗芬布伦纳的生态系统理论，我们认识到多层次环境对学生发展的综合作用。这些理论为辅导员提供了科学的工具，帮助他们从心理发展的规律出发，设计个性化的支持策略。

案例导入

四名怀揣梦想的青年，一同踏入了国内一所“211 工程”高校的大门。他们的宿舍成为这段青春旅程的起点，见证了他们截然不同的大学生活序幕。

贾佳同学是一个来自南方的小伙子，他的父亲是一位受人尊敬的大学教授，母亲是一名中学老师。贾佳同学从小在学术氛围浓厚的家庭中长大，从小到大都是在当地最好的学校学习。贾佳同学耳濡目染，对知识有着浓厚的兴趣，他的努力没有白费，高考成绩优异，不仅顺利进入了心仪的大学，还获得了新生奖学金，这让他和家人都感到无比自豪。然而，大学生活并不像他想象中的那样一帆风顺。进入大学后，贾佳同学遇到了前所未有的挑战。面对自由宽松的学习环境和远离家乡的生活，他开始感到迷茫和颓废。这种情绪逐渐影响了他的学业，导致他几门功课不合格，这对他打击非常大。他开始怀疑自己的能力，甚至对未来失去了信心。在这个低谷时期，贾佳同学的家庭给予了他巨大的支持。他的父亲，作为一位经验丰富的教育者，耐心地与他沟通，帮助他分析问题所在，并鼓励他重新找回学习的动力。他的母亲也给予了他温暖的关怀，让他知道无论何时，家都是他最坚强的后盾。在家人的鼓励和贾佳的自我反思下，贾佳同学开始重新审视自己的学业和未来。他意识到，迷茫和颓废并不能解决问题，只有通过实际行动才能找到出路。于是，他决定在大二专业分流后，坚持选择自己最感兴趣的领域，全力以赴。他开始制订详细的学习计划，积极参与课堂讨论，课后也不断钻研，逐渐找回了学习的节奏和乐趣。随着学业的逐步好转，贾佳同学的自信心也逐渐恢复。他不仅补上了之前挂科的课程，还在其他领域展现了过人的才华。大学毕业后，他没有停下脚步，而是选择了出国深造，开始了硕博连读的生涯。在国外的学习生活中，他更加刻苦，不仅在学术上取得了优异的成绩，还积极参加各种学术交流，拓宽了视野。对于未来，贾佳同学有着明确的规划。如果研究成果出色，他就计划去欧美国家继续从事研究，进一步提升自己的学术水平。

毅羿同学是一个来自西北的普通工薪家庭的孩子，初中时父母就离了婚。高考时，他满怀着对一所“985 工程”高校的憧憬，然而命运似乎和他开了一个玩笑，他最终因为几分之差未能如愿，来到了一所“211 工程”大学。入学以后，毅羿同学对自己的专业并不感兴趣，他感到迷茫和失落。这种情绪逐渐转化为对游戏的沉迷，他开始逃避现实，经常通宵达旦地沉浸在虚拟世界。游戏成了他逃避学业压力、发泄不满现实的工具，但这种逃避并没有解决问题，反而让他的学习状况越来越糟。从大一下学期开始，他陆续出现了挂科，到了后来甚至收到了学校的学业警示。面对学业的困境，毅羿同学并没有及时调整自己的心态和行为。他的内心充满了挣扎和无奈，他知道自己需要改变，但又不知道如何去改变。他开始怀疑自己的选择，甚至怀疑自己的能力。除了和寝室的几个同学偶尔说说话外，也不愿意和其他同学说话，更不怎么参加学校的各种活动。在这种情绪的驱使下，他继续在游戏中寻找慰藉，甚至昼夜颠倒，而现实的问题却越来越严重。不去上课，挂科太多，直接导致他未能进入毕业设计环节。延毕两年以后，毅羿同学终于拿到了毕业证。他没有选择继续深造，而是选择了就业。在学校的帮扶下，他入职加入了中部省会城市的一家电子屏幕制造公司，年薪也有十几万元。然而，工作并没有给他带来预期的满足感。他发现自己并不喜欢这份工作，也不适应那里的工作环境，总觉得没什么意思。他开始思考自己的未来，但越是思考，越是感到迷茫和困惑。他看到周围同学有的选择了辞职考研，有的选择了考公务员，还有的选择了返乡创业。他开始纠结，不知道是应该跟随别人的脚步，还是寻找一条属于自己的道路。

秉冰同学是一个来自中部普通农村家庭的青年。刚进大学时，秉冰同学对一切都充满了好奇和热情，积极参加各种活动，希望能够在大学这个新舞台找到自己的定位。一次偶然的机会，他加入了学校的社团，开始接触音乐，并意外地发现自己在音乐方面有着不俗的才华。在学校举办的音乐节比赛中，秉冰同学凭借自己的实力，一举夺得了冠军。这次成功不仅让他在学校声名鹊起，让他坚定了自己的音乐梦想，也让他很快找到了女朋友。从此，无论是校园的文艺晚会还是校外的演出，都能看到他活跃的身影。他的名字成为学校音乐圈的一个标志。然而，秉冰同学对专业学习的态度却相对消极，他认为只要能够顺利毕业就好，毕竟他并不打算从事与专业相关的工作。这种态度让他的家人非常担忧和反对。在家人看来，搞音乐是不务正业，他们希望秉冰同学能够专心学业，将来找一份稳定的工作。他的女朋友也陷入了两难，不知道是应该支持他还是反对他，于是两人的关系也慢慢淡漠了起来。家庭的反对和女友的淡漠让秉冰同学深深地陷入了两难的境地，但他并没有因此放弃自己的音乐梦想。大四时，秉冰同学做出了一个大胆的决定——他要克服一切困难，半工半读去韩国读流行音乐方向的研究生，继续追寻自己的音乐梦想。这个决定无疑是艰难的，他要面对语言的障碍、经济的压力以及家人、女友的不理解。但秉冰同学没有退缩，他通过打工挣取生活费，同时努力学习韩语和音乐知识，最终获得了韩国一所大学的录取通知书。在韩国的学习生活中，秉冰同学如鱼得水，不仅在音乐上得到了更专业的训练，也拓宽了国际视野。他开始尝试将自己的音乐作品上传到网络，逐渐积累了一批粉丝。毕业后，他选择回到国内发展，成为一名自媒体“小网红”。他发挥自己的音乐才华和网络影响力，开始创作更多原创音乐，举办线上音乐会，还开设了音乐教学课程，帮助更多热爱音乐的人实现梦想。

定鼎同学一个来自东北普通工薪家庭的大男孩。他以豪爽随和的性格迅速融入了大学生活，与同学们建立了良好的关系。他的领导才能和组织能力让他在入学不久就当选为班长，经常组织同学们参加各种活动，无论是学术讲座还是体育赛事，他总能调动大家的积极性，把活动办得有声有色。定鼎同学不仅在学生工作中表现出色，还是学院篮球队的主力，在球场上总是充满活力，带领球队赢得一场又一场的胜利。他的积极上进也体现在学业上，成绩一直名列前茅。到了大二，他因为表现优异被推荐入党，这不仅是对他个人品质的认可，也是对他领导能力的肯定。定鼎同学有着很大的影响力，总是能够以身作则，带领同学共同进步。大四时，他凭借优异的成绩和优秀的综合素质，获得了推免保研的资格。这对于他来说是一个难得的机会，意味着可以直接攻读研究生，继续深造。这时，辅导员老师与他谈话，希望他能选择留校从事学生工作。一边是保研深造，一边是留校工作，定鼎同学面临这个两难的选择。他深知留校做辅导员意味着要放弃直接攻读研究生的机会，这对于一直以学术成就为傲的他来说，无疑是一个巨大的挑战。他开始权衡利弊，思考自己的兴趣和职业规划问题。定鼎同学的内心经历了一段挣扎和纠结：他考虑到，成为一名辅导员，他能够更直接地影响和帮助学生，这是一份充满挑战和具有意义的工作；同时他意识到，自己对教育和学生工作有着浓厚的兴趣，这可能是他实现个人价值和社会价值的更好途径。他回想起自己作为班长时的点点滴滴，那些帮助同学、组织活动的经历，让他感到无比的满足和快乐。在深思熟虑之后，定鼎同学最终做出了决定——他选择留校成为一名辅导员。这个决定并不是轻率做出的，而是经过长时间的思考和内心的挣扎。他知道，这将是他人生的一个重要转折点，但他也坚信，这是他真正想要的。

案例综合点评

这个案例中，同一个寝室的四位同学悄然走出了四条截然不同的道路，每个故事的背后都蕴含着家庭背景、个人性格、成长经历等影响因素。

贾佳同学成长于一个学术氛围浓厚的家庭，父亲是一名大学教授，这使得贾佳同学从小受到浓厚学术熏陶，对知识怀有强烈兴趣。尽管高中阶段成绩优异并取得了大学新生奖学金，但进入大学后他因学习环境宽松、生活远离家乡而迷茫和颓废，出现挂科并陷入了对未来的怀疑与不安。家庭支持在此期间成为关键因素：父亲以教育者的敏锐洞察力，与他深入沟通，帮助他理性分析问题；母亲提供情感支持，让他感到被无条件的关爱。最终，贾佳同学在反思中重拾动力，制订学习计划，逐渐找回学业自信并取得优异成绩，后来选择了出国深造，迈向深耕学术的道路。可以看出，贾佳同学进入大学后就遇到适应大学生活的问题。和高中严格管理截然不同，大学的学习和生活多了自由，而少了父母和老师的管束；随之而来的学业失利进一步导致他自信心下降，出现情绪上的困惑、迷茫和焦虑，负性情绪逐步积累。面对这些问题，贾佳同学的家庭给予了他理解和包容，家人的教育引导与心理支持成为他走出困境的关键力量。

毅羿同学来自西北工薪家庭，父母离异使他缺乏足够的家庭支持。未进入理想高校出现的失望情绪和心理落差，进而导致他丧失对所学专业的兴趣。特别是进入大学新的环境后，原本优秀的自己，就显得不再那么优秀，这种对未来的不确定性导致心理防御机制增强。他逐渐沉迷于游戏，开始逃避现实压力，借助游戏寻求即时满足，从而忽视长远发展的问题，久而久之就会引发连锁反应；与同学的交往也少了，他总是处于情绪低落的状态；后来学业出现挂科，未能按时完成毕业设计。尽管后来通过学校帮扶毕业后获得一份收入不低的工作，但他对职业发展依然感到迷茫与无力。毅羿同学的问题主要表现为长期的目标缺失、内心冲突和社会隔离等方面。

秉冰同学来自中部农村，大学期间偶然发现自己的音乐才能后，通过学校比赛等活动坚定音乐梦想。然而，家庭对其选择持反对态度，认为音乐事业风险大且缺乏稳定性，女友也并不理解和支持其音乐梦想。面对亲友阻力，秉冰同学坚持追求梦想，并选择赴韩国深造，最终成为自媒体音乐创作者。这个故事反映了学生在兴趣与家庭期望之间的矛盾冲突：兴趣与家庭期望的对立——音乐梦想与传统价值观冲突使学生压力倍增；学业与自身兴趣的失衡——专注音乐导致学业被动完成；自我实现的需求——通过实践和努力，证明自己，实现个体价值。

定鼎同学来自东北，是一位全面发展的学生干部，性格开朗、能力出众，在学术和活动中都表现优秀。然而，当他在“推免读研”和留校任辅导员之间权衡时，陷入了职业选择的困境。最终，他选择留任辅导员并攻读硕士学位，将个人影响力与职业兴趣相结合。这个故事展现了学生在职业价值选择中的多维考量：职业选择中的矛盾心理——学术深造与学生工作之间难以取舍；领导力与教育情怀——对学生工作的热爱促使他选择更具社会意义的职业路径；角色认同的形成——通过学生工作找到自我价值感。

这个案例中的四名同学存在一些相似性。首先是进入大学都会面对适应性挑战。无论是贾佳同学的学业失利、毅羿同学的游戏逃避，还是秉冰同学的家庭冲突、定鼎同学的生涯选择，都显示出大学生在不同阶段可能面对的适应性问题。其次是面对心理风险挑战。四名同学都在某个阶段因为某件或某些事情出现情绪困扰，如贾佳同学的迷茫、毅羿同学的轻度抑郁倾向、秉冰同学的压力冲突，以及定鼎同学的选择焦虑。最后是社会支持系统的关键性。四名同学的成长故事或多或少都反映了其支持系统（家庭、学校、辅导员）在大学生发展与自我探索过程中的重要作用。

当然，这四名同学的故事也各不相同。一是大学阶段会面对各种各样的问题。贾佳同学的学业问题较为普遍，毅羿同学的游戏成瘾与现实脱节较为特殊，秉冰同学的兴趣与家庭冲突反映了文化与价值观的矛盾，定鼎同学的职业选择困境则更偏向高层次决策。二是每个人的应对方式都存在一定的差异。四名学生在面对困境时，表现出不同的应对模式，如贾佳同学重建目标、毅羿同学的逃避行为、秉冰同学的坚持与妥协平衡，以及定鼎同学的深度思考与选择。

看到这里，如果您是他们的辅导员，在这四名同学的成长故事中，您应该对他们扮演什么样的角色、发挥什么样的作用？如果从心理学的角度分析，这四名同学的故事又可以用哪些基本理论去解读？首先，这四名同学学的都是一个专业，也在一个宿舍，但是其大学经历又几乎完全不同，这就涉及经常被提及的“心理学第一定律”问题，即每个人都是不同的。从这个视角，我们可以看一看用人格特质相关理论去怎样解读。其次，这四名同学都读完了大学，都经历了从高中生到大学生再到社会人的过程，以心理发展的相关理论又可以怎样解读。再次，从这四名同学的故事里，我们也看到了不同的生涯发展路径。从生涯规划的角度，我们也可以试着去解读分析。最后，我们从他们的故事里也看到家人、朋友和老师这些不同的角色。从社会支持系统的角度，我们也可以去解读和分析。当然，还有他们每一段人生经历中的心路历程，我们都可以用心理健康的视角去分析有哪些积极因素，又有哪些消极因素。

有理有据

一、人格特质相关理论

人格特质（Personality Traits）指的是个体在较长时间内表现的行为模式、情感反应和认知风格，心理学家基于个体的稳定特质来分析与解释个体差异的原因及表现。在人格心理学中，特质理论扮演着至关重要的角色，它尝试通过定义一系列稳定的个性特征来揭示人类行为的规律性。特质理论的目标是将个体的行为差异量化，并且根据这些差异描绘出个体的心理轮廓。特质是个体行为的内在动力，它通过影响个体的情感、思维和行为方式来塑造人格。例如，一个人的外向性、宜人性、责任心等特征会决定其如何与他人互动、如何在职场中表现，以及如何应对压力和挑战。

心理学对个体差异的研究历史悠久，特质理论的发展也经历了多个阶段。学者们提出了各种模型和理论，为我们理解个性差异提供了不同的视角。早期的心理学家如奥尔波特（Allport G.）等人，试图通过定义一系列基础特质来解释人格的形成和行为的多样性。奥尔波特的理论着眼于个性特质的核心维度，并提出了“核心特质”概念。他认为，个体的行为由若干核心特质所支配，而这些核心特质通过其在个体行为中的表现形成独特的人格特点。此外，卡特尔（Cattell R.）采用了更加科学的研究方法，通过因子分析提取了 16 种基本人格特质。他认为这些特质构成了一个多维度的个性模型，并且通过心理测量工具进行了量化。

麦克雷（McCrae R.）和科斯塔（Costa P.）等人提出了人格的五因素模型（Five-Factor Model，FFM），亦称“大五模型”，这是当代应用最广泛的人格理论。五因素模型通过因子分析的方法，将个性特质简化为五个维度，这五个维度被认为能够涵盖绝大多数人格差异，且具有较高的稳定性和普遍性。这些维度分别是开放性、尽责性、外向性、宜人性和神经质。这五个维度的英文首字母刚好组成了“OCEAN”，因此该模型也被称为“人格海洋”模型。下文作详细说明。

开放性（Openness）：描述了个体对新体验、新想法的接受程度。高开放性的人通常表现出更强的创造性、想象力和对新事物的好奇心；而低开放性的人则更趋向于传统、保守，习惯于遵循既定的方式处理问题。

尽责性（Conscientiousness）：反映了个体在计划、目标设定和执行任务方面的自律性和责任心。高尽责性的人通常有条理、守纪律、目标明确，能够有效完成任务；低尽责性的人则可能缺乏组织性，容易拖延或忽略细节。

外向性（Extraversion）：外向性高的人通常表现活跃、乐观、善于社交且充满精力，他们通常喜欢与人互动，享受社交场合的氛围；外向性低的人则更倾向于内向、安静、独立，通常偏好独自活动或与少数人交往。

宜人性（Agreeableness）：是指个体在社交互动中的友善、合作和同情心程度。高宜人性的人通常温和、宽容、乐于助人，容易与他人和谐相处；低宜人性的人则可能更具竞争性、攻击性，甚至较为冷漠。

神经质（Neuroticism）：指个体对情绪波动的敏感度，表现为焦虑、抑郁、易怒等情绪反应的频率。高神经质的人更易受到负面情绪的影响，面对压力时可能表现出情绪不稳定；低神经质的人则表现为情绪更加稳定，具有较强的应对压力的能力。

人格特质的测量方法多种多样，主要可以分为自评量表、他评量表和行为观察法等。每种方法都有其适用场景，下面分别介绍这几种常见的测量方法。

（1）自评量表：是目前应用最广泛的心理特质测量工具。通过个体自我报告，测量其在各个维度上的特质表现。最具代表性的自评量表是 NEO-PI-R（大五人格量表），该量表有 240 个条目，用于评估五个大人格维度。自评量表的优点在于便于快速、标准化地测量个体的特质，但其准确性依赖个体的自我认知和报告的真实性。

（2）他评量表：通过他人对个体的观察和评价来测量其心理特质。例如，360 度评估方法，即通过上级、同事、下属及个人自评的综合评价，来分析个体的工作行为和人格特质。这种方法特别适用于组织中对员工的评估，能够全面地反映个体的行为表现。

（3）行为观察法：通过系统观察个体在不同情境下的行为反应，来推测其内在的个性特质。这种方法主要用于儿童心理学研究、实验心理学以及一些临床治疗，通过观察个体的行为模式、应对策略等，来了解其人格特点。

人格特质是由基因和环境共同作用的结果，基因与环境之间的相互作用会塑造个体的个性特征。近年来，关于个性遗传学的研究取得了显著进展。根据双胞胎相关研究、基因关联研究，研究者发现某些人格特质的遗传基础较为明显。双胞胎相关研究显示，遗传因素在个性形成中占据了重要位置。例如，神经质、外向性等特质的遗传率较高，这表明这些特质在不同的基因背景下有一定的稳定性。然而，遗传的影响并非决定性的，个性特质的表现还受到环境因素的调节。个性特质也受到环境的深刻影响。家庭教育、文化背景、社会经历等外部因素都会对个体的心理特质产生影响。例如，亲子关系、学校教育和社会角色的变化，都会对个体的外向性、宜人性等特质具有塑造作用。

人格特质不仅会影响个体的情感、认知和思维方式，还直接关系到个体的行为表现。研究发现，个性特质是预测个体行为的重要因素。例如，高外向性的人在社交活动中通常表现得更加积极和开放，低外向性的人则可能倾向于回避社交活动。五因素模型中的各个维度与职业选择和职业表现密切相关。外向性高的人可能适合从事需要大量人际互动的工作，高尽责性的人则在管理和执行方面表现得更加出色。对于员工的选拔和职业生涯规划，了解个体的个性特征是至关重要的。

此外，人格特质还与心理健康密切相关。比如，神经质与心理健康密切相关。高神经质个体容易出现焦虑、抑郁等情绪问题；低神经质个体则通常具有较高的情绪稳定性。宜人性高的人在与他人互动时更容易获得支持，进而可以提升其心理健康水平。

在西方的现代心理学中，“人格”或者“个性”（personality）通常被视为由若干稳定的心理特质构成，这些特质决定了个体在不同情境下的行为表现。特质理论强调这些特质跨时间、跨情境的稳定性，因此具有较强的普遍性。中国传统文化中与其类似的概念应该是“性格”，其更注重个体在社会和文化情境中的表现，个体的性格和个性通常被看作可塑的、会随时间和社会环境发生变化的。中国传统文化更侧重于人与社会、人与自然的关系，强调和谐与中庸之道。在传统文化中，人格的构建与个人的道德修养、社会角色以及人际关系密切相关。例如，儒家文化强调“仁、义、礼、智、信”等核心道德规范，认为人的内在修养和外在行为的和谐统一对社会安定至关重要。例如，“温文尔雅”的个性往往代表良好的家庭教育，而“直率坦诚”可能更多地与个人的社会经验和性格形成相关。

随着全球化进程的推进，越来越多的心理学家开始关注中国文化中的个性与性格特征。新时代辅导员在掌握西方的现代心理学知识去认识学生个性特点的同时，也要注意探索如何与中国的传统文化相结合。基于中国文化的特质理论，不仅要试图揭示个性特质的普遍性，也要探索其文化背景和社会实践对人格形成的深远影响。例如，基于五因素模型的研究表明，尽管中国文化较为强调群体主义和人际关系，但五因素模型中的五个维度仍能较好地解释中国人群的个性差异。特别是“外向性”和“宜人性”维度，在中国文化中得到了特别的强调，尤其在社会互动中对和谐、合作与友善的要求。

二、心理发展相关理论

心理发展阶段理论一直是发展心理学的核心内容之一，旨在揭示个体如何从出生到老年，在认知、情感、社会性和行为等方面经历逐步变化和成长。随着心理学研究的不断深入，学者们不仅开始关注个体的生物学和认知发展，还逐渐认识到社会文化、环境背景及人际互动对个体心理发展的深远影响。经典的心理发展阶段理论，如皮亚杰的认知发展理论、弗洛伊德的心理性格发展理论、埃里克森的社会性发展理论和布朗芬布伦纳的生态系统理论等，奠定了人类心理发展研究的基础。然而，这些理论并非单独存在，而是在不断发展的多维度视角中得到完善和扩展，尤其强调了多层次、复杂的社会环境对个体发展的影响，这为我们理解个体如何在不同的社会背景下成长提供了重要的框架。

针对大学生心理发展的规律和特点，以及辅导员自身如何成长和完善自我，下面重点讨论埃里克森的社会性发展理论与布朗芬布伦纳的生态系统理论。

1. 埃里克森的社会性发展理论

埃里克森（Erikson E.）是20世纪最具影响力的心理学家，他的社会性发展理论突破了弗洛伊德的局限，提出了人类在一生中要经历的八个发展阶段，并且每个阶段都有一个核心的心理社会危机。个体如何成功解决这些危机，将影响其自我认同、社会适应能力和情感健康。他指出，心理社会发展不仅仅是个体内在心理冲突的过程，还是在社会和文化背景中不断调整和适应的过程。每个阶段的危机不仅是内心的冲突，也是社会文化环境对个体的需求和挑战。例如，在青少年期，社会期待个体建立独立的身份和角色认同，而在成年期，个体需要找到亲密关系并对社会有所贡献。

以下是埃里克森理论中的八个阶段，以及每个阶段所面临的主要心理社会危机：

第一阶段为婴儿期（0～1岁）：发展任务是获得信任感，克服不信任感，体验着希望的实现，婴儿获得的积极成果是身体舒适和安全感。婴儿在这个阶段主要依赖主要照顾者（通常是父母）来满足生理和情感需求。当婴儿感到照顾者的反应一致且及时的时候，他们会发展出信任感，认为世界是一个安全的地方。如果这些需求得不到满足，婴儿可能发展出不信任感，认为世界是危险和不可靠的。

第二阶段为幼儿期（2～3岁）：发展任务是获得自主感，克服羞耻感和疑惑，体现着意志的实现，积极的成果是坚持的能力和自主的能力。随着孩子逐渐成长，他们会开始展示独立性，进行自主的活动，如穿衣、进食和表达个人需求。成功的自主性发展会增强孩子的自信心和自尊心，而过度控制或严厉批评可能导致孩子产生羞怯和依赖。

第三阶段为学龄前期（4～5岁）：发展任务是获得主动感和克服内疚感，体验着目的的实现；积极的成果是掌握新任务的主动性。儿童开始表现出主动性，主动去探索世界，发展社交和认知技能。如果孩子的主动性没有得到支持，或者他们在尝试过程中遭遇过度惩罚，可能产生过度的罪恶感，影响他们的自我价值感。

第四阶段为学龄期（6～12岁）：发展任务是获得勤奋感，克服自卑感，体验着能力的实现，积极的成果是创造力发展和掌握技能。这个阶段的儿童开始在学校与同龄人建立竞争和合作关系。成功的学习经验能够提升孩子的自信心和能力感，而失败或遭遇排斥可能导致自卑感。

第五阶段为青少年期（13～18 岁）：发展任务是建立同一感，防止同一性混乱，体验着忠诚的实现，积极的成果是自我同感能力的发展。青少年开始探索自我认同，形成个人的社会角色和未来方向。成功的自我探索有助于确立清晰的身份认同，角色混乱则可能导致青少年迷失方向，无法确定自己的生活目标。

第六阶段为成年早期（19～40 岁）：发展任务是获得亲密感，避免孤立感，体验着爱情的实现，积极的成果是情爱。成年人在这一阶段需要建立深厚的人际关系，尤其是浪漫关系和友谊。缺乏亲密关系或经历过度的孤立可能导致情感上的空虚和孤独。

第七阶段为成年期（40～65 岁）：发展任务主要是获得生殖感，避免停滞感，体验着关怀的实现，积极的成果是关怀后代。中年期的个体开始思考自己对下一代和社会的贡献。成功的贡献和创造能带来成就感，而停滞感则可能导致自我封闭和情感空虚。

第八阶段为老年期（65 岁及以上）：发展任务主要是为了获得综合的完善感，避免失望和厌恶感，体验着智慧的实现，积极的成果为体验完成人生的使命感。老年人在回顾自己的一生时，如果对自己的成就感到满意，会发展出完整感；如果感到遗憾或未能实现自己的潜力，则可能陷入绝望。

埃里克森的社会性发展理论中，最具特色的地方是他对“社会性”的强调。他认为，个体在各个阶段的心理发展不仅是内心的变化，也是社会和文化交互的结果。在每一个发展阶段，个体都在与他人、社会、文化和价值观的互动中，逐步完成身份的形成与社会角色的确立。

在现代社会，随着社会的变革，埃里克森所描述的社会性危机也在不断发生变化。在全球化和信息化的背景下，青少年面临的自我同一性危机可能比过去更加复杂和多元。个体对自我认同的探索不仅仅是单一的社会角色，还涵盖了更多维度，如性别认同、文化认同、社会阶层认同等。特别是在 18～25 岁读大学这个阶段，个体正经历从青少年到成人的过渡，心理上开始寻求一个稳定且一致的自我认同。自我同一性指的是个体对自我独特性的清晰认识，涵盖自我价值、世界观、人生目标、社会责任等方面。在这个阶段，每个人都试图回答“我是谁”这个问题，并在此过程中形成对未来发展的信心。埃里克森认为，身份的探索是这一阶段的核心任务。在此过程中，个体可能经历不同的社会角色实验，包括职业角色、性别认同、文化和社会归属感等方面。这些探索有助于个体逐步确定自己的身份，最终形成清晰的自我认同。

如果个体未能成功完成这一身份探索的任务，可能陷入角色混乱（Role Confusion）。在这一阶段，个体可能感到困惑、焦虑和不确定，对自己未来的方向缺乏清晰的认识。这种困惑不仅会影响到职业选择和社会参与，还可能对自我价值感、社会适应能力等产生负面影响。角色混乱不仅是短期的心理冲突，还可能影响个体未来的心理健康和社会功能。

需要特别指出的是，18～25 岁的求学阶段也通常是人际社交圈不断扩展的阶段。在这一过程中，同伴关系、亲密关系、家庭关系等都对自我同一性的形成起到重要作用。亲密关系尤其对这个阶段的自我同一性有着重要影响。埃里克森认为，只有在与他人建立亲密关系的过程中，个体才能逐渐确立自己独特的身份。在恋爱关系中，个体的情感体验、角色互换和相互支持，能够为其提供探索自我角色和身份的机会。大学生的自我认同感，往往与其与他人的互动质量密切相关。因此，这一阶段的心理发展不仅是自我内部的成长，也是社会互动中自我角色的塑造。

2. 布朗芬布伦纳的生态系统理论

布朗芬布伦纳（Bronfenbrenner U.）提出了生态系统理论，将个体发展视为多层次、多维度的互动过程，强调了社会环境对个体发展的深刻影响。布朗芬布伦纳的生态系统理论不仅将个体视为环境的产物，还认为个体通过与其所处的环境不断互动和适应，最终塑造自己的认知、情感和社会行为。他认为，个体的发展受五个不同层级的环境系统的影响，这些系统相互作用，构成了个体发展的复杂生态环境，每个系统对个体的成长都产生不同程度的影响。

微系统（Microsystem）：个体直接接触的最亲密的环境，如家庭、学校、朋友和邻里等。微系统是个体心理发展的直接影响者。儿童与父母的互动、学校中的学习经验、同伴的支持等，都会对个体的认知和情感发展产生深远影响。

中系统（Mesosystem）：不同微系统之间的关系，如家庭与学校的互动、父母与教师之间的合作等。这些系统的互动关系能够影响个体发展。如果家庭和学校在教育目标上是一致的，那么个体会在多个环境中获得一致的支持和引导。

外系统（Exosystem）：个体不直接参与但外部环境会影响其发展的系统，如父母的工作环境、媒体、邻里环境等。虽然个体不直接接触这些系统，但它们通过影响微系统（如父母的情绪状态或经济状况）间接影响个体的心理发展。

宏系统（Macrosystem）：文化背景、社会价值观、经济状况和法律制度等广泛的社会系统。这些宏观因素为个体提供了发展的框架和文化规范，如不同文化中的教育观念、性别角色认同、社会福利政策等，都会影响个体的心理和社会行为。

时间系统（Chronosystem）：时间的维度，涉及个体和环境随着时间的变化而发生的变化。例如，个体的生命周期、历史变迁、重大社会事件等因素都会影响个体的心理发展。

布朗芬布伦纳的生态系统理论的独特之处在于它不仅关注个体与环境的互动，还强调了这些互动发生的多层次背景。在传统的心理学中，个体通常被视为独立的个体，而布朗芬布伦纳认为，个体的发展必须放在更广泛的社会文化背景中理解。个体与周围环境之间的互动是一个动态的过程，每个环境层次都会对个体产生深远的影响。例如，家庭是最直接影响儿童发展的微系统，然而，家庭背景往往受到社会经济状况、教育政策等外部因素的影响。这些宏观层次的社会制度会影响家庭成员的经济状况、教育机会等，从而间接影响儿童的心理发展。布朗芬布伦纳的理论帮助我们认识到，单纯关注个体行为可能忽视了社会背景的作用，只有从多层次、多角度来看，才能全面理解个体心理发展的复杂性。

三、生涯规划相关理论

生涯教育是指通过一系列的教育活动帮助学生更好地认识自己，了解职业世界的需求，掌握有效的职业规划技巧，并在此基础上做出符合自身发展需求的职业选择和生涯决策。大学阶段正处于人生的重要过渡期，大学生既面临学术发展，又面临职业选择。生涯教育可以帮助学生明确职业兴趣与目标，通过各种理论和工具，帮助大学生识别和了解自己的兴趣和职业倾向；提高职业决策能力，帮助大学生从多个角度进行职业决策，理性地分析利弊和可能性；适应职场变化，帮助大学生顺应科技的发展和社会的进步，适应职场的变化趋势，提高适应能力。随着现代社会的快速变化，大学生的生涯教育显得尤为重要。生涯教育不仅能帮助学生在学业与就业之间做出选择，更重要的是为他们提供了自我认识与发展的一个框架。

生涯规划理论为辅导员提供了关于生涯发展的科学框架，能够帮助辅导员既能从理论的高度来理解和指导大学生，也能联系自身发展去思考自己的职业进阶之路。常见的生涯规划理论有霍兰德的职业兴趣理论、舒伯的生涯发展理论、特雷蒙的社会学习理论、吉尔伯特的生涯成熟度理论等。在这里，我们重点讨论霍兰德的职业兴趣理论和舒伯的生涯发展理论。

1. 霍兰德的职业兴趣理论

霍兰德（Holland J.）是一位美国心理学家和职业发展理论家，他的职业兴趣理论最初出现在20世纪50年代，并在随后的几十年里不断发展和完善。霍兰德的职业兴趣理论（Holland’s Theory of Career Choice）是职业生涯理论中经典且应用广泛的理论之一。这一理论认为，人和工作环境的类型能够互相影响和相互作用，通过探讨个体的兴趣类型与职业环境类型的匹配，揭示了人和职业环境之间的相互作用。霍兰德认为，适合的职业环境能够促进个人的成长和满足感，不合适的职业环境可能导致职业不满和心理困扰。

霍兰德的研究基础是“心理类型学”，他受到卡尔·荣格（Jung C.）和斯图尔特（Stewart F.）等心理学家的影响。霍兰德的理论不仅受到心理学的启发，也受到社会学和教育学的推动，强调职业选择是个体在不同职业环境中寻找适合自己的

“匹配点”的过程。

霍兰德的职业兴趣理论的核心理念是“人格-环境匹配”。他将人们的职业兴趣分为六种类型，并认为每种类型都能与相应的职业环境类型匹配，最终形成一个和谐的互动。霍兰德认为，人和环境的匹配关系好坏决定了个体职业生涯的成功与否，特别是职业满意度、职业适应性和长久的职业发展。

霍兰德理论中的六种职业类型分别是：

现实型（Realistic，R）：个体偏向于从事与物质、技术或机械操作相关的工作，他们通常善于解决实际问题，喜欢动手操作。现实型的个体通常比较实际，喜欢直接接触物体和设备，偏好体力劳动，如工程师、建筑师、农场工人、机械师等。

研究型（Investigative，I）：个体喜欢思考、探索、解决复杂问题，他们倾向于在科学、技术、数学等领域发展。研究型的人通常具有较强的分析能力，喜欢进行深入的研究工作。例如，科学家、医生、程序员等职业适合研究型的个体。

艺术型（Artistic，A）：个体富有创造力、想象力和艺术天赋，喜欢通过艺术手段表达情感和创意。艺术型的人往往喜欢从事设计、表演、写作等艺术相关的职业，如画家、演员、作家、设计师等。

社会型（Social，S）：个体喜欢与他人互动，倾向于从事帮助、教育、护理等服务性行业。社会型的人通常具有较强的人际交往能力和同情心，适合从事教师、社会工作者、心理咨询师、医生等职业。

企业型（Enterprising，E）：个体具有很强的领导力和商业意识，喜欢影响他人，推动组织发展。企业型的人通常善于解决商业问题，具有较强的沟通和决策能力。适合从事管理、销售、企业家等职位。

常规型（Conventional，C）：个体喜欢有条理、规范、稳定的工作环境，擅长组织、计划、管理信息。他们喜欢结构化的任务，并且对细节和秩序有很高的要求。适合从事会计、行政助理、数据分析等职业。

霍兰德的职业兴趣理论不仅是一个学术框架，也发展出了多种测评工具，用于帮助个体了解自身的兴趣类型，并据此做出职业选择。例如，霍兰德的职业兴趣调查表（RIASEC 测评）中的一系列问题可以帮助测试者确定自己的兴趣类型，并提供与之匹配的职业建议。这些测评工具广泛应用于职业咨询、大学生生涯规划和就业指导中。霍兰德的职业兴趣理论在职业咨询和生涯规划中应用广泛。

2. 舒伯的生涯发展理论

舒伯（Super D.）是生涯发展领域的重要理论家之一。他的生涯发展理论（Super's Life-Span，Life-Space Theory）强调生涯是一个跨越一生的动态过程，而不仅是初期的职业选择。舒伯认为，个人的生涯发展不仅受到外部环境的影响，还深受自我概念的影响。他认为，生涯发展是一个长期的过程，其中个体的自我认知、社会角色、生活需求等因素都会影响其生涯决策。

舒伯的生涯发展理论的核心概念是“自我概念”。舒伯提出，个人的生涯发展不仅仅是职业选择的问题，还是一个长期的自我实现的过程；个体的职业选择和职业发展是基于其对自我的认知和期望。自我概念不仅仅是关于个人职业能力的认识，还包括个人对自己在社会角色中的定位、价值观、兴趣、生活目标等多方面的理解。舒伯认为，自我概念在不同时期会发生变化，因此，生涯发展是一个持续的动态过程。

舒伯的理论提出了生涯发展的五个阶段。

成长阶段（Growth）：0～14 岁，个体开始探索职业世界并逐渐形成对不同职业的兴趣和基本理解。此时，个人的职业兴趣和自我概念尚未固定，而是处于不断探索的过程中。

探索阶段（Exploration）：15～24 岁，是生涯发展的关键阶段，个体开始更具体地探索职业选择，进行学业和职业上的初步选择。大学生正处于这一阶段，他们通过实习、兼职等方式探索自己的职业兴趣，逐渐形成对职业的认知和定位。

建立阶段（Establishment）：25～44 岁，个体通常选择了一种职业路径并开始在该领域内建立自己的职业生涯。这个阶段的人会经历职业生涯的起步，逐步积累经验并在工作中寻找满足感。

维持阶段（Maintenance）：45～64 岁，个体通常在职业生涯中达到了一个稳定的阶段，重点是保持自己的职业状态，并对职业目标进行调整。此时，个体会开始关注工作与生活的平衡，以及自我实现的需求。

衰退阶段（Disengagement）：65 岁及以后，个体通常开始退休或减少工作时间，转向生活的其他方面，如家庭、兴趣爱好等。

舒伯认为，个体的生涯发展是基于自我概念的动态调整和实现的过程。随着年龄的增长和经验的积累，个体的自我概念会发生变化，并且这些变化会直接影响职业选择和职业目标的调整。例如，大学生可能因为在学习过程中发现自己的兴趣而改变职业目标，而在工作中积累经验后，也可能调整自己的职业路径以更好地实现自我概念。

舒伯的生涯发展理论对于大学生生涯教育具有重要的启示作用。辅导员可以通过帮助学生识别自我概念，鼓励学生进行自我探索，从而为学生制定长期的职业发展规划。此外，舒伯的理论提醒辅导员，生涯教育不仅应关注学生的短期职业选择，还应关注学生在职业生涯中的长期发展和自我实现。对于大学生来说，生涯教育的重点不仅是帮助他们选择职业，更是帮助他们理解生涯发展的过程，应认识到职业发展是一个长期的、不断变化的过程。辅导员在这个过程中扮演着引导者的角色，帮助学生明确职业目标，调整自我概念，并适应职业发展的变化。

阅读延伸

MBTI 职业性格测试

MBTI（Myers-Briggs Type Indicator）职业性格测试是一种广泛使用的人格评估工具，旨在帮助人们了解自己的性格特点和职业偏好。它基于瑞士心理学家荣格的心理类型理论，由美国心理学家凯瑟琳·库克·布里格斯（Catherine Cook Briggs）及其女儿伊莎贝尔·布里格斯·迈尔斯（Isabel Briggs Myers）于 20 世纪 50 年代共同研发。这个测试系统不仅吸纳了荣格的理论精髓，还融入了归因理论与偏好分析，最终细化为 16 种独特的人格类型。

MBTI 测试不仅能够深刻剖析你的性格特征和行为模式，在恋爱关系、友谊以及亲子关系等方面同样具有非凡的洞察力。它能帮助你精准识别个体在沟通方式、情感表达等层面的差异，从而推动双方实现更加有效的交流与理解。这个过程不仅能够加深彼此间的信任与亲密关系，更能显著提升人际交往的质量，引领你走向更加幸福美满的人生。

四、社会支持的相关理论

社会支持（Social Support），广义上涵盖了人们在日常生活中所获得的各种形式的帮助和支持。一般来说，社会支持可以分为情感支持、工具性支持和信息支持三个维度。其中，情感支持主要是个体在面对压力或者困境时，从亲友、同伴、师长或专业机构那里获得关怀、理解和尊重，使个体感到情感上的满足和支持，以缓解心理压力；工具性支持主要是提供具体的帮助或服务，如经济支持、学习资源和问题解决，用于解决个体的实际困难，减轻其生活压力；信息支持主要是通过他人提供或传递有用的信息和建议，帮助个体更好地理解、思考、决策和行动，以提升个体的应对能力。

良好的社会支持对大学生的身心健康和全面发展具有积极的影响。研究表明，社会支持在大学生的心理健康、学习动力和适应能力中起到重要作用。首先，可以缓解压力。有效的社会支持能够缓解学生在学业、职业规划、人际关系等方面的压力，减少焦虑和抑郁情绪。其次，可以提升心理弹性。大学生在面对挫折和挑战时，来自他人的支持能够增强其自我效能感和抗压能力。最后，可以促进社会化发展。互动和支持可让大学生更好地融入社会，建立健康的人际关系。此外，最直接的是能够提高学业表现，积极的社会支持能够激发学生的学习动机和成就感，进而提高学业表现。

大学生社会支持的来源主要包括以下几个方面：家庭支持——家长的理解和关爱，同伴支持——同学、朋友之间的交流和互动，师长支持——辅导员和其他老师提供的情感关怀、学习指导和心理支持，校园支持系统——学校通过心理咨询中心、社团活动和职业规划中心等提供的支持服务。

将社会支持相关理论引入学生工作实践，不仅能够帮助辅导员更好地理解学生需求，还可以营造积极的支持环境，促进学生和辅导员的心理健康和全面发展。在这里，我们重点讨论鲍尔比的依恋理论、重要他人理论和心理资本理论。

1. 依恋理论

依恋理论是心理学中最具影响力的情感与社会发展理论，由英国心理学家鲍尔比（Bowlby J.）于 20 世纪 50 年代提出，旨在揭示个体早期与主要照顾者之间情感连接的重要性，以及这种关系对个体心理发展和社会行为的深远影响。研究依恋理论，可以全面理解情感纽带如何影响个体的一生，尤其是在心理安全感、探索能力以及应激应对等方面。鲍尔比在研究儿童与母亲分离现象的过程中指出，依恋是一种通过进化形成的适应机制，旨在确保幼儿能够获得照料者的保护，以提高生存概率。依恋不仅仅是儿童在生理需求上的依赖，更是情感和心理上的连接。依恋关系为儿童提供了安全感的基础，使他们能够在安全环境中自由探索周围的世界。鲍尔比的理论得到了安斯沃斯（Ainsworth M.）的实证支持。安斯沃斯通过设计经典的“陌生情境实验”，研究了婴幼儿在与母亲分离和重聚过程中的行为反应，并提出了依恋的类型理论。安斯沃斯的研究证明了依恋类型不仅反映了儿童的情感连接方式，也揭示了早期抚养者行为对儿童社会性发展的深远影响。随着研究的深入，哈赞和沙弗尔（Hazan C. & Shaver P.）将依恋理论应用于成人亲密关系，指出个体的依恋模式会延续至成年，影响其对伴侣的情感依赖、信任和互动模式。这一拓展使得依恋理论不仅不会局限于儿童心理学领域，还能广泛应用于亲密关系、心理健康和社会互动的研究中。

依恋是指个体与特定他人（通常是主要照顾者）之间形成的持久、稳定的情感纽带，其特征是情感上的依赖性和安全感的获得。依恋不仅在儿童时期至关重要，在个体成年后的社会关系和心理健康中也扮演着重要角色。依恋关系的三大核心功能包括：①提供情感安全。依恋对象为个体提供心理上的安全感，使其能够在面对压力或威胁时获得安慰和支持。②促进探索行为。依恋关系为个体提供安全的“心理基地”（Secure Base），从而鼓励其探索环境、学习新事物。③应激调节。当个体感到恐惧、不安或焦虑时，依恋对象可以充当“情感避风港”，帮助其恢复心理平衡。

根据安斯沃斯的“陌生情境实验”，依恋模式被划分为以下四种类型：

安全型依恋（Secure Attachment）：个体能够信任依恋对象，在需要时主动寻求支持，并能够独立处理问题。其行为表现是儿童在分离时表现出适度的不安，但当依恋对象返回时会迅速恢复情绪并重新投入探索活动。安全型依恋与积极的人际关系、自尊心和情绪调节能力相关。

回避型依恋（Avoidant Attachment）：个体倾向于回避亲密关系，对依恋对象的信任度较低。其行为表现是儿童在分离时表现出冷漠，依恋对象返回时也未表现出明显的情感反应。回避型依恋可能导致儿童在成年后的人际关系疏远和情感孤立。

焦虑型依恋（Anxious Attachment）：个体对依恋关系表现出高度的情感依赖和不安全感，过度担忧关系的稳定性。其行为表现是儿童在分离时表现出过度的焦虑，而在依恋对象返回时依然难以安抚。焦虑型依恋的个体在成年后更容易表现出情感依赖、嫉妒和不稳定的亲密关系。

混乱型依恋（Disorganized Attachment）：个体在依恋关系中表现出矛盾和混乱的情感模式，常与早期的创伤经历或依恋对象的不一致行为相关。其行为表现是儿童在分离和重聚时可能表现出恐惧、回避和依赖的交替行为。混乱型依恋与心理障碍（如创伤后应激障碍、抑郁症）和不稳定的社会关系密切相关。

依恋理论认为，个体通过早期的依恋关系形成了"内在工作模式"（Internal Working Model），即对自己与他人之间关系的认知框架。具体来说，内在工作模式包括：对他人的信任感——依恋对象是否可靠、可信；对自我价值的认知——自己是否值得被爱、被接纳；对社会关系的期待——人际互动是否安全和有意义。这种内在工作模式不仅会影响个体的儿童期发展，还会延续至成年，成为其亲密关系和社会行为的心理基础性因素。在成人依恋研究中，依恋模式被用来解释伴侣之间的互动模式和情感亲密程度。安全型依恋的伴侣往往表现出更多的信任和支持，不安全型依恋的伴侣可能面临更多的冲突和不稳定的关系。

依恋理论揭示了个体早期情感连接对心理和社会发展的核心影响。无论是儿童时期与主要照顾者之间的依恋关系，还是成年后的亲密关系，依恋模式都在塑造个体的行为模式、自我认同和社会适应中发挥着重要作用。

2. 重要他人理论

重要他人（Significant Others）理论是心理学和社会学领域的重要概念，重点研究在个体社会化、自我发展和心理人格形成过程中，对个体产生深远影响的特定人物。这些重要他人可能是个体生活中的亲密关系对象，如父母、兄弟姐妹、老师、同伴，也可能是偶像化的公众人物或萍水相逢的陌生人。在社会互动和心理发展过程中，重要他人通过情感支持、行为示范和价值引导，塑造了个体的行为模式、价值观念和心理状态。下文将从理论起源与发展、核心概念、不同成长阶段的重要他人角色及其作用、积极与消极影响，以及实际应用等方面进行系统论述。

重要他人理论的概念最早由美国社会学家米德（Mead，G. H.）在《自我发展理论》中提出。他认为，自我是社会化的产物，个体的自我意识是在与他人的互动中逐步形成的，并将社会中的他人分为"广义他人"和"重要他人"。其中，"广义他人”指社会文化和群体对个体行为的普遍影响，“重要他人”是指那些在个体社会化过程中具有直接影响的人物。美国社会学家米尔斯（Mills，C. W.）对米德的观点进行了扩充，进一步强调了“重要他人”在个体成长中的关键地位。他指出，并非所有人对个体的自我发展产生同等影响，只有那些具有特殊地位、意义深远的具体人物才能成为真正的“重要他人”。心理学家苏利文（Sullivan H. S.）将重要他人理论引入心理学领域，拓展了其在人格发展、亲密关系和心理健康中的应用。苏利文强调，个体的人格特质是在社会关系中建构的，重要他人的情感支持和互动质量直接影响个体的人格特征和心理发展。他特别关注儿童和青少年时期重要他人在塑造个体安全感、自尊和行为模式方面的核心作用。随着研究的深入，重要他人理论的适用范围进一步扩大，广泛应用于教育心理学、社会工作、职业发展和心理治疗等多个领域。

“重要他人”是指在个体生活中，对其自我认识、自我评价、行为习惯以及心理发展产生重要影响的特定人物。这些人物通常与个体存在紧密的情感联系，并对其价值观、社会化进程和人生选择有显著的塑造作用。重要他人的主要特征包括四个方面。一是情感连接。重要他人与个体之间存在深厚的情感纽带，能够提供情感支持和心理慰藉。二是权威角色。重要他人通常处于个体生活中的关键地位，如父母、老师，或被个体视为在某一领域的权威或榜样。三是频繁互动。与个体的日常互动频繁，通过言语和行为对个体施加直接影响。四是心理内化。个体会将重要他人的期望、评价和行为规范内化为自我概念的一部分，从而影响其自我认同和行为选择。

个体在不同的成长阶段会受到不同类型的重要他人影响，这些人物在个体的社会化、心理发展和人格形成中起到至关重要的作用。婴幼儿阶段的“重要他人”一般是父母与主要照料者，尤其是母亲与孩子之间的情感联结（依恋关系）为孩子提供了心理安全感。父母通过抚养方式和互动行为影响孩子的情绪调节、社交技能和行为模式。例如，父母的温暖和敏感回应能够促进安全型依恋的形成，而冷漠或不一致的抚养方式可能导致不安全依恋。儿童与青少年阶段的“重要他人”除了父母外，主要是教师和同伴。教师在儿童和青少年的学业成就和学习兴趣培养中起到指导性作用。那些能够接纳学生个性、展现温暖和民主态度的教师更容易为学生营造安全的教育氛围，帮助学生树立自信心。同伴在青少年社会化过程中扮演重要角色，尤其是在情感支持和社会归属感的获得方面。与健康同伴的互动能够促进个体的正向社会化，而与不良团体的交往可能导致不良行为习惯的养成。青春期与成年早期的重要他人还有榜样与偶像。青春期个体逐渐形成独立意识，他们通过模仿和认同榜样人物（如教师、公众人物）来塑造自我价值观。偶像性重要他人（如影视明星、运动员）的行为和价值观可能通过媒体传播影响个体的职业选择和生活态度。

“重要他人”对个体的正常发展同时具有积极影响与消极影响。一方面，“重要他人”可以产生积极影响，如通过陪伴和倾听，为个体提供安全感和情感支持；通过自身行为为个体树立正向榜样；通过引导个体适应社会规范，形成良好的行为习惯和价值观念，促进个体社会化；父母和教师还可以通过经济支持或信息共享，为个体的发展提供资源。另一方面，“重要他人”有时也会产生消极影响，如对个体的批评或忽视可能导致自尊心受损，甚至引发焦虑和抑郁；父母的不当行为（如酗酒、暴力）可能对个体产生负面榜样效应；“重要他人”如果对个体施加过度控制，可能阻碍其自主性发展；青少年受到不良同伴团体的影响可能导致违纪、打架等问题行为。

3. 心理资本理论

心理资本理论（Psychological Capital Theory）是积极心理学和组织行为学的重要理论之一，由卢桑斯（Luthans F.）等人于 2002 年提出。20 世纪末期，积极心理学创始人塞利格曼（Seligman M.）提出，将心理学的研究从疾病和缺陷导向转移到个体潜力、优势和幸福感的探讨。心理资本理论继承了这一思想，将注意力集中在个体的积极心理状态上，强调通过培养心理资源来改善个体生活质量和绩效表现。该理论关注个体在成长和发展过程中表现出的积极心理状态，并将心理资本视为一种超越人力资本（技能与知识）和社会资本（关系网络）的核心心理资源。心理资本不仅能促进个人的成长，还能在学业、工作、生活等领域显著提升绩效和幸福感。组织行为学家卢桑斯在研究企业员工的表现时发现，传统的人力资本和社会资本理论不足以全面解释员工的绩效表现。心理资本作为一种新型资源，能够解释个体在面对挑战和压力时的积极应对能力，并对工作成果、团队协作和个人幸福感产生重要影响。

心理资本包含四个核心维度，即希望、韧性、自我效能、乐观。这四个要素共同构成了个体积极心理状态的基础，被称为“心理资本的 HERO 模型”。

希望（Hope）：个体对目标的坚持和为实现目标而灵活调整策略的能力。希望感包括两个关键组成部分：意志力（Willpower）和路径力（Waypower）。意志力是指个体保持目标导向的动力。路径力是指个体在面对困难时，能够灵活调整策略并找到替代路径。高水平的希望感可以帮助个体在挫折面前保持积极性，并持续追求目标。

韧性（Resilience）：个体在逆境中迅速恢复并超越困难的能力。韧性是一种动态能力，可以通过挫折教育、心理训练和积极反馈来增强。高韧性个体通常表现出更强的抗压能力和适应能力，能够从失败中快速反弹。韧性在面对重大压力或危机时尤为重要，能够帮助个体将挑战转化为成长机会。

自我效能（Efficacy）：个体对自己能够成功完成特定任务或目标的信心。自我效能与个体的成就动机密切相关。高自我效能的个体更倾向于设定挑战性目标，并相信自己有能力实现这些目标。自我效能可以通过成功经验、他人榜样和积极反馈来增强。在实际工作中，高自我效能的个体往往表现出更强的主动性和创造力。

乐观（Optimism）：个体对现在和未来持积极的归因态度。乐观者倾向于将积极事件归因于稳定的内在特质（如能力），而将消极事件归因于暂时的外部因素（如环境）。乐观能够帮助个体建立积极的心理预期，增强其抗压能力。研究表明，乐观与个体的心理健康、工作绩效和生活满意度高度相关。

心理资本不同于固定的人格特质，它是一种动态的心理资源，能够通过系统化的训练和干预得到提升。心理资本的四个维度能够相互促进，形成正向循环。例如，自我效能的增强能够进一步提升个体的希望感和乐观水平。传统的人力资本更关注个体的知识、技能和经验，强调可量化的外显特征；社会资本更关注个体的社会关系网络和资源共享能力；而心理资本关注的更多的是个体的内在心理资源，即强调积极心理状态对行为和表现的促进作用。

五、心理健康相关理论

心理健康是指个体在情绪、行为、认知和人际关系等方面处于积极状态，能够适应环境、有效解决问题并实现个人潜能的状态。心理健康通常包括以下几个方面：情绪稳定——能够调节情绪，保持积极、平和的心态；人际和谐——与他人建立并维持健康的人际关系；适应能力——能够面对生活中的压力和挑战，并进行有效应对；自我认知——具有积极的自我认同感和价值感；成长潜能——愿意并能够不断学习和发展。

心理健康对学生的学业、社会功能和生活质量起着重要作用。对于辅导员而言，理解心理健康的内涵有助于及早发现学生可能存在的心理问题、提供恰当的支持和指导、帮助学生在大学期间形成良好的心理素质和生活技能。

辅导员需要了解学生中常见的心理问题，具备初步的识别能力，并能够提供必要的帮助或转介专业机构。学生常见的心理问题主要有：

（1）焦虑情绪。典型特征是持续性紧张、担忧，伴有身体症状如心跳加速、出汗等。主要表现为学业压力大时的考试焦虑、人际交往中的社交焦虑等。

（2）抑郁情绪。典型特征是长期情绪低落、兴趣缺乏、精力不足，可能伴随自卑、失眠或体重变化。主要表现为学习动力下降、社交退缩或言语迟缓。

（3）适应障碍。典型特征是因环境变化（如入学、换专业）而产生压力，导致情绪困扰或功能受损。主要表现为注意力下降、情绪波动或过度逃避。

（4）社交障碍。典型特征是害怕社交场合，回避与人交往，担心被批评或拒绝。主要表现为主动远离社交活动，不愿意参加团体任务。

（5）行为问题。典型特征是经常有冲动行为、不良习惯（如酗酒、吸烟）或网络成瘾。主要表现为学业荒废、时间管理混乱或对生活缺乏规划。

(6) 自伤与自杀倾向。典型特征是因心理痛苦而出现自伤自残行为，可能有明确的自杀计划。主要表现为反复提到“活着没意义”等、自我价值低或表现出绝望情绪。

识别学生的心理问题的主要方法有：①观察行为变化。如长期缺课、成绩骤降、与他人关系疏远或情绪异常。②倾听言语暗示。学生可能通过直接或间接的语言表达困惑或痛苦。③了解同学意见。同学可能更了解学生的日常状态，可通过他们获得补充信息。④心理评估工具。辅导员可以借助一些简单的心理健康量表（如焦虑自评量表SAS、抑郁自评量表SDS）初步了解学生心理状态。

他山之石

心理发展相关理论与生涯规划理论对辅导员自身成长发展的指导意义

对于新入职或入职不久的初级辅导员，刚刚开始从事学生思想政治教育和事务管理工作，往往会面临职业身份的确立和角色认同的危机。在这个过程中，辅导员需要通过与同事、学生的互动，逐步明确自己在高校学生工作中的角色与定位，建立清晰的职业身份。这个过程类似埃里克森理论中青少年期的“自我同一性 vs. 角色混乱”危机，辅导员在职场中也需要面对与身份相关的问题，如如何平衡教师身份、管理者身份和学生支持者身份等。

随着职业生涯的推进，辅导员进入职业生涯的中期时，可能面对与同事、上级，以及学生建立亲密关系的任务。如果辅导员无法在职场中建立起有效的沟通与支持网络，可能陷入孤立的境地，影响职业满意度和自身心理健康。此时，辅导员可以借鉴埃里克森的理论，努力建立与同事、学生以及其他校内部门之间的亲密关系，形成有助于职业发展的支持系统。

当辅导员步入职业生涯的成熟阶段，他们需要面对如何为新一届学生传承经验，如何为学生创造更多成长机会的课题。这一阶段的辅导员要思考如何在教育、管理、服务等方面提供更多的创新和生成性贡献。成功解决这一危机将使辅导员获得成就感和使命感，而停滞不前可能导致职业倦怠。

同样，借助布朗芬布伦纳的生态系统理论，可以帮助辅导员更好地理解自己与他人、学校环境以及社会背景之间的互动关系，从而提升自我认知和职业成长。

辅导员作为高校学生工作的核心力量，通过运用生涯规划理论和实践，不仅可以更有效地指导学生，还能为自身职业发展提供清晰的路径和支持。通过明确职业目标、不断提升能力、规划职业路径并注重反馈与调整，辅导员能够在快速变化的职业环境中实现自我成长与价值提升。这不仅对辅导员个人发展具有积极意义，也将进一步提升高校生涯教育的整体水平，为更多的学生提供更优质的服务。

利用霍兰德职业兴趣理论，辅导员可以进一步明确自身的职业兴趣类型（如社会型、企业型等），从而更好地了解自己的职业偏好，选择职业发展方向，如学生工作管理、心理咨询领域的深耕，或向管理岗位转型。

还可以利用舒伯生涯发展理论，判断自己当前的职业发展阶段。是刚入职的初级辅导员，处于探索阶段，需要积累经验；还是中级辅导员，进入维持阶段，需关注职业深耕和稳定性；抑或是从业很久的资深高级辅导员，需要在具体某个学生发展领域，成为专家能手。

简言之，通过生涯教育的学习与实践，辅导员要能够结合自身兴趣、能力和价值观，明确自身职业发展定位：是继续深耕学生工作，成为某一领域（如心理咨询、生涯教育）的专家；还是向管理方向发展，成为学生事务管理者或高校其他行政事务管理者。明确职业定位后，辅导员可以通过具体行动计划提升核心能力。

案例要点分析

针对四位同学的案例，结合人格特质、心理发展、生涯规划、社会支持、心理健康等相关理论，整理出几个要点以供辅导员参考。

一、理解学生人格特质

心理学中的人格特质理论与中国传统文化对个体特质的解读，对于辅导员开展学生工作具有重要的参考价值。辅导员可以借助人格理论的科学工具，更好地理解学生的个性特点、情感需求以及社会行为，帮助学生实现个性化发展；还可以发扬中国传统文化中对个体的道德引导，强化其社会责任感和集体主义精神，从而制定更有针对性的教育引导策略。比如，之前案例中的秉冰同学，善于表达，善于自我展示，就有很明显的“外向性”；定鼎同学，能够获得同学们的一致认可，进而具备了成为一名辅导员老师的潜力，也符合“宜人性”的描述。

在实际工作中，辅导员应根据每个学生的具体情况，灵活运用这两者的结合点，以促进学生的全面成长与社会适应能力。

二、理解学生心理发展特点和需求

心理发展是一个终身不断进展的过程，更是一个复杂且多维的过程。借助心理发展相关理论，辅导员不仅能够更好地理解个体心理发展的内在机制，还能够在实际的学生工作中制订更为有效的干预和支持策略。

根据埃里克森的社会性发展理论，大学生正经历身份探索，进而逐步形成自我认同。案例中，秉冰同学和定鼎同学在面对家庭角色、亲密关系（如恋爱、婚姻）、职业模式等社会角色时，都需要通过反思和实践来逐步形成统一认同。在这个过程中，秉冰同学笃定地进行自我探索走出一条自己的道路，在面对职业选择时通过多方思索后做出抉择，都体现出对自我价值的理解和实现。

辅导员需要理解大学生往往会因为身份探索的不顺利而陷入角色混乱，感到困惑、焦虑。这种困惑会影响学生的学习生活状态和职业选择，还可能影响学生心理健康和社会功能。案例中，贾佳同学和毅羿同学实际上都表现了不同程度的角色混乱。面对自我同一性危机，贾佳同学在迷失一段时间后，很快找到了自己发展的方向；而毅羿同学似乎一直陷入迷惘。在实际工作中，辅导员需要掌握学生在不同阶段的主要身份探索核心领域，结合学生心理发展特点，及时给予关注、支持和干预。

在大学生发展和支持服务方面，布朗芬布伦纳的生态系统理论能够帮助高校辅导员和教师更全面地理解学生的成长需求，并从多角度提供有效支持。对于大学生来说，微系统指的是他们在校园中的直接体验，如宿舍生活、课堂学习、社交活动、导师关系等；中系统指的是辅导员和教师与家长的关系，或者学生与学生管理部门的沟通与合作等；外系统指的是大学生父母的工作状况、学校外的社会支持网络、教育政策法规等；宏系统指的是大学生的社会认同、价值观、职业发展等会受到宏观社会环境的影响，如国家教育政策、社会价值观的变迁等；而时间系统关注的是大学生在大学期间的生命事件和环境变迁，如学业压力、社会适应期的挑战，等等。

辅导员应当关注学生的全面需求，建立多层次的支持系统，开展更多综合性、跨学科的学生服务项目，支持学生在个人发展、社交互动、心理健康等方面的成长，而非仅仅局限于学术和课堂表现。布朗芬布伦纳的生态系统理论提到，微系统之间的互动是影响个体发展的关键。在高校中，大学生的成长不仅受到家庭（如父母的期望与支持）和学校（如辅导员和教师的辅导与支持）的影响，还受到社会文化环境（如社会活动、同伴关系）的影响。所以，辅导员需要更多地开展学校与家长的互动，如召开家长会定期反馈学生在校学生生活情况，进行学生家访深入了解学生成长背景，这些都是为了让家长了解学生在校的成长进程并提供积极的家庭支持。学校也可以通过推进育人方式改革，推动教师与学生之间的更多互动，来帮助大学生在学校内外形成更为健康、积极的发展环境。此外，学校还应当引导学生更好地适应宏观环境的变化，比如如何正确看待时代发展趋势，如何理解社会变革的影响，如何适应快速变化社会的能力，如何选择职业生涯，等等。这也就是我们常说的家校社协同育人模式。

简而言之，布朗芬布伦纳的生态系统理论为高校学生工作者提供了重要的理论依据和实践指导。通过从多层次、多角度审视学生的成长与发展，我们可以更加全面地关注学生的心理、学业、社交及职业等多方面需求，推动“三全育人”理念在实际工作中的落地实施。

三、开展学生生涯教育

在辅导员的实际工作中，充分整合霍兰德、舒伯等心理学家的职业生涯发展理论，与实际应用结合，为学生提供全方位的职业指导，是有效开展生涯教育的核心路径之一。

首先，辅导员需要将理论指导转化为实践方法，利用霍兰德职业兴趣理论帮助学生理解职业选择的复杂性和多样性。霍兰德的人格-环境匹配理论强调了职业兴趣与职业环境相匹配的重要性，辅导员可以利用这一理论帮助学生明确自身的兴趣类型（如现实型、研究型、艺术型、社会型、企业型、常规型），并结合学生的能力和职业价值观，为其推荐适合的职业方向。比如，案例中的四名同学，如果辅导员都能借霍兰德的理论帮助他们进一步明确自己的兴趣类型，他们也许会有新的生涯探索。利用舒伯的生涯发展理论，辅导员可以帮助学生认识到职业规划的阶段性与动态性，支持他们在生涯的探索、建立和维持阶段，明确阶段性目标，调整职业策略，从而制订科学的生涯规划方案。例如，案例中的四名同学在大学低年级的时候，辅导员可以引导他们关注探索阶段的任务，鼓励他们通过实习、社会实践等活动逐步了解不同职业领域，建立初步的职业目标；到了高年级，则应重点帮助他们分析自身的优势与劣势，并结合霍兰德的职业兴趣测评结果，为他们提供职业决策的支持，帮助他们在就业与个人发展之间找到平衡点。辅导员不仅是知识的传递者，更是学生职业发展的引导者和支持者。生涯教育需要关注学生个体化需求，辅导员需要根据学生的兴趣、能力和目标，提供个性化和系统化的职业指导。例如，通过开展一对一的职业咨询，辅导员可以深入了解学生的职业困惑，为其量身定制职业规划方案。此外，在实施生涯教育过程中，辅导员需不断强化学生对职业发展长期性的认识，帮助他们在不同阶段根据外部环境的变化进行调整，避免因盲目选择职业路径或对未来发展的迷茫而产生心理压力。

其次，辅导员需要具备敏锐的观察力，能够发现并识别学生的心理困惑和压力，特别是与职业选择相关的焦虑和障碍。生涯教育不仅仅是职业规划的辅导，更是心理支持的一部分。辅导员在日常接触学生时，应关注学生的情绪状态，及时发现因职业目标不明确或职业选择不符合兴趣导致的心理困扰，并通过心理疏导和职业建议，帮助学生缓解焦虑，增强其职业自信心。例如，针对因家长期望与个人兴趣冲突而感到迷茫的学生，辅导员可以通过职业兴趣测评和价值观澄清活动，帮助他们权衡不同选择的利弊，找到适合自身发展的职业路径。

此外，辅导员在生涯教育中还要承担资源整合者的角色，充分利用校内外资源，促进学生与职业世界的接触。例如，与企业建立合作关系，邀请行业专家或校友为学生举办职业沙龙、行业访谈等活动，通过真实的职业案例和从业者的分享，学生就可以对目标职业有更深入的了解。辅导员还可以组织模拟求职活动，帮助学生掌握简历撰写、面试技巧和职场礼仪等实用技能，提高其求职竞争力。在组织生涯教育活动方面，辅导员需设计和实施高效的职业教育活动。例如，通过开展生涯班会、职业工作坊，辅导员可以为学生提供系统化的职业规划指导；通过举办行业分享会、职场体验日等活动，学生就可以接触真实的职业情境，提升职业认知能力；通过模拟求职比赛或职业情景剧等形式，帮助学生培养团队合作、问题解决等软技能。

总之，辅导员在生涯教育中的作用是多方面的。他们既是知识传递者，也是心理支持者、资源整合者和教育活动设计者。通过理论指导、心理支持、资源链接和实践活动，辅导员能够帮助学生更加理性和全面地看待职业选择，从而在复杂多变的职场环境中做出前瞻性的职业决策。这不仅有助于学生的个人职业发展，也对整个社会的人才培养和就业市场的优化具有重要意义。通过不断优化和创新生涯教育的形式和内容，辅导员可以为学生的职业发展提供更加坚实的支持。

四、发挥社会支持作用

将社会支持相关理论引入学生工作实践，不仅能够帮助辅导员更好地理解学生需求，还可以通过营造积极的支持环境，促进学生心理健康和全面发展。

鲍尔比的依恋理论和重要他人理论都可以指导辅导员发挥自身在大学生成长成才中的重要作用。

辅导员首先可以在工作中多一些温暖、民主，让自己逐步成为学生的“次级依恋对象”，进而为学生提供心理安全感，从而帮助他们更好地适应大学的学业和生涯发展。

首先辅导员可以努力成为青年大学生成长成才的重要他人，给予大学生更多的正向反馈，帮助大学生建立自信心并形成积极的学习生活态度，注重分享经验和资源，为大学生的生涯发展提供科学指导。

其次，辅导员需要调动其他重要他人（如家人、同伴）的作用，为大学生提供多层次的社会支持网络；同时，辅导员作为大学生的重要他人也需要善于识别这些关系的性质，并通过专业干预来放大其积极作用，减轻或消除其负面效应。

最后，辅导员在实际工作中要充分利用心理资本理论。比如，通过学业目标引导进行学业支持，提升学生的自我效能感和希望感，帮助其提升学习内部动机和成就感。又如，结合文体竞赛、科技创新比赛等，进行抗挫折教育，加强大学生的心理韧性培养，帮助学生学会在失败中调整心态并重拾动力。

此外，辅导员自身也要多利用心理资本理论。比如，加强自己的情绪管理，对工作压力或人际冲突保持乐观情绪，让自己的心理状态更加稳定充满弹性，提高自己的生活满意度和幸福感，也能不自觉地去感染和影响自己身边学生与其他人。

结合本案例中四名同学的故事，辅导员可以好好思考一下，能否发现四名同学具有不一样的依恋类型，如何成为他们成长阶段的重要他人，如何帮助他们培养和储备人生发展的心理资本。

五、开展心理健康教育和危机干预工作

辅导员在心理健康支持中，需要掌握一定的辅导技巧，帮助学生缓解心理困扰并建立健康的心理状态。要学会建立信任，尊重学生的隐私，创造安全的沟通氛围；以同理心倾听，避免居高临下的态度。要学会共情与理解，通过语言和非语言行为表达对学生的理解，如点头、适时回应，避免过度安慰或否定学生的情绪。要把握问题解决导向，帮助学生分析问题，找到可行的解决方案，把解决实际问题与解决心理问题相结合，鼓励学生参与决策，增强其掌控感和自信心。要注重正向引导，鼓励学生关注积极方面，帮助其建立更健康的思维模式；提供建议和资源，如书籍推荐、心理健康课程活动；等等。此外，通常辅导员并非专业心理咨询师，但可以帮助学生接触合适的心理健康资源，以获得更专业的帮助。如协助学生预约专业心理咨询中心专业服务，向学生宣传心理健康知识，提高其心理素质；还可以给学生提供社会心理健康资源，如当地 24 小时心理咨询热线，医院心理科或精神科预约挂号方式；等等。同时，辅导员应与学校心理中心、学生家长及医院等专业治疗机构保持良好的沟通合作，以确保学生在心理问题严重时获得及时的支持。

在处理危机实际时，辅导员首先要学会倾听与安抚，即保持冷静，耐心倾听学生的诉说，避免评判或打断；向学生传递关怀与支持，帮助其缓解情绪。其次要能评估危险性，即评估学生的情绪严重程度、自伤意图及具体的计划性；对存在自杀风险的，需立即启动危机干预预案，马上上报并通知学校心理健康中心。再次要果断采取行动，对于轻度心理危机可以通过辅导、转介心理咨询等方式帮助学生恢复；对于严重心理危机，要立即上报，并联系学校心理健康中心协助处理。最后要注重持续跟踪，危机处理后，辅导员需定期与学生保持联系，关注其恢复情况。

案例中的四名同学多多少少都经历了一些消极情绪的困扰，特别是毅羿同学，具有抑郁情绪、社交障碍和行为问题的典型特征，在实际工作中应当早发现早介入早干预，避免其上升为心理危机事件。与此同时，辅导员需要具备处理心理危机事件的基本能力，尤其是面对学生的情绪失控、自伤或自杀风险时，能够采取恰当的措施。

锦囊妙计

本章帮助辅导员梳理人格特质、心理发展阶段、生涯规划及社会支持等基本理论，从而有效解码学生心理特质。人格五因素模型（开放性、尽责性、外向性、宜人性、神经质）是理解学生行为差异的关键。辅导员需结合测评工具（如 MBTI、

霍兰德职业兴趣测试等）识别学生特质，引导其扬长避短。埃里克森的社会性发展理论强调大学生处于“自我同一性 vs. 角色混乱”阶段，需通过探索职业、价值观与社会角色建立清晰身份。布朗芬布伦纳的生态系统理论提醒辅导员关注家庭、学校、社会文化的综合影响，构建多层次支持网络。霍兰德职业兴趣理论倡导“人职匹配”，帮助学生将兴趣转化为职业动力。舒伯的生涯发展理论则强调职业选择的动态性，鼓励学生分阶段规划。依恋理论与重要他人理论揭示家庭、同伴与辅导员的情感支持对心理安全感的塑造作用。辅导员应成为学生的“安全基地”，提供情感支持与资源链接。心理资本理论（希望、韧性、自我效能、乐观）是提升抗逆力的核心，可通过目标引导、抗挫训练与正向反馈培养。

心理迷雾非矫情，正视方能破困境。人格特质各不同，理论导航破迷烟。生涯规划需匹配，社会支持暖心田。家校协同齐助力，危机干预保平安。希望韧性不可少，乐观效能意志坚。辅导员若明灯照，学子心路绽新颜。

武理分享

1. 人格特质理论的应用

人格五因素模型：通过开放性、尽责性等维度评估学生行为模式，如外向型学生更适合社交型职业，神经质倾向者需加强情绪管理。

MBTI 测试：用于团队建设，如将外向型（E）学生与内向型（I）学生组队，促进互补。

2. 心理发展阶段的干预重点

社会性发展理论：针对大一新生的“角色混乱”，可开展“自我探索工作坊”，通过价值观澄清、职业兴趣测试助力身份认同。

生态系统理论：对家庭支持薄弱的学生（如毅羿），需加强校园微系统支持（如朋辈辅导、导师制），并联动社区资源为其提供实习机会。

3. 生涯教育的实操策略

霍兰德职业沙龙：邀请六类职业代表（如企业型校友、艺术型音乐人）分享经验，帮助学生直观感受职业环境。

舒伯阶段任务：低年级侧重探索（社团、实习），高年级聚焦决策（简历指导、模拟面试）。

4. 社会支持系统的构建

重要他人清单：引导学生列出支持者（如父母、导师），并定期沟通；对孤立学生，辅导员可主动成为其“次级依恋对象”。

心理资本训练：通过“21 天目标挑战”提升希望感，通过“失败案例分析”增强韧性。

5. 心理健康危机的识别与应对

信号识别：毅羿的昼夜颠倒、挂科逃避属于典型危机前兆，需及时约谈并转介心理中心。

危机干预流程：倾听共情→风险评估→上报联动→持续跟踪，确保学生安全。

6. 辅导员自我成长

职业定位：根据霍兰德理论，社会型（S）辅导员适合深耕心理咨询，企业型（E）可转向行政管理。

心理资本自测：定期评估自身希望、韧性水平，通过正念冥想、同行督导维持心理健康。

资源推荐

✲ 专业好书

书名：实用青年心理学：从自我探索到心理调适
作者：韦恩·韦登、达纳·邓恩、伊丽莎白·约斯特·哈默
译者：杨金花、于海涛、黄雪娜
出版社：商务印书馆
出版时间：2023 年 2 月

书名：大学生心理健康与人生发展：成长，从关爱心灵开始
作者：蔺桂瑞、杨芷英
出版社：高等教育出版社
出版时间：2010 年 4 月

参考文献

［1］Erikson E. H. Identity：Youth and Crisis［M］. New York：Norton，1968

［2］Bronfenbrenner U. The Ecology of Human Development：Experiments by Nature and Design［M］. Cambridge：Harvard University Press，1979.

［3］Holland J. L. Making Vocational Choices：A Theory of Careers［M］. New Jersy：Prentice Hall，1997.

［4］Super D. E. A Life-Span，Life-Space Approach to Career Development［J］. Journal of Vocational Behavior，1980，16（3）：282－298.

［5］Bowlby J. Attachment and Loss：Volume 1：Attachment［M］. Cambridge：Basic Books，1982.

［6］王晓春. 高校辅导员胜任力模型构建研究［M］. 北京：中国社会科学出版社，2018.

［7］蔺桂瑞，杨芷英. 大学生心理健康与人生发展：成长，从关爱心灵开始［M］. 北京：高等教育出版社，2010.

［8］韦恩·韦登，达纳·邓恩，伊丽莎白·约斯特·哈默. 实用青年心理学：从自我探索到心理调适［M］. 北京：商务印书馆，2023.

第二章　认识心理疾病

本章导读

2020 年 9 月，国家卫健委发布《探索抑郁症防治特色服务工作方案》，规定各高中及高等院校将抑郁症筛查纳入学生健康体检内容。近年来，包括抑郁症在内的心理疾病呈现年轻化的趋势，严重影响着学生的身心健康。尤其对于大学生而言，学业压力、就业焦虑、人际关系困扰以及自我认同等问题，经常引发不同程度的心理困扰，甚至发展为心理疾病。作为辅导员，您不仅是学生学习和生活的指导者，更是其心理健康的守护者。通过科学认识和应对心理问题，您可以帮助学生识别心理疾病的早期信号，提供及时的干预和支持，促进其身心健康的成长。

本章主要通过几个案例帮助辅导员更好地了解心理疾病的概念及常见类型。辅导员在学完本章内容后能够正确地认识心理疾病。本章还探讨了关于心理问题与心理疾病的判断方法和治疗方式，提出了有关如何识别这些疾病的建议和策略；提供了包括建立预警机制、形成干预体系、构建正向氛围、提升防御能力在内的大学生心理疾病应对体系，明确了辅导员在处理学生心理疾病中的定位与作用，希望对辅导员有所帮助。

第一节　心理也会生病

案例导入

起伏不定的双面人生

秋风拂过校园，枝头的黄叶随风飘落，仿佛一场无声的告别。许洋站在办公室的窗前，凝视着这片景象。作为一名刚刚走上辅导员工作岗位的年轻人，他怀着满腔热情与憧憬，认为这份工作既充满挑战又饱含意义。

刚开始时，许洋将这份工作视作简单的管理与指导。他以为自己作为学生生活中的引路人，陪伴他们度过大学的每一个阶段，督促学业、调解矛盾、组织团体活动便是自己的工作。直到一个电话，让他意识到了辅导员这一职业远比他想象中的更责任重大。“许老师，晓晨失联了！”听到电话的许洋感到紧张又诧异。

晓晨是许洋所带的一名大四学生，担任班长。在许洋的印象中，他是一个工作积极、成绩优秀、责任心强的学生，总是积极承担各项活动，似乎一切都在他的掌控之中。记忆中，晓晨总是充满活力，无论是班级活动还是学术项目，他都能出色地完成任务。许洋曾多次在班会上表扬晓晨的积极表现，鼓励同学们向他看齐。

然而，事发之后，许洋开始反思自己是否忽略了什么。他回忆起关于晓晨的某些片段：有时，晓晨会突然变得沉默寡言，独自坐在教室的角落，眼神空洞，和平时热情积极的他截然不同；有时，他会缺席一些重要的活动，理由只是“有点儿累”。许洋曾注意到这些细节，但并未深究。他以为，这只是晓晨偶尔的情绪波动，毕竟每个人都会有状态不好的时候。现在回想起来，许洋感到深深的自责：如果当时能多问一句，多关注一些，或许就能早一点儿发现晓晨的异常。

实际上，晓晨自己也从未意识到问题的严重性。面对不断增加的学业压力和生活负担，他只是认为自己偶尔情绪低落是“压力太大”所致。每当情绪低落时，他总是告诫自己“再撑一下”，并告诉自己很快会好起来。然而，随着时间推移，他的情绪波动越来越频繁且剧烈，晓晨渐渐感到自己失去了对生活的掌控。直到这次与父母的争吵后，晓晨的情绪彻底崩溃，甚至产生了轻生的念头。

许洋接到通知后，立刻与班级同学四处寻找，最终在江边找到了晓晨。此时，天色已晚，冷风夹杂着江边的湿气扑面而来。晓晨站在江边，目光空洞，仿佛看透了眼前的一切，却什么也不想再看。许洋轻轻走近他，低声问：“晓晨，怎么了?”

晓晨没有抬头，也没有回答，只是低垂着眼帘，轻轻摇了摇头。那一刻，许洋感到深深的无力，他似乎听到了晓晨内心深处压抑的呼喊，却无法穿透那面无形的墙。

许洋立刻通知了家长，并在家长同意后带着晓晨去了医院。经过检查和诊断，晓晨被确诊为双相情感障碍。医生向晓晨和许洋解释，双相情感障碍是一种情绪波动极大的心理疾病，患者会经历情绪高涨的“躁狂期”和情绪低落的“抑郁期”。在躁狂期，患者可能表现出过度兴奋、精力充沛、睡眠需求减少、思维奔逸等症状；而在抑郁期，患者会感到极度低落、疲惫、无助，甚至产生轻生的念头。

许洋回想起晓晨的表现，恍然大悟。那些异常兴奋的时刻和突然的低落，原来都是双相情感障碍的表现。他意识到，自己只注意到了晓晨情绪高涨、积极做事的一面，却忽视了他情绪低落、一言不发的一面。如果自己能更早地觉察到这些信号，及时干预，或许就能更好地避免这场危机。

许洋每天抽出时间与晓晨沟通，提醒他按时服药，关注他的情绪状态。随着时间的推移，晓晨开始渐渐敞开心扉，他定期去心理健康中心咨询，接受药物治疗和心理辅导。许洋也多次和晓晨的父母进行沟通。许洋了解到，晓晨的父母虽然心疼儿子，但他们对晓晨的高期望和过于严苛的态度无意间加重了他的压力。许洋耐心地为晓晨的父母解释了双相情感障碍的性质，以及父母理解和支持的重要性。他还提出了一些家庭沟通技巧，鼓励晓晨的父母在不施加过大压力的前提下，给予晓晨更多的关爱和理解。

晓晨的故事并非个例。许洋开始反思自己的工作：如何才能发现学生内心深处的痛苦？如何在一个个看似平常的行为背后，看到那潜藏的危机？他意识到，作为辅导员，他不仅要关注学生的学业和生活，更要关注他们的内心世界。

许洋向资深的辅导员请教经验，参与了更多的心理健康讲座和专业培训。他学会了如何通过情绪波动、行为变化、睡眠模式等细节判断学生的心理状态，如何与学生建立起更深的信任关系。他会与每个学生进行定期的沟通交流，了解他们的心理状况，及时发现潜在危机。许洋还带领学生们参与压力释放工作坊、心理科普讲座、心理健康咨询等丰富有趣的活动，帮助学生们卸下防备，敞开心扉，舒缓压力。

许洋终于明白，辅导员的工作，不仅是与学生同行，更是与他们的心灵共振，帮助他们在迷茫的时刻，看到光亮；在绝望的深渊中，找到回归的路。

案例综合点评

本案例展示了辅导员在学生心理健康管理中的关键作用，揭示了辅导员在心理问题识别与干预方面的不足。在案例中，晓晨最初将自己的情绪波动归因于压力，而未意识到这些可能是双相情感障碍的症状，反映出学生对心理健康问题的误解。同样，辅导员许洋也未能及时识别晓晨的异常情绪波动，未能从心理学角度深入理解学生的心理状态。但在危机发生后，辅导员采取了行之有效的干预手段，迅速通知家长并安排晓晨就医，最终帮助晓晨走出心理困境。同时，辅导员通过不断反思与学习，提升了识别和应对学生心理问题的专业水平，在工作中实现了角色转变。

1. 正确认识心理疾病

晓晨最初将情绪波动归于学业和生活压力过大，这是许多心理问题早期表现中的常见误解。社会对心理健康的普遍认知仍存在一定的偏差，尤其是在年轻群体中，情绪低落、焦虑或压力过大往往被误认为是“正常的情绪波动”，这种误解往往使得早期的心理健康问题得不到及时识别与干预。晓晨未能意识到自己经历的情绪波动实际上是双相情感障碍的临床表现，直到病情发展至危急阶段，才引起他的注意。

2. 双相情感障碍的识别

双相情感障碍是一种典型的情绪障碍，患者会经历明显的躁狂期和抑郁期。躁狂期通常表现为情绪过度高涨、精力充沛、判断力下降、睡眠减少等，抑郁期则伴随情绪极度低落、兴趣丧失、无助感强烈，甚至出现自杀念头。晓晨在情绪高涨时会积极参与班级事务，但在情绪低谷时则显得沉默寡言、消极回避。双相情感障碍的临床表现往往具有隐蔽性和周期性，许洋未能及时识别这些症状，忽视了对晓晨的心理健康问题。

3. 辅导员工作的不足

入职初期，许洋对辅导员的职责认识相对单一，主要聚焦于学生的学业、生活管理以及日常事务的组织，而对学生的心理健康问题缺乏足够的关注。晓晨的情绪波动以及其潜在的心理疾病并未引起许洋足够的警觉，反映了辅导员在心理健康干预知识储备方面的不足。辅导员的工作不仅是学业与生活的引导，更应当成为学生心理健康的守护者。

4. 辅导员的成长与反思

在危机发生后，辅导员能够迅速进行自我反思并采取积极的措施，体现了辅导员在实践中的成长与进步。通过向资深辅导员请教、参与心理健康培训，许洋提升自己的专业素养，更全面地关注学生的心理状态，尤其是情绪波动、行为变化、社交互动等方面的细节。他也意识到辅导员不单单是事务工作的管理者，更是学生心理健康的支持者和守护者。

有理有据

一、科学认识心理疾病

1. 心理疾病的概念

心理疾病，也称“精神障碍”或“心理健康障碍”，是指一系列影响个体情绪、思维、行为及社会功能的精神健康状况。《国际疾病分类》（ICD-11）和《美国精神障碍诊断与统计手册》（DSM-5）等权威标准性心理疾病将其定义为在认知、情感或行为方面表现出显著异常，且这些异常对个人的日常生活、工作能力或人际关系造成明显困扰或损害的一类疾病。这类疾病涵盖了广泛的精神健康状况，包括但不限于焦虑障碍、心境障碍（如抑郁症和双相情感障碍）、精神分裂症、进食障碍，以及人格障碍等。

心理疾病的成因复杂，涉及遗传、生物化学、环境和社会心理等多个层面。例如，大脑内神经递质不平衡、遗传易感性、早期生活经历中的创伤事件以及持续的生活压力，都可能是导致心理疾病发生的重要因素。值得注意的是，心理疾病并非简单的“意志力不足”或“性格缺陷”，而是需要通过专业的评估、诊断，并结合药物治疗、心理治疗以及其他形式的支持来进行综合管理的医学状况。因此，普及公众对于心理疾病的认识，减少相关偏见，并提供及时有效的干预措施，对促进患者康复及提升整体社会的心理健康水平至关重要。

2. 心理疾病特点

情绪和行为异常：心理疾病患者的情绪状态可能与现实情境不相匹配，如在没有明显外部原因的情况下经历极度的悲伤、恐惧或愤怒。行为上，他们可能表现出回避社交活动、过度依赖他人、自我伤害或攻击性行为等。

功能受损：心理疾病不仅会影响个体的情绪状态，还会对其社会角色和日常生活的各个方面产生负面影响。比如，在学业上，学生可能出现成绩下滑、缺课增多的情况。

主观痛苦：患有心理疾病的人通常会经历深刻的内心痛苦，这种痛苦可能是由负面思维模式、持续的焦虑感或抑郁情绪引起的。此外，身体上的不适（如头痛、胃痛）也可能伴随出现，进一步加剧了他们的痛苦体验。

认知功能变化：认知功能障碍是许多心理疾病的常见特征之一。例如，抑郁症患者常被报告注意力集中困难、记忆力减退以及决策能力下降；焦虑症患者则可能因为过度担忧而难以清晰思考。这些认知问题不仅影响个人的学习和工作效率，还可能导致自我评价降低，形成恶性循环。

持续性和复发性：很多心理疾病具有慢性发展的趋势，症状可能时好时坏，但总体上呈现长期存在的情况。即使经过治疗后症状有所缓解，患者仍需警惕复发的风险。一些研究表明，某些类型的心理疾病（如双相情感障碍）具有较高的复发率，需要终身管理。

二、大学生常见的心理疾病、成因及认识

1. 大学生常见的心理疾病类型

心理疾病（也称“精神障碍”）可以根据症状和表现方式进行分类。目前，最常用的分类标准有美国精神病学会（American Psychiatric Association，APA）的《精神障碍诊断与统计手册》（第五版）［*Diagnostic and Statistical Manual of Mental Disorders*（5*th edition*），DSM-5，American Psychiatric Organization，2013］和世界卫生组织（World Health Organization，WHO）的《国际疾病分类》（第十一版）［*International Classification of Diseases*（11*th edition*），ICD-11］。

以DSM-5的分类为例，大学生常见的心理疾病有以下几种：①抑郁障碍（Depression and Related Disorders）；②双相及相关障碍（Bipolar and Related Disorders）；③焦虑障碍（Anxiety Disorders）；④强迫及相关障碍（Obsessive-Compulsive and Related Disorders）；⑤喂食及进食障碍（Feeding and Eating Disorders）；⑥精神分裂症谱系及其他精神病性障碍（Schizophrenia Spectrum and other Psychiatric Disorders）；⑦躯体症状及相关障碍（Somatic Symptom and Related Disorders）；⑧人格障碍（Personality Disorders）。此外，还有神经发育障碍、创伤及应激相关障碍、物质相关及成瘾障碍、神经认知障碍等，在大学生阶段发病较少，在此不做主要介绍。

需要注意的是，每种心理疾病都有不同的症状和表现，因此需要由专业的心理

医生进行诊断和治疗。

2. 大学生心理疾病的成因

大学生心理疾病的成因涉及生物学、心理学和社会环境等多个领域。

(1) 生物学因素

遗传易感性：心理疾病的遗传易感性广泛存在于多种心理障碍中。例如，抑郁症、焦虑症、双相障碍等都有一定的家族聚集性。

神经递质失衡：神经递质（如血清素、多巴胺、去甲肾上腺素）的失衡是许多心理疾病的重要生物学基础。

神经生物学发展：大学生的神经系统尚在成熟过程中，这使得大学生群体可能更易受到环境刺激的影响，情绪调节能力较低，容易出现焦虑、抑郁等症状。研究发现，大脑、认知和情感的成熟以及许多心理健康障碍出现在 10～20 岁。

(2) 心理学因素

认知偏差：大学生在面对学业压力、社交问题等时，可能存在负性认知偏差。这些认知偏差，如灾难化思维（即把小问题看作严重灾难）、过度泛化（即从一件小事推导出普遍性结论）等，容易导致焦虑、抑郁情绪。例如，学业不如预期时，学生可能认为“我永远做不好”或“我无法适应大学生活”，这些负面思维加剧了心理困扰。

自我价值感与身份认同：大学生正处于自我身份形成的关键时期，此时个体的自我价值感、身份认同感可能受到学业成绩、人际关系、职业规划等因素的影响。特别是在面临学业失败、社交孤立、恋爱挫折等情境时，学生可能经历自我怀疑、身份迷茫等心理困扰，增加抑郁、焦虑等患病风险。

(3) 社会环境因素

缺乏社会支持系统：社会支持是个体应对压力和危机的重要资源，缺乏有效的社会支持（如亲友的情感支持、学术支持等）会增加大学生患心理疾病的风险。

生活事件和环境压力：大学生在适应大学生活的过程中，可能经历一系列的生活事件，如家庭变故、经济压力、学业竞争、就业压力等。这些生活事件会通过激活个体的压力反应系统影响心理健康。

社会期望与文化压力：大学生处于社会、文化和经济环境的多重影响之下，来自家庭、学校和社会的期望可能产生巨大的心理压力。例如，父母对学业和职业的高期望、同伴之间的竞争压力、社会对成功的标准等，可能导致学生产生焦虑、低自尊等情绪问题。特别是在社会价值观较为功利化、物质化的背景下，学生可能更容易产生“自己不够好”的情绪和认知，从而导致心理疾病。

(4) 生理和行为因素

生理节律紊乱：大学生普遍存在作息不规律、过度依赖电子设备等问题，导致生理节律紊乱。睡眠不足和生理节律的干扰可能影响大脑的情绪调节功能，增加焦虑、抑郁等患病风险。

不健康的生活方式：大学生群体中的不良生活习惯（如高糖饮食、缺乏锻炼、吸烟、酗酒等）对心理健康有负面影响。这些生活方式不仅影响身体健康，还会通过激活神经炎症反应、改变神经递质水平等途径，促使心理健康问题发生。例如，研究发现酗酒与抑郁症、焦虑症有显著的相关性。

3. 正确认识常见的心理疾病

心理障碍污名是指大众对心理疾病患者产生的一系列消极反应，包括负面的刻板印象、偏见和歧视。去污名化就是通过消除与心理疾病相关的负面标签、偏见和歧视，促进社会更加理性、宽容地看待患有心理疾病的个体。心理疾病的污名化不仅增加了学生的痛苦，还可能导致他们无法获得及时的治疗和支持。因此，去污名化对促进心理健康、消除社会偏见和改善治疗效果具有重要意义。以下是对常见心理疾病进行去污名化的一些专业讨论，供读者参考。

（1）抑郁症

许多人将抑郁症视为“懒惰”或“情绪低落”，认为抑郁症患者只是没有积极面对生活，或者是个人意志力不强。抑郁症是一种由生物、心理和社会因素交织的复杂疾病。神经递质失衡、遗传易感性、长期的压力和创伤都可能导致大脑功能发生变化，影响情绪、思维和行为。抑郁症并非单纯的“情绪低落”，而是一种真正的、需要治疗的医学疾病。抑郁症是可以治疗的，通过药物治疗、心理治疗（如认知行为疗法）和生活方式干预，大多数患者可以获得显著改善。抑郁症的治疗应视为一种医疗过程，而不仅仅是克服“弱点”或“个人失败”。

（2）焦虑症

焦虑症患者往往被认为“过于敏感”或“不够坚强”，甚至被嘲笑为“神经质”。焦虑症不仅仅是“过度担忧”，它可能由大脑中控制情绪的区域（如杏仁核）过度活跃、神经递质不平衡等生理因素引起。此外，生活压力、创伤经历、遗传因素也可能是焦虑症的潜在原因。焦虑症通过认知行为疗法（CBT）、暴露疗法、放松训练以及药物治疗等多种方式能够得到有效控制。患者的症状经过治疗可以得到显著缓解，不是无法控制的。

（3）精神分裂症

精神分裂症常被误解为“人格分裂”或“疯狂”，患者经常被视为暴力或无法控制的个体，造成社会排斥。精神分裂症是一种严重的精神障碍，患者经历幻听（听到不存在的声音）、妄想（坚信不真实的想法）以及思维和情感的严重障碍。它与人格分裂（多重人格障碍）不同，与暴力并无直接关联。大多数精神分裂症患者并不会表现出暴力行为，反而更可能成为暴力的受害者。虽然精神分裂症是一种长期慢性疾病，但通过药物治疗、心理支持和社会支持，许多患者能够有效控制症状，并过上较为正常的生活。我们应给予患者更多的理解和支持，而不是排斥和歧视。

（4）强迫症

强迫症常被误认为是“过于洁癖”或“过度挑剔”，有些人将患者的行为看作“自私”或“不必要的”。强迫症患者的强迫行为并非出于“自愿”或“无聊”，而是由强迫思维（如对某个事件的过度担忧）驱动的，这些行为对于患者而言是无法控制的。患者往往知道这些行为没有意义，但仍无法停止。强迫症可以通过认知行为疗法（特别是暴露与反应预防）和药物治疗得到有效控制。许多患者通过治疗能够显著减少症状，恢复正常生活。

（5）饮食障碍

饮食障碍患者，尤其是（神经性）厌食症（Anorexia Nervosa）和（神经性）贪食症（Bulimia Nervosa）的患者，常被视为“无节制”或“贪婪”，或者被认为是为了追求完美身材的“虚荣”表现。饮食障碍并非单纯的“节食”或“暴食”行为，而是一种与体重、形象有关的严重心理疾病。许多患者的饮食行为受到深层的情感困扰、身体形象的扭曲、情绪调节困难等因素的驱动，背后通常有深刻的自尊问题、焦虑、抑郁等心理障碍。饮食障碍需要多学科的干预，包括心理治疗、营养指导、药物治疗和社会支持。

（6）双相情感障碍

双相情感障碍常被误解为“情绪不稳定”或“情绪起伏大”，一些人认为患者只是缺乏自控力或“性格有问题”。双相情感障碍是一种情绪障碍，表现为极端的情绪波动，包括抑郁和躁狂或轻躁狂期。躁狂期并非“兴奋”或“快乐”，而是一种情绪过度激动、冲动行为增加、判断力下降的病理状态。双相障碍需要综合治疗，包括药物治疗和心理治疗。尽管症状有时比较严重，但许多患者在治疗下可以恢复稳定的生活。

三、认识双相情感障碍

双相情感障碍（Bipolar Disorder），临床早期称作“躁郁症”，是一种既有狂躁发作，又有抑郁发作的精神类疾病。双相情感障碍的标志性表现是极端低落和极端高涨的情绪发作。

双相情感障碍是一种情绪像“钟摆”一样摇摆不定的特殊精神疾病，患者时而精力充沛，天马行空；时而郁郁寡欢，一筹莫展。当有人出现反复“喜怒无常”“过山车”样的精神状态的时候，需警惕是否患上了一种“钟摆”病——双相情感障碍。双相情感障碍的症状是既有躁狂或轻躁狂发作，又有抑郁发作的一类心境障碍。据世界卫生组织统计，全球双相情感障碍的发病率为1%～2%，最高可达5%。

到底是轻度躁狂发作还是性格使然，可以从以下几个方面辨别：双相障碍患者在轻度躁狂发作时，存在持续数天的心境高涨、精力充沛及显著的自我感觉良好，注意力不集中、轻度挥霍，社交活动增多，性欲增强的症状；有时表现为容易被人激怒，摔东西，自负自傲，行为较莽撞。正是因为很多患者的表现是轻度躁狂，自己或家人并没有过度关注，才导致双相情感障碍患者表现为抑郁状态就诊时，容易被误诊为抑郁症。

据统计，我国大约有 1/3 的双相情感障碍患者初诊被当作抑郁症患者来进行治疗。从患病人群来看，双相情感障碍患者平均发病年龄为 30 岁，而单相抑郁症平均年龄为 40 岁，25 岁以前首发抑郁是双相情感障碍的可能性比较大。一般抑郁症状持续 14 天以上，并且低落情绪不会因外界环境刺激而改变，又间隔性地出现躁狂或轻躁狂症状 4 天以上，就要考虑向相关的专业医生求助。

双相情感障碍治疗需要注重“三大原则”：综合原则、长期原则和患者与家属共同参与原则。综合原则是指采取多重手段，如精神药物、物理治疗、心理治疗和危机干预等措施，综合运用以提高疗效和改善依从性；长期原则是指患者需要遵从医嘱长期治疗，实现与病共存，提高生活质量；患者与家属共同参与原则，即鼓励家人参与患者的治疗过程，帮助患者提高依从性，减少复发。

他山之石

大学生心理疾病的去污名化

Gofman 在 1963 年首次提出了“污名”的概念，并将其定义为一种极不光彩的标签。他认为，被污名让个体从一个正常的人转变为一个有污点的人，并且在此过程中个体价值会受到损害。以往研究最常用的关于污名的定义包括刻板印象、偏见和歧视三个方面。在此基础上，我国研究者提出，心理疾病污名是由个体对心理疾病的负面认知、消极情感体验和歧视倾向所构成的负面态度。

大学生处于青少年期向成人期的过渡阶段，近年来罹患心理疾病的大学生人数不断增多，引发社会高度重视。研究表明，心理疾病的公众污名现象越严重，患者寻求专业心理帮助的态度也会越消极，甚至为了逃避公众污名带来的消极影响而隐瞒患病事实。

对大学生心理疾病公众污名的干预研究主要有以下几个方面。

教育干预：邓慧君采取教育策略对大学生心理疾病公众污名进行干预，并发现该方法有效。研究者要求被试者在被试之前先观看两段介绍心理疾病患者艰难处境的纪录片，随后进行教育干预活动，主要通过提问和引导的方式表达对待心理疾病患者的正确认知。结果发现，接受教育干预后，被试对于心理疾病患者的污名现象有了明显改善，他们不再倾向于把患者看作具有威胁的、可怕的和不可接触的。教育干预可广泛运用于大学课堂，辅导员们可以通过普及心理疾病相关知识来纠正大学生对心理疾病和心理疾病患者的错误认知。

团体干预：心理疾病公众污名的团体干预常采用的形式是，由团队内部成员扮演心理疾病患者，感受团体其他成员在接触过程中对自己产生的歧视与排斥。这种模拟接触可使团体成员身临其境，深刻地感受被污名个体的心路历程，从而增进团体成员对心理疾病患者的了解，并改变对心理疾病患者的刻板印象和污名行为。研究表明，团体干预可以有效地改善大学生心理疾病公众污名。但是，团体活动需要专业人员加以指导，并且对场地、人数、活动设置等方面都有严格要求，所以目前这种活动的普及度并不高。

接触干预：已有研究表明，社会接触可以通过对群体间的界限实行有效的冲击，从而使人们正确看待群体差异，进而改变对心理疾病患者的刻板印象，减少污名。接触干预主要分为直接接触与间接接触两种。直接接触具有很强的互动性，干预效果较好。间接接触是一种常用的干预方式。其中，应用最多的是视频接触，即通过视频媒介，被试者可以了解心理疾病患者的经历，包括关于心理疾病患者的访谈录像、影视作品和纪录片等多种形式。

案例要点分析

从辅导员角度来说，可以有针对性地展开心理健康讲座，利用网络新媒体优势，普及有关双相情感障碍的知识，提高学生的认知，使他们重视自己及他人的情绪波动，帮助他们在出现类似之后更懂得调节。对于学生个体的心理健康，辅导员还可以从以下几个方面做好关注。

1. 细心观察与早期识别

观察情绪变化：双相情感障碍患者通常表现为情绪的极端波动，从极度高涨的躁狂期到低落的抑郁期。辅导员可以通过细致的观察，识别学生是否存在异常的情绪波动、过度兴奋或突然的情绪低落、无故消沉等表现，尤其是情绪变化剧烈且难以自我调节的情形。此外，躁狂期可能出现过度自信、精力充沛、话多或做出冒险行为，抑郁期则表现为疲惫、对事物失去兴趣或感到无望等症状。

关注身体语言和言语细节：双相情感障碍患者的言语和行为通常反映出情绪的极端变化。例如，在躁狂期，患者可能言辞激烈、过度自信、急于表达想法，甚至在没有完全思考清楚时便做决定；而在抑郁期，患者可能显得沉默寡言、消极、无精打采，甚至可能表达出对生活的极度失望或轻生念头。辅导员可以留意学生在日常谈话中的情感变化，关注是否存在自我否定、焦虑或极度疲惫等迹象，及时发现潜在的心理问题。

2. 建立信任关系

创造安全的谈话环境：我们应营造一个非评判性、安全和私密的环境，确保学生可以放心表达自己的困惑和痛苦。温和的引导和积极的倾听可以帮助学生逐渐放下防备心理，勇敢地分享自己内心的感受，特别是那些情绪波动和极端情绪的变化。

尊重学生的隐私：在谈话中，我们应尊重学生的隐私，不强迫学生透露自己不愿意谈及的内容。耐心和理解可以帮助学生逐渐建立信任感，鼓励他们敞开心扉。

3. 有效倾听与同理心

耐心倾听：我们需要充分发挥倾听的作用，给学生一个表达内心的空间。不要急于给出建议或解决方案，而是要倾听学生的感受和想法，确认学生的情绪并表现出理解。

表达同理心：通过语言和非语言的表达，我们应传达出对学生痛苦的理解和关心，避免出现批评、指责或冷漠的反应。

4. 鼓励专业心理干预

推荐心理咨询：我们应鼓励学生寻求专业的心理健康支持。如果学生的情况较为严重，可以建议他们预约学校的心理咨询服务，或者引导他们前往心理治疗师、心理医生处接受专业治疗。

消除心理疾病的污名化：我们应帮助学生消除对心理疾病的污名化，向学生明确表示寻求帮助是一种勇气的表现，是自我关爱的一部分，而不是弱点。

5. 加强社会支持系统的干预

动员班级同学和朋友的支持：双相情感障碍患者通常在躁狂期表现得外向且充满活力，但在抑郁期则可能感到极度孤独、失落和无助。同学和朋友的支持对于他们的心理恢复至关重要，我们可以组织小组活动或团体辅导，加强学生之间的沟通与互助，创造一个支持和理解的氛围。通过这种集体支持，学生能够感受到集体的温暖与关怀，减少孤独感。

第二节　心理问题与心理疾病

案例导入

正确看待心理疾病

入职一年多的辅导员黎冰收到了一位班长的QQ信息，看到信息后她心头一紧。在班长的反馈中，大二学生王宇似乎正面临一定的心理困难。据班长说，王宇最近一个月经常旷课，不参加集体活动，和他说话时总是眼神躲闪，情绪低落，一提到上课、作业等问题时，王宇就表现得异常的紧张和焦虑。黎老师立即安排了与王宇的谈话。

在谈话中，王宇言辞闪烁，不愿正面谈论自己的问题。黎老师发现，他虽然承认自己最近情绪低落，时常感到焦虑和无助，但当提到“心理疾病”时，他立刻紧张起来。“我知道自己可能有些问题，但我不觉得自己有什么心理疾病，”王宇说，“而且我不希望让别人知道。我真的怕同学知道了，他们会怎么看我，会不会当我是怪物?”

黎老师向王宇解释道：“很多人有过心理上的困扰，像焦虑、抑郁这样的情绪问题，往往只是因为我们没有得到及时的帮助才变得越来越严重。”她还补充道：“心理疾病并不是你的弱点，它就像感冒发烧一样，是可以通过治疗得到缓解甚至治愈的，别害怕。”

在征得家长同意的前提下，黎老师陪同王宇去医院进行检查。经过心理医生的评估和测试，王宇被诊断为中度抑郁障碍、中度焦虑障碍。医生向他解释，这些症状的成因是多方面的，可能与压力、情绪调节能力、生活事件等因素相关。幸运的是，及时的干预和治疗能够有效改善他的情况。

然而，黎老师遇到了另一个难题——如何向王宇的家人解释和阐明心理疾病的性质。王宇的家长对“心理疾病”仍有很多疑问，尤其是关于是否真的需要让王宇接受相关治疗。“心理问题是病吗?”“他这么年轻，不可能得抑郁症吧?”“他可能就是这一阵子情绪不高，过去就好了，用不着治疗。”王宇父母的这些疑问让黎老师遇到了解答困难。

黎老师立即联系了学校心理健康教育中心的老师，寻求专业支持。经过与心理健康教育中心教师的讨论，黎老师获得了更多关于心理疾病的科普知识。她向家长解释道，心理疾病并非性格缺陷或简单的情绪波动，而是一种与生理、心理、社会等因素交织的医学疾病。她特别强调：“抑郁症和焦虑症等心理疾病，与身体疾病一样，是需要科学治疗的，不治疗的后果可能会导致病情加重，影响孩子的学习、生活和人际关系。”黎老师还补充道，心理治疗和药物治疗对这种类型的疾病是有效的，并且及早干预和治疗能够显著提高恢复的概率。

黎老师还向家长介绍了心理问题与心理疾病之间的区别：心理问题通常是暂时的、与生活压力相关的情绪困扰，心理疾病则是持续的、影响生活质量的严重障碍，可能需要专业的治疗。她举例说明，很多心理问题如果不及时干预，可能演变成心理疾病，因此及时治疗非常重要。

经过黎老师耐心、专业的解释，王宇的父母终于认识到心理疾病的性质，并决定全力支持王宇进行治疗。黎老师还向家长建议，尽量避免使用负面的语言或表现出不理解的态度，因为这可能加重王宇的病耻感，让他更加抗拒治疗。

与此同时，黎老师也与王宇的班级同学进行沟通。她组织了一次关于心理健康的班会，邀请心理健康教育中心的专业教师，为全班同学普及心理健康知识，解释如何正确看待身边可能有心理困扰的同学。通过这种集体教育，黎老师希望减少班级同学对心理疾病的误解，营造一个更加支持和包容的氛围。

在随后的治疗过程中，王宇按时服药，定期去咨询和复诊。在家人、辅导员和同学们的支持帮助下，王宇的焦虑和抑郁症状得到缓解，情绪变得更加稳定，重新参与了课堂和社交活动，逐渐恢复了正常的学习和生活。

案例综合点评

随着学业压力、情感波动、人生选择等多重因素的交织，大学生的心理问题日益呈现复杂化和多样化的特点。然而，心理疾病的污名化问题仍然是许多学生拒绝接受心理帮助的主要障碍。本案例中的辅导员黎冰，在发觉学生王宇可能存在心理疾病后，及时进行干预，取得了较好的效果。

1. 心理危机的早期识别与干预

在本案例中，辅导员黎老师展现了在学生心理问题出现初期的敏锐洞察力。当班级同学反映王宇存在情绪波动和社交障碍时，黎老师并没有忽视这一信息，而是及时与学生进行沟通，帮助他明确是否存在心理困扰。正如案例中所展示的，大学生由于自身成长环境、心理素质和外部压力的不同，经常在出现心理问题时选择隐忍或忽视。

黎老师在王宇情绪低落和社交退缩的初期便予以关注，并通过一对一谈话深入了解学生的内心世界。这种及时的干预不仅避免了问题的恶化，也为后续的治疗创造了良好的开端。正如心理学家指出，心理问题早期干预的效果往往比后期干预的效果更加显著，因此辅导员应当在学生的心理困扰出现之初，迅速采取行动，给予学生专业的支持和引导。

2. 心理问题与心理疾病的认识误区

在本案例中，学生最初将自己的情绪波动归因于外部压力，而忽视了这些可能是心理疾病的早期症状。学生家长最初也对学生的治疗效果提出不解和疑问，这反映了许多人对心理问题与心理疾病之间的界限存在误解。许多学生在遭遇情绪困扰时，往往认为这只是暂时的不适应或压力过大，认为随着时间推移一切都会自我恢复，直到问题恶化才意识到需要专业帮助。

这一认识误区不仅影响了学生对自己心理状态的认知，也加大了辅导员在早期识别问题时的困难。其实，心理问题（如焦虑、抑郁等情绪困扰）很可能是心理疾病的前兆，若未得到及时识别与干预，可能演变为更严重的心理障碍。辅导员在面对学生的情绪困扰时，必须具备较强的敏感度，能够区分暂时的情绪波动与潜在的心理疾病，并给予适当的干预与支持。

3. 社会支持系统的建立

案例中的另一个重要维度是辅导员如何与家长沟通、合作，共同为学生的心理健康保驾护航。在大学生的心理健康干预中，家长的态度和理解往往起到至关重要的作用。王宇的父母一开始对心理疾病的认识较为模糊，甚至怀疑是否需要让孩子接受治疗，这种不理解可能导致学生在治疗过程中遇到更大的阻力。

黎老师在这个过程中发挥了桥梁的作用。她不仅帮助王宇的家长理解心理疾病的本质，还解答了家长对心理疾病是否为“真正的疾病”、是否需要治疗的疑问，说明了及时治疗的重要性，并阐明了心理问题与心理疾病的区别。这种家校合作的模式，不仅帮助家长消除了对心理疾病的误解，也为王宇的治疗提供了更为坚实的家庭支持。

辅导员在帮助学生走出心理困境时，班级同学的支持作用同样不可忽视。在本案例中，辅导员黎老师充分认识到班级同学对王宇康复的积极作用，因此，她主动组织了一场心理健康知识普及活动，邀请心理健康教育中心的专业教师为全班同学普及心理健康知识。通过普及，同学们不仅了解了心理健康的基本知识，还认识到了心理疾病并非个人的缺陷，而是可以通过专业帮助得到治愈的问题，这为王宇提供了一个更加有效康复的环境。

有理有据

正如身体会生病一样，我们的心理也可能出现问题。随着社会竞争压力的不断加剧以及信息技术的迅猛发展，大学生群体的心理问题日益凸显，成为教育界乃至全社会重点关注的对象。多项研究显示，焦虑症、抑郁症等心理障碍在大学生中的发病率呈上升趋势，严重影响了大学生的学习效率和生活质量。下面分享一些有关心理问题和心理疾病的理论知识，希望能够帮助您更好地了解学生的心理健康，并给您提供一些支持。

一、心理问题与心理疾病

心理问题是指个体在心理层面上遇到的困扰、不适或障碍。它可以影响一个人的情绪、思维、行为和人际关系，进而对其正常的生活和功能产生负面影响。心理问题可以是暂时的，也可以是慢性的，且在严重的情况下可能发展成心理疾病。

心理疾病是指内外部因素导致个体心理状态异常，表现为心理功能障碍或心理病理过程的一类疾病。它会影响人的情感、认知和行为方式，导致个体在日常生活中遇到困难，并对其社交、学业或职业等方面产生重大负面影响。心理疾病通常由多种因素共同作用引起，如遗传、生物化学、心理社会因素等。

心理疾病与心理问题虽然在日常对话中有时被交替使用，但实际上它们是不同的概念。心理问题是指人们在日常生活中所面临的与心理健康相关的困扰或挑战，可能是情绪、行为、认知或人际关系方面的问题，会影响个体的心理健康和生活质量。心理疾病的情况更为严重，它涉及大脑功能的异常，导致个体出现持久的情绪障碍、认知功能受损或行为模式改变等症状。这类状况需要专业的心理健康服务提供者进行诊断，并根据具体情况采取药物治疗、心理咨询或其他形式的专业干预。

心理问题可能发展为心理疾病。如果心理问题没有及时得到解决或适当处理，可能逐渐演变成心理疾病。例如，如果长期的焦虑或抑郁未加干预，就可能发展为广泛性焦虑症或抑郁症。心理疾病也有心理问题的成分，心理疾病患者通常会有一些心理问题（如情绪困扰、内心压力等），这些心理问题是心理疾病的前兆。

二、心理问题或心理疾病的识别

1. 识别方法

（1）情绪与行为变化的观察

情绪波动：情绪的反复变化是心理疾病的重要信号。例如，双相情感障碍的患者经常经历躁狂期和抑郁期的交替表现；抑郁症患者则通常表现为持续的情绪低落、兴趣丧失。

行为异常：学生的行为变化，如社交退缩、旷课、学业表现下降或出现过度自我批评，往往反映其内心深处的心理困扰。

（2）语言内容及自我表述

自我否定与绝望感：学生在表达自己情绪时的语言内容，经常揭示其心理状态。例如，抑郁症患者可能出现自我贬低的言辞，如“我不值一提”“我做不到”等。

自杀或伤害言论：任何提到自杀或自我伤害的言论都应引起高度警觉。辅导员在与学生沟通时，应特别留意学生是否有死亡、消失或自杀等相关表述。如有，则应立即采取适当的干预措施。

（3）生理变化的关注

睡眠与食欲变化：失眠、嗜睡或饮食模式的变化（如暴饮暴食或食欲缺失）是许多心理健康问题的常见伴随症状。抑郁症患者通常会出现显著的睡眠障碍，焦虑症患者则可能表现为睡眠质量差，反复被惊醒。

躯体化症状：情绪障碍往往会表现为躯体症状，如头痛、胃痛、肌肉紧张等无明显生理原因的疼痛。辅导员需要关注学生是否有长期反复出现的身体不适，但经过医学检查后无法找到生理病因。

（4）社交与人际关系的变化

社交回避与孤立：学生如果突然表现出社交退缩、避免群体活动或减少与同学的互动，可能是焦虑症或抑郁症的表现。焦虑症患者可能因对负面评价的过度担忧而回避社交，抑郁症患者则可能因情绪低落而失去与他人交流的兴趣。

人际关系冲突：频繁的人际冲突、情绪过激反应或对他人产生敌意，可能是心理健康问题的外在表现。

(5) 专业评估与干预

心理健康筛查工具：辅导员可使用标准化的心理健康自评量表（如抑郁自评量表、焦虑自评量表等）对学生的心理状态进行初步评估。这些工具有助于揭示学生是否存在潜在的心理健康问题，为后续干预提供数据支持。

心理健康专业评估：在辅导员的初步判断后，若学生表现出明显的心理健康问题，辅导员应及时建议学生寻求专业的心理评估和治疗。心理健康专业人员通过临床评估，能够进一步确诊并制订个性化的治疗方案。

2. 常见表现

(1) 心理问题的常见表现

情绪问题：包括焦虑、抑郁、愤怒、压力等。这些问题与个体的情绪调节能力有关，可能导致情绪波动、悲伤、紧张等问题。

行为问题：涉及个体的行为模式，包括自我伤害、暴力行为、依赖性行为等。这些问题可能导致个体在社交、学业、职业等方面的困扰。

认知问题：涉及思维模式和信念系统，包括自卑、自尊、自我评价等。这些问题可能影响个体的自我认同和思维方式。

人际关系问题：涉及与他人的互动和关系，包括冲突、孤独、沟通困难等。这些问题可能导致个体在社交方面遭遇困扰和挑战。

(2) 心理疾病常见的表现形式

抑郁障碍：抑郁障碍是一种常见且严重的心理疾病，其主要特征是情绪低落、兴趣减退和丧失快乐感，并且持续时间较长。抑郁障碍不仅影响个体的心理健康，还会对生活质量和社会功能造成严重影响。常见的抑郁障碍治疗方法有心理治疗和药物治疗，其中心理治疗主要包括认知行为疗法、人际治疗和解析治疗等。

焦虑障碍：焦虑障碍是一种常见的心理疾病，其主要特征是频繁出现强烈的焦虑或恐惧情绪。焦虑障碍会导致个体对日常生活中的一些事物或情境产生过度的担忧和恐惧，从而严重影响其生活和工作。焦虑障碍的治疗方法主要有药物治疗和心理治疗，常用的心理治疗方法包括放松训练、认知行为疗法和暴露疗法等。

人格障碍：人格障碍是指个体在个性发展过程中出现的一些持久、稳定的心理特征和行为模式，导致个体在社交、情感和认知方面存在明显的困难。人格障碍不仅会对个体的心理健康产生影响，还会对个体的人际关系和职业发展造成困扰。人格障碍的治疗方法主要有心理治疗和药物治疗，心理治疗的主要方法有认知行为疗法和辅助性治疗等。

精神分裂症：精神分裂症是一种严重的心理疾病，其主要特征是思维、感情和行为的严重紊乱。患者常出现幻听、妄想、语言障碍等症状，严重影响日常生活和社交功能。精神分裂症的治疗方法主要有药物治疗和心理治疗，药物治疗主要采用抗精神病药物，而心理治疗主要采用个体心理治疗和社会技能训练等。

三、帮助学生正确认识心理疾病

辅导员可以通过下面这些方法帮助学生正确认识心理疾病。

（1）开展心理健康科普教育

普及心理健康知识：辅导员可以定期开展关于常见心理疾病（如抑郁症、焦虑症、双相情感障碍等）的科普教育，帮助学生了解心理疾病的症状、成因以及治疗方式。普及心理健康知识不仅能打破心理疾病的误解与偏见，还能帮助学生识别和理解自身或他人的心理状态。

消除病耻感：心理疾病的污名化是许多人不愿寻求帮助的主要原因。辅导员可以帮助学生认识到心理疾病是一种医学病症，与身体疾病并无二致，需要同样重视和治疗。讲解成功康复的案例，可以有效减少学生对心理疾病的恐惧与偏见，帮助他们消除不必要的病耻感。

（2）积极引导学生识别早期症状

引导学生自我觉察：我们可以通过个别谈话、心理健康评估量表等方式，鼓励学生反思自身情绪变化与行为表现，帮助他们识别是否有心理疾病的早期迹象。例如，抑郁症通常表现为情绪低落、兴趣丧失、食欲和睡眠变化等，焦虑症则表现为过度担忧、恐慌、心慌等。及时识别这些症状，学生可以在早期阶段寻求专业帮助，避免症状加重。

提供心理健康工具与资源：我们可以向学生提供心理健康自评工具，如抑郁自评量表、焦虑自评量表等，以帮助学生自我评估心理状态。使用这些工具有助于学生直观地了解自己是否处于心理困扰，提高对心理疾病的认知。

（3）建立支持性与非评判性的环境

建立信任关系：我们应与学生建立信任关系，创造一个支持性和非评判性的环境。学生在遇到心理困扰时，往往因为害怕他人的评价或不理解而隐藏真实感受。辅导员通过耐心倾听与关怀，可以让学生感到被接纳和支持，进而更愿意分享内心的痛苦与困惑。这样，我们能够更及时有效地帮助学生识别心理问题，并提供适当的建议或干预。

培养心理健康文化：在校园环境中，我们可以通过组织心理健康主题活动、分享心理健康故事等方式，培养学生对心理健康的积极态度。通过增强学生对心理疾病的正确认识，消除对心理问题的偏见，帮助学生建立积极的心理健康观念，进而推动学生主动寻求帮助。

他山之石

微笑型抑郁症——阳光面具的崩塌

抑郁症是一种患病率较高的精神障碍，以显著而持久的心境低落为主要特征，一般表现为情绪低落、兴趣减退、精力缺乏等，部分严重的患者存在自伤、自杀行为倾向，可伴有妄想、幻觉等精神病性症。遗传、神经生物学因素和心理社会因素均对抑郁症的发病有影响。

近年来"微笑抑郁"又出现在大众的视野，是一种正在快速兴起的抑郁症特殊趋向之一，多发生在都市白领、服务行业和青少年学生身上，是新型的抑郁倾向。"微笑抑郁症"其实是一个非临床术语，描述的是部分抑郁症患者表现出的一种不同于大众刻板印象中的患病状态。这类患者习惯于在社交场合或公众面前保持微笑或乐观，内心却感到沮丧、绝望和无助。这种状态经常使患者被他人误解或忽视，因为他们好像有"两副面孔"，对外在笑，对内在哭。

调查研究发现，绝大部分患上抑郁症的人看起来萎靡不振，也有一部分患者外表看上去和常人无异，甚至比常人更加乐观开朗；但在他们看似"阳光"的外表下，其实已经被抑郁症所困扰，这些积极乐观只是他们的"防御面具"。这种现象被称为"微笑抑郁"（Smiling Depression）。相关调查数据显示：中国大学生抑郁症患病率介于8.00%～74.00%，而对于大多数其他群体的抑郁症采取的表达形式和方法来说，"微笑抑郁"这一新型表现形式更贴切吻合青年群体。他们经常以"微笑的面具"隐藏于普通正常青年群体中，有人将其形容为"看不见的伤痕""默不作声的崩溃"。

一般来说"微笑抑郁"男性的发病率高于女性，且性格幽默的人更愿意从主观出发藏匿自己的负面压力和负面情绪，更容易患上"微笑抑郁"。"微笑抑郁"与普通抑郁症存在很大的差异在于"微笑抑郁"更难以发觉。因此，在"微笑抑郁"患者忍不住将抑郁情绪展示出来时，他们也会出现自杀等异常行为，绝大多数家属和好友会感到震惊甚至难以相信。

如何识别微笑抑郁症呢？它的症状可能包括但不限于以下几点：

- 持续的沮丧感、绝望感和空虚感，外表看起来情绪稳定或愉快。
- 对事物失去兴趣，以前喜欢的活动现在也没兴趣了。
- 疲劳感和缺乏活力，即使在正常休息后也难以恢复精力。
- 注意力和集中力下降，记忆力受损。
- 睡眠问题，包括入睡困难、早醒或多眠。
- 食欲变化，包括食欲减退或食欲增加。

- 情绪波动，易怒、焦虑或易激动。
- 感到自责、无价值感和无助感，甚至有自杀念头。

案例要点分析

本案例突出了辅导员在处理学生心理健康问题中的重要作用，尤其是在学生对心理疾病认知不清晰时，辅导员需要发挥引导作用。辅导员不仅要通过自身学习提升对心理健康问题的敏感度，还要具备与学生、家长有效沟通的能力，帮助学生正确认识心理疾病并寻求适当的治疗。这种全方位的支持能够帮助学生更好地应对心理健康挑战，促进其身心健康发展。

1. 辅导员自身如何认识心理疾病

强化专业知识储备：我们应理解心理健康问题不仅仅是情绪波动或行为异常，还是具有生物、心理和社会多重因素交织的医学疾病。在本案例中，黎冰通过与心理健康教育中心的专家交流，深入了解抑郁症和焦虑症的症状、病因及治疗方式，为后续干预提供了科学依据。

消除误区与偏见：我们应警惕对心理疾病的偏见与误解，避免将其视为个人的弱点或性格缺陷。

2. 辅导员如何引导学生认识心理疾病

破除心理疾病的污名化：我们应积极引导学生正确认识心理健康问题，帮助他们理解心理疾病并非不可言说的“弱点”，而是可以通过专业治疗得到有效缓解的医学状态。案例中的黎冰通过与王宇的沟通，强调心理疾病与身体疾病的相似性，帮助学生突破对心理疾病的负面认知和羞耻感。

提供科学的心理健康教育：我们应组织系统的心理健康教育，通过举办讲座、研讨会或个别咨询等形式，普及心理疾病的相关知识，帮助学生识别自身的心理状态和早期症状。辅导员的科普工作有助于提高学生对心理健康的敏感度，促使学生在遇到困扰时及时寻求专业帮助。

3. 辅导员寻求专业支持

主动寻求专业协作与支持：当我们在处理学生心理问题时遇到困难时，可以及时寻求心理健康专业人士的支持和指导。在本案例中，黎冰在面对王宇家长的质疑时，积极与学校心理健康教育中心的专业人员合作，获得了针对性建议，并帮助家长正确理解心理疾病的性质及治疗重要性。

跨专业协同合作：我们可以通过与心理健康专家、医疗机构及相关社会支持系统的合作，构建完善的学生心理支持网络。通过跨专业的协同合作，我们能够为学生提供更加全面和精准的干预，确保学生在接受心理治疗时获得系统的支持和保障。

第三节　患上心理疾病怎么办

案例导入

谢谢您，没有放弃我

林静坐在办公室里，手中握着一封来自毕业生徐珊珊的信，思绪飘向远方。这封信来自一位曾在大学期间深受精神分裂症困扰的学生，如今她已经顺利找到工作，开启了人生崭新的篇章。信中，徐珊珊诚挚地感谢林静，在她最脆弱、最迷茫的时期，始终没有放弃，帮助她走出了那段黑暗的时光。

徐珊珊的故事开始于大二的秋天，随着学业压力的增加，她逐渐表现出一些异常行为。最初，她时常感到自己被同学和老师冷落，认为周围的人都在议论她。她开始怀疑自己是否被监视，甚至有时会觉得校园里的电器设备暗藏玄机，随时在监控她的一举一动。她的情绪变得越来越不稳定，时常焦虑不安，仿佛整个世界都在与她作对。

有一天，徐珊珊突然在课堂上站起来，情绪失控地指责老师的授课方式不对，甚至声嘶力竭地喊道："他们都在看我！你们也在监视我！"同学们都被她的举动吓到，教室顿时变得沉静。林静在课后立刻找到了她，轻声问道："珊珊，发生了什么事情？"徐珊珊低着头，喃喃说道："我觉得他们都在背后说我坏话，我什么都做不好。"林静心中一紧，意识到情况不对，决定立即采取行动。

林静没有急于纠正徐珊珊的言辞，而是尽量保持冷静，温和地与她交流，尝试了解她的内心世界。稳定了徐珊珊的情绪后，林静迅速联系了徐珊珊的父母，并在他们同意后陪同徐珊珊前往医院就诊。经过一系列评估，徐珊珊被诊断为精神分裂症。医生解释说，精神分裂症是一种影响患者思维、情感和行为的严重心理疾病，患者经常出现幻听、妄想和思维混乱等症状，这些都会导致其行为和情绪出现严重偏差。

林静在了解了病情后，立即与徐珊珊的家人进行了详细的沟通，并从与学生家人的交流中得知，徐珊珊的爷爷曾患有精神分裂症。在与徐珊珊母亲的通话中，林静说道："精神分裂症的治疗需要长期坚持，家庭的支持是非常关键的。我也会时刻关注珊珊的动态，提供力所能及的帮助。"

徐珊珊一开始对药物治疗产生了强烈的抵触情绪，认为药物会让她失去真正的自我。林静耐心地与她进行对话，帮助她了解药物治疗的必要性。"药物治疗不是为了麻木你，而是帮助你稳定情绪，减少幻听和妄想的干扰，这样你可以更坚强地面对生活中的问题，逐步走出困境。"在林静的细心与耐心帮助下，徐珊珊克服了内心的抵触情绪，开始配合治疗，定期去医院复诊。林静都会尽量抽出时间陪伴左右，与医生交流情况，帮助徐珊珊理解并接受治疗，让她知道自己并不是一个人战斗。

除了药物治疗，林静非常重视家校的沟通。为了帮助徐珊珊的父母更好地了解病情，林静还安排他们与学校心理健康中心的老师进行了一次面对面的沟通。这次交流让徐珊珊的父母更加清楚地认识到，精神分裂症有长期的病程，需要耐心与细心的照料。林静定期与徐珊珊的家人交流情况，提供一些沟通交流的技巧方法，详细讲解了如何有效应对可能出现的情绪波动，如何合理安排日常生活，让家庭成员们在应对时不至于感到过度的压力或困惑。

与此同时，林静带着徐珊珊定期前往学校的心理健康中心进行咨询，让徐珊珊能够获得专业的心理辅导。在咨询过程中，心理健康中心的老师倾听徐珊珊的烦恼和困惑，为她提供情绪支持和问题解决技巧，帮助其应对日常生活中的困扰、压力和情感问题。

此外，林静帮助徐珊珊调整了生活作息，鼓励她通过冥想、瑜伽等活动来减轻压力。她还邀请徐珊珊参加学校的团体辅导活动，与其他有类似经历的同学分享彼此的心声。徐珊珊虽然起初还是感到孤独和迷茫，但在团体活动中，她逐渐找到了共鸣，认识到自己并不是一个人在战斗。她开始敞开心扉，和同学们互相支持，逐步建立起自己的社交圈。

在整个治疗过程中，林静始终与心理健康中心的老师和徐珊珊的家人密切保持联系。她确保每一步治疗都能及时得到调整和反馈，帮助徐珊珊缓解症状，保持治疗的连贯性。当徐珊珊的情绪有所起伏时，林静总是第一时间给予关心问候，及时为她提供情感支持。

经过长期的治疗和调整，徐珊珊的症状逐渐得到了控制。虽然她仍然需要定期服药和接受心理治疗，但她的生活状态有了显著的改善。她重新投入学业，积极参与社交活动，恢复了正常的大学生活。在这个过程中，林静依然保持与她的联系，及时了解她的状态，给予她鼓励和支持。当她站在毕业典礼的舞台上，眼中闪烁着坚定的光芒，林静感到无比欣慰。

毕业后，徐珊珊寄回了一封信。信中，她回忆起自己那段黑暗的时光，感激林静始终在她身边，没有放弃她。“林老师，谢谢您没有放弃我，如果没有您的帮助，我可能永远也无法走出那个深渊。”林静读着信，眼角湿润，心中充满了感动和欣慰。

一年后，林静将徐珊珊的故事分享到学校的育人案例分享平台。在分享中，她讲述了如何及早发现学生的心理健康问题，并协调各方资源，通过药物治疗、心理咨询、家庭支持、团体辅导等多方努力，帮助学生走出困境的案例。她在结尾写道：“作为辅导员，我们不仅是学生生活的引路人，更是他们心灵的守望者。每一次倾听、每一次关怀，或许看似微不足道，但对于他们来说，可能就是一束照亮黑暗的光。”

案例综合点评

这个案例深刻体现了辅导员在学生心理健康干预中的多重作用——从敏锐的早期发现和干预到制订个性化的治疗方案，再到与家庭的紧密合作和长期的情感支持。林静的细致关怀不仅帮助徐珊珊渐渐地走出困境，还为徐珊珊的未来打下了坚实的基础。辅导员不仅是学业和生活的引路人，更是学生心理健康的守护者，其每次倾听和关怀，都可能改变学生的一生。

1. 辅导员的敏感度与早期干预

林静作为辅导员，能够迅速察觉到徐珊珊情绪的异常变化，及时采取了干预措施。这种敏锐的洞察力和反应速度在心理健康干预中至关重要。很多心理健康问题如果能在早期被发现并处理，将大大降低学生病情恶化的风险。林静不仅在发现问题时第一时间联系家长，还陪同徐珊珊就医，让她得到了专业的帮助。及时的干预让徐珊珊的精神分裂症得到了早期诊断和治疗，这为她后续的康复提供了重要保障。

2. 个性化、多方位的治疗策略

治疗过程中，林静示范了一个辅导员如何通过个性化、多方位的干预方式，帮助学生逐步康复的过程。林静带着徐珊珊定期前往学校的心理健康中心进行咨询，让徐珊珊获得专业的心理辅导。此外，林静还辅导徐珊珊采取自助疗法，包括保持规律作息、尝试放松活动等，从而增强了她的自我管理能力。林静还鼓励徐珊珊参与团体辅导，帮助她建立与他人沟通的信心，避免孤独感加剧。这样的综合治疗方案使徐珊珊逐步从情绪波动中恢复过来，重新投入学业和社交活动。

3. 家校合作的无缝衔接

家校合作是本案例中的另一个亮点。林静不仅在徐珊珊的治疗过程中为她提供心理上的支持，还积极与徐珊珊的家人沟通，帮助他们了解精神分裂症的特性和治疗的长期性。家校的紧密配合使徐珊珊在治疗过程中得到了更多的情感支持，确保了治疗效果的延续性和稳定性。这一过程中，辅导员不仅是学业管理者，更是学生与家长的“协调者”和“桥梁”。

4. 辅导员的长期关怀与情感支持

辅导员在学生心理健康问题中的支持，不仅限于治疗阶段的干预，还需要长期的关怀与情感支持。徐珊珊逐渐恢复健康后，林静依然与她保持联系，及时了解她的状态，给予她鼓励和支持。尤其是在徐珊珊毕业后写给林静的感谢信中，其深情表达充分体现辅导员在学生成长中的情感影响力。林静的关怀不仅解决了眼前的学业或心理问题，还在徐珊珊的生命中留下了深刻的烙印。正是这种情感上的支持，帮助徐珊珊度过了最难熬的时期，走向了健康、成熟的未来。辅导员的情感投入，不仅使徐珊珊恢复了心理健康，还增强了她面对生活挑战的信心和能力。

有理有据

一、认识心理疾病的治疗方法

心理疾病的治疗方法多种多样，具体的治疗方案通常会根据病情的严重程度、患者的需求以及心理障碍的类型来定制。以下是一些常见的心理疾病治疗方法。

1. 药物治疗

药物治疗是许多心理疾病管理中不可或缺的一部分。它通常用于调节大脑中的神经递质，帮助控制症状。常见的药物治疗有以下四种。

抗抑郁药：用于治疗抑郁症、焦虑症等情绪障碍。

抗精神病药物：主要用于治疗精神分裂症和严重的情绪障碍，帮助缓解幻听、妄想等症状。

情绪稳定剂：如锂盐，常用于双相情感障碍。

抗焦虑药：如苯二氮䓬类药物，帮助缓解焦虑症状。

药物治疗通常配合心理治疗，能够在一定程度上缓解患者的症状，为后续的心理治疗创造良好的基础。

2. 心理治疗

心理治疗是治疗心理疾病的另一种重要方式，常见的心理治疗有以下四种。

认知行为疗法（CBT）：通过改变患者的负面思维和行为模式，帮助他们更积极地面对问题。这种治疗对抑郁症、焦虑症、强迫症等有显著效果。

精神分析疗法：基于弗洛伊德的理论，主要通过探索患者的潜意识，帮助他们理解过去的经历如何影响当下的情绪和行为，常用于治疗一些复杂的心理疾病。

人际关系疗法（IPT）：聚焦于改善患者的社会关系和沟通技巧，适用于情感障碍、抑郁症等。

辩证行为疗法（DBT）：主要用于治疗情绪不稳定的患者（如边缘性人格障碍），通过帮助患者调节情绪和应对压力来提升其生活质量。

3. 家庭治疗

家庭治疗可以帮助患者和他们的家人理解疾病，改善家庭成员之间的沟通和互动，尤其适用于青少年或有家庭关系问题的患者。

4. 住院治疗

当患者的症状较为严重，无法在日常生活中自理，或者存在自伤、自杀风险时，住院治疗是必要的。住院治疗提供了更加集中的医疗护理环境，有助于对患者进行更密切的观察和更有针对性的治疗。住院期间，患者通常会接受药物治疗、心理治疗以及其他辅助治疗，如团体治疗等。

5. 团体治疗

团体治疗是通过小组成员之间的互动和分享，帮助患者建立支持系统并学会应对生活中的困难。团体治疗适用于焦虑症、抑郁症、成瘾行为等，有时也作为其他治疗方法的补充。

6. 自助疗法

自助疗法通常是患者自己进行的一种治疗方式，通过自我管理和实践技巧来缓解症状。例如，冥想、正念、深呼吸、放松、锻炼等，能够有效减轻压力、焦虑和抑郁情绪。

二、大学生心理疾病的应对体系

在当前大学生心理健康问题日益突出的背景下，建立一个有效的应对体系显得尤为重要。辅导员在学生心理健康的管理中扮演着重要角色，通过健全信息监测预警网络、优化“家、校、社会”协同干预机制、构建积极正向的校园环境，以及提升学生心理危机的认知和预防水平，辅导员可以为学生提供全方位的支持和帮助，促进学生的心理健康发展。

1. 健全基于网格化管理的信息监测预警网络

在大学生心理危机的工作实践中，“早发现、早干预”是一条重要的工作原则。这就要求我们能够及时准确地捕捉到学生的心理动态，尽可能早地发现大学生心理失衡的征兆。但是，在实践案例中，只有少数大学生在遭遇心理危机时会主动求助或者进行心理咨询。从工作现实来看，辅导员不可能仅仅通过自己的眼睛和耳朵就能掌握所有学生的所有思想动态。因此，我们必须建立“学校心理咨询中心—辅导员—学生干部—寝室长”全覆盖的网络化信息监测预警网络。其中，辅导员作为信息处理的中心，也是进行干预的主要力量。学生干部和寝室长则承担着信息员的角色，他们非常了解彼此的日常状态，能够及时敏锐地发现身边同学的异常行为。在集体生活中，学生干部要实时地了解同学的学习、生活、思想动态，关注同学在社交媒体的异常言论。对于发现的异常信息，要第一时间告诉辅导员，辅导员进行初步的了解和研判，根据情况需要选择处置措施。在这个网络中，我们尤其要培训提升学生干部的警觉性和敏锐性。

2. 优化“家、校、社会”协同干预机制

大学生出现心理危机的因素众多，每个人的心理危机表现形式也各有差别。这就要求相关人员做好心理危机干预，要“一人一策”、因人制宜地选择干预方法和干预主体。因为心理危机干预的专业性，在“家校共育”的基础上，适时适人地引入社会力量，形成“家、校、社会”协同干预机制是有效的策略。家庭力量是指家人以及与当事人具有亲密关系或影响力的亲友；校园力量包括心理咨询中心、心理咨询师、辅导员、学生干部、当事人信赖的学生或者其他相关当事人；社会力量主要包括心理医生、心理咨询机构、心理公益热线，也包括公安消防等特殊救助力量等。在大学生成长成才的过程中，家庭、学校、社会都扮演着重要角色。在大学生心理危机的干预过程中，各方更应共同发力，形成协同干预机制，为大学生的心理健康保驾护航。

3. 构建积极正向的校园环境

校园是大学生学习和生活的主要场所，校园环境对大学生的心理状态具有重要的影响。大学生具备较强的参与意识，他们习惯于展示自己的个性。组织开展多种形式的校园文体活动，不仅有利于丰富校园文化，更有利于大学生维持健康积极的心理状态。体育运动能够释放人的本能和冲动，通过合理文明的宣泄来释放本我欲望冲动，通过体育运动塑造强健的体魄，完善社会人格，自己可以具备更强的团体意识和更具韧性的抗压抗挫能力。丰富的文化娱乐活动（如音乐节、辩论赛、诗歌朗诵等），既有助于缓解大学生的精神压力和苦闷心理，也提供了大学生展示自我的平台，促进学生之间的沟通交流，融洽人际关系。在活动过程中，也有助于监测心理危机的异常征兆，为进一步的支持和干预奠定基础。

4. 提升大学生对心理危机的认知和防御水平

大学生对于心理危机缺乏理性客观的认识和必要的防御方法，是心理危机易于诱发的重要原因，也是当事人未能及时寻求支持救助的重要原因。所以，提升大学生对心理危机的认知和防御水平尤为重要。首先，高校应开设心理健康必修课，视条件开设心理健康选修课，对大学生进行心理危机教育，为他们树立防范心理危机的意识，具备基本的心理危机应对方法；其次，要利用好大学生心理普查和心理健康月等主题活动，灵活采用讲座、主题班会、展板宣传、知识竞赛等活动形式，向大学生群体宣传普及心理健康知识；最后，学校应开设专门的心理咨询热线和心理咨询室，配备高水平的心理危机干预专业队伍，并确保每位学生都知晓求助路径。

三、认识精神分裂症

重性精神障碍是指那些严重影响患者社会功能和生活质量的精神障碍，其特点是长期慢性发作、症状严重、对患者和家庭造成较大困扰。这类疾病需要长期治疗和管理，家庭成员的支持和理解非常重要。

精神分裂症就是一种严重的精神障碍，它会导致人们的思维、情感和行为发生明显的异常，影响他们的日常生活和人际关系。

精神分裂症的症状可以分为阳性症状和阴性症状。其中，阳性症状包括幻听（如听到无法解释的声音）、妄想（如被追踪或控制的错觉）以及思维紊乱（如跳跃性思维或不连贯的言语），阴性症状包括情感淡漠、言语贫乏、社交退缩和失去兴趣等。患者还可能出现认知功能障碍，如注意力和记忆力的问题。

精神分裂症的发病机制尚不完全清楚，但遗传和环境因素被认为是起重要作用的因素。遗传研究表明，精神分裂症在某种程度上具有遗传倾向，但没有单一的基因可以解释疾病的发生。环境因素（如孕期感染、产后并发症、早期生活经历和药物滥用等），也被认为对疾病的产生、发展具有影响。

精神分裂症的诊断通常基于医生对病史、症状和行为的综合评估。目前，精神分裂症可以通过药物治疗、心理治疗和社会支持来控制症状和改善患者的生活质量，治疗的目标是减轻症状、提高功能水平、促进康复和预防复发。

精神分裂症为患者及家人和社会都带来了巨大的心理、情感和经济负担。因此，教育、支持和理解对于帮助患者和家庭应对这种疾病非常重要。提高公众对精神疾病的认识和减少社会歧视也是推动精神健康的重要方向。

他山之石

心理疾病的治愈可能性探讨

心理疾病的治愈可能性是一个复杂且多维度的问题，它受到多重因素的影响，包括疾病的类型、严重程度、个体差异，以及治疗和支持系统的有效性。

1. 轻度心理疾病：早期干预与康复潜力

对于轻度的心理疾病，如短期焦虑症或抑郁症等，早期识别和及时干预往往能够带来较好的效果。这类情况下的治疗通常包括心理咨询、认知行为疗法（CBT）以及生活方式的调整等非药物手段。通过这些治疗，许多患者能够在几个月内显著改善症状，并逐渐恢复正常的生活功能。值得注意的是，即使症状得到缓解，定期进行心理健康检查仍然非常重要，以防复发。

2. 中重度心理疾病：长期管理与综合治疗

中重度心理疾病，如双相情感障碍、重度抑郁症或精神分裂症等，其治疗过程相对更为漫长且复杂。除了传统的心理治疗方法外，还可能需要结合药物治疗来控制症状。在某些情况下，住院治疗或者参与日间项目也是必要的选择。此外，家庭支持和社会资源的支持同样不可或缺。虽然完全“治愈”这类疾病的希望不大，但通过持续有效的管理和治疗，大多数患者能够稳定控制病情，从而过上相对正常的生活。

3. 在校期间的心理健康支持

大学作为学生生活的重要场所，提供了丰富的心理健康服务资源。学校的心理咨询中心不仅为学生提供免费或低成本的专业咨询，还会定期举办心理健康教育活动，提高全体师生对心理健康的认识。对于有特殊需求的学生，校方还可以协助联系校外专业机构进行进一步评估与治疗。建立一个包容性的校园文化，减少对心理问题的偏见，鼓励学生们主动寻求帮助，也是促进心理健康恢复的关键环节之一。

4. 离校后的持续关怀

即便在完成学业离开校园之后，维护良好的心理健康状态仍然是每个人的责任。对于接受过心理治疗的学生来说，确保能够继续获得必要的支持尤为重要。这可能意味着寻求社区的心理健康服务、加入支持小组或是保持与之前治疗师的联系。随着技术的发展，在线咨询服务也为人们提供了更多便利的选择。无论采取何种形式，保持积极的生活态度并积极参与社交活动，都有助于维持心理健康水平。

5. 治疗周期性与个体化方案

每个患者的病情都是独一无二的，制订个性化的治疗计划显得尤为重要。一些人可能只需要短期集中治疗即可达到理想效果，而另一些可能需要更长周期的治疗。无论是哪种情况，重要的是要认识到治疗的进程可能会出现波动，关键在于保持耐心并与专业人士紧密合作，根据实际情况适时调整治疗方案。此外，培养自我照顾的能力也非常重要，如学习压力管理技巧、保持规律作息及健康饮食习惯等，这些都是辅助治疗的有效手段。

案例要点分析

根据上述案例，我们可以提炼出辅导员应对学生心理疾病的普适性应对策略。这些策略可以让辅导员更好地识别和帮助患有心理疾病的学生。

1. 早期识别心理问题

留意学生的情绪变化：辅导员应通过日常接触，注意学生是否出现情绪波动、行为异常或学业、社交功能的下降。常见的信号包括情绪低落、焦虑、行为失控、逃避社交等。

主动沟通：对于表现出情绪问题或行为异常的学生，辅导员应主动与其沟通，了解其情感困扰，避免让学生的心理问题被忽视或误解。

2. 建立支持性关系

倾听与关怀：辅导员需要表示耐心和关怀，倾听学生的困惑与痛苦，并让学生感受到被理解和支持。情感支持能够帮助学生减少孤独感，建立起治疗过程中的信任关系。

提供心理安全感：辅导员应确保学生能够在一个无压迫的环境中表达自己，避免给学生带来更多的心理负担。

3. 引导学生接受专业帮助

推荐专业治疗：对于有明显心理问题的学生，辅导员应及时建议学生寻求专业心理医生或心理治疗师的帮助，避免学生的病情进一步恶化。辅导员需要向学生和家长解释心理治疗的重要性。

帮助安排就诊：辅导员可以帮助学生预约学校心理健康中心的咨询，尤其是在学生对寻求专业帮助感到抗拒时，辅导员应提供鼓励和支持。

4. 家校合作，提供综合支持

保持家校沟通：辅导员应定期与学生家长保持沟通，及时了解学生的家庭情况和学生的心理治疗进展。家长的理解与支持对学生的康复至关重要。

指导家长应对策略：辅导员可以为家长提供如何与患有心理问题的孩子沟通的建议，尤其是情绪极端时如何反应，以及如何避免给孩子增加额外压力。

5. 个性化的心理干预

多元化的干预方式：辅导员应根据学生的具体情况，选择合适的干预策略。例如，可以结合心理治疗、药物治疗、团体辅导等多种方式进行干预。

关注学生的康复进程：辅导员应定期关注学生的治疗和恢复情况，确保其能够坚持治疗，并根据学生的情绪变化调整干预措施。

6. 培养学生的自我调节能力

帮助学生建立规律的生活习惯：辅导员可以鼓励学生保持良好的作息、饮食、锻炼等健康生活方式，从而帮助学生减轻压力、改善情绪。

教授自我调节技巧：辅导员可以引导学生学习一些简单的情绪管理技巧，如冥想、呼吸、写日记等，帮助学生在面对困扰时能够更好地自我调节。

7. 耐心与长期陪伴

关注学生的长期康复：心理疾病的治疗往往是一个长期过程，辅导员要有耐心，在学生治疗期间持续关注学生的情绪变化和恢复进度。辅导员应明确表达自己是学生康复道路上的坚定支持者。

提供持续支持：即使学生的症状有所缓解，辅导员仍应继续提供支持和鼓励，防止学生复发，帮助学生逐渐恢复自信，重新融入社会和学业生活。

8. 心理教育和心理疏导

开展心理健康教育：辅导员可以定期开展心理健康知识讲座或心理疏导活动，提高学生的心理健康意识，帮助学生早期识别心理问题，并通过合理的途径寻求帮助。

为学生提供心理疏导和情绪支持：辅导员可定期进行个别心理疏导，为学生提供情感支持，并帮助他们应对生活中的压力和挑战。

辅导员在应对学生心理疾病时，除了需要具备专业的心理知识外，还应具备高度的责任感和敏感性，及时发现问题并采取综合措施。通过建立信任关系、引导专业治疗、家校合作、个性化干预等多维度策略，辅导员能够为学生提供全方位的支持，帮助他们早日康复，走出心理困境。

锦囊妙计

本章通过具体的案例分析，帮助读者深入了解心理疾病的概念、常见类型及其表现形式。这些实际案例能让辅导员更清晰地辨识出学生可能面临的心理困扰，并总结出相对的应对策略。本章详细讨论了心理疾病的定义和范围，重点介绍一些包括焦虑症、抑郁症在内的常见心理疾病的表现及正确认识，为学生提供更有针对性和有效的帮助。

本章还重点探讨了如何科学地识别和判断心理疾病和心理问题。心理疾病的诊断依据并非简单的情绪波动，而是基于一定的临床标准和症状表现。辅导员应学会根据学生的言行举止、情绪变化及身体反应等多方面因素，对其心理问题进行综合判断。本章为辅导员提供了一些识别心理疾病的常见技巧和方法，帮助您及早地发现问题并进行干预。

此外，本章还介绍了心理疾病的治疗方式。心理疾病是可以被诊断和治疗的，在治疗过程中强调不仅仅依赖药物，而是采取包括心理治疗、团体辅导等在内的综合治疗方法。通过加强社会对心理疾病的认知和关注，可以帮助患者更好地康复，并为他们创造一个理解和支持的社会环境。

最后，本章着重探讨了辅导员在学生心理疾病应对体系中的定位与作用。作为学生在大学生活中最常接触到的人，辅导员在处理学生日常事务之余，也需要时刻关注学生的心理状态，发挥在心理干预和预警中的关键作用，从而为学生提供更科学、全面、有效的支持和帮助。

学生心海藏波澜，烦忧隐秘难言清。
科学判断辨病情，守护心灵不言弃。
倾听心声解忧虑，温暖陪伴助成长。
各方资源共助力，正向力量助飞翔。

武理分享

一、正确认识心理疾病

正确认识心理疾病是辅导员在工作中必须具备的基本素养。心理疾病有明确的诊断标准，可以通过科学的评估方法和专业的治疗手段进行缓解和治疗。本章介绍了心理疾病的概念和分类，帮助辅导员认识心理疾病的复杂性和多样性，避免对学生的心理问题过于偏激或简化的解读。通过正确的认识心理疾病，辅导员能够在第一时间准确识别学生的心理状态，及时提供有效的帮助或引导学生寻求专业治疗。

二、关注学生的心理状态

大学生正处于人生的重要转折期，心理健康直接影响到他们的学习和生活。辅导员应时刻关注学生的心理状态，了解他们在学业、人际关系、未来职业规划等方面的压力和困惑，通过定期的谈心谈话、心理健康调查、座谈会等方式进行信息收集。在日常的交流与观察中，辅导员要注意关注学生的情绪波动、行为变化等潜在的心理危机信号。

三、形成行之有效的应对体系

在处理学生的心理问题时，辅导员不仅要了解心理相关知识，还应形成一套行之有效的应对体系。辅导员可以通过开展心理健康教育活动，帮助学生增强自我调节能力，引导他们学会在面对压力时采取积极的应对策略。当学生的心理问题超过自我调节的范围时，辅导员应及时建议学生寻求专业的心理咨询或治疗服务。辅导员还可以与学校心理健康中心、社会心理服务机构等合作，形成社会支持网络，共同为学生提供心理健康保障。

四、做学生的知心人、热心人、引路人

辅导员不仅是学生日常事务的管理者，也是他们的倾听者和支持者。在日常工作中，辅导员应与学生建立起深厚的信任关系，做学生的知心人；在关心学生学习和生活的同时，还要关注他们的心理需求，帮助他们疏导情绪，提供建议和支持；鼓励学生积极面对生活中的挑战，提供力所能及的帮助；在学生遇到困境时，及时伸出援手，做学生的热心人；帮助学生树立正确的心理认知，引导他们走出心理困境，培养健康的心态和行为模式；帮助他们做好学习规划、职业规划，做学生的引路人。

资源推荐

✻ 专业好书

书名：心理治疗中的首次访谈
作者：Susan Lukas
译者：邵啸
出版社：中国轻工业出版社
出版时间：2014 年 12 月

书名：当代心理治疗（第 10 版）
作者：雷蒙德 · 科尔西尼、丹尼 · 韦丁
译者：伍新春 等
出版社：中国人民大学出版社
出版时间：2021 年 9 月

书名：辅导员应对大学生心理危机指导手册
作者：马喜亭、冯蓉
出版社：高等教育出版社
出版时间：2021 年 3 月

书名：蛤蟆先生去看心理医生
作者：罗伯特 · 戴博德
译者：陈赢
出版社：果麦文化、天津人民出版社
出版时间：2020 年 8 月

✻ 精彩视频

1. 精神卫生系列科普动画全集

来源：北京大学第六医院公事部，国家精神卫生项目办公室

网址：https://mp.weixin.qq.com/s/EeMIuM_hqFChMzcLltI7Vg

2. 常常微笑的人，也会抑郁吗？

来源：央视新闻

网址：https://www.bilibili.com/video/BV1ha4y1L7qw/

参考文献

[1] 吴晓艳，徐清照. 心理问题与心理疾病的概述——博士学位论文摘要 [J]. 电脑爱好者（电子刊），2020（11）：591-592.

[2] 黄唯真，等. 精神疾病污名的研究现状 [J]. 中华精神科杂志，2020，53（5）：464-468.

[3] 何秋月，马艺丹，王梨. 我国大学生心理疾病公众污名的研究综述 [J]. 心理月刊，2022，17（3）：234-237.

[4] 姚艾伦. “微笑已耗尽了我全部力气”——关注职场中的微笑抑郁症 [J]. 工友，2023（8）：50-51.

[5] 谭俊. 高校学生心理健康教育的对策 [J]. 知识窗（教师版），2024（10）：83-85.

[6] 李怀亮. 大学生心理危机类型、干预方法及应对策略 [J]. 山西青年，2024（18）：92-95.

[7] Han Liu，Yanling He，Jingyi Wang，et al. Epidemiology of Depression at Traditional Chinese Medicine Hospital in Shanghai，China [J]. Comprehensive Psychiatry，2016，65：1-8.

[8] Qingqing Liu，Hairong He，Jin Yang，et al. Changes in the Global Burden of Depression from 1990 to 2017：Findings from the Global Burden of Disease study [J] . Journal of Psychiatric Research，2020，126（1）：134-140.

[9] Hartog K，Hubbard C. D.，Krouwer A. F.，et al. Stigma Reduction Interventions for Children and Adolescents in Low-middle Income Countries：Systematic Review of Intervention Strategies [J]. Social Science & Medicine，2020，246：112749.

[10] Martinelli T. F.，Meerkerk G. J.，Nagelhout G. E.，et al. Language and Stigmatization of Individuals with Mental Health Problems or Substance Addiction in the Netherlands：An experimental vignette study [J]. Health & Social Care in the Community，2020，28（5）：1504-1513.

第三章　走进心理咨询

本章导读

在当今这个快节奏、高压力的社会环境中，大学生作为未来的社会栋梁，正面对前所未有的心理挑战。从学业压力到人际关系，从职业规划到个人情感，每个成长的节点都可能成为心理压力的触发点。面对这些挑战，许多学生选择默默承受，有的学生则陷入了迷茫与困惑，甚至有个别学生因未能及时获得有效的心理支持而走向了极端。

在这样的背景下，作为一种科学、专业的心理支持方式，心理咨询被人们日益关注。在现实中，我们不难发现，对于心理咨询，部分学生乃至教师仍持有误解或偏见，认为寻求心理咨询即“有心理问题”或“不正常”的表现。这种观念不仅会阻碍学生及时获取必要的心理帮助，还会在一定程度上加剧了学生心理健康问题的严峻性。

如何引导学生正确认识心理咨询，消除偏见与误解？如何构建科学的心理支持体系，为学生的心理健康保驾护航？本章以真实案例为切入点，解析心理咨询的本质与边界，并系统呈现辅导员与心理咨询师的协同路径。

第一节　什么是心理咨询

案例导入

拨开心理咨询的面纱

李晓是一名大二学生，原本怀揣着对未来的无限憧憬踏入了大学的校门。然而，随着学业的压力逐渐增大以及人际关系的复杂多变，他发现自己越来越难以应对。课程难度的提升、同学间竞争的加剧、与老师沟通的障碍，以及性格内向导致的社交困难，都让他感到前所未有的压力。

为了逃避这些现实困境，李晓选择了沉迷于网络游戏。在游戏中，他可以暂时忘却现实的烦恼，获得一种虚幻的满足感和成就感。然而，随着时间的推移，这种逃避现实的方式并没有让他感到轻松，反而让他的情绪日渐低落。他变得沉默寡言，对周围的事物失去了兴趣，甚至开始怀疑自己的能力和价值。

室友注意到了李晓的变化，多次劝他寻求心理咨询的帮助。然而，李晓对心理咨询抱有深深的误解。他认为寻求心理咨询是软弱的表现，是承认自己无法应对生活的失败。此外，他还错误地认为心理咨询是治疗精神疾病的专属服务，与自己目前的情况不符。因此，他坚决拒绝了室友的好意，继续沉迷于游戏的世界。

一日，李晓因琐事与室友发生争执。情绪失控的他，在愤怒之下砸碎了宿舍的玻璃。这个行为不仅引起了室友的恐慌，也引起了辅导员张老师的注意。张老师迅速赶到现场，将李晓带到办公室进行安抚和询问。在交谈中，张老师发现李晓的情绪极不稳定，言语中透露出深深的自责和无助感。张老师意识到，李晓可能存在着严重的心理问题，需要立即进行干预。

张老师耐心地与李晓沟通，试图了解他的内心想法和感受。然而，李晓仍然对心理咨询心怀抗拒。他担心自己的隐私会被泄露，担心别人会因此看不起他。张老师理解李晓的担忧，但她也深知心理咨询对于解决心理问题的重要性。于是，她决定采取更加温和、耐心的方式来引导李晓。

张老师先向李晓解释了心理咨询的保密原则，告诉他所有的谈话内容都会受到严格的保护。她强调，心理咨询并不是治疗精神疾病的专属服务，而是帮助人们解决心理困扰、提升自我认知和能力的一种方法。通过心理咨询，人们可以更好地了解自己，学会应对压力和挑战，从而过上更加健康和充实的生活。

为了消除李晓的顾虑，张老师还联系了学校的心理咨询中心，安排了专业的心理咨询老师王老师与李晓进行面对面的交流。王老师是一位经验丰富的心理咨询师，她以温和、亲切的态度接待了李晓。在交谈中，王老师表达了对李晓的理解和尊重，让他感到一种被接纳和包容的氛围。

王老师运用专业的心理咨询技巧，引导李晓深入探索自己的内心世界。她帮助李晓认识到自己的问题所在，并教会他一些应对压力和情绪管理的方法。通过几次咨询，李晓逐渐学会了如何调整自己的心态，如何与他人建立良好的沟通关系。他开始意识到，自己并不是一个人在面对这些困难，而是有老师和同学在身边支持着他。

在第一次心理咨询的过程中，咨询室的环境也给李晓留下了深刻的印象。这里布置得温馨而舒适，让人感到放松和安心。咨询师王老师的态度也非常亲切和耐心，她不仅认真倾听李晓的倾诉，还给予他积极的反馈和建议。这让李晓逐渐放下了防备心理，开始愿意敞开心扉与咨询师交流。

随着心理咨询的深入进行，李晓逐渐认识到了自己之前对心理咨询的误解。他意识到，寻求心理咨询并不是软弱的表现，而是积极面对问题、寻求解决方法的勇气。他也明白了心理咨询并不是治疗精神疾病的专属服务，而是帮助人们解决心理困扰、提升自我认知和能力的一种方法。

经过几个月的心理咨询和治疗，李晓的情绪逐渐稳定下来。他重新找回了学习的动力和兴趣，成绩也有了显著的提升。他的人际关系也得到了改善，与室友和同学们建立了良好的关系。他变得更加自信和开朗，愿意主动与他人交流和分享自己的经历。

看到李晓的转变，张老师非常高兴和欣慰。她认为，这不仅是李晓个人的成长和进步，也是学校心理健康教育工作的成果体现。为了鼓励李晓继续发挥自己的优势和作用，张老师建议他申请担任班级心理委员。李晓欣然接受了这一建议，并决定用自己的经历和经验来帮助更多的同学。

担任班级心理委员后，李晓积极参与心理健康教育的各项工作。他组织同学们参加心理健康讲座和团体辅导活动，帮助同学了解心理健康知识、提升自我认知和能力。他还主动与有心理困扰的同学进行交流和沟通，给予他们积极的支持和建议。在他的努力下，班级的氛围变得更加和谐，同学之间的关系也更加紧密和友好。

案例综合点评

本案例主要讲述了大学生李晓产生了心理问题，在辅导员老师和咨询师的引导下，李晓对心理咨询这件事从误解到接受，最终解决心理问题恢复良好状态的过程。案例中的李晓，进入大学后，深受学业压力、人际交往、生活环境等因素影响，无法进行合理的自我调节，深陷负面情绪的泥潭，在大二时期沉迷游戏、自暴自弃。同学、老师发现后，劝说李晓接受心理咨询师的沟通治疗，但是李晓一开始不愿意接受专业人员的帮助，认为这样的治疗是“专门服务于精神病患者的”“不正常的”，这“会受人歧视的”“会泄露隐私的”，这让同学和老师都深感担忧。后来，在辅导员老师的持续科普、咨询师的耐心关怀下，李晓才逐渐认识到心理咨询的常规性与科学性，逐渐打开心扉，积极进行心理咨询与心理治疗，状态渐渐好转，在大学生活中获得了新的精彩。

事实上，案例中李晓一开始对心理咨询的态度在一定程度上也反映了当下许多大学生对于心理咨询的看法——不愿接受、不愿相信、不愿接触。目前，虽然大学生心理健康教育工作日渐重要，但还是有许多学生对心理咨询服务不信任，这也是许多辅导员老师在日常工作中会面临的问题。在工作中遇到了有心理问题的学生，辅导员老师提出进行专业心理咨询的建议，但遗憾的是，由于偏见，许多学生宁愿自己默默忍受心理折磨，也并不愿意接受心理咨询，心理问题日益严重。

那么，产生这一现象背后的原因是什么呢？这需要辅导员老师进一步深思，才能找到原因。在案例中，之所以李晓一开始不愿意去进行心理咨询，是因为他对心理咨询有着错误的认知——心理咨询是治疗“精神疾病”的，进行心理咨询是会受人异样的眼光的，心理咨询会泄露自己的隐私……这些复杂的、隐藏在李晓脑海中的认知，是阻碍他去进行心理咨询的关键因素。这些错误认知的形成，在一定程度上源于人们对心理健康、心理疾病、心理咨询等概念的错误认识，受到一些社会上的传统观念的干扰，片面地将“心理问题”与“精神疾病”画等号，错误地将“心理咨询”看作只有“精神不正常的人”才需要进行的事；同时，有一部分人是因为害怕自己的隐私被他人知道而自尊心会受到伤害，产生了一定的抗拒心理。因此，辅导员老师在日常工作中，要及时捕捉学生的异常心理情绪，引导学生拨开心理咨询的神秘面纱，带领学生以一种更加客观的心态去认识心理咨询。

案例中，辅导员张老师及时察觉到李晓在心理上的异常，多次耐心开导李晓，帮助李晓改变对心理咨询的错误认知。张老师还及时协调学校心理咨询中心资源，帮助李晓在实际环境中感受心理咨询工作的专业性、包容性，帮助李晓适应环境、降低防备心理，正确认识、接纳心理咨询，从而有效地缓解了李晓的负面心理压力。这一系列行动充分体现出辅导员张老师对学生心理健康状态关注的敏锐度，以及在引导、改变学生在心理咨询上错误认识的方法性。除此之外，学校为学生提供良好、合适的心理咨询资源也是本案例中解决李晓心理问题的关键因素。“百闻不如一见”，在学生对心理咨询工作感到犹豫时，带他们去实地感受一下环境、接触一下咨询师，可能是打消他们顾虑的最佳方法。

有理有据

《高等学校学生心理健康教育指导纲要》指出，心理健康教育是提高大学生心理素质、促进其身心健康和谐发展的教育，是高校人才培养体系的重要组成部分，也是高校思想政治工作的重要内容。

高校心理咨询工作对促进学生身体心理健康发展，为我国培养德智体美劳全面发展的社会主义建设者和接班人起着举足轻重的作用。心理问题与精神疾病不同，心理问题是指“由现实问题引起，近期发生，持续时间不长，内容相对局限，情绪反应能在理智控制之下，没有严重破坏社会，情绪反应尚未泛化的暂时的心理不健康状态”。超出这个范畴的精神疾病不在心理咨询的解决范围之内。

一、认识心理咨询

心理咨询是指运用心理学的方法，由专业人员为来访者提供心理帮助的过程。来访者就自身存在的心理问题向咨询师进行述说，咨询师通过共同的讨论，帮助来访者恢复心理平衡、提高适应能力、增进身心健康。

心理咨询的对象主要是有心理困扰的正常人，这些困扰主要为一般心理问题或者严重心理问题，但未达到心理障碍的诊断标准，不具有精神症状等。心理咨询的范围主要包括学习问题、工作压力、情感困扰、人际关系等方面的困惑。

心理咨询是通过与来访者建立良好的咨访关系，运用心理学的理论和技术，借助于语言、文字，启发、引导、帮助来访者改变原有的认知结构和行为模式，增进来访者心理健康，发挥自身潜能，提高对生活的适应性和调节周围环境的能力。

心理咨询有固定的咨询设置，两次咨询的时间间隔为 7 天左右（不同流派会稍有不同）。遵循固定的咨询设置是为了保障心理咨询达到更好的效果，如在两次咨询间隔期间，来访者可以对在咨询中探讨的问题、咨询师的启发和引导进行思考，咨询师布置的家庭作业需要在间隔的时间内完成。心理咨询的目的是帮助来访者能够独立地去处理问题，所以心理咨询这根“拐杖”只是在来访者没有足够能力的时候为其提供帮助。

心理咨询更有严格的咨询设置，其中一项就是保密原则。咨询师要对来访者所有的咨询信息和相关资料进行严格保密，因专业需要进行案例探讨、教学引用和科研协作时，应隐去来访者的隐私信息，以保证来访者不被识别出来。但是，如果来访者出现了危害自身和他人人身、生命安全和危害社会安全、违反国家法律法规的动机或行为时，就在保密原则之外了。

心理咨询有多种形式，当前，高校心理咨询的形式主要有个别咨询、电话咨询、团体咨询等。具体操作上可将个别咨询、心理与行为训练、团体辅导、信函咨询、网络咨询和电话咨询等相结合，有针对性地对需要帮助的学生提供经常性、及时性、有效性的心理咨询服务，促进学生心理健康成长。

二、心理咨询常用的技术手段

心理咨询是一门科学性与艺术性相结合的学科，其核心目标是通过专业的技术手段帮助来访者探索内心世界、调整认知行为模式，从而缓解心理困扰、提升心理健康水平。心理咨询的技术手段多种多样，不同的理论流派和技术方法适用于不同的心理问题和个体需求。下面详细介绍心理咨询中常借用的技术手段，包括认知行为疗法、精神分析疗法、人本主义疗法、系统家庭治疗等主流方法，以及一些具体的干预技巧。

1. 认知行为疗法

认知行为疗法（CBT）是目前应用最广泛的心理治疗技术，其核心在于发挥认知、情绪和行为之间的相互作用。CBT 认为，个体的情绪困扰往往源于不合理的认知模式，通过调整这些认知模式，可以改善情绪和行为，其常用的技术手段包括：

（1）认知重构。认知重构是 CBT 的核心技术之一，旨在帮助来访者识别和重构不合理的认知模式。例如，一个抑郁症患者可能持有“我一无是处”的消极想法，咨询师会通过提问和讨论，帮助来访者发现这个想法的不合理性，并建立更积极的认知模式。

(2) 行为激活。行为激活技术主要用于治疗抑郁症，通过鼓励来访者参与有意义的活动，打破“情绪低落—行为退缩”的恶性循环。咨询师会与来访者一起制订具体的活动计划，并逐步增加活动的难度和频率。

(3) 暴露疗法。暴露疗法常用于治疗焦虑症和恐惧症，通过逐步暴露于恐惧情境中，帮助来访者减少焦虑反应。例如，一个社交恐惧症患者可能被要求在咨询师的指导下，逐步参与社交活动，直到焦虑感显著降低。

2. 精神分析疗法

精神分析疗法是心理治疗方法的鼻祖，由弗洛伊德创立，其核心是潜意识对个体行为和心理问题的影响，常用的技术手段包括：

(1) 自由联想。自由联想是精神分析的核心技术之一，来访者被要求在放松的状态下，不加筛选地说出脑海中浮现的任何想法。这种方式可以让心理咨询师和心理医生捕捉到来访者潜意识中的冲突和欲望。

(2) 释梦。释梦是精神分析的重要技术之一。弗洛伊德认为，梦是潜意识的表达。心理咨询师和心理医生会通过分析来访者的梦境，揭示其潜意识中的冲突和未满足的欲望。

(3) 移情分析。移情就是来访者将过去的情感关系投射到咨询师身上。通过移情分析，心理咨询师和心理医生可以帮助来访者理解其情感模式，并消除其潜在的心理冲突。

3. 人本主义疗法

人本主义疗法强调个体的自我实现和成长潜力，其核心在于尊重来访者的主观体验和自主性，常用的技术手段包括：

(1) 无条件积极关注。无条件积极关注是人本主义疗法的核心理念之一，心理咨询师和心理医生通过无条件地接纳和支持，帮助来访者建立自尊和自信。这种技术特别适用于自尊心低下或有情感创伤的来访者。

(2) 共情。共情是指咨询师站在来访者的角度，理解其情感和体验。通过共情，心理咨询师和心理医生可以帮助来访者感受到被理解和支持，从而增强其自我探索的勇气。

(3) 非指导性倾听。非指导性倾听是人本主义疗法的重要技术之一。心理咨询师和心理医生通过倾听和反馈，帮助来访者澄清自己的感受和想法，而不是直接提供建议或解决方案。

4. 系统家庭治疗

系统家庭治疗是一种以家庭为单位的心理治疗方法，其核心在于家庭成员之间的互动模式对个体心理问题的影响，常用的技术手段包括：

(1) 家庭图谱。家庭图谱是一种可视化工具，用于展示家庭成员之间的关系和互动模式。通过分析家庭图谱，心理咨询师和心理医生可以帮助家庭成员理解其互动模式对个体心理问题的影响。

（2）循环提问。循环提问是系统家庭治疗的核心技术之一，心理咨询师和心理医生通过提问家庭成员之间的互动模式，揭示家庭系统中的潜在冲突和问题。例如，咨询师可能会问："当你和父亲争吵时，母亲通常会怎么做?"

（3）重构。重构是指通过重新定义问题，帮助家庭成员从新的角度看待问题。例如，心理咨询师和心理医生可能将一个孩子的行为问题重构为"孩子试图通过行为引起父母的关注"，从而帮助家庭成员找到问题产生的根源。

5. 其他常用技术

（1）正念疗法。正念疗法源于佛教冥想，其核心理念是通过专注于当下，减少对过去和未来的焦虑。正念疗法的常用技术包括正念呼吸、身体扫描和正念行走等。

（2）沙盘游戏。沙盘游戏是一种非语言的心理治疗技术，来访者通过在沙盘中摆放玩具和物品，表达其内心世界。沙盘游戏特别适用于儿童及语言表达能力较差的来访者。

（3）艺术治疗。艺术治疗通过绘画、音乐、舞蹈等艺术形式，帮助来访者表达情感和探索内心世界。艺术治疗特别适用于有情感创伤或语言表达能力有限的来访者。

三、大学生心理咨询的常见问题

1. 适应与成长问题

从中学跨入大学，进入新的校园环境，部分新生不能很好地适应大学生活，无法融入新环境、新角色，处于困惑迷茫之中，而出现了不适应；部分新生缺乏独立生活能力，无所适从，无法适应新的校园环境，甚至出现心理应激状态；部分新生难以适应大学学习方式，不能及时掌握学习方法，原有的学习优势不复存在，导致情绪低落并产生精神压力；部分新生产生人际适应困难，无法与室友、同学和谐相处，因人际关系困难而情绪抑郁。这些适应不良易引发迷茫、失落、无助、孤独、失望等心理困扰。

2. 情绪困扰问题

青年期的大学生，情绪体验丰富且波动较大。不良情绪不仅会影响其个性发展与自我认知，还会降低认知思维水平和学习效率，严重时甚至危及身心健康。常见的情绪困扰包括：考试焦虑、社交焦虑、择业焦虑、性焦虑、睡眠障碍、自信缺失、情绪低落、抑郁、绝望、敏感、冷漠、嫉妒、自卑等。

3. 学业学习问题

学习是大学生的主要任务，其心理问题多源于学习活动。一部分学生无法适应大学学习规律与方法，产生学习焦虑、拖延、疲劳、记忆力衰退、注意力分散等问题；另一部分学生缺乏学习动机与信心，导致学业受阻甚至心理健康受损，如考试焦虑等现象频发。

4. 人际交往问题

大学生面临的人际交往较之以前更加多样化，同学关系，师生关系、舍友关系、老乡关系、亲友关系、恋爱关系、朋友关系、网络人际关系等错综复杂的人际网络，让大学生不可避免地会遇到人际交往的苦恼和困惑。比如，同学关系不和、师生的矛盾、舍友冲突、朋友误会、恋人猜疑等，都会对大学生的生活、学习、身心健康造成影响，产生不良后果，需要及时求助于心理咨询。

5. 恋爱情感问题

恋爱既是校园生活的浪漫主题，也是心理危机的潜在诱因。健康恋爱观直接影响学习、生活与未来幸福，大学生对恋爱情感问题的认识与处理正确与否，已经严重影响大学生的心理健康。情感危机（如恋爱失败）易诱发心理问题，极端情况下可能酿成自残、自杀等悲剧，造成恶劣社会影响。恋爱情感问题现已成为心理咨询的主要内容之一。

6. 自我问题

大学生处于自我意识发展的关键期，其自我认知的波动易导致心理失衡。大学生的社会角色特殊性与高自我期望形成反差，现实与理想之间的差距短期内难以弥合，容易出现自我定位模糊、价值认同困惑、理想化倾向与现实适应障碍。

7. 择业就业问题

随着高等教育由“精英教育”过渡到“大众化教育”，大学毕业生就业难已成为当今社会普遍关注的热点问题，严峻的就业形势使在校大学生产生了巨大的思想压力。大学生认识问题和分析问题的能力存在一定的局限性，生理和心理发育明显不同步。加之他们无工作经验，对自我和社会的了解有限，在求职择业过程中往往会出现各种心理冲突和困扰，出现自我认识模糊、职业需求迷茫、择业焦虑紧张、择业自卑心理、择业嫉妒心理、就业攀高心理等。

以上这些都是大学生在生活中可能遇到的问题，也是大学生最多咨询的内容。

四、引导学生正确认识心理咨询

据相关调查，大部分学生对心理咨询的总体认知、态度和期望是较为积极的，但仍有部分学生对心理咨询存在误解，错误地认为心理咨询就是“治疗心理疾病”或是“给人做思想工作”的。大多数学生在身边人遇到心理问题时，会选择建议他去接受心理咨询，但当自己需要接受心理咨询时，往往容易怀有排斥心理，或担心自己被贴上患有心理疾病的标签。

辅导员引导帮助学生建立对心理咨询的科学认知，对推动心理健康服务从“被动应对”转向“主动利用”，形成“人人懂心理、遇事会求助”的校园氛围具有重要意义。辅导员可通过“教育破冰—体验增信—渠道便利”三步策略具体实施。

1. 开展心理健康教育宣传，走出认知误区

开展心理健康教育主题讲座，邀请专业心理咨询师讲解心理咨询的定义、流程，消除“只有心理疾病才需要咨询”“咨询就是聊天”等误解。制作发布《心理咨询指南》手册，通过案例分析、漫画图解、短视频等形式，介绍展示学校心理咨询室，说明心理咨询的适用场景，如学业压力、人际关系、自我探索等。通过常态化宣传，帮助学生理解心理咨询是“心理健身”而非“治病”，消除“求助即脆弱”的偏见。

2. 打造“零距离”体验活动，增强信任感

组织学生参观心理咨询中心，体验沙盘游戏、放松训练等非治疗性活动，直观感受咨询环境的舒适性与专业性。通过亲身体验，学生可以认识到心理咨询是“安全、私密、非评判”的支持过程，消除“心理咨询＝丢脸”的刻板印象，减少对咨询的畏惧心理。

3. 建立便捷、多元的求助渠道，降低行动门槛

高校可配备自助心理测评设备、减压工具，吸引学生自然接触心理咨询资源。对于初步被评估为有心理咨询必要的同学，辅导员可以主动引导，在征得学生同意的情况下，帮助学生完成心理咨询预约。通过便捷服务来降低求助阻力，学生迈出咨询第一步，就会逐步形成“有困难找咨询”的行为习惯。

他山之石

高校发展性心理咨询模式

高校心理咨询强调了发展的功能、教育的目标与功能，目标兼顾保健与治疗功能。不仅为学生提供个别咨询，更重要的是必须着眼于广大学生心理问题的预防与早期发现，以及心理健康的增进与人格发展。矫正、预防与发展性三大目标在不同的学科背景下有不同的强调期。实践证明，只有以大学生发展为目标，探索一条系统整合教育、心理学、医学等各种资源的道路，才可以推进高校心理咨询健康发展。该道路的形成就是基于对心理咨询发展性内涵的深刻把握。

浙江大学心理咨询中心最早提出了发展性心理咨询模式，总结高校心理咨询要根据大学生的发展为重点，应以促进发展为目标，面向全体的学生，强调个人成长和全面发展的工作经验。

中南大学心理咨询中心发挥医学专业优势，总结出生理-心理-伦理-社会模式。该模式建立在健康新概念的基础之上，认为必须从生理、心理、伦理道德、社会环境等方面帮助来访的学生。

厦门大学心理咨询中心提出全员、全科、全过程参与的模式，总结心理咨询应

该是以专业服务者作为大学生心理健康服务的倡导者，通过促进大学生的参与，整合多方面资源，来培育大学社区支持性的结构，增强大学生支持网络的资源，提高大学生的心理健康自我控制能力。

以上心理咨询模式各有特色，基本上体现了心理咨询发展性模式的内涵。

案例要点分析

针对李晓的案例，下面结合相关专业知识与实际工作经验整理出以下要点，供辅导员参考。

一、辅导员的日常准备

对于心理咨询的偏见，辅导员老师需要加强对心理健康相关知识的科普教育，从日常思想引导方面对其进行改变，通过开展一些活动，在潜移默化中纠正学生对心理咨询的错误认识。

1. 普及知识，消除误解

辅导员老师也可以在“心理活动月”期间，制作、分享一些心理健康相关资料，以宣传手册、海报、微信公众号推文等形式，向学生普及心理健康知识，强调心理咨询是帮助普通人解决心理困扰、提升自我认知的工具。除此之外，辅导员老师可以邀请专业心理咨询师或心理专家为学生们开展心理健康讲座，讲解心理健康的重要性，介绍心理咨询的作用和意义，消除“心理咨询＝精神疾病”的误解。

尤其是在大学生在大学的几个关键时期（如新生入学适应期、专业分流期、复习考试期、保研考研期、毕业就业期等），在学生受到外界环境干扰较大的时期，针对性举办相关心理调节的讲座活动，再次向同学们说明心理咨询的科学性与专业性，增强他们的心理问题应对意识与能力。

2. 趣味活动，寓教于乐

除了开展一些讲座分享活动之外，辅导员老师也可以尝试在日常开展一些心理健康教育主题的趣味活动，来帮助学生们更好更快地接受心理咨询。比如，开展心理健康书籍分享会、心理健康教育游园会、心理微电影拍摄等，将心理咨询相关知识融入趣味活动，通过这种方式让学生对心理咨询有更多接触，从而减少他们对于心理咨询的排斥。

除此之外，辅导员老师可以尝试邀请在学校心理健康教育中心接受过心理咨询的同学在保护隐私的前提下分享经历，通过朋辈榜样引领的方式来给有心理问题的学生更多精神鼓励，引导他们以一种更开放的心态接受心理咨询。

二、辅导员的困难盲区

辅导员是大学生的知心人、热心人、引路人，需要及时发现学生可能存在的心理问题。但是，在筛查可能存在心理问题的学生时，辅导员老师也会存在一定的困难和盲区。

1. 学生骨干力量不足

辅导员在日常工作中，往往需要依赖学生骨干（如心理委员、宿舍长等）来发现和反馈学生的心理问题。然而，学生骨干的力量不足是一个普遍存在的问题。首先，学生骨干可能缺乏专业的心理学知识，难以准确识别出同学的心理问题。例如，某些学生可能表现出学业成绩下滑或社交退缩，但这些信号可能被解读为懒惰或性格问题，而非心理问题。其次，学生骨干自身也可能面对学业压力和个人问题，难以全身心投入心理健康工作，或者存在不愿意轻易麻烦老师的心理；在发现舍友或者同学存在异常表现之时，不能及时向辅导员老师进行报告，因此会耽搁辅导员及时干预心理问题的时间。此外，部分学生骨干对心理咨询的理解存在偏差，甚至可能传播错误认知，进一步加深同学对心理咨询的误解。

比如，在本案例中，李晓出现了明显的状态下滑，其室友已经发现李晓的问题，室友多次劝导其去进行心理咨询无果，但是并没有及时地报告给辅导员张老师，直至李晓与室友矛盾爆发后张老师才了解到李晓心理问题的严重性，干预时机较为滞后。

在日常工作中，为了克服这一困难，及时筛查出存在心理问题、对心理咨询存在认识误区的学生，辅导员老师需要加强对学生骨干的培训，提升他们的心理问题识别能力和沟通技巧。同时，辅导员应定期与学生骨干沟通，了解他们的困难和需求，提供必要的支持。通过建立激励机制，辅导员可以鼓励更多学生积极参与心理健康工作，从而增强学生骨干的力量。

2. 学生的情绪表达内敛

许多学生，尤其是性格内向或受传统文化影响的学生，倾向于隐藏自己的情绪，不愿意主动倾诉心理困扰。这种情绪表达的内敛性使辅导员难以及时发现学生的心理问题。例如，一些学生可能因为害怕被贴上“心理有问题”的标签而选择独自承受压力，甚至通过沉迷网络游戏等方式逃避现实。此外，部分学生可能对心理咨询存在误解，认为寻求帮助是软弱的表现，或者担心自己的隐私会被泄露。

为了帮助学生正确认识心理咨询，辅导员需要通过多种方式与学生建立信任关系。例如，通过日常交流和活动，辅导员可以让学生感受到被理解和支持，从而愿意敞开心扉。辅导员可以使用匿名问卷或线上平台，为学生提供更安全的情绪表达渠道。此外，辅导员应关注学生的行为变化，如学业成绩下滑、社交退缩等，及时介入并提供帮助。

三、辅导员的积极帮助

面对存在心理问题但对心理咨询有错误认识、不愿意接受帮助的学生（如本案例中的李晓），辅导员需要采取积极、耐心、科学的方法，逐步引导学生正确认识心理咨询，并帮助他们走出心理困境。具体来看，辅导员老师可以采取以下措施。

1. 加强引导，持续关注

许多学生对心理咨询的抗拒源于对他人的不信任。辅导员可以通过日常关怀和耐心倾听，逐渐与学生建立信任关系。例如，定期与学生进行一对一谈话，了解他们的学习、生活和心理状态，让学生感受到辅导员的关心和支持。通过这种持续的互动，学生会逐渐放下戒备心理，愿意向他人敞开心扉。

对心理咨询有误解的学生，辅导员不宜直接强迫他们接受咨询，而应循序渐进地引导。在本案例中，辅导员张老师就是采用了循序渐进的方法，耐心细致地给李晓讲解心理咨询的科学性、专业性，逐步打消了李晓对心理咨询的顾虑。在工作中，辅导员老师还可以从轻松的话题入手，谈论心理健康的重要性，分享一些成功案例，让学生意识到心理咨询是一种普遍且有效的帮助方式。辅导员还可以推荐一些与心理健康相关的书籍、文章或视频，让学生在潜移默化中改变对心理咨询的看法。

对于这些已经发现的存在心理问题的学生，辅导员在做好定期谈话的同时，也需要持续关注他们的情绪和行为变化。例如，如果学生出现课堂缺勤、成绩下滑、社交退缩或情绪波动等现象，辅导员应及时介入，提供情感支持，并尝试了解背后的原因。通过持续的关注和陪伴，学生可能逐渐意识到自己的问题，并愿意接受进一步的帮助。

2. 资源协同，实地交流

辅导员可以与学校的心理咨询中心合作，邀请专业心理咨询师参与学生的心理辅导工作。例如，可以安排心理咨询师与学生进行非正式的交流，让学生在轻松的氛围中了解心理咨询的实际内容和重要作用。此外，辅导员老师还可以组织学生参观学校的心理咨询中心，让他们亲身体验心理咨询的环境，感受心理健康咨询中心舒适的氛围，邀请心理咨询师讲解心理咨询的预约流程、保密原则、科学性和普适性，帮助学生消除误解。在本案例中，张老师就很好地利用了学校心理健康教育中心的资源，邀请了心理咨询师王老师进行咨询交流，有效地消除了李晓对心理咨询的错误认知。

除此之外，对于一些心理问题较为严重的学生，辅导员可以与其家长沟通，争取得到家长的支持。例如，通过家长会或电话联系，向家长普及心理健康知识，帮助家长理解心理咨询的重要性。辅导员还可以建议家长在家中给予学生更多的情感支持，营造一个温暖、包容的家庭环境，为学生接受心理咨询创造有利条件。

第二节 心理咨询是万能的吗

案例导入

重拾笑容的旅程

李明从小就和外婆生活在一个小县城里。他的父母在他很小的时候就去了外地打工，每年只有春节才回来几天。父母总是匆匆地来、匆匆地走，留给李明的记忆大多是模糊的背影和短暂的拥抱。外婆成了他唯一的依靠，她不仅照顾他的生活起居，还教会了他许多做人的道理。外婆的温暖和慈爱填补了李明心中父母留下的空缺。然而，李明从小就比较内向，不爱说话，也不太愿意和同学交朋友。他习惯了独来独往，唯一能让他敞开心扉的只有外婆。每当他在学校遇到不开心的事情，外婆总是耐心地听他倾诉，然后用她特有的方式安慰他。外婆成了李明心中最坚实的支柱。

李明考上大学的那一年，外婆的身体开始变得不好。起初，他并没有太在意，以为外婆只是年纪大了，身体有些虚弱。然而，就在他大二的那年冬天，外婆突然因为一场急病去世了。李明接到消息时，整个人都蒙了。他连夜赶回家，却没有见到外婆最后一面。外婆的离去对李明来说无异于天塌地陷。他无法接受这个事实，内心充满了痛苦和自责。他觉得自己没有好好照顾外婆，甚至没有来得及和她多说几句话。回到学校后，李明变得沉默寡言，整日以泪洗面。他不再去上课，整天躲在寝室里，沉浸在悲伤中无法自拔。

李明的异常状态很快引起了辅导员张老师的注意。张老师是一名经验丰富的辅导员，对学生的情况非常敏感。一天晚上，张老师在查寝时发现李明独自坐在寝室里，面色憔悴，眼中还带着泪痕。张老师立刻意识到情况不对，便轻声询问李明发生了什么事。起初，李明不愿意开口，只是默默地流泪。张老师没有逼迫他，而是耐心地陪在他身边，轻声安慰他。经过一番努力，李明终于开口，向张老师倾诉了外婆去世的事情以及自己内心的痛苦。张老师听后，心里一阵酸楚，立刻决定带李明去学校的心理健康教育中心寻求帮助。

在心理健康教育中心，咨询师对李明进行了详细的心理评估。评估结果显示，李明的心理状态非常糟糕，已经出现严重的抑郁情绪，甚至有了自杀的念头，只是还没有具体的实施计划。咨询师建议李明立即接受心理咨询，并建议他去校医院找精神科医生进行进一步的诊断和治疗。张老师陪同李明去了校医院，精神科医生经过详细的问诊和检查后，诊断李明患有双相情感障碍。医生建议李明立即开始药物治疗，并配合心理咨询进行综合治疗。然而，李明对医生的诊断非常抗拒，他坚决不认为自己患有精神疾病，认为药物都是骗人的，根本没用。

尽管张老师和医生多次向李明解释药物治疗的必要性和有效性，李明依然拒绝接受。他觉得自己只是心情不好，不需要吃药，只愿意偶尔去和咨询师聊聊天。张老师没有放弃。她联系了李明的父母，但由于他们在外地打工，无法立即来校照顾李明，最终，李明的姑姑答应来学校陪读，照顾他的生活起居，带他先去接受心理咨询，慢慢说服他接受药物治疗。然而，事情并没有像大家希望的那样顺利。姑姑来学校陪读一周后，李明突然情绪失控，在家里又打又砸。无奈之下，姑姑只好打电话向张老师求助。张老师立刻赶到，和姑姑一起将李明送到了医院。

在医院里，医生对李明进行了进一步的检查，并强烈建议他住院治疗，同时开始药物治疗。张老师、姑姑和医生轮流对李明进行心理疏导，试图让他接受治疗。张老师还特意找来了一些关于精神疾病的科普影片，帮助李明正确认识自己的病情。为了让李明放下对药物的抗拒，张老师还列举了几个曾经患有类似病症的学生通过服药成功恢复正常生活的例子。她告诉李明，药物治疗并不可怕，它是帮助他恢复健康的重要手段。经过多次耐心的沟通和劝导，李明终于不再抗拒，同意接受药物治疗和心理咨询。

在接下来的日子里，李明开始了规律的治疗生活。张老师定期联系他，了解他的状态，并鼓励他积极配合治疗。姑姑也一直陪在他身边，给予他无微不至的关怀。经过一年的药物治疗和心理咨询，李明的状态逐渐好转，情绪也变得稳定了许多，精神状态也恢复到了正常水平。在治疗过程中，李明喜欢上了听音乐，他自己买了一把吉他，在空余时间会自己自学弹奏吉他调节心情。李明在姑姑、老师和医生们的关怀下，重新找回了生活的信心，也能够正确看待自己精神和情绪上的一些变化，他决定开始积极面对未来，带着外婆的爱与期待好好生活下去。

案例综合点评

本案例是一个典型的大学生心理危机干预案例，涉及心理创伤、精神疾病诊断与治疗、家校联动多个方面。作为辅导员，我们需要从这一案例中吸取经验教训，反思工作中的不足，并进一步明确如何正确看待心理咨询、药物治疗以及心理危机干预的复杂性。

李明从小和外婆生活在一起，父母长期在外地打工，很少给予他关心和陪伴。外婆的去世对他造成了巨大的情感冲击，导致他出现了严重的抑郁情绪和自杀倾向。回到学校后，李明变得沉默寡言，整日以泪洗面，甚至不再去上课。辅导员张老师在查寝室时发现了李明的异常状态，并迅速采取行动，带他去心理健康教育中心进行评估。经过专业评估，李明被诊断为双相情感障碍，这是一种需要进行药物治疗的精神疾病。然而，李明对精神疾病和药物治疗存在强烈的误解和抗拒，认为药物是“骗人的”，这为干预工作增加了难度。

这一案例的复杂性，在于李明不仅经历了重大的情感伤痛，还对精神疾病和药物治疗存在强烈的误解和抗拒。辅导员在日常工作中需要加强对心理健康知识的普及，帮助学生正确认识心理咨询和药物治疗的作用。心理咨询是帮助学生缓解情绪、调整认知的重要手段，但它并非万能的，一般常用于解决一些程度较轻的心理问题。对于严重的精神疾病，心理咨询需要与药物治疗相结合。辅导员应帮助学生树立正确的心理健康观念，正确看待心理咨询，避免将其神化或贬低。

在李明抗拒药物治疗时，张老师没有放弃，而是通过介绍科普影片、成功案例等方式耐心劝导，最终使他同意接受治疗。此外，张老师还定期联系李明，了解他的状态，这种持续的关注和支持对李明的康复起到了重要作用。张老师积极联系心理健康教育中心、校医院精神科以及李明的家长，形成了多方协作的干预模式，这种整合资源的方式为李明提供了全面有力的支持。

然而，李明的案例也暴露出一些需要改进的地方。首先，李明对心理咨询和药物治疗的误解，反映了学校在心理健康教育方面的不足。辅导员可以定期开展心理健康讲座或工作坊，帮助学生正确认识心理问题和治疗手段。其次，在李明情绪失控、姑姑无法应对的情况下，张老师虽然及时介入，但整个处理过程较为被动。学校与家庭可以一起建立更完善的心理危机干预预案，明确各方职责，加强与陪护人的培训，做到更加细致的沟通与互动，避免疾病态势的发展和扩大。最后，李明的父母长期缺席，姑姑的陪读虽然起到了一定作用，但父母的情感支持仍然缺失。辅导员可以尝试与李明的父母进行更深入的沟通，帮助他们认识到自己在孩子康复过程中的重要性。

作为辅导员，不仅要关注学生的学业和生活，更要关注他们的心理健康。只有通过科学的干预、耐心的沟通和多方的协作，才能真正帮助学生走出阴霾、拥抱阳光。心理危机的干预往往涉及学校、家庭、医疗机构等多个主体。辅导员需要具备协调各方资源的能力，确保学生在每个环节都能获得支持。李明的经历让我们看到，心理疾病的治疗不仅需要专业的医疗手段，更需要身边人的耐心、理解和支持。目前，想要让更多人正确认识心理咨询、精神疾病治疗等概念，道阻且长。在本案例中，辅导员张老师的耐心和关怀，姑姑的陪伴，医生的专业治疗，最终帮助李明改变了认知，走出了阴霾，重新拥抱了阳光。正如张老师所说，药物治疗并不是什么可怕的事情，而是帮助学生恢复健康的重要手段。只有正确认识心理疾病，积极寻求帮助，才能迎来心灵的复苏与新生。

有理有据

在现代社会，心理健康的重要性日益凸显，接受心理咨询已成为维护个人心理健康、促进自我成长的有效手段。特别是在大学校园这个充满挑战和变化的环境中，学生们不仅要应对学业压力，还要处理人际关系、职业规划以及自我认知等复杂问题。因此，鼓励大学生通过专业的心理咨询，获得个性化的指导和支持，学习有效的应对策略，增强心理韧性，从而促进个人的整体发展。

一、心理咨询的作用

1. 个性化服务与情绪宣泄

心理咨询提供的是一对一的个性化服务，咨询师能够深入理解每个个体的独特经历和感受。这种个性化的方法有助于建立信任关系，为个体提供一个安全和私密的环境，让他们能够自由地表达自己的情感和想法，从而实现情绪的宣泄和压力的释放。

2. 认知重塑与技能学习

心理咨询帮助个体识别和改变消极的思维模式，这个过程被称为“认知重塑”。通过重塑认知，个体可以改善情绪状态和行为反应。此外，心理咨询还涉及技能学习，如压力管理、时间管理、社交技能等，这些技能对于提高个体的日常生活质量及应对挑战至关重要。

3. 自我了解与生活质量提升

在心理咨询过程中，个体有机会进行自我探索，这有助于个体更好地了解自己的需求、愿望和潜能。这种自我了解可以促进自我成长和个人发展。心理咨询有助于提高个体的整体生活质量，包括工作表现、人际关系和个人满足感。

4. 预防心理问题与危机干预

定期的心理咨询可以帮助早期识别和处理心理问题，防止问题恶化。在面对重大生活事件或危机时，心理咨询可以提供及时的支持和干预，帮助个体恢复心理平衡。

5. 促进决策与增强韧性

心理咨询师可以帮助个体在面对重要决策时，冷静地分析利弊，做出更符合自身利益的选择。此外，心理咨询还可以促进个体建立应对未来挑战的心理韧性，提高适应变化的能力。

心理咨询作为一种帮助个体解决心理问题、提升心理健康水平的重要手段，在现代社会中得到了广泛的认可和应用。然而，尽管心理咨询在许多情况下能够发挥积极作用，但它也存在一定的局限性。这些局限性可能源于心理咨询本身的性质、咨询师的能力、来访者的个体差异，以及外部环境的影响等多方面因素。下面从多个角度详细探讨心理咨询的有效性。

二、影响心理咨询有效性的因素

1. 咨询师

(1) 个人特质。心理咨询是咨询师和来访者之间通过交谈、协商和指导，建立的一种具有辅导和治疗作用的关系，咨询师对来访者予以心理援助，促进来访者的成长。作为一项高情感参与的工作，咨询理论和技巧必不可少，咨询师的责任心、能力、知识的广度与深度也是必需的。但咨询师的个人经历、个性特点、人生观和价值观、自身形象、个人素养、自我觉知能力及心理成熟度等特质也不会在咨询活动中保持沉默。在咨询过程中，咨询师的人生观、价值观等会不自觉地对来访的学生的思想与行为选择产生影响，也容易被咨询者融入自己的行为和价值体系。

(2) 专业素养。咨询师的专业知识和技能是影响咨询效果的重要变量。在西方国家，除了良好的个人素养、扎实的理论基础和丰富的临床经验，心理咨询师必须具有相关专业的博士学位。我国高校心理咨询中心一般挂靠在学工处、团委或医院等机构，除现有的心理咨询专业教师、心理学专业教师外，我国高校从事心理咨询的人员基本上是辅导员。因为缺乏专业训练，缺少必要的心理学知识和心理咨询的方法、技巧，更缺乏专业技能和临床经验，所以他们的咨询往往仅停留在简单的对话水平上，有的甚至混淆了心理咨询与思想教育的关系。

(3) 双重身份。在高校特定的教育生活场景中，心理咨询师既是咨询师又是教师，两者之间既是咨访关系又是师生关系。这种“双重关系”对于学生而言，过多暴露和倾诉自己真实的心理和想法会让学生缺乏安全感。教师身份和角色心理使咨询师的言行举止不自觉地表现出凌驾于来访学生之上的权威或主导者的倾向，咨询师和来访学生不能保持该有的服务距离，因而也影响和改变了咨询关系的本真所在，阻碍了心理成长的探索过程。

2. 来访的学生

(1) 认知偏差。学生对心理咨询存在一些认知偏差或者顾虑。有心理疾病的人才会去寻求心理咨询的帮助，在传统观念中，这样的群体容易被大家歧视甚至边缘化。一个人的心理问题是个性缺陷所致，可以依靠意志或意念去解决，求助咨询就是意志薄弱甚至是无能的表现。心理咨询即是心理治疗，心理咨询不过是一些空洞说教的思想教育。盲目追求心理咨询的高效性、即时性和彻底性，忽略心理咨询开发潜能、完善个性的发展功能。这些错误认知使一些大学生在出现心理困惑时，对心理咨询机构“望而却步”甚至排斥。

(2) 低信任度。由于学生对学校心理咨询机构或者咨询师甚至是心理咨询本身存有怀疑，在出现心理问题时，对学校心理咨询中心往往退避三舍，他们更多的还是选择去医院的专业门诊或社会上专门的心理咨询机构。他们担心去心理咨询中心会被同学见到，虽然具有保密原则，但还是担心会被告知辅导员或家长等；在预约和咨询时会被要求提供个人基本信息，咨询过程中咨询师还会进行必要的记录，这些都会导致学生对心理咨询能否保护个人隐私不信任而放弃咨询。

（3）求助态度和动机。当事人咨询的目的并非获得新的认识，取得真正的进步，而是各自怀有不良的动机，如得到自己不需要改变的认可、证实自己的某一决定、证明自己没有问题或者不需要帮助等，或者是迫于外界的压力，不情愿地走进咨询室。这种敷衍了事、应付、不配合的态度和不当的来访动机非常不利于咨询的良性互动，也会削弱来访学生对咨询的期望和信心。

3. 咨访关系

咨访关系，即咨询师和来访学生的互动与合作关系。良好咨访关系的建立除了直接影响咨询的有效性外，咨访关系与其他因素之间相互影响也会作用于咨询的有效性。咨访关系是一个独特、动态的人际互动过程，处于良好的关系氛围。咨询者与来访的学生之间相互信任、理解、接纳、卷入，来访的学生容易获得信任感和安全感，减少防御心理，可以在心理咨询过程中提供真实、全面的信息，易于认可、接纳咨询师的分析、建议以及其他的影响性信息并产生作用力；反之，则使双方缺乏对话交流的基本前提，阻碍双方的良性沟通，甚至造成来访的学生对咨询师产生怀疑和抵触的心理。

三、心理咨询存在局限性

1. 心理咨询的性质决定了其存在局限性

心理咨询的本质是通过对话和技术手段帮助来访者探索内心世界、调整认知和行为模式，从而缓解心理困扰。然而，这种帮助方式本身决定了它无法解决所有问题。心理咨询的核心是“助人自助”，即咨询师通过引导和支持，帮助来访者找到解决问题的内在力量，而不是直接为来访者提供解决方案。这种性质决定了心理咨询的效果依赖来访者的主动参与和改变意愿。如果来访者缺乏改变的动机或能力，心理咨询的效果就会大打折扣。

此外，心理咨询通常是一个长期的过程，需要来访者投入大量的时间和精力。对于一些急需解决的问题，心理咨询可能无法提供即时的帮助。例如，当一个人处于急性心理危机（如严重的自杀倾向）时，心理咨询可能无法迅速缓解，此时需要结合药物治疗或其他紧急干预措施。

2. 心理咨询的效果受限于咨询师的能力

心理咨询的效果在很大程度上取决于咨询师的专业能力和经验。一个优秀的咨询师能够通过专业的技巧和敏锐的洞察，帮助来访者深入探索问题的根源，并提供有效的干预策略。然而，并非所有咨询师具备这样的能力。咨询师的专业水平、理论取向、个人特质以及职业道德都会影响咨询的效果。

例如，一些咨询师可能过于依赖某种理论或技术，而忽视了来访者的个体差异和实际需求；还有一些咨询师可能缺乏处理复杂心理问题的经验，导致咨询效果不佳。此外，咨询师的共情能力、沟通技巧也会影响咨询的效果。如果咨询师无法与来访者建立良好的信任关系，咨询过程可能陷入僵局。

3. 来访者的个体差异影响咨询效果

心理咨询的效果还受到来访者个体差异的影响。每个人的心理问题、性格特点、生活经历以及社会支持系统都不同，这些因素都会影响咨询的效果。例如，一些来访者可能对心理咨询持怀疑态度，认为咨询无法解决自己的问题，这种消极态度会影响他们的参与度和咨询效果。还有一些来访者可能缺乏自我反思的能力，难以在咨询过程中深入探索自己的内心世界。

此外，来访者心理问题的性质和程度也会影响咨询的效果。对于一些轻度的心理困扰（如压力管理、人际关系问题），心理咨询通常能够取得较好的效果。然而，对于一些严重的心理疾病（如精神分裂症、重度抑郁症），心理咨询可能无法单独发挥作用，需要结合药物治疗或其他干预措施。

4. 心理咨询无法解决所有类型的问题

心理咨询的主要目标是帮助个体解决心理问题、提升心理健康水平，但它无法解决所有类型的问题。例如，心理咨询无法直接改变社会结构、消除贫困或解决政治冲突。这些问题虽然可能对个体的心理健康产生深远影响，但它们超出了心理咨询的能力范围。此外，心理咨询也无法替代医学治疗。对于一些生理性疾病（如脑部器质性病变引发的心理问题），心理咨询只能作为辅助手段，无法替代药物治疗或手术干预。

他山之石

心理治疗万能论与药物治疗万能论

关于药物治疗和心理治疗，我们经常看到两个不利于心理康复的极端论调。

心理治疗万能论：认为心理治疗能解决一切问题，心理和身体再痛苦也不吃药，宁愿接受高频、昂贵又无效果的长程咨询。

药物治疗万能论：认为只有药物才有效果，心理治疗都是骗人的，试图通过药物解决学习成绩、恋爱关系、人生意义等重大问题。

这两个都是极端的心理康复理论，在当下环境下，并不符合大多数的心理疾病患者的需求。了解药物治疗和心理治疗分别适用哪些领域，对我们在日常帮扶心理问题学生时会很有帮助。

那么，什么时候最好吃药？什么时候最好做心理咨询呢？

首先来讲一下药物治疗。药物治疗主要针对急性症状，或者严重影响生活工作的情况。例如，双相情感障碍、精神分裂大概率都是要遵医嘱吃药的；严重强迫症已经影响了生活工作，吃药也会快速减缓症状。这里有一个重要提示：疾病诊断和药物治疗必须得到精神科医生同意，请勿自行诊断和服药。

药物治疗主要通过调整大脑的神经化学来缓解症状，适用于以下几种情况：

1. 生物化学失衡引起的症状

抑郁症：抗抑郁药（如 SSRIs、SNRIs）通过增加大脑中的某些神经递质（如5-羟色胺和去甲肾上腺素）的水平来缓解抑郁症状。

焦虑症：抗焦虑药（如苯二氮䓬类药物）可以帮助降低过度的焦虑和紧张感。

精神分裂症：抗精神病药物（如多巴胺拮抗剂）可以减轻幻觉、妄想等症状。

双相情感障碍：情绪稳定剂（如锂盐）有助于控制情绪波动，预防躁狂和抑郁发作。

自杀念头：在急性抑郁发作或重度焦虑的情况下，药物可以迅速稳定患者的情绪，降低自杀风险。

2. 生理症状的管理

睡眠障碍、食欲问题、体重变化等，通过药物调节，可以恢复正常的生理功能，提高生活质量。

此外，如果经济困难，那么药物治疗也是一个性价比更高的解决办法。毕竟一次心理咨询就要几百元，一周一次的话，一个月就要上千元。而药物的话，走医保报销，一个月可能几十块钱就能解决大部分痛苦。这些都是非常现实的问题。

接下来说心理治疗。心理治疗通过帮助患者理解、面对和改变心理和行为模式来改善精神健康。

为什么“谈谈话、讲道理”就能改变一个人呢？听上去很像骗子。心理治疗当然不是“讲道理”。在发达国家，做心理治疗师、心理咨询师，是需要营业执照的，一般要有硕士、博士文凭，要学习几十门专业课程，要经过成百上千小时的专业训练，接受督导的临床指导。心理治疗是一个非常严谨的、科学的、被实证有效的健康疗愈方法。

研究发现，有效的心理治疗也能够改变一个人的大脑结构（神经元的连接），这就是人脑的神奇所在。其实我们眼睛所看、耳朵所听的信息、知识，都会存储在我们的大脑，并且本质上改变了脑结构。心理治疗就是通过改变大脑神经通路，来解决我们的心理问题。

心理治疗有很多流派，理论家研究发现，几乎所有流派都是有效的。心理咨询的有效性并不决定于具体治疗技术，更重要的是心理治疗师和来访者的咨访关系、来访者的求助动机等。

心理治疗一般适用于以下几种情况：

1. 情感和认知问题

自卑感：认知行为疗法可以帮助患者识别并改变负面的自我评价和思维模式，从而提高自尊心和自信心。

自杀念头：心理治疗（如认知行为疗法、辩证行为疗法）可以帮助患者识别产生自杀念头的根源，学习应对策略，提高问题解决能力，减少自杀冲动。

成瘾行为：心理治疗（如动机性访谈、认知行为疗法）可以帮助患者理解成瘾的根本原因，并逐步改变不健康的行为模式。

人际关系问题：心理治疗（如心理动力学疗法、家庭治疗）可以帮助患者探索和改善与他人的关系，增强社会支持网络。

2. 长期情感调节和成长

创伤后应激障碍（PTSD）：暴露疗法和眼动脱敏与再处理法（EMDR）等心理治疗可以帮助患者逐渐处理创伤记忆，减少创伤反应。

情绪调节困难：心理治疗可以帮助患者学习更有效的情绪调节技巧，提高生活质量。

药物治疗和心理治疗各自有什么优势？一方面，无论药物治疗还是心理治疗，都不是万能的。它们在心理疾病治疗中的作用各有侧重，通常相辅相成。目前，越来越多人认识到两者结合的重要性，关于药物治疗和心理治疗的效果，也有很多实证研究的论文。药物治疗主要针对大脑化学失衡和生理症状，提供快速的症状缓解和急性管理。对于一些有生物基础的疾病（如双相情感障碍、精神分裂等），药物治疗也是必需的。但服药并不能进行人格方面的塑造，不能够让我们再次认为人生有意义、有目标。另一方面，心理治疗关注情感、认知、行为的调整和长期心理健康的提升，帮助患者建立健康的应对机制。例如，一个人如果长期害怕异性、不敢谈恋爱、惧怕异性领导等，那么，他可能更需要接受心理治疗，这是解决这类问题的最好方法。所以在实际中，药物治疗和心理治疗经常结合使用，以更全面地解决心理疾病患者的各种问题。

因此，根据中国的实际国情和当前现状，我们既不要神化心理治疗，也不要恐惧药物治疗。接受专业的精神科或心理科诊断评估和咨询专家意见，根据自己的实际情况（如财务、时间、职业、家庭状况等）选择适合自己的解决办法。

案例要点分析

针对李明的案例，我们结合相关专业知识与实际工作经验整理出几个要点，供辅导员参考：

一、辅导员的积极角色

1. 提前作为，做好日常科普教育

在李明的案例中，他对药物治疗的抗拒源于对精神疾病的误解和对心理咨询的片面认知。这种认知偏差在大学生中并不少见，许多学生对心理问题的理解停留在"情绪低落"或"性格问题"层面，忽视了心理疾病的生物学基础和治疗的科学性。辅导员在日常工作中，可以通过多种形式开展心理健康教育，帮助学生正确认识心理问题及其治疗手段。

首先，辅导员可以组织心理健康讲座或工作坊，邀请精神科医生、心理咨询师等专业人士讲解常见心理问题（如抑郁症、焦虑症、双相情感障碍）的病因、症状及治疗方法。分享真实案例，让学生了解心理疾病并非"软弱"或"性格缺陷"，而是与生理、心理、环境等多方面因素相关的复杂问题。例如，可以借助一些曾通过药物治疗康复的学生经历（保护隐私的前提下），用"同龄人视角"降低学生对药物的抵触。

其次，辅导员可以利用新媒体平台（如微信公众号、短视频）发布通俗易懂的科普内容。例如，利用动画解释"抗抑郁药如何调节血清素水平"，或发布访谈视频，让专业医生解答"药物是否会上瘾"等常见问题，通过多种合理形式，帮助学生消除对药物治疗的误解。

最后，辅导员可以在班级物色心理委员，定期组织心理健康主题活动。例如，开展"心理健康周"活动，通过心理测评、电影放映、小组讨论等形式，帮助学生了解心理健康知识，增强自我关怀意识。

2. 协调资源，及时寻求专业咨询师和医生的帮助

在李明的案例中，辅导员张老师及时发现其异常状态，并迅速协调心理健康教育中心、校医院精神科等，为其提供专业帮助。这种多方协作的干预模式是处理心理危机的重要保障。

辅导员在日常工作中，需要与学校的心理健康教育中心、校医院精神科建立紧密联系，确保在发现学生心理问题时能够快速转介。例如，当学生出现情绪低落、社交回避、学业下滑等信号时，辅导员应及时联系心理咨询师进行评估，必要时转介至精神科医生进行诊断。

此外，辅导员还需要了解校内外心理资源的分布情况，包括心理咨询热线、危机干预中心、社区心理服务机构等，以便在紧急情况下为学生提供更多支持。例如，当学生出现自杀倾向时，辅导员可以联系危机干预中心，安排专业人员介入。

3. 家校协同，建立有效的家校支持系统

李明的案例中，家庭支持的缺失是其心理问题恶化的重要原因。父母长期在外

地打工，对他的关心和支持有限，导致他在外婆去世后陷入孤立无援的境地。辅导员需主动介入家庭沟通，构建家校协同的支持系统。

辅导员可以通过家长群、线上会议等方式，向家长普及心理健康知识，强调家庭支持的重要性。例如，向李明父母发送资料，解释“双相情感障碍需要家庭配合治疗”，并指导他们如何与孩子沟通。

辅导员还需要与家长保持定期沟通，及时反馈学生的心理状态。例如，当学生出现情绪波动或行为异常时，辅导员应及时联系家长，协商应对措施。在李明的案例中，辅导员张老师联系了李明的姑姑进行陪读，为其提供了重要的情感支持。

二、辅导员的工作盲区

1. 对学生关心不够，沟通劝说效果不佳

在李明的案例中，辅导员张老师通过查寝发现了李明的异常，若能更早识别其风险，干预效果可能更佳。这反映出辅导员在日常工作中可能存在的盲区：对学生关心不够，未能及时发现心理问题的早期信号。

辅导员要加强对学生的日常观察，尤其是对高风险学生（如家庭支持薄弱、性格内向者）的关注。例如，通过定期开班会、走访宿舍、辅导学业等渠道，了解学生的心理状态、社交情况和生活习惯。当学生出现情绪低落、社交回避、学业下滑等信号时，辅导员应及时介入，为学生提供情感支持和专业帮助。

此外，辅导员在与学生沟通时，应注意方式方法，避免简单说教或强制干预。例如，当学生对药物治疗持抗拒态度时，辅导员应通过倾听、共情等方式，理解其内心担忧，并针对性地提供信息和支持。

2. 家校沟通不足，没有及时把握学生心理现状

李明的案例中，辅导员张老师虽然及时联系了家长，但若能更早介入家庭沟通，可能有助于预防心理危机的发生。这反映出辅导员在前期家校沟通可能存在不足。

辅导员应主动与家长建立联系，尤其是在学生出现心理问题时。例如，通过电话、邮件或家访等方式，向家长反馈学生的心理状态，并指导他们如何提供支持。此外，辅导员可以对陪读家长开展一些培训活动，帮助家长掌握基本的交流沟通、情绪识别、心理危机干预技巧。

三、如何应对抗拒治疗的心理问题学生

1. 保持耐心，多陪伴建立信任

李明的案例中，辅导员张老师通过耐心沟通和持续支持，最终帮助他接受了药物治疗。这提示我们，面对抗拒治疗的学生，辅导员应保持耐心，通过陪伴和倾听建立信任，如当学生情绪低落时，辅导员可以陪伴其散步、聊天，帮助其缓解压力。

此外，在与学生沟通时，辅导员应注重交流方式，避免采取强迫的方式或直接否定学生的观点，如“你必须吃药”，而应通过倾听表达理解，如“我明白你担心药物有不良反应，换成是我可能也会犹豫”，随后引导学生表达内心担忧，针对性地提供帮助。

2. 联合医生，多方沟通劝导

李明的案例中，辅导员张老师联合姑姑、医生、心理咨询师共同介入，最终说服李明接受药物治疗。这提示我们，面对抗拒治疗型学生，辅导员需借助专业力量，增强说服力。辅导员可以安排学生与医生一对一沟通，由医生用专业术语解释诊断依据（如双相情感障碍的 DSM-5 标准）、药物作用机制（如锂盐如何稳定情绪），并提供药物说明书和临床研究数据。

3. 榜样力量，形成引领

李明的案例中，辅导员张老师通过科普影片、成功案例等方式，帮助李明理解药物治疗的必要性。这提示我们，面对抗拒治疗的学生，辅导员可以从多角度引导。辅导员可以邀请康复者或心理健康专家举办讲座，分享他们的经历和见解。例如，邀请曾通过药物治疗康复的学生讲述治疗过程，以“同龄人视角”降低学生对药物的抵触，帮助学生更好地认识药物治疗。辅导员可以组织学生观看心理健康主题的影视作品，通过剧情讨论帮助学生理解心理疾病的复杂性和治疗的重要性。

第三节　辅导员如何与心理咨询师协同

案例导入

王山的心理危机干预工作记录（节选）

时间：9 月 20 日

事件：新生心理健康测评结果预警

工作记录：

（1）测评结果：根据学校心理咨询中心下发的《新生心理测评预警名单》，王山的测评结果显示为建议进一步访谈（SCL-90 总分 65，抑郁因子分 2.8）。

（2）新生访谈：按照学校工作要求，以参与学生心理健康调研访谈的名义，安排王山参与新生心理访谈。访谈后，心理中心反馈“中度心理风险”，标注风险因子为家庭关系紧张、留守经历、情绪低落。

（3）启动预警机制：按照《××大学心理危机干预工作预案》要求，纳入校级重点关注学生库。

时间：9 月 21 日

事件：了解学生动态

工作内容：

（1）联系学生家长：联系王山母亲，家长态度冷漠，只说自己工作忙，没时间管他，表示孩子已经成年，应该学会自己照顾自己。

（2）联系学生室友：室友们反映，王山虽然性格腼腆，但非常友好；加入了志愿者协会、摄影社等多个社团，每天忙得不可开交，经常很晚才回宿舍。要求寝室长注意关注学生动态，如有异常及时汇报。

时间：9 月 22 日

事件：首次谈心谈话

工作记录：

（1）寻求指导支持：联系心理健康中心寻求谈话建议。心理健康中心老师建议首次谈话可以以“大学适应”为切入点，降低学生戒备心理。

（2）非侵入式沟通：在学院谈心谈话室进行谈话，开场白是“听说最近你参加了很多活动，挺忙的，能适应的了吗?”

（3）共情式倾听：学生语言表述简短，回避眼神接触，提及“经常失眠”“经济困难”“担心妹妹”。采用“复述-确认”技术，询问“你提到担心妹妹，这让你压力很大吧?”

（4）逐步引导学生倾诉，了解到：王山来自偏远山村，从小父母关系紧张，经常争吵，甚至动手。初中时，父母离开家乡去外地打工，王山和妹妹长期跟爷爷一起生活。高中时，王山经常感到孤独无助，甚至产生过自杀的念头。“要成为妹妹的依靠和榜样”是自己坚持下去的理由。学生表示，目前没有消极想法，但觉得很迷茫，参加多个社团是希望自己忙起来。

（5）转介：向王山说明“学校心理中心提供免费咨询服务，如果你愿意，我可以帮你预约一位经验丰富的咨询师，一起聊聊如何更好地适应大学生活”。王山表示同意。

时间：10 月 12 日

事件：心理中心个案研讨会

工作记录：

（1）心理健康中心反馈：王山提及“曾想带着妹妹离开家”属历史风险，当前无即时危险。

（2）心理中心老师建议：保持关注，联动社团、宿舍构建安全网；家庭支持系统缺失，需强化校内替代性支持；建议申请学院档案室助理岗位，增强自我价值感，同时缓解经济压力，便于日常关注交流。

（本案例摘自某辅导员工作记录册）

案例综合点评

王山的案例涉及家庭环境不良导致的心理问题，也展现了辅导员在协同学校心理中心开展心理帮扶工作中的重要作用。王山从小生活在充满冲突和冷漠的家庭环境中，父母的争吵和离弃让他感到恐惧和孤独，初中阶段甚至产生了严重的抑郁和自杀倾向。尽管他为了妹妹选择坚强地活下去，并顺利考入大学，但内心的阴影并未完全消散。进入大学，王山通过忙于参与社团活动来逃避内心的迷茫和压力，但这种“忙碌”并未解决根本问题，反而让他感到更加疲惫和困惑。通过新生心理测评，学校发现了王山的心理问题，辅导员老师与心理咨询中心协同合作，帮助王山逐步走出心理困境，找到了生活的方向和目标。

从案例属性来看，王山的心理问题主要源于家庭环境的长期负面影响。父母的争吵和离弃让他缺乏安全感和归属感，形成了自卑、敏感的性格。初中阶段的自杀倾向是他心理问题的集中爆发，虽然后来为了妹妹有所缓解，但他的心理阴影依然存在。在大学里，王山虽然表面上积极参与各种活动，但实际上是用忙碌来掩盖内心的空虚和迷茫，属于中度心理问题风险学生。这类学生虽然没有立即自杀的风险，但心理压力较大，需要长期关注和干预。

在辅导员协同学校心理中心开展心理帮扶的过程中，辅导员的做法有许多值得借鉴的地方。首先，辅导员在收到心理测评结果后，第一时间联系了王山的母亲和室友，全面了解他的情况。这种主动沟通体现了辅导员的责任心，也为后续的帮扶工作奠定了基础。其次，辅导员在与王山的交流中，以温和、耐心的态度引导他敞开心扉，避免了直接询问敏感问题可能带来的抵触情绪。这种沟通方式有助于建立信任关系，让学生愿意表达真实想法。再次，辅导员不仅关注了王山的心理状态，还帮助他申请勤工俭学岗位，缓解经济压力。这种多维度的帮扶方式能够更全面地解决学生的实际问题，增强其自信心和生活能力。最后，辅导员定期跟踪王山的心理咨询进展，并在集体活动中给予他鼓励和支持。这种持续的关注让学生感受到被关心和重视，有助于其更好地走出心理困境。

然而，案例中也有一些值得反思和改进的地方。首先，辅导员在与王山母亲的沟通中，未能有效改变母亲对王山的冷漠态度。家庭支持是学生心理健康的重要保障，辅导员可以尝试更深入地与家长沟通，帮助他们认识到自己的行为对孩子的影响，争取家庭的支持。其次，辅导员最初并未意识到王山通过忙于参与社团活动来逃避内心问题。辅导员在面对类似情况时，应更加关注学生参与活动的动机和内心感受，避免被表象迷惑。最后，王山的案例反映了部分学生对心理健康问题的认知不足。辅导员可以通过班会、讲座等形式普及心理健康知识，帮助学生正确认识心理问题，减少他们对心理咨询的抵触情绪。

王山的案例体现了辅导员在协同学校心理中心开展心理帮扶工作中的重要作用。辅导员在类似案例中应做到早发现、早干预，深入了解学生背景，建立信任关系，提供多维度帮扶，并持续关注学生的心理状态。辅导员还应加强与家长的沟通，争取家庭的支持，并通过心理健康教育帮助学生正确认识心理问题。王山的成长离不开他自己的努力，也离不开学校和老师的支持。他的故事告诉我们，心理帮扶不仅需要专业的知识和技能，更需要辅导员的责任心、耐心和爱心。只有真正走进学生的内心，才能帮助他们找到属于自己的光明未来。

有理有据

一、大学生心理咨询的伦理规范

心理咨询是高校心理健康教育体系的核心环节，其伦理规范既是专业服务的底线要求，也是对学生权益的根本保障。具体而言，大学生心理咨询应遵循以下核心伦理准则：

1. 保密原则

保密是心理咨询的基石。咨询师应对学生的个人信息、咨询内容严格保密，建立信任关系，但应告知保密例外情况：当学生存在自杀或他杀风险、涉及刑事案件或法律法规要求时，咨询师有责任突破保密原则，启动危机干预程序。保密范围的界定应在首次咨询时以书面形式告知学生。

2. 专业胜任力边界

咨询师应恪守职业道德规范，对超出自身能力范围（如严重精神障碍、创伤后应激障碍等）的个案应及时转介。根据《中国心理学会临床与咨询心理学工作伦理守则》，每年接受不少于 30 小时的继续教育与个案督导是维持专业胜任力的必要条件。

3. 双重关系规避

严禁咨询师与学生建立咨询外的利益关系（如恋爱、商业合作等）。对于兼任教学工作的咨询师，需建立" 角色隔离机制"，避免对同一学生承担教育者与咨询师双重职责。某高校曾因咨询师同时担任学生论文导师引发伦理争议，这类争议凸显角色冲突的风险。

4. 知情同意权保障

采用“渐进式知情同意”模式，在咨询前通过《服务告知书》明确咨询目标、技术方法、保密条款等信息，特别对录音录像、案例研讨等环节需取得书面授权，数字化咨询中还需增加网络数据安全的专项告知。

5. 文化敏感性原则

针对少数民族学生、隐性少数群体等特殊群体，咨询过程中需接受文化胜任力培训。例如，对穆斯林学生的咨询需规避宗教禁忌，对隐性少数群体需使用非评判性语言，避免隐性歧视。

二、辅导员与心理咨询师的协同机制

大学生心理问题的隐蔽性与突发性并存，单一角色介入易出现干预盲区。高校心理健康工作需要构建“全员育人”体系，其中辅导员与心理咨询师的协同效能直接影响危机干预成效。

1. 角色定位

辅导员作为“心理健康守门人”，负责日常观察、初步筛查和情感支持，通过主题班会、宿舍走访等方式收集学生心理动态，建立重点关注学生档案。

心理咨询师承担专业评估、心理咨询和危机干预职能，对辅导员转介个案进行专业处理，定期提供心理知识培训。

2. 职能分工

表 3-1 辅导员与心理咨询师的职能分工

职能维度	辅导员	心理咨询师
信息收集	日常行为观察、宿舍走访、家长沟通	心理测评分析、咨询会谈记录
危机识别	异常行为初筛（如旷课、自伤痕迹）	专业风险评估（自杀倾向量表、创伤评估）
干预实施	生活支持、学业调整、家校联动	认知行为治疗、团体辅导、药物转介
后续跟进	行为表现跟踪、社会支持系统重建	心理状态复查、复发预防方案的制订

他山之石

新生心理普查常用工具——SCL-90

目前，SCL-90 是我国大学新生心理健康普查中应用较为广泛的调查工具之一。症状自评表（Symptom Check-List90，SCL-90）以 Derogatis 编制的 Hopkin's 症状清单（HSCL1973）为基础，包括 90 个评定项目，分为 5 级评分的精神症状自评表，主要用来衡量门诊病人自觉症状的严重程度。与其他的自评量表（如 SDS，SAS 等）相比，它具有容量大、反映症状丰富、更能准确刻画病人的自觉症状特性等优点，但在分析上，它也相对复杂一些。

SCL-90 在 90 个评定项目中，包含比较广泛的精神病症状学内容，从感觉、情感、思维、意识、行为到生活习惯、人际关系、饮食睡眠等均有涉及，每个项目采取 5 级评分制。具体说明如下：

（1）无：自觉并无该项症状（问题）。

（2）轻度：自觉有该项问题，但发生得不频繁、严重。

（3）中度：自觉有该项症状，其严重度为轻到中度。

（4）相当重：自觉常有该项症状，其程度为中到严重。

（5）严重：自觉该项症状的频度和强度都十分严重。

作为自评量表的一个特点，其“轻中重”的具体含义应该由自评者自己去体会，一般不作硬性规定。与 SAS、SDS 不同的是，SCL-90 没有反向计分项目。90 个项目中凡是自评者认为是“无”的均可给予 1 分。

在使用该量表开始评定前，需要由工作人员把总的评分方法和要求向测评者交代清楚，待被测者确实弄明白后，才能开始填写，一般约 20 分钟内可填毕。有的人评得相当快，也有的人字斟句酌，迟迟不作决断，那也不要去妨碍测评者，以免影响其作出独立的、反映其主观真实感觉的评定。比较困难的是，对于理解力较差、看不懂问题的人，一般应由工作人员逐项念给他听，并以中性的、不带任何暗示和偏向的方式把问题本身的意思告诉他。无论在什么情况下，90 个项目评定均应由测评者自己独立作出，甚至连他的亲人也不能与他讨论“该怎样评”，以确保测评结果的真实性。

案例要点分析

针对王山的案例，下面结合相关专业知识与实际工作经验整理出几个要点，供辅导员参考：

1. 重视新生心理测评，及时跟进筛查结果

辅导员高度重视新生心理测评的结果，并及时跟进筛查结果。学校组织的新生心理测评发现王山存在心理问题风险后，辅导员迅速安排进行了一次详细的访谈评估，这一举措为后续的帮扶工作奠定了基础。心理测评是发现潜在心理问题的重要工具，辅导员应当充分认识到其价值，并将其作为学生心理工作的“第一道防线”。对于测评发现的高风险学生，辅导员需要第一时间介入，避免问题进一步恶化。同时，心理状态是动态变化的，辅导员应定期关注学生的心理变化（尤其是学业压力、人际关系等关键节点），及时提供支持。

2. 与心理健康中心协同合作，开展专业评估

为了更好地协同各方资源，辅导员需要与学校心理健康中心紧密合作。在王山的案例中，辅导员与心理咨询师保持了密切的联系，定期了解王山的咨询进展，并根据咨询师的建议调整帮扶策略。这种协同合作的方式使王山的心理恢复更加顺利。辅导员应当充分认识到心理健康中心的专业作用，主动与该中心协同合作，开展专业评估与持续辅导。通过定期沟通和信息共享，辅导员可以更好地了解学生的心理状态，并在日常工作中提供更有针对性的支持。

3. 建立多方帮扶体系，动态跟踪心理状态

辅导员在发现王山的心理问题后，迅速建立了一个多方帮扶体系，包括室友、

心理咨询师和王山的家庭成员。她通过联系王山的室友了解其日常动态，发现王山虽然积极参与社团活动，但内心依然感到迷茫和疲惫。与此同时，辅导员也尝试与王山的母亲沟通，尽管效果不佳，但她并未放弃，而是通过其他方式继续帮助王山。这种多方协同的方式为王山的心理恢复创造了良好的环境。辅导员在日常工作中，应当充分利用学生身边的资源，建立“室友-咨询师-家庭”联动机制。室友是学生日常生活的直接观察者，能够提供第一手信息；心理咨询师能够提供专业的评估和干预；家庭的支持虽然有时难以获得，但仍然是学生心理恢复的重要一环。通过多方协作，辅导员可以更全面地了解学生的心理状态，并提供更有针对性的帮助。

锦囊妙计

本章全面探讨了心理咨询及其在大学环境中的应用。

首先，在心理咨询概述部分，明确了心理咨询的定义、原则、特点及其常用技术，深入分析了大学生心理咨询的常见问题，并从辅导员视角探讨了如何引导学生正确认识心理咨询的工作思路和方法。

其次，强调了心理咨询的职业道德规范，包括咨询师的资质要求、服务范围、保密原则及其例外情况，以及专业关系的建立和维护，确保心理咨询的专业性和有效性。

再次，直指心理咨询的局限性：它并非万能钥匙，无法替代药物治疗。通过对比“心理治疗万能论”与“药物治疗万能论”，引导读者辩证地看待干预手段的选择。

最后，本章也强调了心理咨询的伦理规范，重点强调保密原则、专业胜任力、知情同意等核心准则，为心理工作划定专业底线。通过角色分工矩阵，明晰辅导员与咨询师的职能互补。

心理咨询很重要，破除误区有妙招。咨询伦理记心间，保密胜任是关键。

药物咨询莫对立，协同干预效果显。辅导员，责任担，护航青春解心结！

武理分享

一、加强学生心理健康教育，引导学生正确看待心理咨询

辅导员在学生心理健康教育中扮演着至关重要的角色，不仅要关注学生的心理状态，还要通过多种方式引导学生正确看待心理咨询，消除其对心理问题的误解和偏见。为了实现这一目标，辅导员可以从以下几个方面入手，加强学生心理健康教育，营造积极的心理健康氛围。

1. 辅导员应注重提升心理健康科普关怀的日常化

心理健康教育不应局限于特定的活动或时间段，而应融入学生的日常生活。辅

导员可以通过班级微信群、公众号等平台定期推送心理健康知识。例如，如何识别压力信号，如何调节情绪，如何应对学业压力，等等。这些内容应以通俗易懂的方式呈现，避免使用过于专业的术语，应让学生感到心理健康与自己的生活息息相关。此外，辅导员还可以在班会、宿舍走访等日常活动中，与学生进行面对面的交流，了解他们的心理状态，并适时提供建议和支持。这种日常关怀，学生能够逐渐认识到心理健康的重要性，并学会主动关注自己的心理状态。

2. 辅导员应加强心理健康教育活动设置的多样化

传统的讲座或宣讲形式可能难以引起学生的兴趣，辅导员可以设计更多互动性强、参与度高的活动。例如，组织以心理健康为主题的沙龙、工作坊或团体辅导活动，让学生在轻松的氛围中分享自己的感受和困惑；开展以心理健康为主题的辩论赛、情景剧表演或创意比赛，让学生在参与中加深对心理健康的理解；利用新媒体技术，制作以心理健康为主题的短视频或漫画，以更生动的方式传播心理健康知识。通过开展这些多样化的活动，学生不仅能够学到实用的心理调适技巧，还能在参与过程中了解心理健康的趣味性和实用性，从而更愿意主动关注和参与心理健康教育。

3. 辅导员应重视班级、宿舍学生骨干的专业化培养

辅导员需要加强对学生骨干的培养，充分发挥学生骨干在心理健康教育中的桥梁作用。学生骨干通常是班级或社团中的活跃分子，能够更早地发现身边同学的心理问题。辅导员可以选拔一批对心理健康感兴趣的学生骨干，进行系统的心理健康知识培训，帮助他们掌握基本的心理问题识别技巧和沟通技能。这些学生骨干可以在班级担任“心理委员”或“心理健康宣传员”，定期组织心理健康主题活动，向同学普及心理健康知识，并及时向辅导员反馈班级同学的心理状态。通过这种方式，辅导员能够全面地了解学生的心理动态，同时为学生骨干提供了锻炼和成长的机会。

4. 辅导员应注重评估机制的多元化

传统的评估方式往往以问卷调查为主，但这种方式可能无法全面反映学生的真实心理状态。辅导员可以结合多种评估方式，如通过个别访谈、团体讨论、活动反馈等形式，了解学生对心理健康教育的接受程度和实际需求。同时，辅导员可以与心理健康中心合作，定期对学生的心理状态进行专业评估，并根据评估结果调整心理健康教育的内容和形式。此外，辅导员还可以建立心理健康教育的长期跟踪机制，观察学生在参与心理健康教育后的心理状态变化，从而不断优化教育策略。

二、提升辅导员的谈心谈话技巧，搭建深度心理助人渠道

辅导员是最贴近大学生的教师群体，也是与学生开展谈心谈话最多的人。辅导员需要具备一定水平的心理咨询工作技巧和素养，将心理助人工作融入日常。

1. 学会倾听，建立平等的沟通关系

当前，学生更倾向于平等、尊重的师生关系。要想真正深入学生内心，辅导员需要营造和谐的谈心谈话氛围，并采用恰当的谈心谈话方式。在心理咨询中，倾听是一项重要技术，包含澄清、释义、情感反映和总结等要素，有助于咨询师更好地理解求助者的感受和问题，进而提供有效的支持和指导。在谈心谈话工作中，辅导员应用心理咨询的倾听技术，可以帮助学生更顺畅地表达自己的想法和感受，促进师生的有效互动和沟通。

辅导员通过全神贯注地倾听学生的言语（包括非言语行为），可以让学生感到被接纳、被肯定和被尊重。辅导员运用澄清技术明确学生的问题所在，利用释义技术引发更深入的讨论，借助情感反应技术鼓励学生充分表达情感，通过总结技术引导谈话向正确方向发展。这些技术可以帮助辅导员引导学生主动讲述自己的经历，深入挖掘背后的原因，揭示这些经历对自我发展的积极作用和消极影响，从而发现问题并主动寻求解决方案。

2. 善用“影响”，提升解决问题的能力

许多同学并不愿意主动向辅导员透露自己的想法和需求。为了更深入地了解学生的内心世界并帮助他们解决问题，辅导员需要积极主动地引导谈话方向、把控谈话内容。心理咨询中的影响技术包括提问、解释、提供信息、及时化、自我暴露、面质六种方式。在谈心谈话中，辅导员可以运用提问技术引导学生思考并澄清问题，运用解释技术帮助学生更准确地理解问题，运用提供信息技术为学生呈现更多的资源和解决方案，运用及时化技术及时捕捉学生的需求和关注点，运用自我暴露技术分享个人经历和故事，以增进共鸣，运用面质技术指出学生身上存在的矛盾，并促进其进行深入探索。

运用这些影响技术，辅导员可以帮助学生更好地理解自己的问题，并找到有效的解决方案；同时，有助于拉近师生之间的距离，增强学生对辅导员的信任感和依赖感。

3. 认知重建，引导学生树立正确思想观念

在谈心谈话过程中，辅导员可能遇到学生表现出抗拒或敷衍的情况，这往往源于学生对某些话题的敏感或对某些问题的误解。此时，认知重建技术能够帮助学生重新审视问题，并引导他们树立正确的思想观念。

认知重建技术涵盖识别扭曲思想、挑战不合理信念、自我探索与反思、重建合理认知等方面。通过这些方法，辅导员可以帮助学生更清晰地认识自己的思维模式和行为习惯，并逐步改正不良的认知和习惯。同时，辅导员可以结合自我暴露技术、具体化提问等手段，深入触碰学生的内心世界，帮助学生解开心结，找到问题的症结所在。这样一来，学生不仅能感到辅导员的深切关心和大力支持，还能增强对辅

导员的信任感和依赖感。

三、提升规划协同能力，充分统筹心理育人资源

1. 补充心理专业知识，把握线上线下资源渠道

辅导员应不断增加自身的心理专业知识储备，这是做好心理健康教育的基础。通过自学心理学相关书籍、参加专业培训或考取心理咨询师资格证，辅导员可以更好地理解学生的心理状态，掌握科学的干预方法。辅导员还应积极与学校心理健康中心、社区心理服务机构以及合作医院保持联系，了解最新的心理服务资源和技术。例如，学校心理健康中心可以提供专业的心理咨询服务，社区可能有心理健康讲座或工作坊，合作医院则能提供更专业的心理治疗支持。此外，辅导员还可以充分利用线上资源，如心理健康类公众号、在线课程或心理测评工具，为学生提供多样化的心理支持。通过整合这些资源，辅导员能够为学生构建一个多层次、全方位的心理帮扶网络。

2. 注重家长沟通技巧，提升心理育人说服力

家庭是学生心理健康的重要影响因素，但许多家长对心理健康问题缺乏了解，甚至存在误解。辅导员在与家长沟通时，应以学生为中心，用具体事例向家长说明心理健康的重要性，避免使用过于专业的术语。例如，辅导员可以分享学生的在校表现和心理状态，让家长意识到问题的严重性，并提出一些简单易行的建议；多倾听学生的心声、给予情感支持；等等。同时，辅导员可以组织家长会或心理健康讲座，向家长普及心理健康知识，帮助他们更好地理解和支持学生。在与家长沟通的过程中，辅导员应保持耐心和同理心，尊重家长的意见，也要坚定地传达学校的教育理念和帮扶措施。通过有效的家校沟通，辅导员可以争取家长的支持，形成家校协同育人的合力，共同促进学生的心理健康成长。

资源推荐

✲ 专业好书

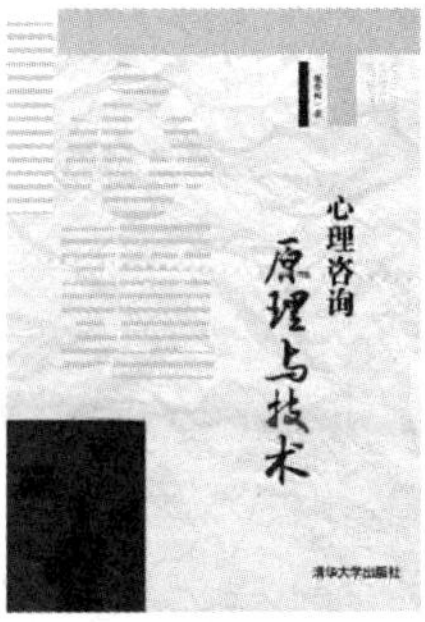

书名：心理咨询原理与技术
作者：赵冬梅
出版社：清华大学出版社
出版时间：2021 年 8 月

书名：给心理治疗师的礼物
作者：Irvin D. Yalom
译者：张怡玲
出版社：中国轻工业出版社
出版时间：2015 年 3 月

书名：顶好医生
作者：托马斯·爱德华、托马斯·戈登
译者：宋鸿立
出版社：知识产权出版社
出版时间：2002 年 5 月

✲ 精彩视频

心理访谈
来源：央视网
链接：https：//tv. cctv. com/lm/xlft/index. shtml

参考文献

[1] 娄婧璇. 高校辅导员谈心谈话工作的道与术——心理咨询技巧在谈心谈话中的运用探索与模型探究 [J]. 科学咨询（科技·管理），2024（11）：253-256.

[2] 谭俊. 高校学生心理健康教育的对策 [J]. 知识窗（教师版），2024（10）：83-85.

[3] 蒋梦婷，杜琼. 新形势下高校学生心理健康教育的难点与对策初探 [J]. 山西青年，2024（5）：193-195.

[4] 段蕊. 团体心理咨询在大学生高校社会支持系统中的价值 [J]. 山西青年，2024（16）：124-126.

[5] 罗巧巧. 高校心理咨询中的法律困境与伦理界限 [J]. 法制博览，2024（21）：157-159.

第四章　大学生人际关系与心理健康

本章导读

在大学这个充满未知与挑战的环境里，大学生正处在人生转折时期之一。这里既是知识的殿堂，也是情感与思想的交汇点。对于辅导员来说，如何理解学生的内心世界，如何帮助他们处理复杂的人际关系，成为其工作中的重要课题。对于许多大学生来说，校园不仅是学习的场所，也是社会化的舞台。在这个舞台上，他们不仅要面对课程的压力、就业的焦虑，还要处理日益复杂的人际关系。这些关系如同“最熟悉的陌生人”，看似简单，实则充满难以捉摸的情绪和心理波动。

从“室友”到“同班同学”，从“喜欢的他”到“老师”，大学生的社交圈往往更复杂，而我们看到的是学生们努力隐藏的内心世界。在外界看来，学生们可能看似自信、快乐，但背后可能隐藏着孤独、焦虑与压力。今天的大学生正面对越来越多的心理健康问题。人际关系的摩擦，尤其是同学之间的冲突、恋爱中的心灵挣扎以及师生关系的复杂性，都是影响大学生心理健康的重要因素。

作为辅导员，我们必须具备敏锐的洞察力，学会从日常的行为和情绪变化中发现学生潜在的心理问题。例如，表面上看似简单的室友矛盾，可能暗藏着更深层次的沟通障碍与心理冲突；而一段表面甜蜜的恋爱关系，或许隐藏着控制欲、情感依赖或自我认同的缺失。在这些看似平常的关系中，藏着许多值得我们关注和解读的心理信号。

本章将围绕大学生在同学关系、恋爱关系与师生关系中的心理健康问题进行深入探讨。我们不仅要了解学生在人际交往中可能出现的心理问题，更要运用心理学理论与方法，帮助学生识别并解决这些问题。在处理人际关系时，辅导员的角色不仅是问题的发现者，更是学生情感支持的提供者。通过建立有效的沟通渠道，辅导员能在潜移默化中引导学生调整心理状态、改善人际关系，从而为学生的全面发展提供更健康的心理环境。

第一节　共筑大学同窗情谊

案例导入

宿舍里的“隐形墙”：小安的人际交往困境

小安——一个来自南方小镇的大学生，性格内向，心思细腻，善于观察与思考。由于家庭环境和成长经历的影响，他较少参加集体生活，对于如何在陌生环境中快速融入并建立良好的人际关系感到陌生与不安。进入大学后，小安被分配到了一个四人间的宿舍，室友分别来自不同的城市，拥有各异的生活节奏、语言习惯和思维方式。

小安室友们的生活习惯和作息规律各不相同。对于小安而言，这些差异起初只是新奇，但随着时间的推移，它们逐渐成为影响宿舍氛围的潜在因素。尤其是当室友们用各自方言交流时，小安经常感到被他们排除在外，这种语言上的隔阂加深了他的孤独感和不适应感。

其中，最让小安感到不适的是室友小斌——一个典型的北方男孩，性格直率，说话直接，不拘小节。小斌的交流方式在小安看来显得过于粗鲁，缺乏必要的尊重与细腻。每当小斌对自己提出意见或批评时，小安总是感觉被轻视，认为自己的意见和想法没有得到应有的重视。然而，出于维护室友关系的考虑，小安选择了沉默，将不满深埋心底，这种长期的压抑逐渐演变成“内耗”状态。

这种“内耗”状态让小安在学业和社交上都受到了严重影响。他变得更加敏感多疑，容易因为小事而情绪波动，学习效率大幅下降。他也逐渐封闭自己，减少了与室友和其他同学的交流，形成了恶性循环。

一次偶然的机会，小安参加了高中同学聚会。在轻松愉快的氛围中，他向好友倾诉了自己的“内耗”状态，以及与小斌之间的矛盾。好友们听后纷纷表示同情，并提出陪同小安一起找小斌理论，以解决他们的矛盾。

在小安的带领下，几位高中好友来到了宿舍，直接与小斌对质。起初，双方还能保持冷静，但随着话题的深入，情绪逐渐高涨，气氛变得紧张。小斌感到被围攻而开始辩解，小安则因长期积压的情绪爆发而言辞激烈，甚至对小斌进行了人身攻击。

这次冲突不仅让小斌和小安的关系彻底破裂，也给整个宿舍带来了极大的负面影响。

案例综合点评

本案例描述的是小安在大学宿舍中因性格内向、敏感细腻，在面对来自不同地域、文化背景的室友时产生的孤独、不适与沟通障碍，进而引发情绪“内耗”，最终在情绪积压下爆发与室友小斌的冲突。整个过程既反映了个体性格特点与适应困境之间的矛盾，也揭示了环境差异、沟通方式和情绪管理等因素共同作用的结果。下面从多个角度对案例进行剖析。

（1）个体因素与情绪内耗。小安的成长背景和性格特质是导致其人际交往困难的重要因素。由于家庭环境较为封闭，长期缺乏集体活动的熏陶，他进入一个充满多元文化冲突的大学宿舍后，就容易感到不适。心理学研究表明，内向型性格的学生往往更敏感，对外界刺激反应强烈，容易陷入自我内耗状态；这种长期的情绪压抑不仅会影响学业，还可能导致认知偏差和情绪失调。辅导员在日常工作中应注意观察学生的行为变化，利用心理测评工具（如情绪自评量表）定期筛查学生的情绪波动情况，从而及早介入。

（2）文化差异与沟通障碍。宿舍中来自不同地域的同学，由于语言、习惯、表达方式等方面存在明显差异，形成了无形的“隐形墙”。案例中，小安因室友使用各自方言交流而感到被排斥，这种现象在跨区域、跨文化的集体生活中较为常见。心理学中的“文化适应理论”认为，个体在面对文化冲突时，如不能及时获得支持和有效沟通，就容易产生疏离感和焦虑。辅导员可以通过组织跨文化交流、团队建设等活动，帮助学生理解和包容差异，搭建沟通的桥梁。

（3）沟通方式与冲突激化。小安在面对批评时选择了沉默和内心压抑，而非及时沟通，这种回避策略使得问题不断累积。同时，小斌直率、粗犷的表达方式也加剧了双方的误解。这里可以应用非暴力沟通方法，促进沟通、化解冲突。该方法强调在交流中要区分观察、感受、需求和请求，避免指责与批评，从而促进双向理解。辅导员在日常辅导中应向学生传授有效的沟通技巧，鼓励他们在遇到分歧时通过平和表达、换位思考来缓解矛盾，防止情绪累积到临界点。

（4）心理干预与辅导策略。针对小安的“内耗”与情绪失控，辅导员应迅速识别出情绪异常迹象（如情绪波动剧烈、学习效率下降、社交退缩等），可采取的具体干预策略有：①个案谈话与情绪疏导。辅导员可以通过一对一谈话，建立安全信任的沟通环境，引导学生表达真实感受，及时释放负面情绪。②情绪管理培训。通过开展情绪管理、压力调适等专题讲座或工作坊，帮助学生掌握自我调控的方法，如深呼吸、正念、冥想等。③多方协同干预。在发生较严重矛盾时，辅导员应及时与学生家长、心理咨询中心等多方联动，共同制订干预方案，防止矛盾激化带来长远影响。

总之，小安的案例虽然具有一定的特殊性，但其背后反映的个体性格、文化适应、沟通障碍等问题在高校学生中普遍存在。辅导员在工作中应多角度、多层次入手，通过早期预警、有效沟通、情绪疏导和多方联动，帮助学生走出“内耗”困境，建立健康、和谐的人际关系。大量案例揭示，每一次冲突背后都蕴含着成长的契机。

辅导员只有不断提升自身专业素养，才能更好地引导学生在多变的校园环境中找到归属与平衡。

有理有据

大学生的人际关系折射出多维度的社会现象，受多种因素的影响，包括个体的性格、情感、认知、文化背景、家庭环境等。辅导员的工作不仅要关注学生的学业，还要在学生的心理健康和人际交往中发挥引导作用。因此，在面对大学生复杂的人际关系时，辅导员必须了解心理学的基本原理，掌握分析学生行为的方法，并及时发现潜在问题。下面从心理学的角度，分析大学生在人际交往中常见的心理问题，探讨问题的成因，并为辅导员提供具体的应对策略。

1. 人际关系中的个体差异

在大学生的人际交往中，个体差异往往是导致冲突和心理困扰的根源之一。个体差异指的是学生在性格、情感、认知等方面的不同，这些差异使每个学生在人际交往中的需求和表现各不相同。心理学中的“个性理论”指出，人格特征会直接影响个体与他人互动的方式。以“大五人格理论”为例，个体的外向性、神经质、开放性、责任心和宜人性等因素，会在潜移默化中影响其与他人建立联系的方式。

外向型学生通常善于与他人建立联系，适应力强，容易融入群体。内向型学生则倾向于独处，他们可能在集体生活中感到不安、孤独。案例中小安内向、敏感的性格，使其在面对不同文化和生活习惯的室友时，容易产生沟通障碍和孤立感。辅导员在与这类学生沟通时，可以通过了解其性格特点，制定适合的沟通策略，帮助他们增强自信，减轻焦虑感。神经质较高的学生情绪波动较大，容易感到不安和焦虑。他们可能对待人际关系过于敏感，稍微激烈的言语或行为差异都会引发不安。辅导员在面对这类学生时，要特别关注其情绪波动，并引导他们学会调节情绪，如通过深呼吸、正念、冥想等方法来缓解焦虑。

2. 大学生人际关系中的常见问题

(1) 社交焦虑与恐惧

大学生因为性格内向、自信心不足或是对社交场合感到不适应，而表现出对明显的交往回避态度。这种缺乏交往意愿的现象，往往导致他们错失了许多建立人际关系的机会。这些学生在面对需要与他人互动、合作的场景时，可能感到紧张不安，担心自己的表现不被接受或受到负面评价，从而选择独自行动，避免与他人产生交集。长此以往，他们可能逐渐封闭自己，形成一个恶性循环，即越是不愿交往，越是难以积累社交经验，进而更加害怕交往。这种心态和行为模式不仅影响了他们的校园生活体验，还可能对其未来的职业发展和社会适应能力造成不利影响。

（2）人际关系敏感

大学生往往对他人的评价过于在意，容易因小事而产生情绪波动，甚至对他人的言行产生误解，导致人际关系紧张。他们可能在交往中过分关注细节，对别人的眼神、语气等非言语信息过度解读，从而产生不必要的猜疑和担忧。这种敏感性不仅影响了他们的情绪稳定，还可能破坏原本良好的人际关系，使其陷入孤立无援的境地。对于这类学生来说，建立和维护健康的人际关系成为一个巨大的挑战。

（3）沟通障碍

沟通障碍是大学生人际交往中普遍存在的问题。一些学生在表达自己的想法时往往含混不清，对方难以理解其真实意图。倾听不足也是沟通障碍的重要原因。部分学生在与人交往时，往往只关注自己的表达，而忽视了对方的感受和意见，这严重影响了双方的有效沟通。

（4）缺乏交往技巧与知识

部分大学生在人际交往中缺乏必要的技巧和知识，导致交往过程显得生硬、木讷。他们可能不善于表达自己的感激之情，也不懂得如何理解他人。此外，一些学生在劝说、批评、拒绝他人时不讲究艺术，容易伤害对方的自尊心或引起对方的不满。

（5）自我中心与缺乏包容

部分大学生在人际交往中表现出自我中心的特点，对周围的人与事漠不关心。他们可能缺乏必要的宽容和理解，容易为一些小事与他人发生争执或冲突。这种以自我为中心和缺乏包容的心态不仅影响了他们的人际关系，还可能对他们的个人成长和发展产生负面影响。

3. 大学生人际关系中的文化差异与包容沟通

大学是一个会聚了来自不同地域、不同文化背景的学生群体的地方，文化差异是学生在人际交往中面临的一个重要挑战。每个地区、每个家庭的教育方式、价值观念和行为模式都有所不同，这些差异往往在无形中影响着学生的沟通和互动。

心理学中的“文化适应理论”指出，个体在进入一个新的文化环境时，往往会有一定的适应压力。如果无法顺利适应，他们就容易感到疏离、孤独，甚至产生情绪困扰。以小安为例，来自南方小镇的他，语言、思维方式和生活习惯与北方的室友们差异较大，尤其是在语言交流上，方言的差异使他感到被排斥。针对这样的学生，辅导员可以通过组织跨文化的交流活动，帮助学生更好地理解和包容彼此的差异，促进多元文化的融合。

此外，语言不仅仅是沟通的工具，还承载着文化的内涵。学生们在使用方言或俚语时，往往无意中忽视了来自不同背景同学的感受。辅导员可以通过引导学生学会使用更加包容、开放的表达方式，减少文化差异带来的误解与冲突。

4. 大学生人际关系中的情绪管理与冲突化解

大学生在宿舍生活中，情绪管理是人际交往中的一大难题。情绪问题往往源于沟通不畅、理解偏差或对冲突的不当处理。小安与室友小斌的冲突，正是由于情绪的压抑和沟通的缺失引发的。心理学中的“情绪调节理论”认为，情绪调节能力越强的个体，越能够在面对冲突时，保持冷静，理性处理；情绪调节能力较差的个体，则容易陷入情绪的旋涡，做出过激反应。

在小安的案例中，面对室友小斌的直率批评，他选择了压抑自己的情绪，而非与对方进行有效沟通。这种回避的方式最终导致了小安情绪的爆发，影响了整个宿舍的氛围。辅导员可以通过定期开展情绪管理培训，帮助学生学会认识、表达和调节自己的情绪。尤其是在面对冲突时，辅导员应鼓励学生采取非暴力沟通的方法，学会用温和、理性的语言表达自己的感受与需求，从而避免情绪激化。

他山之石

马歇尔·卢森堡的非暴力沟通

非暴力沟通（NVC）是一种使人们情意相通、互尊互爱、和谐相处的沟通方法，由著名的马歇尔·卢森堡博士提出。人们借助非暴力沟通，既可坦诚地表达自己的意愿，又可以倾听他人内心的感受，从而避免有意或无意忽略对方感受或需要所带来的伤害。马歇尔·卢森堡认为，非暴力沟通提醒人们凭己之力，让爱融入生活，它能够促使人们专注于彼此的观察、感受及需要。在倾听彼此心灵深处的需要的过程中，人们便会发现彼此内心的柔情与善意，从而以全新的眼光看待人际关系。非暴力沟通可以建立起人们彼此间的理解、尊重与关爱，并乐于互助。

非暴力沟通需要具备四个要素。①观察，即留心身边发生的事情。马歇尔·卢森堡强调，无论喜欢与否，人们都要清楚地表达出观察结果，即客观地指明观察到的事情。②要具体地表达自己的感受，如害怕、担忧、紧张、兴奋、满足、感激等。③在表达自己的感受之后，需要人们表述出是哪些内心需要导致了现在的感受。④根据自己的感受，向对方提出具体的要求。

借助非暴力沟通的四个要素，人们可以坦诚地表达自己。同时，我们注意到，它的另一个作用是倾听来自对方内心的声音。总的来说，非暴力沟通是一种双向的人际互动。它能够帮助人们拉近心理距离，实现有效的沟通。

非暴力沟通的目的是使人友爱互助，使用它们基于以下意识：人与人是相互依存的（Interdependence）；与人协作（Power with）而不是强迫（Power over）。

非暴力沟通的技巧包括：

（1）区分观察和评论，能够不带预设地仔细观察正在发生的事情，并具体指出正影响我们的行为和事物。

(2) 区分感受（Feeling）和想法，能够识别和表达内在的身体感觉和情感状态，而不包含评判、指责等。

(3) 体会与正发生的事情和感觉相关的需要——所有人共有的需要（如食物、信任、理解等）——是否得到满足。

(4) 提出具体、明确的请求（要什么，而不是不要什么），而且确实是请求而非要求［希望对方的行为是出于由衷的关心（Compassionate Giving），而不是出于恐惧、内疚、惭愧、责任等］。

非暴力沟通技巧强调我们对自身的感受、行为以及对他人作出反应时的选择负责，以及如何致力于建立协作性的人际关系。非暴力沟通理论认为，当我们专注于澄清彼此的观察、感受、需要和请求，而不是分析和评判时，我们会发现自己内在的慈悲；通过强调深入的倾听——倾听我们自己以及他人，非暴力沟通有助于促进相互尊重、关注和理解，进而引发双方互助的愿望。

案例要点分析

在大学的集体生活中，学生的社交困境和心理健康问题往往是辅导员工作的关键。小安的案例通过展示一个典型的内向型大学生在人际交往中的困境，其性格特征、文化差异、沟通障碍等多重因素共同作用，导致其产生情绪内耗并最终爆发冲突。作为辅导员，理解和识别这些问题的根源，并采用适当的干预策略，是帮助学生走出困境、维持良好心理健康的重要途径。

一、了解学生个体差异，关注内向型学生的心理困境

小安是一个性格内向、敏感细腻的学生，其个性特点使他在面对陌生的环境和多元化的人际互动时，产生了较大的适应困扰。作为辅导员，认识到每个学生的性格差异并加以关注，是有效帮助学生的第一步。

内向型学生往往不善于主动表达情感，容易因小事积压情绪，内心产生孤独感和焦虑感。辅导员可以通过观察学生的行为举止，了解他们的性格特点。例如，内向型学生可能通过减少与他人的交流或主动回避社交场合来表达不适应。对于小安这样的学生，辅导员应特别注意其在宿舍生活中的表现，尤其是是否出现孤立、沉默或情绪波动等现象。

干预策略上，辅导员需要：①建立信任关系。通过定期的个别谈话，与学生建立信任关系，帮助学生逐步打开内心世界，了解其在人际交往中的困惑与压力。②情绪表达与疏导。针对内向型学生，辅导员可以通过情绪日记、绘画等非语言方式，帮助他们逐步学会表达情感，缓解压抑情绪，避免情绪积压带来的“内耗”现象。

二、关注文化差异与适应困境，促进学生跨文化沟通

在大学生活中，来自不同地域、文化背景的学生经常面对文化适应的问题。小安和室友的文化差异（尤其是在语言使用和生活习惯上的不同）导致小安在集体生活中的疏离感和被排斥感。辅导员需要敏锐地意识到，文化差异可能是人际沟通障碍的重要因素，如果这种障碍得不到及时处理，往往会加剧学生的孤立感与焦虑感。

干预策略上，辅导员可以：①组织跨文化活动。定期组织多元文化交流活动，帮助学生理解和包容彼此的文化差异。通过组织这些活动，学生可以更好地适应宿舍生活，消除文化冲突带来的隔阂。②语言包容与沟通技巧。辅导员可以引导学生们学习更加包容和有效的沟通方式，鼓励学生们多用普通话或共同理解的语言进行交流，减少方言差异导致的排斥感。

三、干预情绪管理，减少“内耗”，促进心理健康

小安缺乏情绪管理的方法，导致他在面对与室友小斌的冲突时选择压抑情绪，最终爆发。这种“内耗”状态不仅影响了他的学业表现，还导致他与他人产生了严重的冲突。辅导员作为学生的心理支持者，应关注学生的情绪变化，及时识别情绪波动并采取有效的情绪疏导策略。

干预策略上，辅导员可以：①进行情绪识别与调节培训。辅导员可以定期举办情绪管理与调节的培训或工作坊，帮助学生了解情绪的产生与变化规律，掌握情绪识别和调节的基本技巧。通过心理学工具如情绪自评量表、情绪管理自测等，辅导员可以引导学生及时发现情绪波动并进行自我调节。②进行个案谈话与情绪疏导。辅导员可以通过个案谈话，对学生进行疏导，帮助学生发泄积压的情绪，并提供应对策略。例如，辅导员可以指导学生使用呼吸、正念、冥想等方法，帮助他们调整焦虑和压抑的情绪。

四、提升沟通技巧，防止冲突激化

小安与小斌的冲突暴露了双方在沟通方式上的严重不合：小安选择回避和压抑自己的情绪，小斌则采用直接、批评的方式。心理学中的非暴力沟通理论指出，避免指责和批评，通过表达个人感受和需求来促进理解，能够有效减少冲突的发生。辅导员应当帮助学生们掌握有效的沟通技巧，特别是如何在情绪激烈时保持冷静，避免情绪化的语言和行为。

干预策略上，辅导员可以采取：①非暴力沟通训练。辅导员可以组织小组讨论或一对一辅导，帮助学生学习非暴力沟通技巧。模拟冲突情境可以让学生在实际演练中学会如何表达感受和需求，如何倾听他人的话而不轻易产生误解。②情绪冷处

理。在学生发生冲突时，辅导员可以建议学生先进入冷静期，即先避免面对面沟通，等情绪平复后再进行理性的交流。这有助于双方在冷静后理性处理矛盾，防止情绪化的语言加剧冲突。

五、辅导员的主动性与综合干预

在面对像小安这样的人际交往困境时，辅导员不能仅仅依赖学生的主动求助，还应主动关注学生的心理状态，定期与学生（尤其是那些明显存在社交困难或情绪问题的学生）交流。辅导员还应与心理咨询中心、班主任等多方协同，共同制订干预计划，防止问题的积压和恶化。

小安的案例体现了大学生在人际交往中可能面对的多重困境。在日常工作中，辅导员应当高度关注学生的性格差异、文化适应问题和情绪管理能力，利用心理学工具，识别学生的心理困扰并采取针对性的干预措施。辅导员通过建立信任关系、开展情绪管理培训、提高学生沟通技巧，帮助学生解决人际交往中的问题，减少心理困扰，促进其心理健康发展。

第二节　探寻校园爱情真谛

案例导入

小念的重生：从情感危机到自我成长的蜕变

一个寻常的午后，阳光透过树叶的缝隙，斑驳地洒在校园的小道上，我正漫步在校园中。突然，一个熟悉的身影引起了我的注意——那是小念，一个平日里总是笑容满面的女孩，此刻却显得有些落寞。

我上前与她打了声招呼，试图以轻松的语气与她交谈，但小念的回答显得心不在焉，眼神中透露一丝难以言喻的忧伤。我敏锐地察觉到，这个平日里活泼开朗的女孩，可能面临着困扰。

在接下来的日子里，我更加关注小念的动态，发现她变得越来越沉默寡言，甚至有时会在课堂上走神，我决定找个机会与她进行深入的交流。某天，我邀请小念来到我的办公室，为她泡了一杯热茶，希望营造一个轻松的氛围。我轻声问道："小念，最近你好像心事重重的，能和我分享一下吗?"

小念低头沉默了一会儿，然后缓缓抬起头，眼中闪烁着泪光："老师，我和男友分手了。我原本以为我们可以一起走到最后，但现在……"

原来，小念与异地恋男友的感情出现了裂痕。进入大学，两人因价值观和生活节奏的不同而渐行渐远，男友冷漠的态度让她感到孤立无援，加上学习的压力，使小念的情绪逐渐崩溃。

听到这里，我意识到当下的情感危机已经严重影响到小念的状态。我犹豫了一会儿，将纸巾递给小念，轻声问道："我感受到你很痛苦，你有想过或者尝试过伤害自己吗?"小念看着我，眼泪滑落，点了点头，又摇了摇头。她说："我想过，但我害怕，我不想这么做！可怎么样我才能解脱?"我紧紧握住了她的手，温柔地说："小念，无论发生什么我都会陪着你，让我们一起面对，一起想办法。"

为了全面地了解小念的情况，我先与她的室友和几位好友进行了交流，也请求她们继续关心小念，给予她更多的陪伴和支持。

随后，我联系了小念的父母。在电话中，我详细地向他们说明了小念当前的情感状况和心理状态。他们听后非常担心，但也表示会全力配合学校的工作，共同帮助小念走出困境。我们约定，定期沟通小念的情况，共同为她营造一个温馨的家庭氛围。

在征得小念的同意后，我陪同小念前往学校心理健康教育中心。心理咨询师对小念进行了专业的评估，确认她处于抑郁状态。

我在督促小念坚持咨询的同时，还推荐她去旁听了学校的恋爱课程，希望她通过学习重新审视自己的恋爱观，学会在恋爱中保持自我。在一次课后，我与小念进行了深入的交流。她告诉我："老师，以前我总是觉得爱情就是生活的全部，但现在我明白了，真正的幸福来自内心的平和与自我实现。"

看到小念重新找回自我，我深感欣慰。但我也意识到，仅仅依靠恋爱课程是不够的。于是，我鼓励她积极参与校园社交活动，扩大社交圈子，结交志同道合的朋友。在一次社团活动中，小念结识了一群热情洋溢的朋友，他们一起策划活动、分享快乐，小念的脸上绽放出久违的笑容。

经过一段时间的帮扶，小念的情绪逐渐稳定下来，不再沉溺于过去的痛苦，而是勇敢地面对未来。她告诉我："老师，谢谢你一直在我身边支持我。我好像走出来了，因为我知道，我还有更多的事情要去做，更多的人要去遇见……"

听着小念的话，我欣慰地笑了。

案例综合点评

在小念的案例中，我们看到了这名大学生在面对情感危机时所经历的心理变化，以及辅导员通过敏锐观察、及时干预帮助小念走出困境的过程。小念的情感问题不仅仅是个人问题，更是多重因素交织的结果。辅导员需要运用科学的心理学工具，精准地识别问题，并提供多方位的支持。该案例不仅展示了学生情感危机的常见模式，也为辅导员提供了通过心理学原理进行有效干预的宝贵经验。

1. 情感危机的早期信号：通过观察与倾听发现学生的困扰

小念的情感问题并非突如其来的，而是长期积累的结果。她的情感困扰在开始时通过行为和情绪的微妙变化表现出来，辅导员注意到小念的情绪变化——从平日里开朗、活泼转变为沉默寡言、情绪低落。这种行为和情绪变化是学生情感危机的早期信号，而辅导员的关键任务之一是通过观察和倾听及时发现这些变化。

心理学中的“行为变化理论”强调，当个体面对压力或情感困境时，良好的社交支持能够显著减轻负能量，通常被认为是个体内心问题的反映，特别是情感危机中的学生往往表现出与平时不同的社交方式、情绪波动等特征。因此，辅导员在日常工作中，需要保持敏锐的观察力，尤其是在学生的情感和心理状态出现波动时，及时与学生进行交流，发现问题的根源。

2. 情感依赖与自我认知缺失：恋爱中的心理挑战

小念情感问题中的一个重要因素是她在恋爱中对男友的高度依赖。她将自己所有的情感寄托在这一关系上，一旦这种关系出现问题，她便感到生活失去了支撑。心理学中的“情感依赖理论”表明，当个体过度依赖他人以获得情感满足时，容易形成情感上的脆弱性。尤其在恋爱关系中，学生往往因为缺乏对自我独立的认知和情感调节能力，容易陷入这种依赖性关系。

小念的情感危机不仅仅是由于男友的冷漠，还在于她对这段关系的过度投入和依赖。当她意识到这段感情可能无法继续时，她的情感世界几乎崩塌。作为辅导员，必须意识到情感依赖在大学生中是普遍存在的问题，尤其是在初恋和异地恋等情感模式中更为突出。

3. 心理学工具的运用：评估与干预的精准性

当学生情感危机严重到影响其心理健康时，辅导员的干预需要更加科学和专业。在小念的案例中，辅导员通过心理学工具（如情绪自评量表、抑郁评估等）对她的心理状态进行评估，并引导她接受专业的心理咨询。辅导员利用这些工具及时发现学生的心理状态，为后续的干预提供指导。

心理学工具的使用不仅限于评估学生的情绪波动，更重要的是这些工具可以帮助学生认识到自己情感问题的根源，并指导他们进行情感调节。与心理咨询师合作，辅导员可以为学生提供专业的心理支持，并在此基础上进行综合干预。

4. 社交支持系统：建立与拓宽社会网络

在情感危机中，社交支持系统的作用不可忽视。小念的情感问题不仅仅是她与男友的关系问题，更与她在校园内的社交圈子密切相关。辅导员通过与小念的室友、朋友沟通，了解她的社交状况，并鼓励她重新建立与他人之间的联系。社交支持的缺乏，往往使学生在情感困境中感到更加孤立和无助，因此帮助学生建立有效的支持系统至关重要。在小念的案例中，辅导员不仅鼓励她参加社交活动，还引导她结识更多的朋友，扩大她的社交圈子，帮助她重新找回自信。

5. 情感独立与自我成长：促进学生的自我实现

小念的情感危机虽然得到了缓解，但她的转变并不仅仅来自外部支持，更源自她内心的成长历程。在辅导员的帮助下，小念逐渐认识到，真正的幸福并非来自外部的情感依赖，而是来自内心的平和与自我实现。这一过程体现了“自我实现理论”的核心思想：个体应通过不断自我探索和自我实现，达到内在的满足感。

辅导员应帮助学生认识到，恋爱固然重要，但个人的独立与成长才是长期幸福的根基。通过情感教育、自我认知的培养，辅导员可以帮助学生走向情感独立，并鼓励他们积极探索自我，提升自我价值。

小念的情感危机案例展示了大学生在恋爱关系中可能面临的情感依赖、情感困扰等问题。辅导员通过及时观察、心理评估和专业支持，不仅帮助学生走出了情感困境，还引导她实现了自我成长。在这个过程中，辅导员不仅仅是问题的解决者，还是学生情感与自我成长的引导者。通过应用心理学工具进行科学的干预，辅导员可以帮助学生在复杂的情感世界中找到平衡，走上心理健康的道路。

有理有据

大学生恋爱关系不仅是年轻人在心理与情感上成长的重要组成部分，也是高校辅导员工作中的一个重要关注点。许多大学生在进入大学后，初次建立亲密关系时，往往没有足够的情感经验和成熟的心理准备，导致在恋爱关系中产生冲突、压力和困扰。作为辅导员，理解学生在恋爱关系中的心理需求和可能出现的问题，运用心理学理论和工具帮助学生解决情感困扰问题，是提升学生整体心理健康的重要途径。下面从三个主要方面进行分析。

1. 大学生恋爱关系中的心理特点

(1) 恋爱关系的心理学基础：发展阶段与情感需求

大学生正处于人生的过渡阶段，进入了心理发展中的“青壮年阶段”。这个阶段，个体逐渐从依赖家庭到寻求外部支持，恋爱关系成为大学生情感体验和社会化过程中的重要组成部分。心理学家埃里克·埃里克森的心理社会发展理论强调，从青春期到成年早期是“亲密对孤独”的关键发展阶段。这个阶段的个体，正是通过亲密关系的建立来形成健康的社会性认同和情感归属感。因此，大学生在恋爱关系中的心理需求通常表现为寻求情感认同、自我确认和归属感。

这种情感需求在大学生恋爱关系中尤为明显，他们可能在经历初恋时，面对恋爱中的强烈情感波动，缺乏成熟的应对方式，往往过度依赖对方来填补情感上的空白。根据心理学中的“情感依赖理论”(Emotional Dependency Theory)，大学生(尤其是情感经历较少的大学生) 容易在恋爱关系中形成情感依赖，这种依赖可以表现为对恋爱关系的过度投入和对另一半情感支持的高度需求。

这种依赖型恋爱关系并非完全健康的。过度依赖容易导致双方恋爱关系的不平等，以及在面对冲突时情感不稳定。辅导员应当意识到，大学生的恋爱关系在初期往往带有强烈的情感投入，但缺乏对关系深层次的理性认知。学生经常把恋爱视为解决孤独、实现自我价值的唯一途径。对于辅导员而言，理解这一点有助于发现学生在恋爱中可能遇到的困惑与问题。

(2) 恋爱中的认知偏差与情感冲突

恋爱关系中的认知偏差是大学生常见的心理特征之一。根据“理想化与失望理论”(Idealization vs. Disillusionment Theory)，恋爱初期，人们往往对对方有过度理想化的期望，这种期望与实际情况的不符，容易导致情感上的落差和冲突。对于大学生而言，他们通常缺乏情感调节能力，容易因理想化倾向与现实性矛盾而产生情感上的失望。

此外，大学生在恋爱中可能面临自我认同的困扰。在恋爱关系中，他们往往会将自己的价值与对方的认同捆绑在一起，导致个体的独立性和自主性受到影响。心理学中的“自我概念理论”(Self-Concept Theory) 指出，当个体的自我认同过度依赖他人时，容易在关系破裂或遭遇冲突时，产生较大的情感失落感。

对于辅导员来说，了解大学生在恋爱中的认知偏差和情感冲突，能够帮助他们更好地识别恋爱中可能遇到的问题。例如，辅导员可以通过观察学生在恋爱中的情感波动和对恋爱的期待，了解学生是否存在理想化倾向，及时为学生提供情感认知上的引导和帮助。

2. 大学生在恋爱中的常见问题

(1) 情感依赖与失衡

情感依赖是大学生恋爱关系中常见的心理问题，尤其是在初恋阶段。根据心理学中的“依附理论”(Attachment Theory)，个体的恋爱模式与早期依附关系有着密切的联系。大学生进入一段恋爱关系时，可能表现出较强的情感依赖，尤其是那些尚未完全建立自我认同的学生，他们容易将自己的情感需求依赖于伴侣，甚至将自己的幸福和自我价值完全寄托在恋爱关系上。这种情感依赖的失衡往往会导致一方在恋爱关系中的主导地位过于突出，另一方则感到自我牺牲和失落。

辅导员需要识别出学生在恋爱中的情感依赖问题，尤其是在学生感到不安或孤独时，应及时对他们进行心理疏导，引导学生建立健康的情感关系模式。辅导员可以通过心理测评工具（如情感依赖量表）帮助学生识别自己在恋爱关系中的情感需求，并给予引导。

(2) 恋爱中的情绪波动与冲突管理

大学生在恋爱关系中往往面临较大的情绪波动。心理学中的“情绪调节理论”(Emotion Regulation Theory) 指出，个体在面对情感冲突时，可能出现情绪的失控与过度反应。尤其是大学生，他们的情感调节能力较差，容易受到外部压力和恋爱关系中的冲突影响，从而导致情绪波动加剧。

情绪波动往往是大学生恋爱关系中的常见现象。例如，许多大学生在恋爱关系中会因为小事争执而产生较大的情绪反应，这种情绪反应如果得不到有效调节和管理，往往会导致关系进一步恶化。情绪调节不当，不仅影响恋爱关系的稳定性，还可能引发焦虑、抑郁等心理问题。

辅导员可以通过情绪调节训练、开设冲突管理课程等，帮助学生提高情绪调节能力，学生可以学会在恋爱关系中保持冷静和理性。辅导员可以引导学生通过正念、冥想、深呼吸等方式调节情绪，同时教会学生如何通过积极沟通来解决恋爱中的冲突。

(3）恋爱关系中的自我价值感丧失

大学生在恋爱中，尤其是情感不成熟的学生，往往会将自己的自我价值与恋爱关系紧密联系在一起。当恋爱关系出现问题时，他们的自我价值感可能受到极大的威胁。心理学中的“自尊理论”（Self-Esteem Theory）指出，个体的自我尊重和自我价值感是其心理健康的重要基础。恋爱中的自我价值感丧失会导致学生出现情感困扰，甚至产生自我否定。

3. 辅导员的干预策略与心理学工具的使用

(1）恋爱问题的心理学工具与评估

辅导员在学生恋爱关系中扮演的角色，不仅仅是情感支持者，还是心理干预者。辅导员可以运用多种心理学工具和评估量表来帮助学生识别和解决恋爱中的问题。例如，使用情感依赖量表、情绪调节量表、恋爱关系满意度量表等心理学工具，辅导员可以客观了解学生在恋爱中的情感状态和心理需求，帮助他们识别潜在的情感问题。

使用这些工具，辅导员能够科学评估学生的情感困扰，并为学生提供个性化的辅导方案。辅导员还可以通过情感表达和情绪调节训练，帮助学生提高情感管理能力，解决恋爱中的问题。

(2）提供个性化的情感辅导

辅导员应根据学生的个性特点和情感困扰，提供个性化的情感辅导。针对情感依赖严重的学生，辅导员可以通过认知行为疗法等方法，帮助学生改变过度依赖他人的认知模式，建立健康的恋爱观；针对情绪波动较大的学生，辅导员可以通过情绪调节、正念、冥想等方式，帮助学生管理好情绪。

(3）团体辅导与恋爱课程的开展

辅导员可以开设团体辅导课程，帮助学生在群体中学习如何建立健康的恋爱关系。通过团体辅导，学生可以互相分享恋爱经验，解决彼此在恋爱中遇到的心理问题，从而建立起对恋爱关系的正确认识和情感处理方式。

大学生恋爱关系中的心理问题是多方面的，如情感依赖、自我认同缺失、情绪波动、冲突管理等。辅导员在处理这些问题时，不仅需要运用心理学理论和工具，还要通过情感教育、心理疏导等手段帮助学生建立健康的恋爱观。在干预过程中，辅导员应注重个性化辅导，帮助学生提升情感管理能力，并通过心理测评工具、团体辅导等方式，为学生提供多维度的支持和帮助，促进他们的恋爱关系健康发展。

案例要点分析

在大学生活中，情感问题是许多学生面临的重要心理问题。小念的案例提供了一个典型的情感危机情境，反映了学生在面对恋爱关系中的冲突和挫折时，可能遭遇的心理变化与挑战。辅导员在这个过程中不仅要通过早期的观察与干预，及时识别并介入学生的情感困境，还要通过多方面的心理支持帮助学生走向自我成长。下面将从多个角度对该案例进行分析，总结出辅导员应如何有效发现、干预并引导学生走出情感困境。

一、情感危机的识别：观察与倾听

小念的情感危机并非一蹴而就，而是逐渐积累的结果，她的变化从她的行为和情绪变化中开始显现。辅导员敏锐地发现了小念的情绪低落，注意到她的言语、社交和课堂行为发生了变化。小念从一个平日里开朗、活泼的女孩，变得越来越沉默寡言、情绪低落，课堂上开始走神儿。这些行为和情绪的变化被看作学生情感危机的早期信号。

1. 发现情感危机的早期信号

心理学中，情感危机通常伴随学生行为的变化。这些变化可能表现为情绪低落、社交回避、学习动力下降等。辅导员通过对学生行为的敏锐观察，能够识别学生是否有情感上的困扰。在小念的案例中，情感危机的初期表现为她变得沉默寡言、情绪低迷，并逐渐回避与同学的互动。这些都反映了她的内心世界正在发生变化。

辅导员的重要任务是通过行为变化来捕捉情感困扰的蛛丝马迹。这一过程需要辅导员保持高度敏感，尤其是在处理大规模的学生群体时，辅导员必须学会识别出那些情感问题的微小信号，并尽早介入。

2. 倾听与理解学生的困扰

辅导员识别出学生的情感危机后，应当采取主动的沟通方式，倾听学生的心声。在小念的案例中，辅导员通过一对一的谈话，提供了一个安全、温暖的空间让小念表达自己的困扰。这不仅是情感问题的发现过程，也是辅导员与学生建立信任关系的关键一步。

辅导员通过积极倾听，能够帮助学生释放情感上的压力，了解其情感困扰的深层原因。在小念的案例中，辅导员不仅关注她的表面情绪，还耐心了解她与男友的关系问题，探讨情感问题的根源。辅导员温和、关切的问询方式，使小念感到被理解和支持。

二、分析情感危机的心理原因

小念的情感问题不仅仅是由于恋爱关系中的冲突，还与她的情感依赖和自我认知缺失密切相关。心理学中的“情感依赖理论”指出，过度依赖他人进行情感满足的个体，往往在关系破裂或遭遇情感冲击时，产生严重的心理困扰。小念把自己的情感完全寄托在男友身上，一旦男友变得冷漠，她便感到生活失去了意义，情感崩塌。

1. 情感依赖的心理机制

情感依赖是指个体在情感关系中无法独立满足自己的情感需求，经常需要依赖他人的支持和认同才能感到自我价值。在小念的情感中，男友的冷漠直接冲击了她对这段感情的依赖，导致她产生了深深的孤独感和无助感。她的情感世界完全围绕着这段恋情展开，使得她在感情破裂后感到彻底失落。

情感依赖通常源自个人情感需求的过度依赖，辅导员需要帮助学生认识到这一点。通过情感教育、心理疏导等方式，辅导员可以帮助学生意识到恋爱关系应该是相互支持的，而不仅仅是单向的情感依赖。辅导员应帮助学生在恋爱中找到自我，避免过度依赖他人来满足个人情感需求。

2. 自我认知缺失的影响

自我认知缺失往往导致学生在恋爱中将自己的幸福和自我价值建立在他人的认同上，而忽视了自我成长和独立性。小念在这段恋情中，过度依赖男友，忽视了自己的独立性和自我实现。这种自我认知缺失使她在感情破裂后陷入了深深的自我否定和情感困扰中。

辅导员需要帮助学生建立健康的自我认知，使他们学会在恋爱关系中保持自我，理解自己内心的需求与愿望。通过情感教育和自我探索，辅导员可以引导学生认识到真正的幸福是内心的平和与自我实现，而不是外部的情感关系。

三、应用心理学中的评估与干预工具

当情感危机的影响加剧，辅导员应运用心理学工具对学生的情感状态进行科学评估，并结合评估结果采取相应的干预措施。小念接受了辅导员的建议，前往学校心理健康教育中心进行了专业的心理评估，结果显示她处于抑郁状态。辅导员借助专业评估为学生提供了及时的帮助，学生得到更加系统的心理支持。

1. 使用心理学工具进行评估

辅导员可以运用情绪自评量表、焦虑抑郁评估量表等心理学工具，对学生的心理状态进行客观评估。这些工具可以帮助辅导员在早期发现学生的情感困扰，及时进行心理疏导与干预。在小念的案例中，辅导员借助专业心理评估，确认了她的抑郁状态，并指导她接受进一步的心理咨询。

这些心理学工具能够帮助辅导员准确把握学生的情感困扰，进而提供个性化的干预措施。这不仅是对学生心理状态的量化评估，也是情感危机干预的科学依据。

2. 心理疏导与专业支持

辅导员在评估学生心理状态后，应及时转介给专业的心理咨询师，确保学生能够得到专业的心理支持。小念在接受专业评估后，开始了心理咨询。在此过程中，辅导员始终陪伴并监督她的进展。心理咨询不仅帮助小念了解自己情感问题的根源，还为她提供了情感调节的具体方法和策略。

通过心理疏导，辅导员可以帮助学生识别情感困扰的根源，调整情感认知，增强自我调节能力。辅导员应当与心理健康教育中心紧密合作，共同为学生提供长期的心理支持，帮助他们走出情感困境。

四、发挥社交活动的社交支持与情感恢复作用

除了心理学工具的干预，社交支持在情感危机中的作用同样重要。小念的情感恢复不仅仅依靠心理咨询，更得益于她在辅导员的鼓励下，积极参与社交活动，拓宽了自己的社交圈子。在社交活动中，小念结识了更多的朋友，获得了来自他人的情感支持，这有助于她从情感创伤中恢复过来。

1. 构建社交支持系统

社会支持理论强调，个体在面对情感困境时，良好的社交支持能够有效减轻其心理负担，并促进其恢复。在小念的案例中，辅导员通过与小念的室友和朋友沟通，确保小念得到更多的情感支持。同时，辅导员鼓励小念积极参与校园社交活动，结交志同道合的朋友，从而避免她陷入孤独的状态。

辅导员应通过组织社交活动，帮助学生建立健康的社交支持系统。通过这些活动，学生能够与他人建立联系，分享情感体验，获得他人的理解和支持，促进心理恢复。

2. 拓宽社交圈与情感支持

小念通过参与社交活动，重新找回了自信和快乐。她不仅结识了新的朋友，还通过这些朋友的陪伴逐渐摆脱了失恋的阴影。辅导员可以通过组织集体活动、社团活动等方式，鼓励学生结交新朋友，拓宽自己的社交圈。通过参加社交活动，学生能够从他人那里获得情感支持，减轻情感困扰。

五、促进学生的情感独立与自我实现

最终，小念的情感恢复不仅来自外部的支持，也源自她内心的成长和自我认知的提升。在辅导员的引导下，小念开始认识到真正的幸福并非依赖他人，而是自我实现和内心的平和。她逐渐意识到自己的人生不应仅仅围着恋爱关系转，而应着眼于更广阔的自我成长和发展。

1. 自我认知的提升

自我认知是个体心理健康的重要基础。辅导员在情感危机干预过程中，应该帮助学生增强自我认知，鼓励他们通过自我探索和情感教育，提升自我意识。在小念的案例中，辅导员通过情感教育，帮助她重新审视自己的情感观念，并引导她意识到自我实现才是幸福的核心。

2. 自我实现与心理成长

辅导员应鼓励学生在经历情感困扰后，进行自我反思和成长。通过自我实现，学生能够建立更加健康的情感观，并学会在未来的情感关系中保持自我独立。小念通过这段经历，学会了如何保持自我独立，并从中获得了情感的成熟和成长。

小念的案例为我们提供了一个情感危机干预的成功范本。在这一过程中，辅导员通过耐心的观察与倾听，帮助学生发现并解决了情感问题；并通过心理学工具、社交支持和情感教育等多方面的干预，引导学生心理成长。辅导员不仅是问题的发现者和干预者，还是学生自我认知与情感独立的引导者。通过系统地干预与支持，辅导员能够帮助学生在情感危机中得到自我恢复和成长，为学生的心理健康提供有力支持。

第三节　师生情深共育英才

案例导入

学术旅程中小杨的逆境重生

小杨——一个来自普通家庭的学生，凭借优异的成绩和不懈的努力，他成功考入一所知名大学，并获得了提前攻读博士学位资格。那时的他，满怀激情与梦想，渴望在学术领域有所建树，为社会贡献自己的力量。

然而，现实往往不如梦想那般美好。进入读博阶段，小杨发现自己所在的实验室和导师的培养模式与他期望的相差甚远。导师是一位在学术界享有盛誉的教授，对学生要求极高，习惯通过比较来激发学生的竞争意识。然而，这种教育方式对于小杨来说，成了一种无形的压力。每当导师将他与其他同学进行比较或是对他的研

究提出批评时，小杨都会感到深深的挫败感和自卑感。

此外，导师对小杨的研究方向也多次进行更换。虽然这在一定程度上拓宽了小杨的学术视野，但频繁的更换也让他感到迷茫和无所适从。每次更换课题都意味着要重新开始，重新积累知识和经验。这不仅消耗了小杨大量的时间和精力，也让他逐渐失去了对研究的热情和信心。

随着时间的推移，小杨读博阶段的课题研究进展缓慢，甚至陷入了停滞。面对导师的期望和学术的压力，他感到越来越力不从心。某次，导师因花费高而多次否定小杨想做的一项数据检测，小杨与导师发生冲突，情绪非常激动，要求学院换导师，否则就退学。导师给辅导员打去电话，希望辅导员能够帮助解决问题。

辅导员迅速来到了小杨的寝室。谈话过程中，小杨向辅导员倾诉了自己的遭遇和感受。他提到导师的态度让他感到绝望，频繁的课题更换让他失去了方向，七年的科研生涯一无所获，无法达到毕业要求。辅导员第一时间对他进行了安抚和疏导，通过多渠道了解实际情况，综合判定起因是导师的培养模式与学生不相适应，且学生与导师之间长期没有有效的沟通。辅导员深知，简单的换导师或退学并不能解决根本问题，关键在于要找到问题的症结，并采取有效的措施进行干预和调整。

于是，辅导员开始着手搭建学生与导师之间的沟通桥梁。他邀请小杨和导师进行了一次深入的对话，让双方有机会坦诚地表达自己的想法和感受。在这次对话中，小杨终于有机会向导师倾诉自己的困惑和不满，而导师也意识到了自己教育方式的问题。双方一致认为，申请硕士学位可能是一个更为实际和可行的选择。

小杨提交了博士转硕士的毕业申请，并得到了学院的批准。学院安排了一位经验丰富的硕士生导师来指导小杨。这位新导师不仅对小杨的研究方向进行了调整，还为他提供了更多的学术支持和资源。在导师的悉心指导下，小杨逐渐找回了对研究的兴趣和信心。

经过努力，小杨终于顺利完成了硕士学位论文答辩，并拿到了毕业证书和学位证书。这一刻，对他来说，不仅是毕业，更是人生道路上的一次重要转折。他意识到，虽然自己的博士梦想未能如愿以偿，但在这个过程中，他得到了成长和历练。

案例综合点评

这是一个典型的“导学关系”紧张引发的心理危机案例。学术生涯往往伴随着高强度的压力与挑战，学生在此过程中极易遭遇挫败感与自我怀疑。积极、健康的导学关系能够为学生提供必要的情感慰藉与心理支持。导师的理解与鼓励能够帮助学生更好地应对研究中的困难与挫折，保持对学术的热情与信心。相反，若导学关系紧张或缺乏有效沟通，学生可能感到孤立无援，进而产生消极情绪，甚至影响学术进展。小杨的学术旅程是一个充满挑战与转折的故事，它不仅展现了个人在追求学术梦想过程中可能遭遇的挫折，还深刻地体现了和谐的导学关系在个体心理健康与学术成长中的核心作用。

1. 关注要点

在小杨的案例中，有以下几点值得我们探讨与关注。

(1) 导师培养模式的多样性与学生适应性。案例中，导师的高要求与频繁更换研究方向的做法，虽然旨在激发学生的潜能和拓宽学术视野，但显然并不适合所有学生。这引发了关于导师如何根据学生的个性、兴趣和能力制订个性化培养方案的讨论。

(2) 师生沟通的有效性与必要性。小杨与导师之间长期缺乏有效的沟通，是导致师生关系紧张、误解加深的关键因素。这体现了师生间应建立开放、坦诚沟通渠道的重要性，以及学院和学校层面在促进师生沟通方面的责任。

(3) 心理健康支持与干预机制。小杨在学术逆境中产生的负面情绪和心理压力，最终通过学院辅导员的介入得到缓解。这凸显了建立有效的心理健康支持与干预机制对于维护学生心理健康、促进学生学术成长的重要性。

(4) 学术路径的灵活性与包容性。案例中，小杨从博士转为硕士的决策，不仅是他个人心理重建的过程，也体现了学术路径的灵活性与包容性。这引发了关于如何在学术评价体系中融入更多人性化、灵活性的思考。

2. 工作不足

在本案例中，辅导员在问题处理上的总体表现是可圈可点的，尤其是在问题显现后的及时安抚、搭建沟通桥梁，以及提供实际帮助方面。然而，从预防与早期干预的角度来看，辅导员存在以下不足。

(1) 未能及时发现异常迹象。在案例中，辅导员是在小杨准备换导师或退学时才了解到他的困境的，这表明辅导员在日常的学生管理工作中未能及时发现小杨心理状态和学术进展的异常迹象。早期发现异常并介入，往往能够更有效地防止问题恶化，减少学生的痛苦和损失。因此，辅导员在日常工作中应更加敏锐地观察学生的行为和情绪变化，主动与学生沟通，了解他们的需求和困扰。

(2) 缺乏系统性的心理健康监测机制。案例中并未提及学院或学校层面有系统性的心理健康监测机制，如定期的心理健康筛查、心理咨询预约制度等，这可能导致辅导员在发现学生心理问题方面存在盲点和滞后。建立和完善心理健康监测机制，有助于辅导员更早地识别学生的心理风险，及时提供必要的支持和干预。

(3) 培训与指导不足。虽然辅导员在问题出现后进行了有效的干预，但可以反映出辅导员在预防和应对学生心理问题方面上专业学习和指导工作的不足。辅导员应加强在心理健康教育、心理咨询技巧等方面的学习，提高专业素养和应对能力，预防学生心理问题、提升学生心理健康水平。

构建良好的导学关系，需要导师与学生的共同努力。导师应关注学生的心理状态与需求，提供个性化的指导与支持；学生也应积极与导师沟通，及时反馈自己的困惑与进展，共同寻找解决问题的途径。同时，作为学生日常管理教育者的辅导员，应该重视导学关系的构建，通过定期评估师生关系，提供必要的培训与指导，促进导师与学生之间的有效沟通与通力合作。此外，加强心理健康教育与辅导，为学生提供必要的心理支持与心理资源，也是维护学生心理健康、促进其学术成长的重要途径。

有理有据

师生关系是大学校园生活中重要的关系之一。良好的师生关系不仅能有效促进学生的学业发展，还能对学生的心理健康、个人成长、职业规划等产生积极影响。作为高校辅导员，了解学生在师生关系中的心理需求，识别师生关系可能带来的心理困扰，并通过心理学理论、工具来帮助学生解决问题，是辅导员职责的重要组成部分。

1．大学师生关系中的心理需求与特点

（1）师生关系的心理学基础：依附理论与权威关系

大学的师生关系在很大程度上影响着学生的学习态度和心理发展。根据心理学中的“依附理论”（Attachment Theory），个体从小在家庭中形成的依附模式会影响他们在成年后与他人建立关系的方式。大学生虽已成年，但由于他们在心理和情感上仍处于成长的过渡期，老师经常在情感上需扮演类似父母的角色。尤其对于大学新生而言，老师不仅仅是知识的传授者，还是大学生在校园生活中的重要指导者与情感支持者。

老师的权威地位在一定程度上决定了学生对师生关系的依附程度。尤其是那些情感较为依赖或自信心较弱的学生，往往会过度依赖老师的认同与评价，形成较强的情感依附。这种依附关系在学生的学业发展中会起到重要作用，但如果这种依附过度，学生可能在缺乏老师关注或认可时产生焦虑、压力甚至自我价值感的缺失。

辅导员应当认识到，学生与老师的互动不仅局限于课堂上知识的交流，更多的是情感上的联结与心理需求的满足。学生在不同的学科、不同的情境下可能对师生关系的依附需求有所不同，辅导员需要灵活应对，帮助学生理解和调节这种情感依附，促进健康的师生关系发展。

（2）期望与现实的差距：学生对教师的理想化与挫败感

学生对老师的理想化是大学生师生关系中常见的现象。心理学有个概念叫“理想化期望”（Idealization Expectation），指的是个体对他人的过高期望。这种期望在初期可以增强信任与合作，但随着时间推移，当现实与期望产生差距时，可能导致失望、沮丧甚至对师生关系的疏远。大学生往往对老师抱有很高的期望，认为老师是知识的“权威”，也是成就未来的重要推手。

这种理想化期望在大多数情况下会随着时间的推移逐渐被现实“打破”。例如，一些学生在与教师的互动中，可能因老师的评价不如预期、课程难度过高或个人教学风格不符合预期而感到失望。如果这种失望情绪没有得到及时疏导，就可能转化为对老师的抵触或自我怀疑，进而影响学生的学业情绪和心理状态。

辅导员应当帮助学生调整他们对老师的期望，理解老师在教学中的局限性与差异性，避免学生在面对期望落空时产生过度的情绪反应。通过心理教育及沟通技巧的提升，辅导员可以帮助学生学会如何合理设定期望，并通过有效的情感调节避免情绪的恶化。

2. 大学生在师生关系中的常见问题

(1) 依赖与焦虑：对老师认同的过度依赖

心理学中的“依赖型人格障碍”(Dependent Personality Disorder，DPD) 理论揭示了个体对他人（尤其是权威人物）过度依赖的特征。大学生（特别是那些心理发展尚未完全独立的学生）可能在面对学业压力或情感困扰时，表现出对老师的过度依赖和对老师评价的高度敏感，学生往往无法独立作出决策，而是倾向于寻求老师的支持和认同。

在师生关系中过度依赖老师的学生，可能在未获得老师认可时产生焦虑、低落或自我怀疑。特别是在学生成绩不理想、课堂互动受到冷落或老师对学生的需求未能及时回应时，学生的焦虑感会加剧。辅导员在这一过程中扮演着重要的角色，他们可以通过建立与学生的信任关系，帮助学生识别和调节自己的情感依赖，培养学生的独立性和自信心。

(2) 自我认同的缺失：老师的评价与学生自我价值感

大学生正处于自我认同的关键阶段，老师对学生的评价在这个阶段会对学生的自我价值感和认同感产生极大影响。根据心理学中的“自我价值理论”(Self-Worth Theory)，个体的自我认同与外部评价密切相关。在大学生活中，学生经常通过老师的评价来判断自己的学业能力和个人价值。因此，当学生感到老师的评价不理想或没有得到足够的关注时，可能对自我产生否定或怀疑。

这种对老师评价的过度敏感，尤其是在学业压力较大的情况下，可能引发学生的情感困扰。辅导员应当帮助学生理解，老师的评价是对其学习成果的反馈，学生的价值并不完全依赖于教师的评价。辅导员还可以引导学生通过自我反思和情感调节，培养自我接纳与自我价值的独立感。

(3) 师生关系中的冲突：沟通障碍与情感失调

师生关系中的冲突往往源于沟通上的障碍。根据心理学中的非暴力沟通理论，人际冲突通常源于不恰当的沟通方式，特别是当学生未能清晰表达自己的需求与情感时，容易在师生互动中积累误解和冲突。例如，学生可能在面对老师批评时，感到被否定或不被理解，从而引发情绪上的抵触和冲突。这种情感失调不仅影响学生与老师的关系，也可能影响学生的心理健康和学业表现。

辅导员在这一过程中可以充当师生沟通的桥梁，帮助学生与老师进行有效的情感表达与沟通。通过非暴力沟通技巧，辅导员可以教导学生如何在面对教师时表达自己的需求与情感，如何用建设性的方式化解冲突，避免情感的恶化和冲突的升级。

3. 辅导员的干预策略与心理学工具应用

（1）心理学工具的使用：评估与发现问题

辅导员在处理师生关系中的学生问题时，可以运用多种心理学工具来评估学生的心理状态和情感需求。例如，依附风格量表、情感调节量表、焦虑量表等工具可以帮助辅导员了解学生在师生关系中的情感依附模式和情感波动。

通过依附风格量表评估学生与老师的依附关系，辅导员可以识别出学生是否存在过度依赖教师的倾向，以及学生是否具有过度焦虑的依附风格。了解学生的依附风格后，辅导员可以进行个性化的情感干预，帮助学生建立更健康的师生关系。通过情感调节量表评估学生的情感调节能力，辅导员可以了解学生在面对师生关系中的冲突时，如何管理自己的情绪。如果学生情感调节能力较差，辅导员可以通过情感管理训练，帮助学生提高情绪调节能力，减少情感波动对师生关系的影响。学生在师生关系中可能因教师评价或课堂压力产生焦虑情绪，辅导员可以通过焦虑量表评估学生的焦虑水平，并及时采取有效的干预措施。

（2）个性化情感辅导：建立信任与沟通

辅导员应针对学生在师生关系中的情感困扰，提供个性化的情感辅导。针对情感依赖性强的学生，辅导员可以通过认知行为疗法帮助学生改变对教师过度依赖的认知模式，培养学生的独立性和自信心。针对情感调节能力较差的学生，辅导员可以通过情感管理训练，帮助学生学习如何管理情绪和应对师生关系中的冲突。

（3）促进情感表达与师生沟通

辅导员还应当促进师生之间的情感表达与沟通，帮助学生在师生互动中表达自己的需求和情感。通过非暴力沟通技巧，辅导员可以帮助学生在与教师的互动中学会倾听、表达、理解与协作，减少误解和冲突，提高师生关系的和谐度。

大学的师生关系是大学生在大学生活中至关重要的情感联结，良好的师生关系不仅能促进学生的学业成就，还能为学生的心理健康和社会适应提供支持。辅导员需要从心理学的角度出发，识别学生在师生关系中的心理需求与困扰，并通过心理学工具和有效的干预策略帮助学生解决问题。在此过程中，辅导员不仅要关注学生的情感需求，还要帮助他们学会如何独立处理师生关系中的情感依赖、沟通障碍和情感失调，为学生的心理健康提供全方位的支持。

他山之石

高校辅导员与学生的关系类型

师生关系是高校中最普遍的人际关系，辅导员作为最贴近学生生活的老师，与学生的关系也是一种较为特殊的师生关系。辅导员作为高校的一线学生工作者，工作范围涉及学生的思想、心理、生活、学习等各个方面，与学生关系最为密切，对学生的成长起着举足轻重的作用。辅导员与学生的关系既影响高等教育的质量，又影响学生的发展。

现代社会，在多元价值观下成长起来的大学生及其辅导员之间的关系出现了新变化、新特点。如何审视新时代大学生与辅导员的关系并对其进行理性思考，是值得深入探讨的课题。

1. 高校辅导员与学生的不良关系类型

（1）权威型师生关系

在“师道尊严”观念的影响下，辅导员将自己看作绝对的权威，学生都应该服从自己，从而忽视了学生的内在需要。同时，学生很自然地承接了辅导员的这种观念，将其看作自己的领导。在这样的情况下，辅导员与学生之间的关系不可能平等，辅导员不可能成为学生亲近的对象。在这种权威型导学关系之下，学生被压制在辅导员的威严之下，学生的发展被约束，也不利于师生沟通交流，因缺乏交流而引起冲突。

（2）淡漠型师生关系

当今大学生活，大学生主体意识的增强，他们与辅导员的交流越来越少。双方交流的内容只剩下办理学校的相关手续，学生很少会向辅导员倾诉或寻求帮助，辅导员也很少会主动找同学谈心，两者的关系完全可以用“冷漠”来形容。由于缺乏交流，双方没有感情基础，无法理解、体谅对方，师生冲突也较容易产生。

（3）功利型师生关系

在经济社会发展的今天，教育也难免被打上功利性的烙印；师生关系更是容易受各方面利益的诱惑，向庸俗、功利的方向发展。一方面，学生为了评奖评优主动讨好辅导员；另一方面，辅导员为了自身职业生涯也要尽力迎合学生，导致当代社会辅导员和学生的关系少了人情味、多了物质性。以利益为基础构建起的师生关系是不稳定的，一旦利益关系不存在甚至产生利益冲突，师生的冲突也就产生了。

（4）冲突型师生关系

由于辅导员和学生在角色、价值观、心理方面的差异，双方的冲突不可避免。一方面，辅导员属于院系的管理人员，在管理过程中，需要维护绝大多数人的利益，强调集体利益，这就有可能触犯一小部分学生的权益，由此激化双方矛盾。另一方面，辅导员与学生的文化价值观存在冲突。辅导员作为教育者，向学生传授的是既定的教育目的及其理想文化，这与学生在网络社会形成的价值观念相差甚远（如功利主义、个人主义等），学生无法接受理想文化，且表现出对抗行为，造成了与辅导员的对立。

2. 高校辅导员与学生的良好关系类型

（1）互动型师生关系

辅导员与学生应该是一种双向互动的关系，两者同为师生关系的主体，应该通过平等交往和对话相互理解，最终达成共识。作为学生生活的指导者和人生的引导者，辅导员应该以言传身教的方式，全心全意地为学生谋发展、求进步，主动与学生沟通，了解学生的日常生活；同时，学生应转变辅导员与自己的角色定位，不再把辅导员看成这种关系的主导者，确立相互平等的观念，向辅导员倾诉自己的想法，拉近与辅导员之间的距离。互动是构建当代师生关系的基础。

（2）朋友型师生关系

从本质上看，辅导员与学生是师生关系，最佳的关系模式是朋友之间的相处模式。在大学，各门课程的教师与学生之间的关系一般只维系在学术上，很少涉及学生的生活，学生不缺少“传道受业解惑”的教师，却缺少比自己年长的“朋友”。辅导员的存在很好地弥补了这一空缺，亦师亦友般的关系更能使师生双方建立深厚感情。事实上，平易近人、和蔼可亲又责任心强的辅导员确实更具有人格魅力，也更受学生欢迎。

（3）服务型师生关系

辅导员既是学生日常学习生活的管理者，也是学生日常学习生活的服务者。辅导员应该秉持“以学生为本”的理念，设身处地为学生解决实际困难；同时，辅导员应不断更新自己的信息，了解学生的处境，不断为学生的利益着想，积极向学院争取各种资源和机会，满足学生的合理需求。全心全意为学生服务的辅导员，一定能真正赢得学生的信赖和认同，自己的工作也能够更加顺利地开展。

（4）情理交融型师生关系

情理交融是指辅导员在履行自己的工作职责时，既要以理服人，对学生进行思想政治教育和价值认知教育，也要关注学生的现实需要和情感表现，体现人文关怀。每个人都是理性与感性的统一体，辅导员对学生要真正做到晓之以理、动之以情、情理交融，这样，师生之间融洽自在的关系自然就建立起来了。

案例要点分析

针对小安的案例，下面结合相关专业知识与实际工作经验整理出几个要点，供辅导员参考：

1. 辅导员在协调导学关系时的角色与定位

导学关系是研究生教育中不可避免的话题，导师是研究生培养的第一责任人，辅导员是学生日常思想政治教育工作的组织者、实施者和指导者，二者肩负着重要的育人职责。解决导学关系时，辅导员要秉持“到位不越位、补位不缺位”的原则。

(1)“到位”。主动担起思想政治教育的主责主业，及时赶赴现场解决危机隐患并防范舆情风险，安抚学生情绪，确保稳定安全。与导师详细沟通问题症结，创设沟通交流的场域和环境。

(2)“不越位”。坚持导师的第一责任人位置，结合学业指导和日常教育这两大症结，针对学生的诉求和实际，协助导师客观公正、理性地做好工作。

(3)“补位”。及时向学生传递正面积极信息，为学生提供帮助。待情绪稳定后就学生关切的学业压力、导学关系难题进行客观分析，提出解决办法，提供支持体系，解决好认识问题和现实难题。

(4)“不缺位”。结合事件进程，客观如实报告有关领导，寻求组织支持。全程参与问题处理，做好学生情绪安抚、注重搭建沟通路径，配合做好导学关系的协调与支持工作。

2. 辅导员积极引导并建立和谐导学关系

(1) 当机立断，紧扣时效参与冲突

在案例中，小杨与导师积累已久的矛盾终于爆发。小杨的情绪非常激动，甚至产生做出极端行为的想法，这已经是典型的危机事件，辅导员须立即赶往现场应对处置。

辅导员到现场后，要想尽办法防止学生出现过激反应，与导师做好沟通，协助安抚学生情绪，做好疏导工作，确保学生安全。辅导员在处理问题时一定要防止出现“次生灾害”，要及时提醒现场同学遵守相关纪律。

事后要与在场同学逐一进行细致的沟通疏导，密切关注学生状况，一旦了解学生的隐患性信息，应及时报告研究生工作部门和学院领导，做好配合处理工作。

最后要客观掌握信息。在学生情绪平稳后要耐心听取学生倾诉，详细了解学生的准确情况，结合与导师、其他学生沟通所掌握的有关线索，形成客观、准确的综合性材料，反馈给研究生工作部门和学院研究处理，并及时向学生反馈阶段性进展信息。

(2) 摆正位置，紧扣实际做好协调

经过与导师、学生以及身边同学的详细沟通，准确掌握事件的真实原因。如果问题属实，要如实反馈。辅导员可以从同事的身份、关心导师的角度及解决实际问题等方面与导师做好沟通，说明学生目前的状况和存在的隐患，了解学生不能毕业的真实原因，消除因非学业问题引发的负面影响。辅导员要与家长、同学做好沟通、劝慰、安抚工作，从建设性的角度给学生提供支持，对导师的工作方式方法提出建议，搭建沟通的桥梁。

（3）强化协同，紧扣关切做好帮扶

辅导员要持续关注学生的状况，有侧重地提供学业支持和就业支持，帮助学生缓解情境性压力。本案例中，小念面临学业困难，辅导员应及时加强学业支持指导，及时满足学生的合理诉求。

学制调整和更换导师后，辅导员还需要做好沟通和协调，结合学院、导师、家长、学生等各方意见，帮助学生顺利做好过渡转型。

3. 案例启示

（1）危机处置务必加强双重关切。既要关注危机事件的本身，也要关注危机事件引发舆情、产生二次危机的可能性。如果整体危机可控，要及时报告提醒，合理布控处置规模，防止问题放大，并针对性加强对在场学生的教育引导，防止问题被曲解、放大。

（2）学生教育务必体现分层分类。相较于本科生，研究生的年龄阶段、关注问题、面临压力等方面均有其鲜明特点，辅导员更应该结合研究生的成长成才实际，有效开展工作。辅导员在关注研究生学业的同时，加强对研究生现实问题的关注，特别是要与导师经常联动，互相反馈学生的问题和状况。

（3）强化沟通机制，促进导学互信。在处理导学关系问题时，强化双方的有效沟通是核心。辅导员应鼓励学生与导师之间建立定期、开放的沟通渠道，如定期会面、邮件交流或线上会议等，确保双方能够及时、准确地表达想法、需求和困扰。辅导员还需引导双方学会倾听和理解对方，促进相互尊重与信任。对在沟通中可能出现的障碍或误解，辅导员应及时介入，传授沟通技巧或进行心理疏导，帮助双方重建和谐的导学关系。

（4）明确权责边界，合理设定期望。导学关系中的矛盾往往源于双方对彼此角色、责任及期望的模糊认识，辅导员应协助导师和学生共同明确导学关系中的权责边界，包括学术指导、生活关怀、职业发展等方面的具体责任；引导学生合理设定对导师的期望，理解导师在时间、精力上的限制，以及学术指导与个人生活之间的平衡。辅导员也要提醒导师关注学生的个性化需求，避免过度干预或忽视学生的成长。通过明确权责边界和合理设定期望，可以减少因误解或期望落差而产生的冲突，促进导学关系的健康发展。

锦囊妙计

本章全面探讨了大学生人际交往中的多种关系（如同学关系、恋爱关系、师生关系），以及人际关系与心理健康之间的联系。通过具体的案例分析，揭示了大学生在人际交往中可能遇到的挑战及其对心理健康的影响。

(1) 同学关系。大学生在宿舍、班级等集体生活中，经常面对来自不同地域、文化背景和生活习惯的差异，容易产生沟通障碍和误解。良好的人际交往氛围对大学生心理健康至关重要，需要有效的沟通技巧、将心比心地换位思考来营造。

(2) 恋爱关系。恋爱是大学生活中常见的现象，但也可能带来情感危机。大学生在恋爱中经常面对价值观差异、沟通不畅、情感依赖等问题，这些问题若得不到及时解决，可能导致情绪波动、心理压力，甚至引发严重的心理危机。健康的恋爱观和有效的沟通技巧能够帮助大学生更好地处理恋爱中的问题，保持心理平衡。

(3) 师生关系。师生关系对学生的学术成长和心理健康有着重要影响。老师的严格要求、缺乏师生互动可能让学生感到压力巨大，甚至产生自我怀疑和挫败感。和谐的导学关系能够为学生提供必要的情感支持和学术指导，帮助他们应对各种挑战，保持心理健康。

希望辅导员能够重视对学生人际交往的关注，为大学生提供专业的人际交往指导和心理辅导，帮助他们建立健康的人际关系，促进心理健康发展。

大学生活多精彩，人际交往不可少。平等尊重是根基，沟通理解不可抛。

技巧知识要提升，心态积极很重要。遇到困扰不慌张，寻求帮助路更长。

武理分享

大学生在人际交往中不可避免地会面临各种挑战。人际关系不仅是大学生日常生活的一部分，也是他们心理健康、学业进展和个人发展的关键因素之一。当人际关系出现问题时，学生的情绪和心理状态经常会受到显著影响，甚至可能成为引发心理危机的根源。因此，辅导员在应对学生人际关系问题时，不仅需要具备专业的心理学知识，还应遵循一系列的原则，帮助学生有效解决人际困扰，促进他们的身心健康。

一、辅导员应避免的误区与陷阱

在处理大学生的人际关系问题时，辅导员的行为和决策应当谨慎，避免陷入以下常见的误区：

1. 避免主观臆断

辅导员在处理学生问题时，必须谨慎避免仅凭个人经验或主观判断下结论。每个学生的背景、性格和成长环境不同，导致他们对人际关系的理解和反应各异。例如，一个性格内向的学生可能在人际关系中表现出回避行为，而这不代表他们有心理问题。辅导员应始终保持客观和中立态度，综合考虑学生的个性特征、文化背景及社会环境等多方面因素，而非仅凭表面行为进行简单归因。辅导员可以应用“多元背景分析法”来帮助自己更全面地了解学生的情感问题，避免落入单一视角或假设陷阱。

2. 避免忽视学生的情绪

学生在面对人际关系问题时，往往情绪波动较大，负面情绪（如焦虑、抑郁、孤独等）常会伴随学生处理人际问题的过程。如果辅导员忽视了学生的情绪反应，或者未能及时帮助学生调节情绪，可能加剧学生的心理困扰，甚至引发更严重的心理危机。辅导员可以使用“情绪自评量表”（如 STAI 焦虑量表）或“抑郁自评量表”（如 SDS 量表）来评估学生的情绪状态，以便及时发现学生的情绪波动并加以干预。

3. 避免过度干预

过度干预学生的私人生活，尤其是在恋爱关系或同学关系中，可能让学生感到自己被侵犯隐私，从而产生抵触情绪，甚至影响辅导员与学生之间的信任关系。在人际关系中，辅导员更多是发挥引导作用，而非过多干预学生的个人选择。辅导员应使用“支持性辅导方法”——通过提供倾听、鼓励和反馈的方式，引导学生自主思考，帮助学生找到自己的解决方案，而不是替他们做决策。

4. 避免偏袒一方

辅导员在处理人际关系冲突时，必须保持公正与中立。如果出现偏袒某一方的情况，可能导致学生对辅导员产生不信任，甚至加剧矛盾。因此，辅导员应充分倾听各方声音，尊重每个学生的感受，站在公平公正的立场上处理问题。辅导员可以应用非暴力沟通理论，通过区分观察、感受、需求和请求，避免指责和情感化语言，确保双方都能感到被公平对待。

5. 避免忽视长期跟进

人际关系问题往往具有反复性和长期性，尤其是在复杂的情感冲突中，问题可能随着时间的推移而加剧。辅导员不仅要及时解决学生的困扰，还应进行后续跟进，关注学生的心理和人际关系变化，确保问题不再复发。辅导员可以定期使用“人际关系评估工具”来追踪学生的人际关系发展，及时发现问题并进行调整和干预。

二、辅导员应坚守的原则

在面对学生的人际关系问题时，辅导员要坚守一些基本原则，以确保干预的效果和学生的心理健康。

1. 尊重与共情

尊重学生的感受是辅导员开展有效辅导的基础。辅导员应始终保持共情，设身处地去理解学生的困扰和痛苦。倾听学生的心声，以开放和包容的心态接纳他们的合理情感诉求，辅导员应建立起信任关系，为学生提供一个安全的情感空间，帮助他们学会更好地表达自己。共情是建立信任关系的核心，辅导员应通过“情感反射”技巧，在对话中回应学生的合理情感诉求。

2. 公正与中立

无论学生的性格、背景或行为表现如何，辅导员都应平等对待每个学生，并在调解过程中尽量尊重各方的意见，找到一个公平、合理的解决方案。公正和中立可以通过“反思性倾听”来实现，如辅导员在调解时应反复确认学生的情感表达，确保他们认为自己被平等尊重。

3. 及时干预

辅导员应当具备敏锐的观察力，在学生出现情绪低落、行为异常或明显困扰时，及时进行干预。延迟干预往往会导致问题进一步恶化，特别是在学生面临情感、学业或人际压力时，及时的心理支持能够有效防止更严重心理问题的发生。辅导员可以通过“情绪监测量表”或“生活事件量表”来及时评估学生的心理状态，并根据测量结果的好坏决定是否进行及时干预。

4. 个性化处理

每个学生的背景、性格、成长经历和心理状态都有其独特性，辅导员在处理人际关系问题时，不能采用“一刀切”的方式。辅导员应根据学生的具体情况，制订个性化的解决方案。这不仅有助于解决，也能增强学生的归属感和自我认同。辅导员可以运用“心理学个案分析法”来深入了解学生的个性特征与问题成因，并结合学生的具体情况选择合适的干预策略。

5. 多方协作

学生人际关系中的复杂问题往往涉及多个方面，单纯依靠辅导员自身的力量很难完全解决。因此，辅导员应当与心理健康中心、家长、导师等多方协作，共同帮助学生解决问题，形成合力。辅导员可借助“系统性心理干预方法”（如家庭治疗或团体辅导），通过多方合作的方式为学生提供全面和多元化的支持。

三、辅导员应对学生人际关系问题的具体干预策略

1. 建立有效的沟通渠道

辅导员应主动与学生建立良好的沟通渠道，确保学生在遇到人际关系问题时能及时寻求帮助。辅导员可以通过定期与学生交流，了解他们的心理状态和人际关系状况；通过设置线上沟通平台，学生能够随时表达自己的困惑，确保他们不会因为沟通障碍而错失获得帮助的机会；通过运用“积极倾听技巧”和“反馈技巧”，确保学生在沟通过程中感受到尊重与支持。

2. 提供心理支持与辅导

对于情绪波动较大或心理压力较大的学生，辅导员应及时提供心理支持。辅导

员可以采取心理疏导、情感支持等方式，帮助学生缓解焦虑和压力，增强其应对人际问题的能力。必要时，辅导员应引导学生寻求专业心理咨询。辅导员可以运用“情感疏导法”和“认知行为疗法”帮助学生识别和改变消极思维，增强其情绪调节能力。

3. 组织团体活动与培训

辅导员可以组织班级或宿舍的团体活动，如团队建设、户外拓展等，帮助学生增进了解，促进人际关系和谐发展。通过团体活动，学生能够在轻松的环境中互动，改善彼此的关系。辅导员还可以组织人际交往技巧的培训，帮助学生提升沟通、解决冲突的能力。辅导员可以根据“团体治疗理论”组织小组辅导或集体活动，利用团体中的互动与反馈，促进学生的自我认知和人际能力的提升。

4. 强化心理健康教育

辅导员应定期开展心理健康教育活动，普及心理健康知识，帮助学生树立正确的恋爱观、人际交往观，增强学生的心理素质和应对能力。辅导员可以通过举办讲座、心理工作坊等活动，提升学生在面对人际关系中的压力和困扰时的应对能力；借助“心理教育干预模型”设计专题讲座和工作坊，引导学生理解和应对人际关系中的挑战。

5. 鼓励学生自我反思与成长

辅导员应引导学生进行自我反思，帮助他们认识到自身在人际关系中的问题，并鼓励他们通过学习和实践不断提升人际交往能力。自我反思有助于学生深入理解自己在人际互动中的角色和行为模式，从而实现个人成长。辅导员可以结合“自我反思理论”和“自我效能感理论”，鼓励学生通过记日记、情感反馈等方式促进自我反思。

大学生的人际关系处理，对其心理健康、学业发展以及个人成长都具有深远影响。辅导员在处理学生人际关系问题时，必须遵循科学的心理学原则和方法，采取灵活的干预策略，提供个性化的支持。辅导员还需要加强与学校心理健康中心、家长、导师等多方的协作，形成合力，共同帮助学生解决人际关系问题。通过采取这些措施，辅导员不仅能够帮助学生解决眼前的问题，还能为他们的未来发展和心理健康提供长远的支持。

资源推荐

✲ 专业好书

书名：非暴力沟通
作者：马歇尔·卢森堡
译者：阮胤华
出版社：华夏出版社
出版时间：2018 年 8 月

书名：亲密关系（第六版）
作者：罗兰·米勒
译者：王伟平
出版社：人民邮电出版社
出版时间：2015 年 6 月

书名：沟通的艺术：看入人里，看出人外（插图修订第 14 版）
作者：罗纳德·B. 阿德勒、拉塞尔·F. 普罗科特
译者：黄素菲、李恩
出版社：世界图书出版公司
出版时间：2018 年 1 月

书名：被讨厌的勇气：“自我启发之父”阿德勒的哲学课
作者：岸见一郎、古贺史健
译者：渠海霞
出版社：机械工业出版社
出版时间：2015 年 3 月

✲ 精彩视频

1. 爱情心理学

来源：中国大学 MOOC 官网

网址：https：//www. icourse163. org/course/WHUT-1002552002?% 20appId=null&outVendor=zw _ mooc _ pcsslx _

2. 人际交往中，为什么你总在自卑与自负之间反复横跳？

来源：哔哩哔哩

网址：https：//www. bilibili. com/video/BV1dJ4m1H7fL/? spm _ id _ from=333. 1387. favlist. content. click&vd _ source=e2158c6a3543a9b31e06695b4dbdbeaf

3. 哈佛大学公开课：幸福课

来源：网易公开课

网址：https：//open. 163. com/newview/movie/courseintro? newurl=THKLB92QG

参考文献

[1] 姜小军，孙建波. 高校重点关注学生群体的积极心理品质研究 [J]. 江苏高教，2024 (4)：88-93.

[2] 郭庆童，徐铭雪，许春艳，等. 大学生宿舍人际关系困扰与手机成瘾的关系：序列中介模型及性别差异 [J]. 心理与行为研究，2021，19 (5)：650-656.

[3] 张舒，刘拓，夏方婧，等. 大学生人际关系与心理健康的社会网络分析 [J]. 中国心理卫生杂志，2020，34 (10)：855-859.

[4] 蔡翩飞，余秀兰，刘小瑜. 贫穷限制了想象？寒门大学生社会认知特征分析 [J]. 中国青年研究，2020 (4)：102-110.

[5] 王艳，安芹. 大学生安全感、自我分化和人际关系的关系 [J]. 中国临床心理学杂志，2014，22 (5)：877-880.

[6] 张灵，郑雪，严标宾，等. 大学生人际关系困扰与主观幸福感的关系研究 [J]. 心理发展与教育，2007 (2)：116-121.

[7] 赵崇莲，郑涌，李宏翰，等. 影响大学生人际关系主观因素的初步研究 [J]. 心理科学，2006 (6)：1431-1433.

[8] 毛小玲，李宏翰，张建梅. 大学生宿舍人际关系的特点 [J]. 中国心理卫生杂志，2005 (7)：41-43.

[9] Munro-Kramer M.，Skidmore L.，Cannon L.，Huhman A.，Carter S.，Williamsen K.，et al. The Dynamics of Interpersonal Relationships:

Understanding Power and Control Tactics Among College Students [J]. Journal of Interpersonal Violence, 2022, 37 (4): 19522-19548.

[10] Smith R. L., Dick D., Amstadter A., Thomas N., Salvatore J.. A Longitudinal Study Examining the Associations Between Interpersonal Trauma and Romantic Relationships Among College Students [J]. Development and Psychopathology, 2023, 35 (3): 1-12.

[11] Min, L. U.. The Mediating Effect of Interpersonal Relationship Between Sports and Mental Health [J]. Journal of Beijing Normal University (Natural Science), 2008, 44 (6): 654-658.

第五章 “特殊群体”学生的发展与引导

本章导读

在教育的广阔天地里，每个学生都是独特的个体，他们带着对未来的无限憧憬，踏上求知的征程。然而，成长的道路并非一帆风顺，有些同学或许会因带给家庭经济重负而感到自卑，或许会在学业的挑战中迷失方向，又或许会在成长的道路上一时失足。但请相信，每个困境都是成长的契机，每次挫折都是蜕变的前奏。这些“特殊群体”学生如同尚未绽放的花朵，需要更多的阳光与雨露。我们的使命，就是用爱与关怀去温暖他们的心灵，用智慧与耐心去点燃他们的希望，帮助他们摆脱困境，绽放属于自己的青春。

首先，让我们聚焦那些家庭经济困难的学生。他们可能因经济条件不好而感到自卑或被社会边缘化。但别忘了，“穷且益坚，不坠青云之志”，这些学生往往蕴藏着改变命运的巨大潜力和坚定意志。我们的任务是帮助他们消除自卑感，激发他们内在的驱动力。

其次，我们将关注那些在学业上遇到挑战的学生。他们可能正因学习心理障碍、学业拖延或网络成瘾等问题而挣扎。正如古语所言，“千里之行，始于足下”，我们需要从他们的心理需求入手，帮助他们脚踏实地去克服学业上的难关。

最后，我们还将关注那些违规违纪的学生。他们可能因情绪管理不当或内心深感内疚、后悔而陷入困境。但请记住，“知错能改，善莫大焉”，我们的目标是引导他们重新找到正确的道路，激励他们成为优秀的自己。

本章将通过案例分析帮助您深入了解高校“特殊群体”学生的特点，共同探讨如何做好“特殊群体”学生的发展引导工作。我们期望能够为这些“特殊群体”学生提供有力的指导和支持，帮助他们摆脱困境、迈向光明。这不仅是帮扶行动，更是心灵触碰，让我们一起见证他们的成长与蜕变。

第一节 家庭经济困难学生的发展引导

案例导入

名牌衣服下隐藏的秘密

周一的早晨，辅导员林奕正在办公室整理文件，她的手机突然响了起来。接听后，手机里面传来焦急的声音：“辅导员老师，我是简珍的妈妈，我们家简珍在这个月花了两万多块钱！我们家经济条件不好，她爸和我都下岗了，还欠了不少债，真不知道她怎么花这么多钱啊……”林奕听后心头一紧，安慰道：“您别急，我先了解一下情况，再跟您联系。”

挂掉电话，林奕陷入了沉思。简珍是个大一学生，平时看起来安静内向，成绩也不错，怎么会突然花这么多钱？林奕决定先了解一下简珍的日常生活，再找机会和她聊聊。

在晚查寝室时，林奕注意到简珍的床头挂着几件名牌衣服，床底下还放着一双崭新的名牌运动鞋。她还发现，简珍在食堂吃饭总是点最便宜的菜，甚至有时只买一碗白米饭配免费汤。林奕决定找个机会和简珍好好谈一谈。

次日中午，林奕提前去了食堂，看到简珍在排队便端着餐盘走过去，笑着打招呼：“简珍，这么巧，一起吃饭吧！”简珍有些意外，但还是点点头，和林奕找了个角落一起坐下。

吃饭时，林奕注意到简珍只买了一份白菜和一小碗米饭，便问道：“简珍，你平时都吃这么少吗？”简珍低下头，有些不好意思地说：“嗯，食堂的饭菜有点儿贵，我一般只买最便宜的。”林奕听了，心里大概明白了些什么，但她没有直接点破，而是温和地问她：“最近学习怎么样？生活上有没有什么困难？”

简珍沉默了一会儿，内心似乎有些挣扎，最后还是低声说道：“导员，其实我家里经济很困难，爸妈都下岗了，还欠了不少债。我不想让同学们知道，所以平时省吃俭用，但在其他方面我有时候会忍不住花钱。”林奕放下筷子，温柔地看着她，说：“其他方面，能跟我说说吗？”简珍叹了口气，声音有些哽咽：“我怕同学们看不起我，所以有时候会买一些贵的东西，如名牌鞋子。这个月我买了一双运动鞋，花了两千多元，还跟同学出去聚餐了几次，结果花超了。我知道家里没钱，但我就是控制不住自己……”“那钱是哪来的呢？你的生活费应该没有这么多吧？”林奕耐心询问道。“我用支付宝的花呗，已经透支两万多块，我实在承受不了了，前几天和我妈妈讲了这件事。”简珍说着，眼眶有些发红。

林奕轻轻拍了拍她的肩膀，语气温柔地说：“简珍，你的心情我能理解，但你要知道，家庭经济困难并不可耻。你的父母为了供你上学付出了很多，你应该更加理解他们的辛苦。攀比和盲目消费并不能真正赢得尊重，只有靠自己的努力和实力，才能获得别人的认可。”

她接着告诉简珍，学校有很多资助政策可以帮助经济困难的学生，如申请国家助学贷款和勤工助学岗位。“你充分利用这些资助政策，既能减轻经济压力，又能通过劳动创造价值。用自己的努力赢得财富和尊重，这是最光荣的。”林奕还鼓励简珍参加实习、实践和学术活动，为未来的职业发展打下基础。

简珍听了林奕的话，心里既惭愧又感动。她决定改变自己的消费习惯，并向学校提交了家庭经济困难认定申请和国家助学贷款申请。在林奕的推荐下，她申请到图书馆的勤工俭学岗位。虽然收入不多，但她觉得每一分钱都花得踏实。与此同时，简珍报名参加了学校组织的实习、实践和学术活动。在活动中，她结识了许多志同道合的同学，大家互相鼓励，共同进步。简珍逐渐发现，真正的朋友并不会因为她的经济条件而疏远她，反而更欣赏她的努力和上进。

新学年到来时，简珍凭借着优异的成绩申请到国家助学金。简珍的妈妈再次打来电话，这次她的语气轻松了许多："辅导员老师，真的太感谢您了！简珍现在懂事多了，不仅不乱花钱，还经常跟我们说她在学校的进步。她说以后要靠自己的努力改变家里的状况，我们听了特别欣慰……"林奕笑着回应："这是简珍努力的结果，我也为她感到骄傲。希望她继续加油，未来一定会越来越好！"

案例综合点评

简珍的案例反映了部分学生在消费行为和心理上存在的问题，这些问题不仅影响个人的经济状况和心理健康，还可能给家庭带来沉重负担。辅导员林奕的及时发现和有效帮扶，为简珍提供了正确的引导和支持，帮助她走出困境，树立正确的消费观和价值观。

1. 不当消费行为

简珍的消费行为呈现明显的不合理性。她通过支付宝花呗透支消费，购买了价值不菲的名牌鞋子和其他物品，导致短短一个月内就透支了两万多元。这种透支消费的行为不仅超出了她的经济能力，也给家庭带来了沉重的负担。此外，简珍的消费并非基于实际需求，而是为了满足虚荣心和社交需求。这种攀比消费和缺乏规划的行为，最终导致她生活费的超支和经济上的困境。

2. 错误消费心理

简珍的不当消费行为，反映出她存在较为典型的错误消费心理。她担心被同学看不起，希望通过高消费来提升自己的社会地位和形象，这种自卑心理和虚荣心理驱使她做出超出经济能力的消费选择。简珍也受到同学消费行为的影响，盲目跟风购买流行商品和参与社交活动，缺乏独立思考和自我约束能力，体现了她从众心理的特征。此外，她过于注重"面子"，认为只有通过高消费才能获得他人的认可和尊重，这种错误的面子认知让她忽视了家庭的经济状况和个人的实际需求，最终导致消费行为的失控。

3. 辅导员的引导与帮扶

面对简珍的困境，辅导员林奕采取了积极有效的帮扶措施。她没有直接批评简珍，而是耐心倾听和温和沟通，让简珍主动倾诉自己的想法和困境。林奕向简珍详细介绍了学校的资助政策（如国家助学贷款和学校勤工俭学等），帮助她解决经济上的实际困难。她还引导简珍树立正确的消费观和价值观，让简珍明白家庭经济困难并不可耻，真正赢得尊重的是靠自己的努力和实力。林奕还鼓励简珍参加实习、实践和学术活动，帮助简珍提升综合能力，为未来的职业发展打下基础。

有理有据

作为高校学生工作的关键构成，家庭经济困难学生资助意义深远，不仅是解决学生经济困境的重要途径，更与学生的心理健康、学业进步及全面成长紧密相连。马克思说：“人的本质并不是单个人所固有的抽象物，在其现实性上，它是一切社会关系的总和。”家庭经济困难学生所处的困境也是多种社会关系和因素交织的结果，需要全面、综合地去帮助他们。在高校高质量发展的大环境下，如何开展家庭经济困难学生资助工作，充分发挥资助的育人功能，已成为高校辅导员必须深入思考和积极应对的重要课题。

1. 大学生的不当消费观念和行为

1）大学生消费的心理行为类型

大学生的消费行为经常偏离理性，表现出许多不当消费行为，举例如下。

（1）攀比心理（Mind of Rivalry）：脱离自己实际收入水平而盲目攀高的消费心理。许多大学生为了在同学中赢得面子或融入群体，盲目追求名牌、奢侈品或高消费活动，即使这些消费超出自身经济能力。攀比心理使他们将消费水平与自我价值挂钩，认为高消费能够提升自己的社会地位或获得他人的认可。

（2）从众心理（Conformity）：个人受到外界人群行为的影响，而在自己的知觉、判断、认识上表现出符合于公众舆论或多数人的行为方式。大学生在消费决策中容易受到周围人的影响，盲目跟随他人的消费行为。例如，看到同学购买某款电子产品或参加某个娱乐活动，即使自己并不需要或经济条件不允许，也会选择跟风。这种从众心理源于自己对群体认同的需求，害怕被孤立或排斥。

（3）冲动消费：顾客在外界因素促发下进行的事先没有计划或者意识的购买行为，具有事前无意识、无计划，以及外界促发形成的特点。大学生的冲动消费是一种常见的非理性行为，通常表现为在情绪波动、促销诱惑或社交影响下，未经深思熟虑而进行的即时购买行为。例如，学生可能因情绪低落而通过购物来寻求心理慰藉，或者在促销活动的刺激下购买原本不在计划内的商品。这种行为不仅容易导致超支和浪费，还可能带来心理负担，影响个人的日常生活。

（4）提前消费。随着互联网科技的快速发展，网络经济改变了人们的消费行为。在这一大背景下，“蚂蚁花呗”“京东白条”等宣传“这月买，下月还”的消费理念，深受当代大学生的喜爱。有许多大学生在生活费不够充足的情况下，为了满足自己的虚荣心，又不愿意找父母要钱，就用“蚂蚁花呗”“京东白条”。虽然这些平台在一定程度上满足了他们的虚荣心，但他们没有足够的偿还能力，只能将自己当月的生活费补上，靠着“拆东墙补西墙”的方式维持生活，久而久之形成了恶性循环。

2）非理性消费的行为经济学解释

上述行为可以从行为经济学的角度得到合理解释。行为经济学是将心理学、社会学等多学科理论与经济学相结合的交叉学科，它突破了传统经济学中“理性经济人”的假设，认为人们在经济决策过程中会受到认知能力、情绪、社会规范等复杂因素的影响，可能导致决策行为偏离最优选择。例如，人们可能因为“锚定效应”而过度依赖初始信息，或者因“损失厌恶”而对损失的恐惧大于同等收益的喜悦，又或者因“从众心理”而盲目跟风。这些行为特征表明，人类的经济决策并非完全理性的，而是深受心理和社会因素的制约。

（1）有限理性。行为经济学中的“有限理性理论”指出，人们在决策时受限于信息处理能力和时间，无法做出完全理性的选择。大学生在消费时往往受到情绪和外界刺激的影响，容易做出冲动消费的决策。例如，看到打折促销或限量商品时，即使没有实际需求，也会冲动购买。这种行为反映了大学生在消费决策中的短视和非理性。

（2）心理账户。“心理账户理论”认为，人们会将钱分为不同的心理类别，并对不同类别的钱采取不同的消费态度。许多大学生将生活费分为“饮食”“娱乐”“社交”等账户，导致在某些方面过度节省，而在其他方面大手大脚。例如，一些学生在饮食花费上极度节俭，却在社交和面子上花费大量金钱。这种心理账户的分类导致预算失衡，加剧了经济压力。

（3）现状偏好。“现状偏好理论”指出，人们倾向于维持现状，即使改变可能带来更大的收益。许多大学生即使知道可以通过享受助学金、勤工助学岗位等政策帮助改善经济状况，却因为懒惰或对现状的依赖而不愿意主动申请。这种现状偏好使他们错过了改善经济状况的机会，进一步陷入经济困境。

（4）社会规范。行为经济学还研究了社会规范和同伴效应对消费行为的影响。大学生在消费决策中容易受到周围人的影响，盲目跟随他人的消费行为。例如，看到同学购买某款电子产品或参与某些娱乐活动，即使自己并不需要或经济条件不允许，也会选择跟风。这种攀比心理和从众行为导致不必要的消费支出。

（5）损失厌恶。“损失厌恶理论”指出，人们对损失的敏感度远高于对收益的敏感度。一些大学生在消费决策中表现出强烈的风险规避倾向，宁愿选择短期、低风险的消费，也不愿意投资长期收益。例如，他们可能更愿意购买奢侈品，而不愿意投资学习或技能培训。这种损失厌恶心理限制了他们的长期发展。

2. 家庭经济困难学生存在的心理困境

家庭经济困难的学生在高校是一个特殊的群体，他们不仅有经济上的压力，还有复杂的心理特征和心理需求。了解这些特征和需求，对高校制定有效的发展引导政策至关重要。

(1) 家庭经济困难学生往往会有较强的自卑感。这种自卑感可能源于与经济条件较好的同学相比时的自我评价降低。他们可能认为自己在社会阶层中处于较低的位置，这种认知可能导致他们在社交和学术活动中缺乏自信。

(2) 家庭经济困难学生会有较为明显的社会阶层意识。他们担心自己的经济状况被他人知晓，从而感到尴尬或羞耻。这种心态可能导致他们在校园生活中保持低调，避免参与可能暴露其经济状况的活动。

(3) 家庭经济困难学生经常会不自觉地与他人进行社会比较。这种比较不仅限于经济状况，还可能扩展到学业成绩、社交能力等方面。过度的社会比较可能增大他们的心理压力，甚至产生焦虑和抑郁情绪。

(4) 家庭经济困难学生对公平的敏感性较高。由于经济状况的不利，这些学生对公平和公正可能更为敏感。他们可能对学校资源的分配、奖学金的评定等持有较高的期望和关注，如果感到不公平，可能产生不满和抵触情绪。

(5) 家庭经济困难学生通常有更多的个性诉求，包括学业指导、就业帮扶、心理支持、经济援助、社交支持和个人发展等方面。通过满足这些诉求，可以帮助他们克服困难，树立积极的生活态度，实现全面发展。

3. 家庭经济困难学生的帮扶原则和策略

(1) 精准资助原则。精准识别家庭经济困难学生是帮扶工作的首要原则。辅导员需要通过大数据分析、谈心谈话等方式，深入了解学生家庭的经济状况，确保资助对象的准确性。

(2) 维护自尊原则。在帮扶过程中，保护受助学生的尊严至关重要。在公示家庭经济困难学生受助情况时，不能涉及学生个人及家庭的隐私。评定学生家庭经济状况时，不能让学生当众诉苦、互相比惨。这种做法不仅保护了学生的自尊心，也有助于维护校园的和谐氛围。

(3) 资助育人原则。习近平总书记多次指出：扶贫先扶智，绝不能让贫困家庭的孩子输在起跑线上。学生资助工作要坚持立德树人根本任务，其目标不仅仅是缓解学生的经济压力，更要以此激励学生发展成为社会的有用之才。在开展资助工作时，辅导员应当注重培养学生的自立自强精神，鼓励他们面对困难时不依赖、不放弃，而是积极寻找解决问题的方法。诚实守信的品质也是资助工作的重要组成部分，辅导员应教育学生在申请资助时保持诚信，不隐瞒家庭真实情况。培养学生的爱国奉献的精神，通过资助政策的实施，引导学生将个人发展与国家需求相结合，培养他们对社会的责任感和奉献精神。

案例要点分析

辅导员需通过经济帮扶与心理引导相结合，帮助家庭经济困难学生突破心理障碍，实现全面发展。

1. 尊重学生，避免标签化

家庭经济困难的学生往往较为敏感，辅导员在沟通时应注意场合与方式，避免公开谈论学生家庭经济状况，减少学生心理压力。同时，强调资助政策的公平性与普遍性，避免在交流中频繁使用“贫困补助”“困难帮扶”等词语，帮助学生理性看待资助行为。

2. 主动介入与深度沟通

辅导员可以通过多渠道观察学生情况，如通过室友、同学处侧面打听，留意学生日常消费行为等；也可以通过与学生多次谈心谈话，逐步建立信任关系，避免单次沟通急于求成。

3. 经济帮扶与心理支持并重

辅导员应将保障型资助和发展型资助相结合，可以通过临时困难补助、医保代缴等灵活资助方式来减轻学生经济压力。同时，引导学生正确看待家庭经济困难，强调“接受帮助是智慧而非软弱”，结合励志案例（如优秀受助学生事迹），增强其自信心；推荐勤工助学岗位或公益实践项目，帮助学生在实践中提升能力、增强自我价值感。

4. 家校联动与观念引导

辅导员还应保持和家长的长期沟通，通过家访或电话联系，深入了解家长对教育资助的观念认知，引导家长理解资助政策的意义，减少“求助即丢人”这类误解。

第二节　学业困难学生的发展引导

案例导入

做好碎片化时间管理

徐驰和谢诚是大学室友，两人都以优异的成绩考取了一所重点大学的计算机专业。刚进入大学时，他们对未来充满了期待，但很快发现大学生活与高中截然不同：没有了老师的督促，课程安排相对松散，每天上完固定的课程后有大量的自由支配时间。起初，两人都觉得这是一种解脱，但随着时间的推移，他们逐渐意识到，这种自由的背后隐藏着巨大的挑战。

徐驰发现，大学的学习节奏和高中完全不同——课程内容难度大，知识点密集，而课后时间却被各种社团活动、班级聚会和娱乐项目占据。每当他想要静下心来学习时，总会被手机消息、短视频或游戏声打断而难以专注。他尝试在寝室学习，但室友的娱乐活动让他无法集中精力。谢诚的情况也差不多，面对自由时间，他感到无所适从，经常一回到寝室就开始打游戏或刷视频，学习任务堆积到最后一刻，导致复习效率低下、考试成绩不理想。渐渐地，谢诚对学习失去了兴趣，认为“大学时光就是用来享受的”。

在一场优秀学子报告会上，一位学长分享了自己如何利用番茄工作法和碎片化时间管理提高学习效率的经验。徐驰深受启发，决定将这些方法应用到自己的学习中。他先明确了自己的目标：保持优异的成绩，争取保研资格。接着，他将目标分解为阶段性任务，如每学期绩点达到 3.8 以上，通过英语六级考试等。

徐驰下载了一款学习软件，将学习时间分为 25 分钟的专注段和 5 分钟的休息段。即使在课间 10 分钟，他也会利用番茄工作法背单词或复习笔记。他还开始充分利用碎片化时间：课间时间，他复习上一节课的笔记或背诵英语单词；通勤时间，他听专业相关的播客或英语听力材料；排队等候时间，他用手机软件阅读电子书或整理待办事项；睡前时间，他回顾当天的学习内容，制订第二天的计划。为了减少干扰，徐驰减少在寝室学习的时间，尽量去图书馆或自习室，并在学习时将手机调整为“勿扰模式”。

每周日晚上，徐驰会回顾一周的学习情况，调整时间管理策略。通过不断优化方法，他逐渐掌握了高效学习的节奏。他的成绩稳步提升，不仅顺利通过了英语六级考试，还参加了多个科研项目。大三结束时，徐驰以优异的成绩获得了保研资格。

谢诚的情况却截然不同。他没有意识到时间管理的重要性，认为大学是“享受生活”的阶段。一回到寝室，他就开始打游戏或刷视频，经常玩到深夜。他把大量时间花在社交活动上，忽视了学习任务。由于平时不注重积累，谢诚在考试前临时抱佛脚，复习效果差，多门课程挂科，绩点逐年下降。随着成绩下滑，谢诚感到焦虑和自责，却无法改变现状。他试图通过娱乐逃避压力，形成了恶性循环。大三学年，他收到了学校的学业警示，面临无法毕业的风险。直到这时，谢诚才开始反思自己的大学生活，但为时已晚。

案例综合点评

1. 碎片化的时间管理

徐驰的成功在很大程度上归功于他对时间的有效管理。他意识到大学时间的碎片化特点，并主动采取有效措施应对。应用番茄工作法进行碎片化时间管理，他将零散的时间转化为高效的学习机会。无论是课间、通勤还是排队等候，他都能充分利用这些短暂的时间段完成小任务，如背单词、复习笔记或听播客。这种对时间的精细化管理，使他在繁忙的大学生活中依然能够保持高效的学习节奏。反观谢诚，他忽视了时间管理的重要性，任由碎片化时间被娱乐和社交占据，缺乏规划和自律，导致他的学习任务越来越繁重，最终陷入学业困境。两人的对比，鲜明地说明了时间管理是大学生学业成功的重要因素。

2. 目标导向与内在驱动

徐驰从一开始就明确了自己的目标：保持优异的成绩，争取保研资格，这个目标成为他学习的动力。他把大目标分解为具体的阶段性任务，如每学期达到一定的绩点、通过英语六级考试等。这种目标导向的学习方式，使他在面对诱惑和干扰时能够保持专注。谢诚则缺乏明确的目标，认为“及格就行”。他对未来没有清晰的规划，也没有为自己设定具体的学习任务。这种漫无目的的态度使他在面对丰富的校园生活和娱乐项目时，逐渐迷失了方向。两人的经历表明，明确的目标和内在驱动是大学生学业成功的重要保障。

3. 学习方法与工具的应用

徐驰的成功不仅在于他的勤奋，更在于他善于运用科学的学习方法和工具。他从优秀学子的经验中学习到番茄工作法，并将其应用到自己的学习中。这种方法帮助他保持专注，避免拖延。此外，他还利用各种工具（如番茄钟 APP、电子书、播客等）来优化学习效率。通过不断尝试和调整，他找到了一套适合自己的学习方法。谢诚则缺乏对学习方法的探索和应用，其临时抱佛脚的学习方式，导致复习效率低下，考试成绩不理想。两人的对比结果说明，科学的学习方法和工具能够显著提升学习效率，而忽视这一点则可能导致学业困难。

4. 学业困难学生面临的困境

学业困难学生的困境在谢诚的经历中得到了充分体现。首先，他没有时间管理意识，把大量时间浪费在娱乐活动上，导致学习任务不断积压，最终只能在考试前临时抱佛脚，复习效果差，成绩一落千丈。其次，他没有明确的学习目标，认为“及格就行”，这种漫无目的的态度使他逐渐迷失方向，失去了学习的动力。此外，谢诚没有掌握科学的学习方法，面对高难度和快节奏的大学课程，他选择了逃避和拖延，而不是积极寻找解决方案。最终，学业困难不仅导致他的成绩下滑，还给他带来了巨大的心理压力，焦虑和自责让他陷入了恶性循环，甚至收到了学校的学业警示，面临无法毕业的风险。谢诚的困境揭示了学业困难的学生在时间管理、目标设定、学习方法和心理状态等方面的多重挑战，这些问题的累积往往会使他们陷入更深的学业危机。

有理有据

下面探讨的是一个既充满挑战又充满温情的话题——学业困难学生的帮扶工作。这些学生往往在学习上遇到了不小的阻碍，其心理状态可能更加敏感，需求也更加复杂。我们的任务不仅是帮助他们提升成绩，更要关注他们的心理健康和成长需求，帮助他们走出困境，迈向更广阔的未来。

1. 时间管理理论

时间管理理论是帮助人们更高效地利用时间、提高生产力的重要工具。以下是一些经典且广泛应用的时间管理理论。

(1) 艾森豪威尔矩阵 (Eisenhower Matrix)：是一种经典的时间管理工具，由美国前总统艾森豪威尔提出，旨在帮助人们根据任务的重要性和紧急性来优先处理事项。它将任务分为四个象限：重要且紧急、重要但不紧急、紧急但不重要、不重要且不紧急。第一象限的任务是重要且紧急，需要立即完成，如即将到期的作业或突发的工作任务。第二象限的任务是重要但不紧急，虽然不紧急，但对长期目标至关重要，如制订学习计划或锻炼身体，应提前规划和执行。第三象限的任务是紧急但不重要，如突然来的电话或他人的请求，完成这些任务需要大量时间，但实际价值不高，应尽量减少或委派他人处理。第四象限的任务是既不重要也不紧急，如无意义的刷手机或过度娱乐，完成这些任务纯粹是时间浪费，应尽量避免。

艾森豪威尔矩阵可以与大学生学业指导紧密结合，帮助学生更好地管理时间、提高学习效率。大学生活中，学生经常面对学业、社团活动和个人生活的多重压力，容易陷入忙碌却低效的状态。通过艾森豪威尔矩阵，学生可以把任务按重要性和紧急性分为四类。这种方法能帮助学生明确优先级，避免被琐事占据时间，提高办事效率。

(2) 番茄工作法 (Pomodoro Technique)：是一种经典的时间管理方法，由弗朗西斯科·西里洛 (Francesco Cirillo) 于 20 世纪 80 年代提出。它的核心思想是将工作时间分为 25 分钟的专注段和 5 分钟的休息段（总称为一个“番茄钟”），每完成四个番茄钟后进行一次较长的休息（通常为 15～30 分钟），通过短时间的高效专注和定期休息，帮助人们提高工作效率，并减少疲劳。

在大学生学业指导中，番茄工作法可以帮助学生更好地管理学习时间，提高专注力。大学生经常面对学习任务繁重、注意力难以集中的问题，番茄工作法是将学习时间切分为短时段，学生更容易进入高效学习状态。例如，学生可以在一个番茄钟内专注于完成一项小任务，如背单词、复习笔记或解决一道数学题，从而避免因长时间学习而产生倦怠感。

许多学生学习任务重，感到压力过大，导致迟迟无法开始学习，番茄工作法可以帮助学生克服拖延症。

2. 大学生学习的内驱力

内驱力理论是心理学中用于解释个体行为动机的重要理论，最早由美国心理学家伍德沃斯 (R. S. Woodworth) 在 20 世纪初提出，并由克拉克·赫尔 (Clark

Hull）进一步发展。该理论认为，内驱力是一种源于个体内部的推动力量，它基于个体的需要，表现为一种内部唤醒或紧张状态，驱使个体采取行动以满足这些需要。内驱力主要可以分为原始内驱力（如生理需求）和继发性内驱力（如社会性需求），并被认为是动机的重要来源。

内驱力可以分为多种类型，主要包括五种类型。

（1）原始内驱力：与生理需求直接相关，如饥饿、口渴、睡眠等，这些内驱力是为了维持个体的生存和生理平衡。

（2）继发性内驱力：通过学习或经验获得的内驱力，如对成就的追求、社会认可的需求等，这些内驱力与个体的心理和社会需求相关。

（3）认知内驱力：源于个体对知识和探索的渴望，如好奇心和求知欲，这种内驱力可以推动个体主动学习和探索。

（4）自我提高内驱力：与个体的自我实现和成就动机相关，如追求职业成功、获得荣誉等。

（5）附属内驱力：与社会关系和归属感相关，如希望获得他人的认可和赞许。

内驱力降低理论认为，内驱力的产生源于个体的需要未被满足时产生的紧张状态。当个体采取行动满足这些需要后，内驱力会降低，从而恢复心理和生理的平衡。

内驱力理论在教育、心理学和组织行为学等领域具有广泛应用。在教育领域，辅导员可以通过激发学生的认知内驱力和自我提高内驱力，帮助学生建立自主学习的动力。例如，辅导员可以通过设置具有挑战性的学习任务，激发学生的好奇心和求知欲，激发其认知内驱力；同时，为学生提供展示自我的平台和机会，给予积极反馈和认可，满足其自我提高的需求。这种基于内驱力的激励方式，不仅能有效提升学生的学习积极性，还能培养他们的自主学习能力和自我管理能力，为学生的长期发展奠定坚实基础。

3. 学业困难学生的心理特征和心理需求

在高等教育的广阔舞台上，每一位学子都怀揣着梦想与希望。然而，并非所有学生都能一帆风顺地完成学业。高校学业困难的学生群体在学习道路上遇到了各种挑战，其背后的心理特征和心理需求值得深入探讨。下面从缺失学习动机、学业拖延、网络成瘾三个方面，分析高校学业困难学生的心理特征和心理需求。

（1）缺失学习动机。学习动机的缺失或不明确，无疑是高校学业困难学生群体中一个尤为突出的特征。这个现象的根源，在于部分学生进入大学校园后，所处的外部环境与中学时期有着显著的不同。中学时期，他们往往处于老师和家长严密的监管之下，学习目标和方向相对明确。然而，进入大学后，这种外在的监督力量骤减，加之对未来职业规划的迷茫和不确定，他们难以形成持久的学习动力。他们可能对自己的专业选择缺少深入了解，或者对未来的就业方向感到困惑和不安，这些因素都直接导致他们在学习上缺乏一种内在的、持久的驱动力。此外，自我效能感低下也是影响学业困难学生学习动力的重要因素。在长期的应试教育模式熏陶下，部分学生可能习惯了被动地接受知识，缺乏自主学习和批判性思考的能力。大学的学习更加强调学生的自主学习和探究学习能力，面对这种转变，他们往往感到无所适从，难以有效管理自己的学习时间和精力分配，进而影响了学习效率。学习动机的缺失，不仅阻碍了他们的学业进步，也进一步削弱了他们的学习动力。

(2) 学业拖延。学业拖延是高校学业困难学生中普遍存在的现象。这一现象的背后，隐藏着学生逃避学业任务、害怕失败或困难的心理需求。对于学业困难的学生来说，面对繁重的学业任务和复杂的学习内容，他们可能感到力不从心，从而产生逃避心理。通过拖延，他们可以在心理上暂时减轻压力，避免面对失败或困难的痛苦。然而，这种逃避行为只是暂时的。随着时间的推移、学业任务的积压和截止日期的临近，他们可能感到更加焦虑和无助，从而形成逃避与拖延的恶性循环。此外，学业拖延还与学生的时间管理能力和自我控制能力密切相关。部分学生可能缺乏有效的时间管理策略，不能合理安排学习和生活时间，导致学业任务被不断推迟。同时，自我控制能力的不足也是学业拖延的重要原因。在面对诱惑和干扰时，他们可能无法有效地控制自己的行为，从而陷入拖延的泥潭。

(3) 网络成瘾。网络成瘾是高校学业困难学生中另一个值得关注的问题。对于部分学生来说，网络成为他们逃避现实困境、寻求心理满足的重要途径。在网络世界中，他们可以自由地表达自己的观点和情感，与他人建立联系，甚至通过游戏和社交媒体获得成就感和归属感。这种虚拟世界的满足感和逃避现实的心理需求，使得他们沉迷于网络，无法自拔。网络成瘾的背后，隐藏着学生对现实世界的失望和不满。对于学业困难的学生来说，他们在学业上可能遭遇挫折和失败，导致自信心和自尊心受损。为了逃避这种痛苦和挫败感，他们可能选择将注意力转移到网络世界，通过虚拟的成就感和归属感来弥补现实世界的缺失。然而，这种逃避行为只是暂时的，随着时间的推移，网络成瘾可能引发一系列严重的后果，如学业荒废、社交障碍、心理健康问题等。网络成瘾还与学生的心理需求密切相关。部分学生可能在现实生活中缺乏社交机会和归属感，导致他们在网络上寻求满足。他们可能通过网络游戏、社交媒体等方式与他人建立联系，形成虚拟的社交圈子。然而，这种虚拟的社交关系往往缺乏真实性和稳定性，无法满足他们真正的心理需求。

4. 学业困难学生的帮扶原则和策略

(1) 个性化原则。高校学业困难学生的情况各不相同，有的可能是基础知识薄弱，有的可能是学习方法不当，还有的可能是心理压力大。因此，帮扶工作必须坚持个性化原则，针对不同学生的实际情况，制订个性化的帮扶计划，确保帮扶措施精准到位。

（2）全面性原则。帮扶工作不仅应关注学生的学习成绩，还应关注学生的心理健康、人际交往、职业规划等方面。只有全面关注学生的成长需求，才能从根本上解决学业困难问题，促进学生的全面发展。

（3）持续性原则。学业困难学生的帮扶工作不是一蹴而就的，需要持续关注和跟进。学校应建立长效帮扶机制，确保帮扶工作的连续性和稳定性，防止帮扶工作出现“反弹”现象。

（4）协同性原则。帮扶工作应充分发挥学校、家庭和社会的协同作用。学校应加强与家长的沟通，形成家校共育的良好氛围；同时，应积极引入社会资源，为学生提供更多的学习支持和心理援助。

辅导员对学业困难学生的帮扶可以应用“登门槛效应”。“登门槛效应”（Foot In The Door Effect）是指一旦接受了他人的一个微不足道的要求，为了避免认知上的不协调，或想给他人以前后一致的印象，就有可能接受更大的要求。这个效应的核心在于利用人们倾向于保持行为一致性的心理特点，通过小步骤的引导，最终实现更大的目标。一是设定小目标，逐步引导。辅导员应根据学业困难学生的实际情况，为其设定一系列小目标，这些目标应具体、可达成且逐步递进，让学生在达成小目标的过程中逐步建立自信，避免因目标过高而产生挫败感。二是及时反馈与鼓励，增强信心。辅导员及时给予学生积极的反馈和鼓励，及时的正强化能够让学生感到自己的努力被认可，从而增强其继续前进的动力和信心。

他山之石

学业困难学生帮扶工作中的潜在心理与情感风险

学业困难学生的帮扶工作是一项复杂而细致的任务，旨在通过一系列措施帮助这些学生克服学习障碍，顺利完成学业。然而，在实际操作中，这项工作也面临着一些潜在的风险，这些风险若处理不当，可能影响帮扶工作的效果和学生的未来发展。

学业帮扶学生可能使学生的自尊心受损。被识别为学业困难的学生，这个标签往往伴随负面的社会预期和心理压力，可能对学生的自尊心造成深重的打击。学生可能因此陷入自我怀疑的旋涡，质疑自己的能力、个人价值。长期处于这种焦虑状态，学生可能变得敏感、易怒，甚至产生逃避学习的心理倾向，从而严重影响他们的学习积极性和心理健康。

学业困难的学生可能对帮扶措施产生抵触与不信任。在帮扶过程中，如果学生承受的压力和限制多于支持和理解，他们可能对帮扶措施产生抵触情绪。他们会认为这些措施是对他们能力的怀疑或是对他们的惩罚，从而拒绝接受帮助。这种抵触情绪不仅会影响帮扶工作的顺利进行，还可能使学生与辅导员、参与帮扶同学之间的关系变得紧张。

案例要点分析

徐驰和谢诚的故事反映了大学生在学业管理上的两种截然不同的路径，同时为辅导员提供了宝贵的帮扶启示。从辅导员的角度来看，可以从以下几个方面进行分析和干预。

1. 学业困难学生的早期识别与干预

谢诚的学业困境并非一蹴而就，而是逐渐积累的结果。辅导员可以通过以下方式尽早识别学业困难学生：一是建立学业预警机制。定期对学生的成绩和出勤情况进行检查，针对绩点偏低或存在挂科情况的学生予以重点关注。二是强化心理状态观察。密切留意学生的情绪变化，一旦发现学生出现焦虑、自卑或逃避学习等行为，及时给予心理支持。

2. 时间管理与学习方法的指导

谢诚的学业困难，在很大程度上源于时间管理不当和学习方法缺失。辅导员可以根据学生的具体情况，提供针对性的时间管理和学习方法建议。

3. 目标设定与动机激发

谢诚缺乏明确的学习目标和内在动机，导致他对学业逐渐失去兴趣。辅导员可以通过以下方式帮助学生设定目标并激发动机：一是目标设定辅导。帮助学生明确短期和长期目标，如通过英语六级考试、争取获得奖学金或保研资格。二是内在动机激发。谈话或活动可以帮助学生发现学习的意义和价值，激发他们的内在动机。三是榜样示范引领。邀请优秀学生分享他们的学习经验和目标实现过程，为学业困难学生树立榜样。

4. 心理支持与压力管理

谢诚在学业困境中感到焦虑和自责，试图通过娱乐逃避压力，形成了恶性循环。辅导员可以建议有需要的学生进行心理咨询服务，帮助他们缓解焦虑和压力；可以组织压力管理讲座或工作坊，教授学生如何应对学业压力；可以营造支持性的学习环境，如组建学习小组或互助团体，帮助学生互相支持。

徐驰和谢诚的案例为辅导员提供了宝贵的经验和启示。辅导员可以通过早期识别、时间管理指导、目标设定、心理支持等方式，为学生提供全面的支持，帮助他们走出学业困境，实现全面发展。

第三节　违规违纪学生的发展引导

案例导入

爱与规则并行：引导学生走出违纪困境

袁晨是一名大三学生，成绩优异，担任学生干部，对未来有着清晰的规划——成为公务员。然而，一次错误的决定几乎改变了他的人生轨迹。在一次重要的专业考试中，袁晨抱着侥幸心理将小抄带进考场，被监考老师当场发现并上报至学校教务处。经过调查核实，学校给予袁晨警告处分，并记入个人档案。这个处分对于袁晨来说无疑是晴天霹雳，他不仅失去了报考公务员的资格，还感到自己的道德操守受到了严重挑战。痛苦、后悔和迷茫如潮水般涌来，他不知道自己未来的路该如何走下去。

同时，作为学生干部，袁晨的自尊心受到了重创。他感到在同学们面前抬不起头，开始回避同学；情绪低落，学习积极性也大幅下降。袁晨的家长得知情况后也陷入了深深的焦虑和困扰，他们无法理解为何一向优秀的孩子会做出这样的选择，也担心这会影响孩子的未来。

袁晨的辅导员——高静深知这一事件对袁晨的打击很大。首先，高静安排了与袁晨的一对一谈话，耐心倾听他的内心想法和感受。在谈话中，高静尽力让他感受到学校和老师的关心与支持，引导他正确认识自己犯下的错误，指出作弊行为的严重性和对个人未来的影响。其次，高静鼓励他勇于承担责任，接受现实，并从中吸取教训。看到袁晨情绪一度低落，和之前判若两人，高静建议他接受心理咨询服务，帮助他缓解心理压力，重新树立信心。最后，高静还与袁晨的家长进行了沟通，解释了学校的处理决定和对学生的关心措施，缓解了家长的焦虑情绪。

袁晨情绪稳定后，高静帮助他重新审视自己的职业规划。高静指出，虽然成为公务员的道路暂时受阻，但社会上有许多其他不错的职业可以选择。高静建议袁晨根据自己的兴趣和专业特长，探索其他职业方向，并提供了相关的就业指导和资源。为了帮助袁晨提升就业竞争力，高静还推荐他参加学校的职业技能培训课程，如商务礼仪、面试技巧等，为他推荐实习机会，帮助他增强实际工作经验和职业技能。

在辅导员的引导和帮扶下，袁晨逐渐找到了方向，重新积极地投入学习生活。当他积极反思错误并主动参与班级活动时，高静及时给予表扬，帮助他重建自信。同时，高静鼓励他参与志愿服务、社会实践等有意义的活动，帮助他转移注意力，逐渐摆脱处分带来的心理阴影。

在处分期内，袁晨表现出了极大的改正决心和积极态度。他不仅按时参加学校组织的各项活动，还主动承担班级事务，积极参与志愿服务，树立了良好的责任感和集体意识。他的努力和改变得到了老师和同学们的一致认可。处分期结束后，袁晨递交解除处分申请，成功解除了处分。

袁晨重新规划了自己的职业道路。他决定放弃报考公务员的计划，转而寻找其他适合自己的职业方向。通过不断学习和实践，他的就业能力得到了显著提升，最终成功入职一家知名外企。

案例综合点评

诚信是中华民族的传统美德。在当今社会，诚信和守则不仅是个人品质的体现，更是社会和谐与秩序的基石。袁晨的作弊行为虽然从短期内看似获得了利益，但从长远来看，却给自己带来了更大的损失。这个事件提醒了我们，教育不仅要关注知识的传授，更要注重品德的培养。

1. 学生违纪的心理原因

袁晨的违纪行为背后有着复杂的心理动因。作为一名成绩优异且担任学生干部的大三学生，他一直以高标准要求自己，内心深处具有“完美主义”倾向。面对重要的专业考试，他担心成绩不理想会影响自己未来成为一名公务员，这种对失败的过度担忧和对成功的强烈渴望，促使他产生了侥幸心理，试图通过作弊来确保成绩。

2. 学生被处分后的行为状态

受到处分后，袁晨的行为状态发生了明显的变化。他的学习积极性迅速减退，这主要是因为他感到自己的努力似乎都白费了，对未来失去了信心和动力。作弊行为被发现后，他可能对自己的学习能力产生了怀疑，认为自己即使努力也无法取得好成绩，从而陷入了消极的学习状态。袁晨开始回避同学，反映出他的自尊心受到了严重的伤害。作为学生干部，他一直以优秀学生的形象示人；作弊行为被发现后，他担心同学们会对他产生负面看法，从而感到羞愧和自卑。这种心理导致他不愿意与同学交流和互动，产生了逃避的心理。

此外，袁晨的情绪也变得低落，这不仅影响了他的学习和生活，还可能进一步影响他的心理健康。他可能陷入了自我怀疑和自我否定的恶性循环，难以自拔。这种情绪状态如果不及时得到调整和缓解，可能对他的未来发展产生更大的消极影响。

3. 辅导员的引导与帮扶

在袁晨受到处分后，辅导员高静的及时帮扶起到了关键的作用。高静通过一对一谈话，耐心倾听袁晨的内心想法和感受，让他感到学校和老师的关心与支持。这种情感上的支持对于袁晨来说至关重要，它帮助他在心理上得到了一定的慰藉，缓解了部分负面情绪。高静引导袁晨正确认识自己的错误，指出作弊行为的严重性和对个人未来的影响，这有助于袁晨从理性上认识到自己的错误，为后续的改正奠定了基础。

袁晨情绪稳定后，高静帮助他重新审视职业规划，为他提供了就业指导和资源，并推荐他参加职业技能培训课程，为他推荐实际机会。这些措施不仅帮助袁晨提升了就业竞争力，还让他看到了希望，他重新燃起了对生活的热情和信心。通过参与班级活动、志愿服务等，袁晨逐渐摆脱了处分带来的心理阴影，重建了自信，树立了良好的责任感和集体意识。

最终，袁晨在辅导员的引导和帮助下，成功地解除了处分，并重新规划了自己的职业道路，实现了个人的成长和发展。这个案例充分体现了辅导员在学生违纪后的引导和帮扶工作中的重要作用，通过关爱和帮扶的方式，帮助学生走出困境，重新找到人生的方向。

有理有据

在这片充满活力的校园里，偶尔会冒出一些“小插曲”——违规违纪事件。在学生违规违纪的行为背后，往往藏着一颗迷茫又渴望被理解的心。在这一节，我们将深入探讨这些学生在违规违纪后的心理状态：他们可能感到内疚和自责，仿佛心里挂着一个“小问号”；他们可能感到迷茫和不安，就像站在十字路口不知该往哪儿走；他们可能感到社交隔离，仿佛自己成了班级里的“隐形人”。我们也将一起探索如何有效地引导违规违纪学生，帮助他们从错误中学习，从挑战中成长。这不仅是一场规则与自由的博弈，更是一次理解和成长的旅程。

1. 行为矫正理论

行为矫正理论（Behavior Modification Theory）是一种基于行为主义心理学的理论，由心理学家 B. F. 斯金纳（B. F. Skinner）等人提出。该理论认为，个体的行为是通过与环境的互动形成的，可以通过外部干预（如奖励、惩罚）来改变或塑造。行为矫正理论的核心思想是：行为是学习的结果，控制行为的后果（如奖励或惩罚）可以增加或减少某种行为的发生频率。行为矫正理论为高校违规违纪学生的发展引导提供了实用的方法和策略。通过正强化、负强化、惩罚和消退等手段，可以帮助学生认识错误、改正行为并实现积极发展。

（1）正强化（Positive Reinforcement）。某种行为发生后，给予个体积极的刺激（如奖励、表扬），以增加该行为的发生频率。例如，当袁晨积极反思错误并主动参与班级活动时，高静及时给予表扬，帮助他重建自信。

（2）负强化（Negative Reinforcement）。当某种行为发生后，移除或减少不愉快的刺激，以增加该行为的发生频率。例如，高静鼓励袁晨参与志愿服务、社会实践等有意义的活动，帮助他转移注意力，逐渐摆脱处分带来的心理阴影。

（3）惩罚（Punishment）。当某种行为发生后，给予个体不愉快的刺激（如批评、处罚)，以减少该行为的发生频率。但请注意，惩罚应与行为相匹配，并侧重教育意义，而非单纯的惩罚。例如，袁晨考试作弊，学校给予警告处分，辅导员进行教育与引导。

(4) 消退 (Extinction)。当某种行为不再被强化时，该行为的发生频率会逐渐减少甚至消失。例如，学生故意挑衅某些规则时，老师可以暂时忽略，避免强化其行为。

在具体应用该理论时需要遵循以下原则：

(1) 及时性。强化或惩罚应在行为发生后尽快实施，以确保行为与后果之间的关联性。

(2) 一致性。强化或惩罚应保持一致，避免给学生造成混淆。

(3) 个性化。根据学生的具体情况选择合适的强化或惩罚方式，避免“一刀切”。

(4) 教育性。惩罚应以教育为目的，帮助学生认识错误并改正行为，而非单纯的惩罚。

2. 大学生违纪被处分后的常见心理类型及行为状态

(1) 消极抑郁型。大学生违纪被处分后，可能产生一定的困扰，从而出现自卑、焦虑、失落等消极情绪。这种消极情绪一旦不及时进行自我调整或介入干预，极有可能造成较为长期的消极影响。

(2) 激烈对抗型。趋利避害是人的本能，大学生违纪被处分后，可能产生对处理结果不满的情绪，继而开展申诉，甚至产生较为强烈的对抗行为。

(3) 自暴自弃型。大学生违纪被处分后，因心理、思想冲击较大，对前途感到迷茫，从而情绪低落、悲观失望甚至自暴自弃、一蹶不振，对自我和社会的责任感消退，漠视公共道德纪律。

3. 违规违纪学生的帮扶原则和策略

(1) 坚持严管和厚爱相结合的原则。做违规违纪学生的帮扶工作时，严管和厚爱相结合的原则至关重要。这个原则强调在对学生进行必要的管束的同时，也要给予他们足够的关心和支持。管束体现在对学生行为的规范和纪律的执行上，确保学生明白规则的重要性和遵守规则的必要性。厚爱则体现在对学生个体的尊重和对其成长潜力的信任上，通过关心和支持帮助学生建立自信和自我价值感。这一原则的遵循有助于引导学生深刻认识并主动改正自身的错误，帮助他们树立正确的世界观、人生观和价值观，从而促进学生的全面发展。

(2) 坚持教育与约束并重的原则。在帮扶过程中，教育和约束应并重。教育不仅是传授知识，更是引导学生形成正确的价值观和行为准则。通过教育，学生能够理解规则背后的意义，培养其内在的自律意识。约束则是通过明确的规则和纪律来规范学生的行为，确保学生在行为上符合社会和学校的期望。坚持这个原则有助于学生在遵守规则的同时，能感到教育的温暖和关怀，从而在内心深处接受教育和约束，形成良好的行为习惯。

（3）坚持家校协同的原则。家庭和学校是学生成长的两个重要环境，家校协同能够确保教育的一致性和连贯性。通过动员学生家长参与违规违纪学生的跟踪教育和管理服务工作，可以形成教育的合力，确保学生能够在相同的教育环境中实现更好的成长和发展。家长的参与不仅能够提升学生对规则的认同，还能够为学生提供更多的资源和支持，帮助学生更好地改正错误。

开展违规违纪学生的具体教育帮扶工作，一方面要注重违规违纪学生的心理辅导与行为矫治。违规违纪学生往往伴随着复杂的心理状态，如内疚、自责、迷茫等。这些心理状态不仅影响学生的情绪和行为，还可能对其未来发展产生负面影响，因此，心理辅导和行为矫治成为帮扶工作的重点。通过专业的心理评估和干预，帮助学生调整心态，纠正行为，重建自信和自我价值感。另一方面要注重违规违纪学生的正向激励与教育引导。通过激励积极向上的行为和表现，促使学生更加珍惜自己的机会，远离违规违纪行为。对于违规后积极改正、态度良好、表现优秀的学生，可以适当给予通报表扬、荣誉称号等奖励，树立积极向上的榜样，引导学生树立正确的价值观。

他山之石

违规违纪学生帮扶工作中的潜在风险与应对

高校违规违纪学生帮扶工作存在一些潜在风险，这些风险需要被识别和管理，以确保帮扶工作有效和学生健康发展。

（1）过度惩罚与教育失衡的风险。在处理违规违纪学生时，部分辅导员可能倾向于采取严厉的惩罚措施以达到威慑目的。然而，这种做法可能导致教育与惩罚之间的失衡，忽视了教育的本质目的。过度的惩罚可能损害学生的自尊心和自信心，导致他们对学校和教育产生抵触情绪。因此，在实施处分时，学校应遵守罚责相称原则，确保处分类型适当和必要，特别是要审慎对待留校察看、开除学籍等情况。此外，应坚持损害最小的原则，尽量减少行政处罚，并以最适当的方式实施违纪处理措施。

（2）心理辅导与行为矫治的不足。违规违纪行为往往与学生的心理问题有关。辅导员应该加强心理辅导工作，为学生提供一个倾诉和疏导的平台。鼓励学生通过与专业心理咨询师的面对面交流，解决情感问题，增强心理韧性。

（3）家校协同不足的风险。家校协同是帮扶工作的重要原则之一。动员学生家长参与违规违纪学生的跟踪教育和管理服务工作，可以形成教育的合力，更好地促进学生的成长和发展。然而，家校协同不足可能导致教育的不一致性和不连贯性，影响帮扶工作的效果。家长可能对学校教育政策和措施缺少了解，导致他们在家庭教育中无法与学校保持一致。

（4）学生隐私泄露与权益受损的风险。在帮扶工作中，辅导员需要处理学生的个人信息和违纪记录，这可能导致学生面临隐私泄露与权益受损的风险。在面对违纪行为学生时，辅导员应注意保护学生隐私、维护学生权益，不得歧视和区别对待。

案例要点分析

辅导员在面对违规违纪学生时，应同时予以规则约束与人文关怀，帮助学生实现从“困境”到“成长”的跨越，最终达成教育育人的根本目标。

1. 及时介入与心理危机干预

违规违纪学生常处于心理崩溃边缘，应第一时间介入防止极端行为。案例中，袁晨因作弊受处分后陷入自我否定状态，辅导员通过多次谈心疏导其情绪。辅导员应快速响应，及时启动心理评估，确保学生情绪稳定。在沟通过程中采取“描述事实＋表达关心”的非评判式沟通，如“我理解你现在很难受，但我们一起来面对”。必要时，可联动心理咨询中心提供长期跟踪辅导，重点化解羞耻心理与社交回避问题。

2. 重构价值观与责任意识

辅导员应帮助学生深刻认识错误本质是帮扶的核心。辅导员可以通过案例分析等形式，帮助学生理解诚信与责任的社会意义，反思作弊行为，强化其规则意识。

3. 家校协同化解信任危机

家长可能因学生违纪产生焦虑或对立情绪，应主动沟通重建信任。案例中，辅导员向袁晨家长解释处分政策，并强调学校的帮扶决定。辅导员应向家长完整说明事件处理过程、依据及后续帮扶计划；指导家长避免过度指责，转而关注学生正向改变。

4. 正向激励与社会融入支持

通过激励重塑学生自信，促使其重返正轨。案例中，辅导员对袁晨的积极转变给予公开表扬，助其重建社交关系。辅导员可设立“进步之星”奖，对持续改进的学生授予荣誉，鼓励其成为转化典型；安排学生加入社团或学生组织，通过团队合作修复人际关系；邀请曾有类似经历且成功转型的校友分享经验，增强学生希望感。

锦囊妙计

本章探讨了高校中特殊群体学生的发展与引导问题，包括家庭经济困难的学生、学业困难的学生和违规违纪的学生。通过案例分析，本书提出了针对这些学生的帮扶原则和工作重点，旨在帮助他们克服困难，实现个人发展；指出了辅导员在帮扶过程中可能遇到的潜在风险，并提出了相应的解决策略。

家庭经济困难的学生在学校面对经济和心理双重挑战。辅导员可以提供经济资助的机会，并关注他们的心理健康和成长需求。通过精准帮扶、维护自尊和资助育人原则，帮助他们树立正确的世界观、人生观和价值观。学业困难的学生在学习上遇到障碍，需要个性化和全面性的帮扶。辅导员应提供学习方法指导、心理辅导和家校合作，帮助他们克服学习困难，提升学业成绩。违规违纪学生在行为上出现偏差，辅导员需要通过心理辅导、行为矫治和正向激励等措施，帮助他们认识错误，重新融入校园生活。

高校特殊群体学生的发展引导是一个长期过程，需要辅导员和家长的共同努力，也需要协调一些社会资源。通过精准识别、个性化帮扶和家校协同，可以有效帮助学生克服困难，实现全面发展。我们也要注重教育的持续性与发展性，不断调整和优化教育方案，以适应学生的发展需求。

寒门学子莫彷徨，隐形翅膀助翱翔。精准滴灌护尊严，春风化雨润心房。
学海迷途需引航，分层把脉开良方。信任桥梁巧搭建，心灯点亮见朝阳。
歧路少年莫心慌，诫勉谈话有柔肠。追根溯源解心锁，破茧重生沐晨光。
特殊群体需细量，及时雨落正道长。莫道顽石难琢玉，静待花开满园香。

武理分享

家庭经济困难、学业困难和违规违纪的学生构成了需要特别关注与引导的特殊群体。如何助力他们健康成长，是辅导员工作的重点与难点。

1. 家庭经济困难学生的发展引导

家庭经济困难学生常因经济压力产生自卑、敏感的心理特征，他们在心理上渴望得到尊重、平等对待以及学业和生活上的支持。在帮扶时，需遵循精准资助、物质与精神帮扶并重的原则，重点在于全面精准认定困难学生，提供经济资助的同时给予心理关怀和能力培养。

2. 学业困难学生的发展引导

学业困难学生往往表现出焦虑、挫败感，心理上急切需要理解与有效地学习指导。帮扶时应遵循个性化、激励性原则，工作重点是深入分析学业困难的原因，开展个性化辅导，激发学习动力。帮扶中可能面临学生抵触情绪，这需要辅导员耐心沟通，建立信任关系。

3. 违规违纪学生的发展引导

违规违纪学生通常具有叛逆、逃避责任的心理特征，内心期望被信任和接纳。帮扶以教育为主、惩罚为辅，重在深入了解违规违纪的原因，对这类学生进行针对性思想教育，帮助他们树立正确价值观。其潜在风险可能使学生再次犯错，这就要求辅导员持续关注、加强引导，巩固教育成果。

教育是一棵树摇动另一棵树，一朵云推动另一朵云，一个灵魂唤醒另一个灵魂。对于这些学生而言，辅导员的每一次关怀、每一次引导，都可能成为他们人生道路上的关键转折点。这份工作不仅是职责所在，更是对教育初心的坚守。通过深入了解学生，精准施策，有效防范风险，辅导员能够为学生的成长保驾护航，助力他们跨越困境，实现人生价值。让我们携手努力，让教育的光芒照亮每一个角落，培育出更多德智体美劳全面发展的时代新人。

资源推荐

✲ 专业好书

书名：大学生特殊问题帮扶工作研究
作者：周航，等
出版社：西南财经大学出版社
出版时间：2020 年 10 月

书名：自卑与超越
作者：阿尔弗雷德·阿德勒
译者：马晓娜
出版社：吉林出版集团有限公司
出版时间：2015 年 7 月

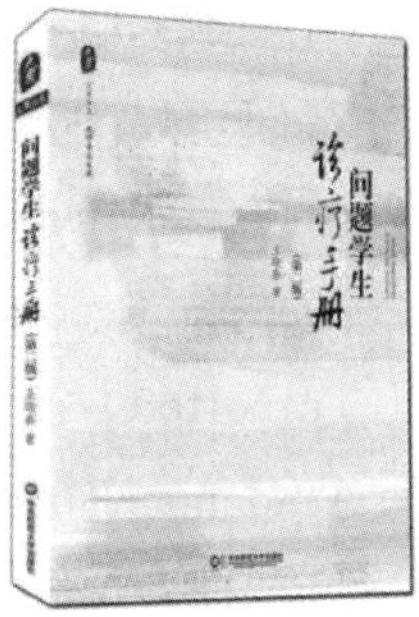

书名：问题学生诊疗手册（第二版）
作者：王晓春
出版社：华东师范大学出版社
出版时间：2013 年 1 月

参考文献

[1] 孟繁欣. 大学生非理性消费行为的优化策略 [J]. 西部皮革，2018，40（4）：68-69.

[2] 徐超. 消费主义视域下当代大学生消费行为分析 [J]. 营销界，2021（Z4）：160-162.

[3] 阿尔弗雷德·阿德勒. 自卑与超越 [M]. 重庆：重庆出版社，2023.

[4] 王晓春. 问题学生诊疗手册 [J]. 教育，2019（36）：37.

[5] 唐志文. 论新发展阶段推进高校资助育人的高质量发展 [J]. 思想理论教育，

2021（11）：105-111.

［6］孙秋莲．高校构建学业预警机制及帮扶学业困难学生工作研究［N］．河南经济报，2025-02-15.

［7］王理，王红震．我国学分制高校学业预警制度的制度移植误区探析［J］．高教探索，2019（12）：56-60.

［8］李义波．新时代高校发展型资助育人工作体系探析［J］．学校党建与思想教育，2019，（4）：68-70.

［9］刘美凤．高校本科生学业预警制度研究［D］．西安：陕西师范大学，2017.

［10］吴素红，陈庆宾．高校家庭经济困难学生资助获得感现实困境与提升路径研究［J］．湖北开放职业学院学报，2025，38（1）：52-54.

［11］任娃．学业困难大学生的形成原因与教育对策分析［J］．吉林省教育学院学报（学科版），2010，26（11）：76-77.

［12］Rad F H，Bordbar S，Bahmaei J，et al．Predicting Academic Procrastination of Students Based on Academic Self-efficacy and Emotional Regulation Difficulties［J］．Scientific Reports，2025，15（1）：3003.

［13］Turcotte O，Dumoulin C，Aubin M，et al．Relationships between Anxiety，Academic Difficulties，and Sleep Problems Amongst College Students with ADHD：A Questionnaire Survey［J］．Sleep Medicine，2024，115（1）：238.

第六章 “高关怀学生”的个性化支持

本章导读

在新时代的教育背景下，学生的心理健康和行为发展受到前所未有的关注。特别是 2023 年 4 月，教育部等十七部门联合印发的《全面加强和改进新时代学生心理健康工作专项行动计划（2023—2025 年）》为高校心理健康工作提供了系统的指导意见，强调了心理健康教育在学生成长中的基础性作用。计划指出，当前和未来一段时间，学生的心理健康问题日益复杂，特别是“高关怀学生”群体，成为高校辅导员日常工作中的重要关注点。

高关怀学生是指那些由于各种原因，心理状态较为脆弱，或有较为特殊需求的学生群体。他们可能面临较大压力、情绪波动，甚至存在较为严重的心理困扰。在面对这一群体时，辅导员的支持作用不仅要给予他们日常的关注和帮助，还要为他们提供个性化、全方位的关怀，确保他们能够健康、积极地度过大学生活。因此，本章将重点讨论高关怀学生的个性化支持，包括对高关怀学生的识别、面对他们的常见问题及如何采取合理的支持手段帮助他们实现心理健康和成长。

通过这一章的学习，辅导员不仅能够更清晰地识别高关怀学生，还能掌握一套科学的支持方法，帮助他们更好地应对各种挑战，为学生提供个性化的关怀和辅导。在新时代的教育背景下，这样的关注与支持，不仅能推动学生的心理健康发展，也能为高效辅导提供新的视角和实践经验。

第一节 “高关怀学生”有哪些人

案例导入

一本珍贵的摄影集

在我的桌上放着一本影集，那是学生曾华在毕业时送给我的。曾华，女，来自偏远的乡村，家中排行老二，上面有一个哥哥。自幼年起，父母为了生计常年在城市打工，曾华与年迈的祖父母相依为命。曾华的童年是在祖父母的呵护与偶尔的严厉管教下度过的。与父母的长期分离让她的内心感到深深的孤独，小学时还遭受过同学的排挤和嘲笑，这些经历在她心中留下了难以愈合的伤痕，她变得敏感且自卑；因一次意外失去祖父的悲痛事件，她不得不寄居在亲戚家。虽然亲戚对她照顾有加，但寄人篱下的感觉让她更加封闭自己，不愿意与人交流，甚至开始怀疑自己的人生。高中时期，面对学业的压力和人际关系的困扰，她开始出现失眠、食欲不振等症状，经常回避人群，默默流泪，学习成绩也有所下降，但出于害怕给父母增添负担，她选择了默默承受。直到高考后，父母才从她的异常行为中察觉到问题，紧急带她就医时被初步诊断为抑郁障碍。

大学入学之初，我在军训和年级大会上见了她几次，她当时给我留下的印象是十分内向，喜欢独来独往，一个人的时候时常神情怯怯，不爱说话。我联系曾华的室友，了解她的情况时，室友们说，曾华很文静，在寝室也不爱和她们聊天，每天总是睡得很早，大家觉得她很神秘，都跟她不是很熟悉，这让我更加关注曾华。于是，我联系了曾华的家长，想要了解一下她的具体情况。在电话中，曾华的父母向我说明了曾华的心理身体状况，我了解到她目前还在服药治疗过程中。

了解到这些情况后，我没有贸然与曾华谈话，因为我深知，想要打开这个学生的心扉是非常困难的，贸然谈话不一定会有好的效果。因此，我决定先默默关注曾华的动向，让寝室长每天向我报告曾华的回寝情况。我还通过一些集体活动创造机会让她逐渐熟悉、信任我。慢慢地，曾华会给我讲一些她生活中的事，问我一些问题，和我相处起来也不再那么紧张了。

不久，学校安排对所有新生进行心理测评，曾华的名字出现在风险学生的名单中。学校心理咨询师建议我立即带曾华进行定期的心理咨询，我尝试询问曾华的意见，她很快就答应了。随后，在学校心理健康教育中心的安排下，曾华以每周一次的频率接受心理咨询帮扶。

曾华还是经常独自一人在图书馆角落默默学习，我时常关注她的学习状况，当了解到她在学习上时常跟不上进度时，我安排了班级中的几位热心女生作为她的学习伙伴，鼓励她参与集体活动，逐步认识更多新的朋友。

为了能更有效地走近她，暑假期间我选择了对曾华进行家访，而且特意安排在她外出参加社会实践时与其父母进行了深入的交流。我向其父母详细说明她目前的在校情况，进一步询问了她的过往经历，但其父母表示对一些细节并不知情。曾华的母亲告诉我，夫妇二人在孩子小的时候长年在外面做生意，有的时候过年都忙得不能回家，现在家里条件是好了，但耽误了孩子。话毕，她流下了泪水，并说如果再给她一次机会的话，她一定放弃自己的生意，一心一意地照顾曾华。我对曾华母亲的话深有感触，父母是孩子人生中的第一任老师，父母的陪伴是孩子成长过程中最有力的支持，父爱母爱的缺失造成的遗憾终其一生都难以弥补。这次家访让我更加坚定了要给予曾华更多的关心和温暖。

回到学校，我更加关注曾华的动态，定期与她进行谈心谈话，引导她正确面对自己的情绪，学会自我调节。同时，我鼓励她加入学校的心理健康协会，通过参与活动和服务他人，她逐渐找回自信。一次偶然的机会，我发现曾华对摄影有着浓厚的兴趣，便鼓励她加入学校的摄影社团，用镜头记录生活、表达情感。这一举措极大地激发了她的创造力，也让她的生活变得更加丰富多彩。摄影不仅让她找到了释放压力的方式，还让她结识了一群志同道合的朋友，她的社交能力得到了显著提升。

在我的持续关注和引导下，曾华与父母的关系也逐渐有所缓和。她开始主动向家人分享自己的日常和心情，也会偶尔向我提起和父母相处的事。学业上，虽然起步艰难，但经过不懈努力，她成功补考过了多门不及格课程，成绩稳步提升。大二下学期，她想跨专业报考心理学专业研究生，希望将来能帮助更多和她一样的人。

虽然备考过程充满挑战，但曾华没有放弃，最终成功被录取。毕业离校前，她送给我一本自己制作的摄影集，里面记录了我们共同走过的这段旅程，每一张照片背后都附上了她当时的感悟。她告诉我，无论未来遇到什么困难，她都会勇敢地面对。因为她知道，身边总有那么一群人，愿意伸出援手，陪伴她一起前行。

案例综合点评

案例中的曾华是高校“高关怀学生”群体中的一个典型代表，这类学生往往因为成长环境、家庭背景或个人经历等原因，在心理或行为方面表现异常，需要教育工作者通过细致的观察和有效的干预，帮助他们走出困境，健康成长。

高关怀学生的类别多样，特点各异。从曾华的案例中我们可以看到，她属于家庭关爱和心理健康的双重缺失型学生。她的成长环境充满了孤独和不安，父母长期在外打工，导致她从小缺乏安全感和归属感。尽管祖父母给予了她一定的关爱，但这种替代性的陪伴并不能完全弥补父母角色的缺失。小学时期遭受的排挤和嘲笑和祖父意外去世的打击，加剧了她的心理创伤。这些经历让她变得敏感、自卑，甚至开始怀疑人生。高中时期，学业压力和人际关系的困扰使她出现了失眠、食欲不振等症状，但由于害怕给父母增添负担，她选择了默默承受。直到高考后，父母才从她的异常行为中察觉到问题，并带她就医。这种迟到的干预暴露了家庭沟通的不足。它也提醒我们，高关怀学生的问题往往具有隐蔽性，需要教育工作者具备敏锐的观察力和耐心。

辅导员在发现和甄别高关怀学生方面扮演着至关重要的角色。在曾华的案例中，辅导员通过多种方式发现了曾华的问题。首先，在新生入学后不久，辅导员通过细心的观察，发现了曾华神情的异常，加强了对曾华的重点关注。其次，辅导员与曾华室友、父母取得联系，进一步了解了曾华过往的具体情况。学校也安排对新生进行心理测评，曾华的名字出现在风险学生的名单上，进一步确认了曾华的高关怀学生身份。

在帮扶高关怀学生时，辅导员需要采取多维度的支持策略。曾华的案例中，辅导员通过多种方式帮助她走出困境。首先，在情感层面上，辅导员通过集体活动和日常接触逐步建立与曾华的信任关系，为后续的深入沟通奠定了基础。其次，在心理层面上，辅导员安排了心理咨询服务，帮助曾华正视自己的情绪问题，并学会自我调节。在家校协同方面，辅导员还通过家访与曾华的父母进行了深入交流，向他们反馈了曾华在校的情况，获取了一定的家庭情感支持。在学业方面，辅导员与曾华共同制订了详细的学习计划，并安排了班级中的几位热心同学作为她的学习伙伴，帮助曾华解决了学习上的困难，让她感受到集体的温暖。在人际交往方面，辅导员还鼓励曾华加入学校的心理健康协会，通过参与活动和服务他人，逐渐找回自信。在兴趣发展方面，辅导员发现她对摄影有着浓厚的兴趣，便鼓励她加入学校的摄影社团。摄影不仅让曾华找到了情感表达的方式，还结识了一群志同道合的朋友。在多维度且有针对性的帮扶下，曾华的病情得到良好改善，心理状态稳步稳定。

然而，尽管辅导员在帮扶曾华的过程中采取了许多值得肯定的做法，但仍有一些方面可以进一步改进。例如，辅导员虽然向曾华的室友了解过情况，但并未进一步引导室友如何更好地支持曾华。作为与学生朝夕相处的人，室友如果能够给予更多的关心和帮助，可能加速曾华的康复过程。

总的来说，曾华的案例为我们提供了许多宝贵的经验。辅导员应该充分利用学校的资源，不断优化心理健康识别方法，尽早发现潜在的高关怀学生，并通过家校合作、同伴支持和个性化帮扶等方式，为他们提供持续的关注和支持。只有这样，才能真正帮助高关怀学生走出困境。

有理有据

识别高关怀学生是辅导员的一项重要工作，也是一项必备的工作技能。运用心理学工具和理论，辅导员可以更好地了解学生的需求，发现潜在的心理问题，并采取有效的干预措施。

1. “高关怀学生”的类型与特征

“高关怀学生”并不意味着需要关怀所有的情绪波动或短期的压力反应，相反，他们的特征往往是长时间、持续性或显著的情绪困扰或行为偏差。心理学理论指出，以下几类学生群体通常是“高关怀学生”的潜在群体。

（1）适应困难型。大学生活对于很多学生来说是一个重要的转折点，他们需要从高中阶段的“高强度管理”转向大学生活的“相对自主”。有些学生可能因适应能力较差，无法有效调整自己的生活方式或心态，表现为情绪不稳、焦虑、孤独或退缩。此类学生在面对新的学习和生活环境时，可能产生适应不良的心理反应。

（2）学业压力型。面对学业的挑战，一些学生可能产生焦虑、失落等情绪，甚至可能因此产生自我否定、低自尊的心理问题。尤其是成绩优秀或者有较强竞争意识的学生，他们往往容易出现过重的学业压力，影响到心理健康。学业成绩不理想的学生可能因为担心影响未来发展产生情绪困扰，或对大学生活产生消极情绪。

(3) 家庭关系问题型。家庭背景对学生的心理健康有着深远的影响。对于家庭关系不和谐、家庭经济困难或遭遇重大变故（如亲人去世、父母离异等）的学生，心理问题尤为突出。这类学生可能产生焦虑、抑郁、孤独等情绪，或者在社交方面有较大的困难。

(4) 情感困扰型。在大学阶段，学生的情感关系经常进入一个新阶段，不少学生有恋爱等情感关系的困扰。一些学生在情感关系中可能受到伤害，导致他们情绪低落、社交回避或产生依赖行为。心理学研究表明，情感上的创伤会影响学生的自我价值观，进而影响他们的学业和生活。

(5) 自我认同困惑型。尤其在青春期到成年的过渡阶段，学生会面临自我认同的挑战。对于一些学生而言，性别认同、职业选择、未来发展等问题可能成为心理困扰的来源。自我认同感较弱的学生，可能产生焦虑、抑郁、冲动等心理问题，甚至可能做出逃避现实的行为。

2. 识别“高关怀学生”

在高校心理健康教育工作中，识别高关怀学生是开展针对性支持与干预的前提。高校主要通过新生心理普查、定期心理排查、心理咨询反馈和日常观察发现等途径识别高关怀学生。

(1) 新生心理普查

新生心理普查是高校心理健康教育工作的重要环节，通常在新生入学后通过标准化心理测评工具（如 SCL-90、UPI 等）进行，旨在全面了解新生的心理健康状况，对潜在心理危机学生做出初步研判。在心理健康普查工作中，辅导员需要协助开展一系列的工作，如组织学生在规定时间地点参加普测；测评后通知需要接受访谈的学生，并与心理教师讨论对存在潜在心理危机学生的关注方式；等等。

(2) 定期心理排查

心理排查是动态的，排查通常以学期或学年为单位，重点关注学生的情绪状态、压力水平、人际关系等。将定期排查与日常观察相结合，避免依赖一次性测评结果，可以及时了解学生在学习、生活、思想等方面的情况和存在的困难。

(3) 心理咨询反馈

心理咨询反馈是指通过学生主动寻求心理咨询或心理教师推荐，识别高关怀学生的途径。学生在咨询过程中暴露出的心理问题或困扰，可以为辅导员提供重要信息。心理咨询反馈具有针对性强、准确度高的特点。辅导员应与心理教师保持密切沟通，及时了解学生的咨询情况，但应注意保护学生的隐私。

(4) 日常观察发现

日常观察发现是通过与学生接触，观察其行为、情绪、学业表现等，识别高关怀学生的途径。这种方式具有灵活性和即时性，能够发现心理测评难以捕捉的细微变化。辅导员在日常工作中，应特别注意学生的行为表现，如情绪波动、学习态度的变化、社交活动次数的减少等。心理学中的行为分析理论认为，个体的行为往往是内在心理状态的反映。通过观察学生的行为变化，辅导员可以更准确地判断学生是否需要更多关怀。例如，某些学生可能在面对学业压力时发生食欲减退、作息紊乱等行为，这些行为可能是焦虑或抑郁的表现。

日常观察不能仅依赖辅导员，还需要发挥任课教师、班主任及分布于各个班级、实验室、宿舍的学生干部的作用。当发现同学们在学习生活中的各种异常表现时，及时告知辅导员，预防心理问题的扩大和发展。

他山之石

高校新生心理普查中常用的心理测评量表

心理测评量表是一种通过标准化问题或任务，系统地评估个体心理状态、情绪、行为、认知等方面的工具。这些量表依据心理学理论，通过科学设计的问卷或任务，量化学生的心理特征。测评结果能够为快速识别学生的心理健康状况提供数据支持，以便及时进行针对性的干预。

以下是几种常用于高校新生心理普查的心理测评量表，可以分别用来评估学生的情绪状态、人格特征、压力水平等。

1. 症状自评量表（SCL-90）

开发者：Derogatis

题量：90 题

测评内容：用于 16 岁以上普通人群及心理问题筛查，评估个体在 9 个心理症状维度的表现，分别是躯体化、强迫症状、人际关系敏感、抑郁、焦虑、敌对、恐怖、偏执、精神病性。

测评标准：90 题得分之和≥160 分提示可能存在心理问题。某个维度的因子分平均分≥2 分，提示该维度存在明显症状；≥3 分建议重点关注，及时进行咨询或治疗。需要注意的是，分数不是绝对标准，要综合考虑学生的身心表现和其他因素。

量表特点：SCL-90 覆盖全面，适用于初步筛查；但题目较多，耗时 15～20 分钟，需结合访谈验证结果。

2. 大学生人格问卷（UPI）

开发者：日本大学心理咨询协会

题量：64 题（含 4 道测谎题）

测评内容：聚焦大学生常见心理困扰，包括情绪问题（焦虑、抑郁）、人际敏感、神经症倾向、自我认知冲突等。

测评标准：

一类学生（需重点关注）：总分≥25 分或第 25 题（自杀意念）选“是”，或有明显精神症状描述。

二类学生（潜在风险）：总分 20～24 分，或有轻微心理困扰。

三类学生（心理健康）：总分≤19 分且无高危条目。

量表特点，针对大学生设计，筛查效率高，耗时 8～10 分钟；但量表对严重心理问题，如精神病性症状，敏感性较低。

3. 抑郁自评量表（PHQ-9）

开发者：Spitzer 等

题量：9 题

测评内容：基于 DSM-5 诊断标准，评估过去两周内抑郁症状的出现频率，重点测评兴趣丧失、情绪低落、睡眠问题、疲乏感、食欲变化、自责感等。

测评标准：总分 0～4 分正常，5～9 分可能有轻度抑郁，10～14 分可能有中度抑郁，15～19 分可能有中重度抑郁，20～27 分可能有重度抑郁。若第 1、第 4、第 9 题任意一题的得分＞1 分需立即干预，其中，第 1、第 4 题代表抑郁的核心症状，第 9 题描述存在自我伤害意念。

特点：简洁高效，耗时 3～5 分钟，与临床诊断吻合度高；但量表仅聚焦抑郁，需结合其他量表全面评估。

案例要点分析

针对曾华的案例，下面结合相关专业知识与实际工作经验整理出几个要点，供辅导员老师们参考。

1. 善于观察，敏锐识别出可能存在风险的学生

辅导员可以通过细致观察筛选出可能存在风险的学生。在曾华的案例中，辅导员通过新生军训、年级大会等集体活动，近距离观察学生的表情和行为状态，初步筛查出异常表现。例如，曾华在公共场合总是显得害羞、内向，眼神中带着一丝苦涩，虽然礼貌但缺乏活力。这种发现并非偶然，而是源于辅导员主动“深入学生”的意识——通过宿舍走访、课堂旁听、活动参与等方式，细致捕捉学生的非语言信号（如眼神躲闪、肢体僵硬）和行为变化（如社交回避、情绪低落）。这种观察需要辅导员具有目标性和敏感性，能够将碎片化信息整合成动态档案。例如，曾华在军训、年级大会上的茫然呆滞、在寝室和室友不怎么说话、“早睡且沉默”等细节，辅导员正是通过持续细致地观察和记录将这些信息逐步关联，最终形成风险预警，对

曾华的情况进行了及时研判及干预。

2. 多层预警，注重新生心理普查和干部培训

为了更有效地识别高关怀学生，辅导员需要建立多层预警机制，同时注重新生心理普查和干部培训，以点线结合的方式建立好预警机制，做到精准识别。

辅导员可以通过新生心理普查，全面了解新生的心理健康状况。例如，新生入学时，在学校心理健康教育中心的帮助下，辅导员组织全体新生进行心理健康测评，识别可能存在心理问题的学生。针对测评结果异常的学生，辅导员应加以关注，及时进行个别谈话和心理辅导。

辅导员可以通过干部培训，提升学生骨干的风险识别与应对能力。例如，辅导员可以定期组织班级干部、宿舍长等学生骨干参加心理健康知识培训，帮助他们掌握基本的心理学知识和危机干预技能。通过干部培训，辅导员可以建立一支具备风险识别与应对能力的学生骨干队伍，为高关怀学生的识别和帮扶工作提供有力支持。

3. 家校协同，全面调研学生成长足迹

在曾华的案例中，辅导员通过家校访谈，了解到曾华的成长环境，这为后续开展帮扶工作提供了重要依据。在日常工作中，家校访谈是辅导员识别高关怀学生的重要方法之一。通过家校访谈，辅导员可以全面了解学生的成长足迹，识别可能存在风险的学生。首先，辅导员可以通过家校访谈，了解学生的家庭背景。例如，辅导员可以通过电话、微信等方式，与家长进行沟通，了解学生的家庭背景结构、家庭教育方式、家庭经济状况等。对于家庭结构不完整的、家庭教育方式不当的、家庭经济困难的学生，辅导员应加以关注，及时提供帮助。其次，通过家校访谈，辅导员可以着重了解学生的成长经历和心理状态。对于成长经历较复杂、心理状态不稳定、社交情况不太好的学生，辅导员应加以关注，及时提供帮助。此外，辅导员还可以通过家校访谈建立家校协同的帮扶机制。辅导员可以定期与家长交流，给家长提供一些亲子关系、心理健康方面的资料书籍，制订个性化的帮扶计划，帮助学生在家庭和学校两个环境中获得支持。通过家校访谈，辅导员可以为高关怀学生提供更全面、更有效的支持。

第二节　“高关怀学生”有哪些事

案例导入

心灵的蜕变

初识刘梦，是在迎新晚会上，她静静地坐在角落里，显得有些羞涩和内向。在接下来的日子里，我与她的交集并不多，也并未意识到，这个看似平凡的女孩，内心正经历着巨大的波澜。

命运的转折总是在不经意间出现。2019 年深秋的一个周五下午，刘梦突然主动联系我，说有重要的事情要和我谈。她的主动让我有些惊讶，也让我隐约感到了一丝不安。那天下午，我们在学院的一间会议室里见面了。刘梦的开场白，是她从小到大的成长经历，包括作为留守儿童的孤独，以及与父母、妹妹之间的温情。她的讲述，让我了解了一个虽然不富裕但充满爱的家庭。然而，当她把话锋一转，提到自己在网上查了资料，发现自己可能患有双相情感障碍时，我的心猛地一沉。我深知，这是一种严重的精神疾病，患者会在抑郁和躁狂之间反复切换，给生活和学习带来极大的困扰。刘梦会查阅这些资料，一定是经受着巨大的痛苦。

我陪伴刘梦到学校的心理健康教育中心进行评估。评估师建议刘梦到医院进行进一步检查，但期末考试临近，刘梦坚持要完成考试再回家治疗。在征得刘梦同意后，我联系了她在外地务工的父亲。刘梦的父亲匆匆赶到学校，我们详细交流了刘梦的病情，虽然他对“双相情感障碍”这个词并不熟悉，但我能从他焦虑的眼神中读出他对女儿深深的爱。经过与心理健康教育中心老师、刘梦及其父亲的商讨，我们决定尊重刘梦的决定，由父亲照看刘梦，陪她完成期末考试。

期末考试结束后，刘梦和她的父亲回到了黄石老家，并立即前往医院进行检查。诊断结果显示，刘梦确实患有双相情感障碍，并伴有中度抑郁。

令人始料未及的是，2020 年初，一场突如其来的疫情打破了所有的平静，学生线上上课，我与学生的联系也只能通过电话、QQ 和微信来维持。在视频通话中，我看到刘梦的眼神中透露出坚定与希望，这让我稍感安慰。我知道，在这个特殊的时期，我更要成为她坚强的后盾。我保持着和刘梦的联系，叮嘱她严格按照医嘱服药，她的病情得到了有效的控制。

然而，2020 年 9 月，刘梦却突然找到我说：“老师，我想退学，我不想读了，我不知道读书有什么意义。”当她和我说这些话的时候，我知道她的病又复发了，她不想读书的想法和她父亲也说了，但是她父亲无论如何也劝不动她。那天晚上，我和她父亲通了电话，说了她在校的情况和想法，随后电话那边传来了她父亲失声痛哭的声音，真的可以感受到一个男人的绝望和无助。虽然我以前处理过其他年级学生退学的事情，但是我不想让这样的情况发生在她的身上。我做了两天的思想工作，她最终同意了休学一年的方案。

休学期间，我时常与刘梦保持联系，关心她的近况。从她的讲述中，我得知她一直在父母工作的厂里打工，虽然辛苦她却能够坚持下去。她父亲告诉我，刘梦的病情平稳了，这一年的经历也让刘梦成长了很多。

2021 年 9 月，刘梦终于复学，顺利地完成了学业。

案例综合点评

刘梦的案例是高校高关怀学生帮扶工作中的典型样本。该生从大二主动求助到最终顺利完成学业，历时三年的辅导过程完整呈现了高关怀学生群体的多重困境，也折射出辅导员在高校高关怀学生帮扶中的角色定位与工作挑战。

刘梦的父母长期异地务工造成的亲情缺位及同妹妹相依为命的特殊经历，塑造了她既敏感脆弱又异常坚韧的性格。2019 年秋，刚进入大学的刘梦在经历适应期压力后，主动向辅导员坦露疑似双相情感障碍的症状，由此开启了一场持续三年的心理持久战。确诊后的治疗期恰逢新冠疫情暴发，居家隔离导致的社交断裂使她的病情反复。从 2020 年复学时的退学危机、休学打工的生存体验到 2021 年重返校园，顺利地完成了学业，构成了刘梦的心灵成长之旅。

该案例具有三个方面的特征。第一，心理问题的复杂性。双相情感障碍伴随中度抑郁的医学诊断，使刘梦的帮扶计划超出一般的心理疏导范畴。第二，危机诱因的叠加性。留守儿童的心理创伤、大学适应压力、突发公共卫生事件等多重因素相互交织，给学校的帮扶关怀加大了难度。第三，干预过程的持续性。从初次干预到最终顺利毕业跨越了三年，涉及家校协同、医疗对接、学业调整等工作内容。这些特征对高校心理工作体系提出了严峻考验。

在刘梦的案例中，辅导员展现了高校心理危机干预的标准性与创新性。首次介入阶段，当学生主动暴露心理问题时，辅导员及时完成了“三级联动”——向分管领导汇报、联系心理健康教育中心启动评估、通知家长到校协商，这种快速响应机制为后续治疗争取了时间。特别值得注意的是，对“考试与治疗”矛盾的处理：在专业机构确认短期风险可控的前提下，尊重学生完成期末考试的意愿，同时安排与室友建立“安全守护小组”，这种柔性策略既避免了强制措施可能引发的对抗情绪，又通过同伴支持维系了学生的校园归属感。居家隔离期间，辅导员通过视频观察学生眼神闪烁、语调急促等细节判断病情波动，这种“远程诊断”虽然不够专业，却体现了教育工作者的责任意识。2020 年秋季的退学危机处置也体现了辅导员的帮扶智慧：面对学生突然提出的退学申请，既没有草率批准造成不可逆后果，也未强行要求留校激化矛盾，而是通过两天的深度沟通达成休学方案，为学生的状态调节提供时间。这种“以退为进”的策略，将危机转化为自我教育的契机，展现了心理辅导的艺术。

但该案例也同样暴露出辅导员老师在高关怀帮扶工作中的不足。比如，该辅导员早期预警机制存在盲区。刘梦作为留守儿童，在大一期间未被提前识别为高风险群体，说明新生心理筛查的精准度不足，辅导员在日常也未与她进行深入沟通了解情况。在该案例中，刘梦复学之后学校的个案管理与帮扶体现性不高，似乎出现了

“断点”，缺乏对复学高关怀学生的持续性关注与引导，在现实情况下可能为学生后续发展埋下隐患。

在本案例中，刘梦顺利毕业既是个人顽强生命力的胜利，更是高校心理工作体系的阶段性成果。这个案例也体现出心理育人不仅是流程层面的危机处置，更是辅导员潜心育人的智慧。辅导员老师需要在规范的工作流程下，常关注、多联系、深沟通、强帮扶，唯有将多重资源合理整合，建立尊重个体差异的支持系统，不断引导学生自觉成长，才能真正帮助学生在困境中找到力量与方向。

有理有据

在日常工作中，高校辅导员与学生接触频繁，特别是对于那些心理状态较为脆弱、情绪困扰较多的“高关怀学生”。如何识别并有效关心支持、管理帮扶这些学生，已成为辅导员工作中至关重要的一部分。

1. “高关怀学生”的日常管理帮扶体系

辅导员可以从全员参与、全时贯穿、全域协同的角度积极推进“高关怀学生”帮扶工作，通过促进各育人主体联动性、增强各育人环节专业性、激发各育人系统主动性，营造深层浸润的“三全育人”工作格局，为学生心理健康保驾护航。

（1）全员参与，统筹多方育人资源

一是发挥心理健康教育教师的主导作用。在“高关怀学生”专班帮扶工作中，心理健康教育教师负责对“高关怀学生”进行专业心理评估、精准心理疏导、绿色通道“转介”及危机干预等工作。辅导员可以邀请专职心理教师下沉学院，给出帮扶管理建议，并支持、协助学院组织开展心理健康宣传实践活动。

二是发挥学工干部队伍的骨干力量。学工干部队伍一般由学院分管学生工作的副书记、专职辅导员和班主任等人组成。在“高关怀学生”专班帮扶工作中，学院分管学生工作领导一般作为“高关怀学生”帮扶的第一责任人，负责组织制订教育帮扶工作方案并督促实施。专职辅导员负责开展“高关怀学生”的心理排查、谈心谈话、家校沟通、安全监控、教育帮扶、追踪回访等工作，并按照“一生一档”的原则做好工作台账记录，并积极发挥班主任在“高关怀学生”管理帮扶中的重要作用，工作岗位调整时需做好心理档案的移交工作。

三是发挥学生干部的朋辈互助优势和辅助作用。学生干部包括校院学生干部、班干部、心理委员、寝室长等人，他们是“学校—院系—班级—寝室”四级预警防控体系中的中坚力量，是学校心理健康教育工作的重要抓手。在“高关怀学生”帮扶工作中，学生干部负责密切关注“高关怀学生”的日常行为及动向，定期汇报“高关怀学生”在学习、生活、人际交往等方面的心理、思想动态变化情况，并在日常学习生活中积极关心、帮助、支持“高关怀学生”。

四是发挥专业教师的补充作用。专业教师及学业导师能为“高关怀学生”提供专业学习指导、职业生涯规划等方面的答疑解惑与提升帮扶，通过品质熏陶、习惯带动和意志感染，润物无声地发挥育人作用。

(2) 全时贯穿，打造全过程育人体系

一是心理筛查方式多样，识别精准化。通过心理普测、日常排查等方式开展学生心理健康状况筛查工作，建立心理风险排查预警机制，加强对有隐性心理问题学生的识别。

二是教育管理措施多维，帮扶精细化。辅导员应定期对高关怀学生进行谈心谈话，定期开展研判工作，做好持续跟踪和建档记录，一人一策进行有针对性的教育、转化和帮扶。

三是持续关注长期追踪，效用持久化。高关怀学生经过帮扶后心理状态好转者，应组织心理健康教育中心、校医院进行综合研判，综合分析学生情况，定期回访、持续追踪、全面评估、适当帮扶，通过开展线上线下、个体团体等活动，提升高关怀学生的心理素质，防止心理问题出现反复。

(3) 全域协同，构建全方位育人格局

一是咨询平台专业化。高校心理健康教育中心应积极构建教育与指导、咨询与自助、自助与他助紧密结合的心理健康教育与咨询服务体系，健全心理咨询相关制度，科学规范开展心理咨询工作。

二是宣传平台多维化。积极创新宣传方式，组织创作心理健康教育宣传文创作品，推送心理科普知识及应对开学季、考试季、毕业季等不同时期主题的心理调适类文章、短视频，帮助学生增强对不同情境下不良反应的理解和调适能力，引导学生学会助人和自助，并形成积极求助的意识，提高心理保健能力，营造有利于学生身心健康成长的校园文化环境。

三是实践平台多样化。以“5·25”全国大中学生心理健康日为契机，开展心理育人主题教育，常态化开展涉及情绪调节、压力缓解、自我认知、人际交往、生涯规划等主题的心理讲座活动、体验式团体心理辅导活动，以及其他形式的心理实践活动，以提升学生自我自助维护心理健康的意识，培养学生形成正面的情感体验和积极的心理品质，营造良好的校园心理育人氛围。

四是教学平台规范化。充分发挥课堂教学在大学生心理健康教育工作中的主渠道作用，提升学生的心理健康素质。开设心理委员培训课程，夯实“四级”预警干预体系建设，促进学生心理互助共同成长。

2. 识别与满足“高关怀学生”的心理需求

“高关怀学生”的主要特征之一是他们可能处于情感或心理困扰的状态中，辅导员要了解这些学生的心理需求，确保自己在与他们的互动中能够提供适当的支持。

根据马斯洛的需求层次理论，每个人的需求都是层次化的，从最基本的生理需求、安全需求到更高层次的社会归属、尊重需求，以及自我实现需求。对于“高关怀学生”而言，他们可能还未完全实现低层次的需求（如安全感、归属感），而这些不足往往成为情感问题、社交困扰甚至学业问题的根源。

“高关怀学生”往往缺乏足够的社交支持，可能产生孤独、焦虑、情感依赖等心理问题。社交支持理论指出，个体在社会交往中获取的情感支持，对心理健康至关重要。辅导员应特别关注这些学生的社交网络，帮助他们建立积极的同伴关系，并鼓励学生参与校园集体活动，从而增强其归属感和社交支持。

“高关怀学生”经常面对情感困扰和心理压力，辅导员在帮助这些学生时，需要提供足够的情感支持。情感支持不仅仅是倾听，还包括帮助学生建立积极的情感表达方式和应对技巧。罗杰斯的非指导性辅导理论强调，共情和倾听是辅导过程中的核心要素。辅导员应通过无条件的积极关注和共情倾听，为学生提供一个安全、开放的情感出口。通过倾听学生的困扰、理解学生的情感需求，辅导员能够帮助学生减轻内心的压力，使其感到情感上的安慰。

3. 量体裁衣的“高关怀学生”帮扶方案

每个学生的心理需求和困扰都是独特的，辅导员需要根据学生的个性特点和具体问题，制订个性化的帮扶方案。心理学中的个体差异理论指出，不同的学生在面对心理困扰时，会有不同的应对方式和需求，因此辅导员的工作需要根据学生的特质进行个性化调整。

如前所述，认知行为疗法（CBT）是一种广泛应用于情绪困扰的心理干预方法。CBT 理论认为，学生的情绪和行为往往源于他们对事件的认知反应。因此，通过识别和调整学生的负性认知，可以有效改善其情绪问题和行为困扰。辅导员可以根据学生的具体情况，帮助学生识别出不适应的思维方式，构建起适应的认知和行为模式。

情绪聚焦疗法（EFT）关注学生情绪的表达与理解，帮助学生识别和处理深层的情感困扰。对于那些情感依赖性较强的学生，情绪聚焦疗法特别有效。辅导员可以通过引导学生表达压抑的情感，帮助他们释放内心的压力，恢复情感正常。

叙事疗法关注学生的故事，通过重构学生的个人叙事，帮助学生重新理解自己的困境。对于那些有自我认同困惑的学生，叙事疗法提供了一种有效的干预方式。辅导员可以与学生共同探索其生活故事，帮助学生找到意义和目标，提升学生的效能感。

心理学中的情绪调节理论认为，情绪管理能力不足的学生容易出现情绪波动，甚至发生情绪失控。情感稳定性是指个体在面临压力和挑战时保持情绪稳定的能力。对于情绪稳定性较差的学生，辅导员应关注其情绪波动，引导其表达和释放情绪压力，提供心理疏导，帮助学生提升情绪调节能力，如通过冥想、呼吸等方式提高自我调节能力。

班杜拉的自我效能理论表明，学生在学业上的动机和表现与其自我效能感密切相关。自我效能感是指个体对自己完成某项任务的信心。对于自我效能感不强的学生，辅导员应注意对其进行心理鼓励，通过设置可行的目标，逐步提高其自我效能感，从而增强其学业动机。

他山之石

心理健康教育与管理的法律保障

在我国高等教育体系中，学生的心理健康教育已经成为各高校工作中的一项重要任务。随着社会对心理健康问题认知的逐步深化，国家和地方政府相继出台了一系列法律、法规和政策，明确规定了高校应当履行的心理健康教育与管理责任。对于辅导员而言，了解并掌握这些相关的法律法规，不仅是履行职责的基础，也能够促进工作更加规范、专业。

1.《中华人民共和国精神卫生法》

《中华人民共和国精神卫生法》（以下简称《精神卫生法》自 2013 年 5 月 1 日起实施，是我国精神卫生领域的重要法律文件。它对心理健康教育和管理提出了明确的要求，尤其是针对学校和教育工作者的责任。该法律为高校辅导员提供了行为规范和工作指南，明确了在教育过程中对学生心理健康的关注与干预措施。

根据《精神卫生法》第十六条规定："各级各类学校应当对学生进行精神卫生知识教育；配备或者聘请心理健康教育教师、辅导人员，并可以设立心理健康辅导室，对学生进行心理健康教育。"这一条文明确了高校应当在教育教学过程中进行心理健康教育，并要求学校配备心理健康教育专业人员，从而确保学生能够得到系统的心理健康支持。这不仅指明了辅导员在心理健康教育中的责任，更指出心理辅导工作应当成为学校管理的一部分。

同一条款进一步规定："发生自然灾害、意外伤害、公共安全事件等可能影响学生心理健康的事件，学校应当及时组织专业人员对学生进行心理援助。"这一规定强调了学校在面对突发事件时，应当迅速采取行动，为学生提供必要的心理援助。辅导员在此类突发事件中的作用尤为重要，他们需要迅速识别受影响的学生，及时开展心理干预，帮助学生走出心理困境。

此外，《精神卫生法》还要求"教师应当学习和了解相关的精神卫生知识，关注学生心理健康状况，正确引导、激励学生。"这一条文强调了高校教师（尤其是辅导员和班主任）在学生心理健康教育中的核心作用。通过提高教师的心理健康素养，不仅能够提升他们识别学生心理问题的能力，还能够为学生提供更多的支持和帮助。

2. 《全面加强和改进新时代学生心理健康工作专项行动计划（2023—2025年）》（以下简称《专项行动计划》或“计划”）

《专项行动计划》是教育部等十七个部门联合发布的重要政策文件。它为高校的心理健康教育工作提供了系统化的指导意见和行动框架，强调了在新时代背景下，学校应加强对学生心理健康的关注，特别采取心理辅导与干预、家庭教育指导等方面的具体措施。

《专项行动计划》明确指出：“加强家庭教育指导服务。妇联、教育、关工委等部门组织办好家长学校或网上家庭教育指导平台，推动社区家庭教育指导服务站点建设，引导家长关注孩子心理健康，梳理科学养育观念。”这一条文突出了家庭在学生心理健康中的重要作用，强调家长应积极参与孩子的心理健康教育，形成学校与家庭之间的合力。作为辅导员，理解这一政策，可以更好地与家长合作，共同关注学生的心理发展，尤其是在孩子遇到心理困扰时，可以提供家校联动的支持。

该计划还指出：“家长学校或家庭教育指导服务站点每年面向家长至少开展一次心理健康教育”。这一要求显示出对家长进行心理健康教育的必要性，辅导员在实际工作中，可以积极推动和参与家长学校的组织，帮助家长理解心理健康教育的重要性，同时向他们传递正确的教育理念，以便家长更好地支持学生的心理发展。

3.《教育强国建设规划纲要（2024—2035年）》（以下简称《规划纲要》）

《规划纲要》是我国未来教育发展方向的重要文件，旨在建设一个全方位、现代化的教育体系。该纲要提出，心理健康教育是教育发展的一个重要方面，强调在教育体系中加强心理健康服务的全面性和专业性。

《规划纲要》强调要将心理健康教育纳入到国家教育体系的基础性部分，要求各级学校建立健全的心理健康服务体系，并注重心理健康教育的普及与深化。辅导员在此框架下的责任更加明确，必须与各类教育活动密切配合，确保学生在情感、认知、社会适应等方面得到全方位的心理支持。

《规划纲要》还明确要求，要加强辅导员的心理健康服务能力建设，提升辅导员对学生心理问题的识别、干预和引导能力。通过专项培训和能力建设，辅导员应具备心理健康教育的专业知识和实践技能，能够在学生心理问题的早期发现和干预中发挥关键作用。

4.《高等学校学生心理健康教育指导纲要》（以下简称《指导纲要》）

《指导纲要》是教育部针对高校学生群体的专门文件，目的是明确高校心理健康教育的目标、任务和实施路径。它为辅导员提供了系统的理论支持和具体的操作指南。

《指导纲要》明确了高校学生心理健康教育的核心目标，包括帮助学生理解心理健康的基本概念，增强心理适应能力，预防和缓解常见的心理问题，如焦虑、抑郁、情绪障碍等。辅导员需要根据这一目标，设计相关的心理健康教育课程和活动，帮助学生提高心理素质，增强面对压力的能力。

《指导纲要》还提出，辅导员在开展心理健康教育时，应根据学生的实际需求，提供个性化的心理辅导。针对焦虑、抑郁、学习压力等问题，辅导员应及时识别并采取有效的干预措施，帮助学生更好地适应大学生活，保持心理健康。

作为学生心理健康教育的重要参与者和执行者，辅导员必须深刻理解和运用这些法律法规，确保自己的工作符合国家和学校的要求。同时，辅导员要积极参与到学校心理健康教育的各项措施中，为学生的心理健康保驾护航。通过多方合作、早期干预以及全方位的心理支持，辅导员不仅能够帮助学生应对当下的心理困境，还能为他们的未来发展打下坚实的心理基础。

案例要点分析

针对刘梦的案例，下面结合相关专业知识与实际工作经验整理出几个要点，供辅导员老师们参考。

1. 及时响应，形成“高关怀学生”应急管理机制

在刘梦的案例中，辅导员在接到她的求助后，第一时间启动了应急响应机制。24 小时内，辅导员向分管副书记汇报情况，联系学校心理健康教育中心进行专业评估，并通知刘梦的父亲赶到学校。这种快速反应为后续的干预争取了宝贵时间。

对于“高关怀学生”，辅导员需要建立清晰的应急流程：接到学生求助后，1 小时内向分管领导汇报并记录，同步联系学校心理健康教育中心启动评估，12 小时内通知家长并完成风险研判。这种标准化流程操作不仅能避免个人经验不足导致的延误，还能形成多方见证的保护机制，既是对学生安全的负责，也是对辅导员自身的专业保护。需要注意的是，应急响应不是冰冷的程序执行，而是要在制度框架内体现人文关怀。比如，有些家长可能距离比较远，较难在短时间内赶来，家长没来学校之前，辅导员可以多到宿舍探望学生，关心了解学生日常生活中的困难需求，必要时陪伴学生一起吃饭、散步等，通过这种方式保持信任关系。

2. 在安全的前提下，尊重学生主体意愿

在刘梦的案例中，辅导员耐心倾听、了解刘梦的内心想法，尊重她的主体意愿，采取灵活措施，避免强制措施引发对抗情绪。比如，刘梦坚持先完成期末考试再就医，辅导员没有机械执行“先治病后考试”的常规操作，而是通过专业评估确认短期可行性后，安排室友组成“守护同盟”，既保障她的安全又维护了她的自尊心，这种“学业治疗并行模式”体现出一定的灵活性。2020 年秋刘梦提出退学时，辅导员没有立即否定或说服，而是通过深度对话，引导她梳理退学的真实动因与潜在后果，最终达成休学治疗的缓冲方案。这种“延迟决策”策略创造了反思空间，使刘梦在

社会实践中自发完成认知重构。

这些案例表明，高关怀学生的成长觉醒往往源于自主选择后的体验，而非外部灌输的道理。辅导员在重要决策时，需要扮演引导者而非决策者的角色，帮助学生分析利弊，但最终的选择权应最大限度地交给学生本人。

3. 持续关怀，做好日常治疗提醒

“高关怀学生”的管理需要长期陪伴，建立不离不弃的情感联结。在刘梦的案例中，疫情期间，辅导员通过持续的视频通话，持续关注她的状态。这种日常化的沟通不仅可以在特殊时期继续监测病情变化，也彰显出“有人始终在关注你”的心理支持力量。同时，按时服药也是高关怀学生恢复心理健康的关键方式之一，在案例中，辅导员老师也对刘梦的用药情况进行了持续关注。

对高关怀学生的帮扶是一个持续性的过程。辅导员首先应该建立跟踪档案，记录学生情况背景、定期谈话情况、咨询治疗效果等。辅导员还要把握关键时间节点，提供相关提醒与支持。比如，寒暑假离校前制作个性化《假期健康指南》，提醒学生关注当地心理援助热线、药物储备情况，与应急联系人做好对接等；在一些重大考试或求职季来临前，提前两周启动压力预警系统，通过调整课业负担、预约心理咨询等方式进行预防性干预。这种高关怀将断续性的关注升级为全周期守护。

4. 做好复学后高关怀学生的个案管理

往往一些高关怀学生在复学后还存在未解决的心理问题，随时会成为危机的诱因。因此，针对复学回来的高关怀学生，辅导员老师同样需要做好详细的个案跟踪。例如，复学初期的学生往往需要再次进行心理评估，并且开展一段时间的定期心理咨询予以巩固（在该案例中并未有所体现）。刚复学回来的学生一般会有较大的学业压力，但案例中辅导员并未帮助刘梦制订个性化的学习计划，也没有安排学生干部进行协助帮扶。这种“断点式”支持可能导致学生在适应过程中再次陷入困境。

因此，辅导员应建立复学后的全流程管理机制，包括学业支持、心理干预、生活关怀等多个方面。例如，可以为复学学生组建由辅导员、心理医生、任课教师、朋辈志愿者组成的支持小组，定期召开个案会议，动态调整干预策略。同时，应加强与家长的沟通，确保家庭支持与学校管理形成合力，帮助学生平稳度过复学适应期。

第三节　“高关怀学生”多留意

案例导入

抑郁症学生的“特殊诉求”

张雨，大二学生，因重度抑郁症休学一年，复学后转入辅导员陈老师所在的班级。复学前经医院评估症状有缓解，但需持续服药并定期做心理咨询。

1. 学生复学

复学初期，张雨主动联系陈老师，表示“宿舍环境压抑，室友排斥自己”，要求单独居住校外公寓，否则“病情可能复发”。

[辅导员应对] 考虑到没有父母陪同的情况下，校外住宿难以保证学生安全，陈老师没有同意张雨的要求。陈老师选了宿舍氛围较好的寝室安排张雨入住，并交代室友多关心张雨。

2. 学生提出“特殊诉求”

张雨以“抑郁症需要安静环境”为由，要求学校为其单独安排住宿，对其免除晚点名、集体活动等常规管理，声称“室友故意大声说话刺激自己”，甚至威胁“若不满足要求，我可能自残”。

[辅导员应对] ①核实情况：陈老师联系张雨室友了解情况，发现室友曾主动邀请她参与聚餐、分享学习资料，但张雨多次拒绝并指责对方“虚伪”。②专业评估：与心理健康中心沟通，确认张雨近期咨询中并未提及严重人际冲突，且医生认为其当前状态适合集体生活。③设定边界：陈老师明确表示“学校暂时无法单独安排校外住宿”，但可协助调整寝室，同时强调“集体活动是学业考核的一部分，需按规定参与”。

3. 寝室矛盾升级

张雨在班级群公开抱怨“室友针对自己”，引发其他学生不满。一名室友私下向陈老师反映：“我们已尽量迁就，但她总以‘抑郁症’为由要求我们保持绝对安静，甚至不到10点要求我们不许讲话、不许开灯。”

[辅导员应对] ①分开谈话：对张雨，肯定其康复努力，但指出“集体生活需互相包容”，建议通过心理咨询学习人际沟通技巧；对室友，解释抑郁症特点，引导她们理解，但不纵容不合理要求。②调整寝室：将张雨调至心理委员寝室，减少原有矛盾，同时要求心理委员定期反馈其状态。

4.“病情复发”事件

学期末，第一门考试结束后，张雨联系陈老师说“状态不好，考试失利，希望老师在批卷时能通融给予通过，并申请后续考试办理缓考”。陈老师提出陪其就医复查，张雨以“医院排队太久”为由予以拒绝。

［辅导员应对］①深入谈话：倾听共情，但坚持原则地严肃指出“疾病不是逃避责任的工具，学校支持你康复，但不会降低学业标准”。②陪同就医：告知“延期考试需医院证明”，坚持陪同张雨就医，医生诊断为抑郁焦虑，建议休养。③请假休养：协助张雨办理请假和后续考试缓考手续，联系家长督促张雨按时服药。④学业支持：协商任课教师提供录播课资源，安排学生志愿者帮助整理复习要点，鼓励张雨假期复习备考，为开学的缓考做准备。

案例综合点评

本案例展现了抑郁症学生张雨在复学后因环境适应困难引发多重诉求的过程，揭示出学生心理健康问题与校园规范管理之间的复杂冲突，其问题的本质可从个体心理机制和人际互动模式方面剖析。

首先，从个体层面看，张雨的诉求本质上是心理防御机制外化的行为表征。她反复强调“病情复发风险”以获取特殊待遇的行为，反映出未完全康复的抑郁症状对认知功能的持续影响：一方面，抑郁症伴随的负性认知偏差使其过度解读室友的日常行为是“故意刺激”，将集体生活的常规约束看作“环境压迫”；另一方面，病耻感与低自我价值感催生了“疾病身份认同”，通过强调患者身份既获得关注又逃避责任。这种心理代偿机制在考试失利时尤为明显——当学业压力突破心理承受阈值，其立即将症状工具化，试图以病情为由规避考核，形成“压力—退行—获益”的行为循环。

其次，人际关系中的非适应性互动模式加剧了矛盾升级。张雨在冲突中呈现“拒绝—指责—威胁”的沟通链条：面对室友的主动示好，以“虚伪”定论封闭交流渠道；在需求未被满足时，采取公开控诉的方式施加道德压力；最终诉诸自残威胁实现诉求，其极端化表达的实质是情感勒索。这种互动模式既源于抑郁症患者常见的情感调节障碍，也暴露出其缺乏建设性沟通技巧，形成人际关系的恶性循环。

案例中，辅导员在帮扶过程中，有几个关键的点值得我们关注和改进。

一是系统思维构建支持网络。陈老师建立了“专业评估、环境调整、家校联动、学业帮扶”的四维干预体系：联系心理健康中心进行医学评估确保决策科学性，两次调整寝室兼顾环境优化与矛盾缓冲，陪同就医与家长沟通强化监护责任，组织学业支持体现教育温度。这种多主体协作模式符合危机干预的系统理论。

二是边界管理平衡共情与原则。在处理住宿与考试诉求时，陈老师坚持“理解但不纵容”的原则，在表达关怀的同时明确制度底线。如拒绝单独住宿但提供寝室调整方案，否定考试通融但协助申请缓考手续，既避免了强化患者的“受害者心态”，又通过替代方案支持学生修养康复。

三是预防性措施降低危机风险。将张雨调至心理委员所住寝室并要求定期反馈，实质是构建了同伴支持监测机制；考试季提前联系教师提供录播资源，通过学业减压降低心理危机触发概率，体现出前瞻性干预意识。

此外，辅导员还可进一步加强对张雨认知模式的持续干预，帮助张雨建立积极的自我叙事，减少对“疾病身份”的依赖。

有理有据

1.“高关怀学生”的潜在风险

（1）“高关怀学生”可能突然出现学业、出勤等方面行为的显著改变。例如，懒散、对日常活动失去兴趣、学习成绩全面下降、没有过去努力，不遵守课堂规则、逃学或多次旷课、吸烟酗酒、出现导致警察干预的学生间暴力行为等。有时还会出现极端行为征兆，如声明自己无能、讨论自杀、意外中毒、持有自杀计划等。

（2）“高关怀学生”有发生自伤、自杀、失踪等极端行为的潜在风险。这类风险主要来自三个方面：一是学生的健康情况，如患有或曾患有抑郁、焦虑、饮食失常等精神疾病。二是学生的人格特质，如低自尊、生活孤立、压力大、完美主义等。三是学生正在经历负向事件，如家庭变故、与朋友绝交、自己敬爱的人或对自己有重要意义的人去世、恋爱关系破裂、与他人的纷争、发生违法违纪事故、受到同伴排挤或孤立、受人欺负或迫害、考试成绩不理想、罹患重病、堕胎、遭受自然灾害等。经过危机干预，状况相对稳定的学生也需要予以持续跟进观察。

需要注意的是，大学生偶尔会产生自杀念头，他们试图解开生命、死亡之谜，但自杀并不一定是真实的想法。一旦发现学生有这种念头，辅导员必须立刻回应，将其纳入“高关怀学生”管理范畴。因为当学生将自杀视为解决问题的唯一方法并伴有严重的自杀企图和自杀倾向时，该学生就不再正常，需要认真评估是否需要启动危机干预等必要的紧急措施。

（3）部分“高关怀学生”也存在伤害他人的潜在风险，这类风险主要来自三个方面。一是精神疾病与心理状态导致的风险，如反社会人格障碍、双相情感障碍（躁狂期）、间歇性暴怒障碍等，可能导致情绪失控或蓄意攻击行为；妄想或幻觉症状，如被害妄想（认为他人威胁自己）、命令性幻听（被指令伤害他人）等，也可能形成伤人风险。二是人格特质与行为特征导致的风险，如个别学生冲动控制能力差，易因微小刺激爆发激烈反应，出现肢体冲突或语言攻击；一些学生存在敌意归因偏见，则倾向于将他人行为解读为恶意，产生报复心理；一部分学生在长期被欺凌、孤立或遭受不公后，会因情绪积压转化为对他人攻击。三是环境与事件触发导致的风险，如与同学、室友、教师或家人的矛盾升级，导致人际冲突激化；接触暴力影视、游戏或社交内容后，可能模仿伤害行为。此外，部分学生可能在干预后表面稳定，但深层心理问题未解决，仍存在因外界刺激突然失控的风险。

2. 认识继发性获益

继发性获益通常指的是个体在患有心理疾病或其他疾病时，可能因为疾病状态而获得一些优先权、豁免权，以及来自周围环境的关注、同情、优待等。在心理疾病中，继发性获益可能表现为患者通过症状来摆布、操纵或影响他人，从而获得某种利益。例如，患病后患者可以获得患者身份，享受患者权利，受到亲友的关怀和照顾；症状本身也可以作为理由，说明学习或工作任务未完成并非其本人的过错，从而可以免除繁重的学习或工作负担。

继发性获益可能影响患者的康复过程。对于那些内心力量正常、心理功能正常、内在力量充足的个体来说，他们在短期内享受到额外的获益后，一般会及时回归到原来的生活轨道上。然而，对于那些内心力量匮乏的个体，他们可能因为缺乏足够的爱和关注而难以迅速从额外获益的状态中走出来，可能更多地沉浸在受益中，从而导致疾病症状的持续和疗程的延长。

对于沉浸或依赖于继发性获益的患者，可以从以下几方面应对。

一是满足内在需求。在日常生活中，给予个体足够的爱、关注和认可，让他们的内在需求得到满足，减少对生病时额外获益的依赖。例如，家人要多关心孩子的情感需求，及时给予鼓励和支持。

二是引导正确认知。帮助患者认识到继发性获益的存在和影响，引导他们树立正确的健康观念和应对方式。可以通过心理咨询等方式，让患者明白长期依赖疾病获益并不是健康、正确的解决问题方式。

三是逐步减少强化。周围人要避免过度关注和特殊对待患者，要逐步减少对患者疾病行为的强化。同时，鼓励患者在身体条件允许的情况下，逐渐恢复正常的生活和工作，培养其独立应对问题的能力。

3. 平衡“高关怀学生”与其他学生的需求

辅导员在平衡“高关怀学生”与其他学生的需求时，需在人性化关怀与教育公平之间寻找动态平衡点。既要防止对“高关怀学生”的支持不足引发次生危机，也要避免过度关注特殊群体导致其他学生产生“被忽视感”或“反向歧视”。

加强心理知识普及，通过角色扮演、情景模拟等活动，引导普通学生理解心理疾病特点。对“高关怀学生”要平衡共情与原则，充分满足其合理需求，但要对通过强调疾病身份获得关注或资源的行为明确边界。

将“高关怀学生”的特殊需求与其他学生的共性需求进行分析，优先解决交叉冲突点，而非单方妥协。如“高关怀学生”与其他学生在作息时间上产生矛盾时，可通过组织团体辅导促进双方理解，共同制定“行为公约”，将矛盾转化为合作目标，既保障“高关怀学生”需求，也保护其他学生合理权益。

让“高关怀学生”感受到“被包容而非被特殊化”，让其他学生体验到“支持他人亦是自我成长”，才能真正实现教育的平衡与和谐。

他山之石

焦点解决短期疗法在解决寝室矛盾中的应用

寝室矛盾是大学生活中常见的学生问题之一，尤其是在初入大学的阶段，由于环境、性格以及生活习惯的差异，学生之间的冲突时有发生。如何有效地解决这些问题，维护寝室的和谐环境，是辅导员工作的重要内容之一。焦点解决短期疗法（Solution-focused Brief Therapy，SFBT）作为以积极、解决问题为导向的心理治疗方法，具有良好的应用价值。它注重通过短期的、富有针对性的干预，帮助个体识别并利用自己的资源，迅速实现问题的改善。

焦点解决短期疗法是后现代心理治疗方法，强调通过简短的疗程帮助个体找到解决问题的途径，而不是过于聚焦问题本身。它的核心理念是：人们拥有解决问题的潜力，关键在于帮助他们认识到这些潜力，并有效地运用到实际生活中。

1. 焦点解决短期疗法的基本原理

焦点解决短期疗法不同于传统的心理治疗，它更加关注“如何解决问题”而非“为什么会有问题”。这一疗法强调以积极的方式进行干预，帮助个体或群体在最短时间内看到改变的可能性，并以此为动力推动实际改变。

短期性：与传统心理治疗的长期性不同，焦点解决短期疗法注重在短时间内达成目标，通常疗程较短，一般为 3～10 次。

解决问题而非分析问题：SFBT 的目标是帮助个体集中精力于解决当前面临的问题，探索其解决方案，而不是深入探讨问题的根源。

积极心理学：焦点解决短期疗法通过挖掘个体的内在资源，强化个体的积极心理特质，帮助其克服困难。

在寝室矛盾的处理上，焦点解决短期疗法可以通过以下步骤帮助学生有效解决冲突、恢复和谐关系。

2. 焦点解决短期疗法在寝室矛盾中的应用步骤

（1）明确目标：设定清晰可达成的目标

解决寝室矛盾的第一步是明确目标。辅导员可以帮助学生聚焦于他们希望达到的理想状态。例如，目标可以是“与室友恢复正常的沟通”或者“减少争吵，建立更加理解和宽容的关系”。这些目标应当具体且可实现，以便为后续的治疗过程提供方向和动力。

（2）奇迹询问：引导学生设想理想的解决方案

“如果一夜之间，所有的矛盾消失，室友关系变得和谐，情况会是怎样的?”这种“奇迹询问”可以帮助学生从理想的角度出发，设想如果问题解决后，生活会发生哪些积极变化。这种方法可以激发学生的想象力和积极情绪，让他们看到问题解决的可能性，并开始朝这个方向努力。

（3）赞许性技术：肯定学生的积极行为和努力

在治疗过程中，辅导员需要对学生的积极尝试给予肯定，哪怕这些尝试看起来微不足道。通过赞许，辅导员可以增强学生的信心，帮助他们认识到自己有能力通过改变自己的行为来影响他人。这种正向反馈不仅能提升学生的自我效能感，还能鼓励学生继续采取积极的行为。

（4）刻度技术：量化问题与进步

刻度技术是一种非常有效的量化工具。辅导员可以请学生以1～10的刻度来评估当前的困扰程度，以及在采取措施后感受到的改善程度。例如：“你现在与室友关系的紧张程度大约是几分?”然后，可以继续询问：“如果一周后，关系稍微改善了，你认为关系改善的程度会是多少分?”通过这种方式，辅导员能够帮助学生客观评估问题的严重程度，并通过设定可达成的小的目标，促进学生逐步看到进展。

（5）小改变引发大改变：鼓励渐进性改变

焦点解决短期疗法强调从小的改变开始，逐步引发更大的积极变化。在处理寝室矛盾时，辅导员应鼓励学生先从小的行为调整开始，如主动与室友进行日常沟通、减少不必要的冲突等。这些小改变能够激发学生的信心，并在实践中逐步改善他们与室友的关系。

（6）关系询问：借鉴他人经验，拓宽解决思路

辅导员可以引导学生思考：“如果他们的朋友或亲人处于类似情况，他们会如何处理这一问题?”这种“关系询问”方法能够帮助学生从外部视角看待问题，并获得新的解决思路（如“你认为你最亲近的朋友会建议你如何与室友和解?”）。这种方法有助于学生突破自己的局限性，拓宽解决问题的思路。

（7）行动计划：制订具体的解决方案

在完成上述步骤后，辅导员应和学生共同制订一份具体的行动计划。这份计划应当是实际可行的，并明确学生应当采取的具体步骤。例如，学生可以计划每天与室友沟通一次，分享各自的生活感受，或者约定在每次发生矛盾时暂停几分钟再继续讨论。这种具体的行动计划能让学生在实践中使用所学的技巧，并帮助他们在未来遇到类似问题时，能够有效应对。

焦点解决短期疗法作为一种积极、以解决问题为导向的心理治疗方法，能够帮助辅导员在处理寝室矛盾时，快速、有效地引导学生找到解决方案。通过明确目标、

鼓励小改变、制订具体行动计划等方式，辅导员可以帮助学生逐步缓解冲突、恢复良好的关系，促进寝室和谐环境的建立。运用焦点解决短期疗法，辅导员不仅可以帮助学生处理面临的问题，还能激发学生的心理资源，让他们学会在面对生活中的挑战时，以积极的态度寻找解决方案，从而提升学生的自我管理能力，促进个人成长。

案例要点分析

针对本案例，下面结合相关专业知识与实际工作经验整理出几个要点，供辅导员参考。

1. 对于复学时学生的状态需要详细研判

辅导员在面对高关怀学生时，要对其复学前的状态进行详细研判。辅导员应结合学生的病史、治疗情况以及心理评估结果，全面掌握学生的身心状态。当高关怀学生复学后，辅导员需持续关注学生的动态，定期与学生沟通，了解其学习、生活和情绪变化。针对高关怀学生，辅导员应与学校心理健康中心、校医院以及家长保持密切联系，形成多方协作的支持网络，确保学生在复学后能够平稳过渡并逐步适应校园生活。

2. 平衡“高关怀学生”与普通学生之间的关系

辅导员在关注高关怀学生的同时，往往容易忽视普通学生的感受和需求，导致两者之间的关系失衡。这种情况可能让普通学生感到不公平，甚至产生抵触情绪。因此，辅导员在关注高关怀学生时，应注意平衡全体学生之间的关系，避免让普通学生感到被忽视或边缘化。辅导员应引导高关怀学生学会换位思考，理解他人的感受，逐步融入集体生活。对于普通学生，辅导员也应给予适当的关注和引导，帮助他们理解高关怀学生的困境，培养他们的同理心和互助精神。当高关怀学生与正常同学或室友发生矛盾时，辅导员应避免轻易下结论，而是要通过全面深入的调查了解产生问题的根源，并采取适当措施化解冲突。

3. 注意引导“高关怀学生”正确看待自己

辅导员在帮助高关怀学生适应新环境时，应注重引导他们正确认识自己，增强自信心。辅导员可以通过心理辅导、团体活动以及个别交流，帮助学生发现自己的优点和潜力，鼓励他们积极参与校园活动，增强社交能力。同时，辅导员应关注学生的情绪变化，及时提供心理支持，帮助他们建立积极的人际关系。针对高关怀学生，辅导员还需与家长保持沟通，必要时建议家长陪读或提供其他形式的支持，确保高关怀学生在安全的环境中逐步适应新生活。

锦囊妙计

本章节主要围绕“高关怀学生”群体的管理与关怀进行了深入探讨。

首先，我们明确了“高关怀学生”的界定，包括心理、生理、经济等多方面存在特殊需求的学生，并分析了不同类型学生的特点和需求，为后续的关怀工作提供了基础。

其次，我们详细阐述了针对高关怀学生群体的常规工作内容，如用药提醒、日常谈话等；同时关注了非常规工作细节，如时间节点的把握、特殊事件的应急反应；等等。此外，我们还探讨了找好辅导员工作的合理路径，强调部门协同、同事协同以及学生干部协同的重要性，以确保关怀工作的全面和有效。

在关怀过程中，我们特别强调了需要注意以下问题：一是要避免给学生“贴标签”，防止过度关注或利用关注带来的负面影响；二是要平衡与其他学生的关系，确保关怀工作的公平性和公正性；三是在工作提醒方面，既要充分相信学生，给予他们自主成长的空间，又要保持警惕，不要轻信学生的片面之词，确保关怀工作的准确性和深入性。

综上所述，本章节为辅导员老师们提供了详细、全面的关于“高关怀学生”群体的类别、特征、需求分析，以及有效管理与关怀“高关怀学生”群体的策略和方法，以促进这类学生的健康成长和全面发展。

高关怀学生，管理须周全。用药常提醒，谈心莫等闲。
应急反应快，节点记心间。标签不可贴，公平立前沿。
信任予成长，警醒藏心田。待到花开日，阳光满校园！

武理分享

在高校的学生心理健康管理中，高关怀学生群体的管理尤为重要。为了有效应对这一群体的心理健康需求，辅导员不仅要具备足够的专业能力，还要在实践中采取科学的干预手段，做到早发现、早干预，针对每个学生的具体情况采取个性化的支持。通过精细的个案管理、高效的危机干预及支持体系建设，高关怀学生才能在相对稳定和支持的环境中健康成长。本章基于心理学理论，结合高关怀学生管理的实际操作，阐述了辅导员工作实践中的具体应对策略与注意事项。

一、早发现、早预防：高关怀学生的个案管理体系

对高关怀学生的管理应贯穿学生在校期间的全过程，辅导员需要通过有效的识别与干预，帮助这类学生在早期就获得支持，避免问题加剧。心理学研究表明，早期干预能显著降低心理问题发展为更为严重障碍的风险。因此，对高关怀学生的定期摸查和心理评估是学生管理工作的基础。

1. 高关怀个案的定期摸查：全程管理模式

高关怀学生的管理应从新生入学之初开始。辅导员通过学生信息收集、心理普测等方式进行筛查，这不仅仅是对学生的基础数据收集，更是为了了解学生的心理

健康状态，及时识别出潜在的高关怀学生。根据心理测评理论，通过标准化的心理评估工具（如焦虑量表、抑郁量表等）可以较为准确地筛查出有心理困扰的学生，并进一步进行个案跟进与干预。

在筛查后，辅导员应结合与学生的面对面谈话，评估学生的具体心理需求，并通过家校沟通和心理健康资源的提供，确保学生能获得及时有效的支持。例如，对于有过精神疾病史、服用药物的学生，辅导员应及时将其纳入高关怀个案管理，并建立长期的跟踪机制，以确保这些学生的心理健康问题得到持续关注。

2. 动态评估与及时干预：避免危机发生

随着学生在校期间的成长和变化，辅导员需定期梳理高关怀学生的学习、生活、情感状态，进行动态评估。辅导员需要具有敏锐的观察力，及时发现学生在日常表现中的细微变化，如学业成绩下降、人际关系疏远等，这些可能是潜在危机的信号。在这个过程中，辅导员不仅要识别出有需求的学生，还要判断是否有新的高关怀学生产生，一旦发现新的高关怀学生个案，需立即启动干预措施。

辅导员在管理“高关怀学生”时，要有清晰的应急预案，针对不同学生的具体问题提供个性化的心理支持。通过及时的情感疏导、心理调节以及学业规划辅导，辅导员能够有效防止高关怀学生心理问题进一步恶化，减少突发性危机事件的发生。

二、个性化干预与管理：以学生为中心的支持模式

每个“高关怀学生”的背景、问题及需求都是独特的，辅导员应根据具体情况采取“一人一策”的个案管理模式。个性化的干预不仅能帮助学生更好地应对眼前的困境，还能为学生的未来发展提供支持。辅导员通过综合分析学生的行为、情绪、学业等多方面因素，实施个性化的支持计划，实现精准干预。

1. 家校协同：构建全方位支持网

对高关怀学生的支持不仅仅是辅导员的单方面努力，还有学校、家庭与社会多方合作。辅导员应与学生的家长保持定期沟通，及时反馈学生的在校表现与心理状态，了解学生在家里的情况。家校协同的方式能够确保学生在校内外获得一致的支持，并且避免信息的滞后或误差。

辅导员可以通过家长会、线上交流等形式，普及心理健康知识，帮助家长提高心理支持能力，形成合力。此外，辅导员还需要与心理健康教育中心等相关部门密切配合，实施符合学生实际需求的个性化帮扶方案。针对存在情感依赖或自我认同问题的学生，辅导员可以与心理健康专家合作，为学生提供针对性的心理疏导，帮助其重新建立自信和健康的心理模式。

2. “一人一策”个性化干预：根据学生特性设计支持措施

在高关怀学生的个案管理中，辅导员应根据学生的具体特征，设计实施个性化

的干预措施。例如，针对学业压力较大的学生，辅导员可以为其提供学业规划辅导，并帮助其调整学习方式；针对人际关系困扰较多的学生，辅导员可以推荐其参加小组辅导或心理团体，帮助其提升社交技巧与情感表达能力。

辅导员需要综合运用心理学中的认知行为疗法、情绪调节理论等方法，根据学生的具体情况，采用灵活多样的干预方式。运用这些专业的心理学工具和方法，辅导员能够更精准地帮助学生走出困境，改善其情感和行为模式。

3. 跟踪与评估：动态调整支持策略

个案管理不是一次性的干预过程，而是需要长期跟踪与评估的过程。辅导员应定期对学生进行回访，了解其情感和心理状态的变化，适时调整支持策略。每次跟踪时，辅导员应详细记录学生的反应和问题，并根据学生的实际情况进行必要的调整。这种持续的支持不仅能够帮助学生保持心理健康，还能增强学生的心理韧性，帮助他们在面对未来的挑战时，能够更加从容应对。

三、危机干预机制：应急响应与有效保障

除了日常的个案管理和支持外，辅导员还需要建立有效的危机干预机制，以应对突发的心理危机。高关怀学生可能因为突如其来的压力或情感事件而出现极端情绪反应，这时候，辅导员的及时反应尤为重要。

1. 建立应急机制：快速反应与专业干预

辅导员应根据学校的危机干预体系，与学工、保卫、心理健康教育中心等部门密切合作，确保在发生危机事件时，能够迅速反应并采取措施。危机干预不仅仅是对学生的情感疏导，还要进行必要的医疗干预与专业的心理咨询服务。因此，当危机发生时，辅导员应具备一定的心理干预技巧，能够在第一时间为学生提供情感支持，并在需要时将学生转介给专业的心理医生或心理咨询师。

2. 全员联动：多方协同提升干预效果

危机干预不能仅依靠辅导员个人的力量，还需要通过学校内外多方的协作。在日常工作中，辅导员应与班主任、任课教师、宿舍管理员等保持良好的沟通，及时掌握学生的情况。通过建立多部门协同的支持网络，辅导员能够更快速地获取信息，并协调各方资源，为学生提供及时、全面的支持。

高关怀学生群体管理是一项复杂且系统的工作，辅导员在面对这个群体时，不仅需要有心理学的专业背景，还要具备细致的观察力和科学的干预方法。通过早发现、早干预、个性化的干预措施以及危机干预机制的建立，辅导员能够有效帮助高关怀学生应对他们的心理困境，促进其心理健康的全面发展。

在未来的工作中，辅导员应继续提升自己的专业能力，充分运用心理学的理论与方法，建立健全的高关怀学生支持体系，帮助学生顺利度过大学生活，走向更加

积极健康的未来。学校也应加强相关资源的投入，为辅导员提供更多的支持与培训，推动高校心理健康教育工作的深入发展。

资源推荐

✲ 专业好书

书名：精神病学史
作者：爱德华·肖特
译者：韩健平、胡颖翀、李亚平
出版社：上海科技教育出版社
出版时间：2017 年 7 月

书名：自杀研究
作者：李建军
出版社：社会科学文献出版社
出版时间：2014 年 4 月

书名：精神分析引论
作者：西格蒙德·弗洛伊德
译者：徐胤译
出版社：浙江文艺出版社
出版时间：2016 年 5 月

参考文献

[1] 张广东，许俊斌. 高关怀学生心理健康教育工作策略研究 [J]. 科教文汇，2024 (3)：172-176.

[2] 余亚梅. “三全育人”背景下高校“重点关注学生”帮扶路径探索 [J]. 科教导刊，2024 (22)：138-141.

[3] 曾院珍. 重点关注学生心理干预模式的构建——基于培养积极心理品质的视角 [J]. 现代商贸工业，2021，42 (24)：68-69.

[4] 高杰. 高校重点关注学生工作策略研究 [J]. 武汉职业技术学院学报，2019，18 (4)：50-52.

[5] 方跃平，张金健. 高校“重点关注学生”风险评估系统的构建与应用 [J]. 学校党建与思想教育，2019 (3)：92-95.

[6] 刘秀珍. 融合教育环境下情绪与行为问题学生教学干预策略 [J]. 中国教育学刊，2024 (9)：107.

第七章　谈心谈话

本章导读

谈心谈话作为辅导员工作的基础性技能，既要讲方法，更有艺术——它需要以心理学理论为支撑，以教育规律为框架，以人文关怀为底色，在理性与感性的平衡中架起守护学生心灵的桥梁。

当前，谈心谈话面对三重现实挑战：第一，学生心理问题的隐蔽性增强，传统“问题导向”的谈话模式难以触及真实需求；第二，辅导员的专业能力与复杂问题之间的鸿沟凸显，如何在情感支持与专业边界之间找到平衡点成为难点；第三，社会文化变迁带来的新议题，对谈心谈话的策略创新提出更高要求。这些挑战要求辅导员突破经验主义的局限，构建系统化的谈心谈话方法论。

本章聚焦心理问题谈心谈话的核心逻辑与实践策略，从三个维度展开：一是基础认知，厘清谈心谈话与心理咨询的本质差异，明确辅导员的角色定位与能力边界；二是方法体系，提炼谈心谈话的方法策略；三是伦理实践，探讨保密原则、家校协同、制度适配等复杂情境中的决策智慧。

通过理论阐释与方法论建构，本章旨在为辅导员提供兼具科学性与操作性的行动指南，使其在守护学生心理健康的实践中，既是“温暖的倾听者”，也是“专业的引导者”，最终实现从“问题干预”到“成长赋能”的跨越。

第一节　谈心谈话的 yes or no

案例导入

角落里的花也会散发耀眼的光

大一新生小婧总是独自坐在教室的角落里，静静地低着头，像一朵隐藏在阴影中的小花，默默绽放，却不被人注意。她来自偏远的农村，父母是勤劳的农民，家境并不富裕。性格内向、沉默寡言的小婧总是觉得自己与周围那些光鲜亮丽的同学格格不入。她对自己的身份充满自卑，总认为自己是“乡下人”，无法适应这座熙熙攘攘的城市和这所充满竞争的大学。

辅导员李老师在处理学生助学贷款申请时注意到了这个沉默而乖巧的女孩子。李老师向班干部和室友侧面了解了小婧的情况，得知小婧近来情绪低落，还怀疑自己可能患有抑郁症，但她始终没有勇气告诉父母，因为她担心让父母失望。作为辅导员，李老师清楚，这个年轻女孩所承受的心理负担，不仅仅是学业压力那么简单。她更像背负着无形的枷锁，困在自己对家庭背景和身份的焦虑中。

李老师决定帮助小婧，但她知道，这不仅仅是关于学业或者情绪问题的简单对话，而是一个逐步建立信任、引导小婧勇敢面对内心的过程。

首先，她为了介绍学校的资助政策与小婧取得了联系，推荐她申请困难补助——表面上看是为了帮助她解决经济问题，实际上是想通过这个话题解开小婧的心理防线，了解她的家庭状况和心理状态。小婧一开始只是默默点头，没有多说什么，但李老师没有急于追问，而是耐心地等待她开口。

"你知道，学校有很多针对困难学生的资助政策，"李老师轻声说道，"这些资源可以帮助你减轻一些压力，也能让你更专注于学业。"

渐渐地，小婧的眼神不再那么躲闪，似乎察觉到李老师是真心想帮助她。她开始缓缓道出一些心里的话。小婧透露，她的父母辛勤劳作，家里并不富裕，而她自己却总觉得"跟不上别人"，尤其是在成绩上，总是感到自己处于下风。她透露出些许羞愧的情绪，说自己一直都不敢告诉父母自己在大学的困境，因为她害怕让他们担心，这种压力和情绪已经影响到小婧的生活和睡眠，"闭上眼，我就会想到妈妈对我说的话，我真让他们失望"。

李老师静静地倾听着，她没有打断，也没有急于给出建议。她知道，学生的情感需要时间去释放，需要一个安全的空间来让她们表达自己。

李老师温柔地说："小婧，你并不孤单，每个人在成长过程中都会有困惑和挑战。我们不一定要一开始就把所有问题都解决，但至少可以从一些小的改变开始。"李老师知道，抑郁症的治疗需要专业的帮助，作为辅导员，她的责任不仅仅是提供学业上的支持，还要为学生的心理健康给予关怀。于是，她决定与小婧谈一谈，温和地引导她去心理中心接受专业的干预。

"小婧，我非常希望能帮助你，但我不是专业的心理医生或者心理老师，我担心不能给你特别专业的帮助，但我可以陪你一起去学校的心理咨询中心，那里有专业的心理老师，让他们帮你看一看是不是因为一些情绪上的问题影响了你的生活。"小婧的眼神有些躲闪，她低下头，不敢直视李老师。

"小婧，我理解你的顾虑，可能你不太想让家里知道这些事情，"李老师轻声说道，语气温和且充满关怀，"我答应你，在没有得到你同意之前，我不会告诉任何人。"

听到辅导员的承诺，小婧通过眼神表示感激，她轻轻地点了点头，最终答应了去心理中心接受诊断。

案例综合点评

在这个案例中，辅导员李老师展现出高度的敏感性、责任心和专业性。通过谈心谈话了解和关心小婧，建立起良好的信任关系，同时转介至心理咨询中心给予必要的专业咨询，帮助她认识并走出情绪困境。

1. 敏锐地发现问题，迅速有力地介入

李老师通过申请助学贷款这件事，注意到小婧的情绪问题，及时准确地介入；面对情绪低落的小婧也并没有急于提出问题或批评，而是通过学校资助政策这一外部因素逐步引导小婧敞开心扉，建立起辅导员与学生有效沟通的基础。

2. 寻求专业咨询，情感支持和心理干预结合

当李老师发现小婧有抑郁症倾向时，不是仅停留在学业帮助上，而是果断地建议小婧寻求专业心理帮助。谈心谈话能够帮助学生梳理和调节情绪，但谈心谈话不能代替专业的心理咨询。辅导员的角色不仅是学业和生活上的支持者，还是心理健康的倡导者，应及时引导学生接受专业治疗，甚至陪同治疗，让学生更安心、更放心。

3. 尊重学生隐私，给予学生自主权

在本案例中，李老师基于小婧抑郁倾向并不严重、尚无自伤和自杀行为的情况，给予她充分的自主权。这一点尤为关键，尤其是在面对心理问题时，很多学生因为害怕家长的反应而不敢寻求帮助。辅导员在这一点上的关怀与尊重，能够帮助学生在心理健康问题上不再感到孤立和无助。通过这种方式，李老师帮助小婧从心理上摆脱了部分负担，避免了因外部压力过大导致情绪进一步恶化。

在此过程中，辅导员需要密切关心和陪伴学生，一旦情况有所恶化，尤其是学生出现自伤意念和行为时，应及时告知学生家长；同时，做好全过程痕迹管理，在帮助学生的同时保护自身。

有理有据

一、谈心谈话与心理咨询的区别

谈心谈话是辅导员开展日常工作的重要方式，心理咨询也是为学生识别和解决心理问题的重要环节，但二者并不能够完全画等号。谈心谈话和心理咨询的目标稍有不同，辅导员的谈心谈话技巧和心理咨询师的心理咨询做法也有所不同。因此，谈心谈话并不能取代心理咨询，心理咨询师进行专业咨询之余也需要辅导员与学生深入交流，并持续关注。

1. 目标与功能

心理咨询以解决心理障碍、促进人格成长为目标，如缓解焦虑、处理创伤等，

遵循严格的咨询设置，如保密性质、时间限制等，需进行专业评估和诊断；辅导员谈心谈话则以教育引导、思想支持和问题解决为主，如帮助学生缓解学业压力、处理人际关系矛盾等，强调价值观引导和现实问题应对，属于思想政治教育的范畴。

2. 理论基础

心理咨询基于临床心理学理论，需掌握共情、面质、移情处理等专业咨询技术；辅导员谈心谈话则依托思想政治教育、发展心理学和教育学理论，侧重倾听、鼓励和资源链接。

3. 专业边界

心理咨询受伦理守则约束，需保持情感中立，禁止超出能力范围的干预；辅导员谈心谈话可带有一定的教育导向性，允许情感卷入（如表达关心或提出批评），但需避免替代心理咨询功能。

4. 评估与转介

心理咨询需要通过量表等工具评估心理状态，问题严重的需转介医疗机构；辅导员在谈心谈话过程中识别心理问题线索后应及时转介，寻求专业帮助，避免自行干预。

两者的典型情境对比如表 7-1 所示。

表 7-1　两者的典型情境对比

情境	辅导员回应	心理咨询师回应	心理学依据
学生哭诉失恋	我理解你很痛苦，需要我帮你联系好友支持吗？	这种痛苦让你联想到过去的哪些经历？	辅导员侧重社会支持激活；咨询师探索情感模式（依恋理论）
学生抱怨学业压力	我们可以一起看看时间管理方案。	这种压力如何影响你的自我评价？	辅导员聚焦问题解决；咨询师关注自我认知重构（认知行为视角）
学生长期失眠	你愿意和校医或心理老师聊聊睡眠问题吗？这可能对状态有帮助。	失眠时出现的负面念头，我们可以用“思维记录表”来观察。	辅导员健康管理导向；咨询师介入症状干预（行为实验技术）

二、谈心谈话重要原则

1. 贯彻人本理念，从入情到入心

人本理念常见于管理学领域，是最高的管理宗旨，指的是管理者（政府、企业等的领导者）都要尊重每一个人。在马斯洛的需求层次理论中，人类的需求由低到高分为五个层次，分别是生理需求、安全需求、社交需求、尊重需求和自我实现需求。基本需求均实现后，人才会探索并追求自我实现需求。

当代大学生渴望得到外界的尊重和关注，情感需求的缺失更容易成为其最大的困扰。辅导员在谈心谈话工作过程中，要时刻贯彻人本理念，先入情再入心，在充分尊重人的价值的同时，科学调动人的主观能动性。辅导员不仅仅要做到“以生为本”，还要让学生感到“我尊重你”“我理解你”“我关心你”“我想帮助你”，建立双方的共情和代入感。同时，学生在此过程中逐步卸下心理防备，与辅导员建立信任关系。

2. 保持价值中立原则，启发式≠指导式

价值中立原则强调对来访者的问题、疑惑保持中立，不是进行直接劝诫，而是引导来访者自主决策，引导其树立自主意识，并独立做出判断和选择。

辅导员在工作中往往会基于经验对学生的迷茫或困惑做出指导，在实际的谈心谈话过程中，不能把“经验主义”放在“个人实情”之前，更应该从学生的实际情况出发，针对不同学生的学情特点，分析不同选择的利弊和可能产生的结果，把反思和回顾的空间留给学生，引导学生根据自身需求和认知，促进其自主地思考、判断和选择，进一步强化学生的自我认知。

此外，辅导员应在价值中立和原则底线上做好平衡，对非正常、反人性、非正确价值观进行把握，充分引导，牢守底线。把握好价值中立的分寸尺度，才能够有效避免缺失价值导向的误区。

3. 遵循保密原则，信任+保护

保密原则在生活中很多场景都有涉及，在很多职业场景中，遵循这一原则既是对客户群体的尊重，也是工作者本身的职业道德。

对于辅导员来说，经常面对学校、家长、同学等多类复杂群体。一方面，保密原则是和学生构建相互信任关系的基本保障。针对特殊学生群体，与他们建立良好的信任关系，严密地保护学生隐私尤为重要；另一方面，针对必须和家长沟通或特别关注的学生，辅导员要注意和家长、同学沟通的方式和尺度。针对危险性较高或较敏感的话题，不随意向学生承诺保密。

4. 聚焦问题解决，短期目标导向

短期焦点解决理论（Steve de Shazer）强调关注学生的现有资源和微小改变，而非过度分析问题成因。辅导员在谈心谈话中应引导学生从问题描述转向解决方案探索，通过激活其内在力量推动积极改变。

在谈话过程中，辅导员可以采用例外提问技术，如询问学生“过去有没有成功应对过类似问题，当时是怎么做到的?”，以此帮助学生发现自身已有的应对能力。此外，量尺技术也能将抽象问题具体化，如让学生评估当前的学习成绩并思考如何提升 1 分，从而增强行动动机。避免陷入“问题旋涡”，即过度追问问题成因而忽视解决路径。辅导员应注重使用未来导向的提问，如“如果问题解决了，你的行为会有哪些不同?”，以此帮助学生建立积极的行动预期。

5. 建立安全边界，避免情感过度卷入

辅导员的角色定位是支持者而非“拯救者”，需要保持适度的情感距离，避免因过度共情而影响客观判断。心理学中的“反移情（Countertransference）理论”提醒辅导员需要警惕自身情感对学生问题的影响。辅导员应学会运用情绪隔离技术，即在表达共情的同时保持专业立场，如回应“我听说你很痛苦，但我相信你有能力面对”而非过度代入学生情绪。同时，需要设定明确的时间与空间边界，如将谈话控制在合理时长内，并避免非工作时间下的私下沟通，以维护健康的师生关系。若学生对辅导员产生过度依赖，或辅导员自身感到难以处理学生的情绪问题时，应及时转介至心理咨询中心，确保学生获得更专业的支持。

三、谈心谈话的误区

辅导员与学生进行谈心谈话是日常工作中的重要环节，也是明确的职责所在。但是，辅导员在实际开展谈心谈话工作时经常存在一些问题，如辅导员事务性工作繁杂，实际开展谈心谈话的时间非常有限；学生人数众多，难以“面面俱到”全覆盖地谈心谈话；谈心谈话技巧有限，谈话难以达到实际效果……。下面举例说明辅导员谈心谈话过程中的几个常见误区。

1. 说教式谈话

说教式谈话在学生与家长的交流中或者在义务教育阶段时常出现，用当代大学生熟悉的网络语言来形容就是“爹味”十足。这种方式表现在交流过程中把自己定位为“长辈”和“过来人”的身份，企图教导和指正学生，把“我认为”“我觉得”“我要我觉得，不要你觉得”挂在嘴边，忽略了学生的主体地位。辅导员以改变现状为目的，急于输出自身观点和想法，直到学生认同或默认；辅导员自以为谈话起到了效果，实则学生问题没有解决，还会倾向于隐藏自己的真实看法和需求以求得老师的“不打扰”，本质问题没有解决，还增加了学生新的负面感受，掩盖本质问题，产生新的矛盾，如此恶性循环，学生逐渐对辅导员失去信任，师生关系难以走近。

2. 散漫式谈话

在常规的人际互动中，没有明确主题和目的的聊天是最常见的形式，即人们常说的“闲聊”和“唠嗑儿”。但是，以大学生思想政治教育为目的开展的谈心谈话工作中，这一类谈话模式稍显低效率和无效果。例如，某同学的核心问题是学业问题，在谈心谈话的过程中，辅导员时而询问室友关系，时而又询问家庭情况，往往谈了一下午，也并没有了解到学生缺失学习动机的核心原因，导致思想教育工作难以落地。这类谈话属于谈话的主题和目的缺失。比如，辅导员缺乏主导性，在谈话过程中被学生“带着走”；在正式谈话之前没有做好充分的准备，谈话主题不聚焦，谈话过程无目标；学生本身不愿意探讨该问题，故意选择回避；谈话环境过于嘈杂，谈话过程常被影响或打断，谈话内容难以深入和聚焦。

3. 被动式谈话

被动式谈话主要就是谈话过程中辅导员失去主导地位，完全由学生来主导谈话节奏，其主要原因是：学生对某议题有较多自我意识和想法，辅导员不甚了解；谈话不是由辅导员经过准备后主动发起的，而是没有准备的。例如，学生之间突发矛盾，辅导员进行现场调解，但并不了解实际情况，在学生情绪较为激烈、辅导员不了解详情的状况下很容易被学生压制情绪，甚至激发学生爆发情绪；学生对于某敏感话题或是小众话题十分感兴趣，对辅导员输出大量个人观点。对于这类问题，辅导员需要明确谈话的目的，通过适度的共情和倾听，在能够让学生抒发情绪或满足沟通欲望的同时，让学生感到被理解、被支持。

4. 过度共情式谈话

从心理学角度来看，适度的共情有助于建立信任关系，但过度共情可能导致情感反移情现象，即辅导员因过度代入学生情绪而影响专业判断，具体表现为谈话中辅导员过度卷入学生情绪，甚至产生替代性创伤。这种谈话方式不仅有可能强化学生对辅导员的依赖，阻碍其自主解决问题能力的发展，还有可能导致辅导员自身情绪消耗，最终影响教育职能的正常发挥。为了避免这一误区，辅导员应当保持“同理但不共溺”的专业态度，明确自身作为支持者的角色定位，在必要时及时寻求专业督导或进行转介。

5. 标签化归因式谈话

在工作过程中，辅导员很容易根据过往工作经验对学生打上固定“标签”。根据归因理论，人们倾向将问题归因于稳定的内在特质。在谈心谈话中，辅导员若习惯用“懒惰”“叛逆”等来解释学生行为，往往会强化学生的消极自我认知。这种归因方式不仅会掩盖问题的真实根源（如潜在的抑郁情绪或被忽视的环境因素），还会破坏师生间的信任关系。为了改善这一状况，辅导员应当采用成长型思维语言，引导学生多维度分析问题成因，避免简单的特质归因。

他山之石

谈心谈话中常见的心理学知识和技术应用

1. 动机访谈（Motivational Interviewing，MI）

动机访谈技术适用于学生存在矛盾心理（如想改变但缺乏行动）的情况，其核心原则包括以下几点。化解抗拒，通过接纳学生的矛盾心理（如“戒烟很难，但健康很重要”），减少防御反应；强化改变动机，引导学生自主发现改变的理由（如“如果继续这样，会有什么后果”）；支持自我效能感，强调学生过去成功的经验（如“你曾经成功克服过类似困难”）。

2. 教练（Coaching）技术

教练技术以目标为导向，通过结构化提问激发学生行动力，常用于生涯规划和决策支持。教练技术的一个重要工具是GROW模型，GROW是四个字母首字母缩写，分别为Goal（目标澄清，如提问“你希望这次谈话达成什么具体改变”）、Reality（现状评估，如提问“目前哪些尝试已有效果”）、Options（方案探索，如提问“如果不受限，可能有几种解决方法”）、Will（行动承诺，如提问“接下来24小时可迈出哪一小步”），可引导学生逐步明确目标，认清现实，找准路径，落实行动。

3. 叙事疗法（Narrative Therapy）

叙事疗法是一种心理治疗方法，关注个体自身的力量和资源，而非问题和症状。叙事疗法核心技术包含：外化技术，将问题与人分离（如“你提到的焦虑是什么时候开始影响你的”）；重塑故事，引导学生挖掘“例外事件”（如“是否有过成功应对类似问题的经历”）；见证与反馈，通过记录成长档案或书面交流（如撰写《成长记录》等），强化积极叙事。应用叙事疗法，通过解构问题叙事、重构积极故事，可用于帮助学生摆脱“问题标签”，增强自我认同感。

案例要点分析

本案例介绍了对大一新生心理困扰的干预过程。面对因家庭背景自卑、疑似抑郁的学生，辅导员以经济帮扶为切入点，通过倾听共情逐步打开心扉，最终转介专业心理咨询并严守保密原则，展现出辅导员在谈心谈话中建立信任、疏导情绪与平衡伦理责任的核心策略，揭示了谈心谈话中“情感支持”与“专业边界”的辩证关系。

一、建立信任关系是谈心谈话的基础——三步破冰法

1. 从“事务性接触”到“情感性联结”的转化技巧

辅导员在和学生谈话时可通过日常事务进行自然切入，避免直接询问心理问题等敏感话题，可以有效降低学生的心理戒备。案例中，李老师以解决经济困难为切入点，逐步展现关怀，而非急于挖掘隐私，这种“以事务带入情感”的方式更容易让学生卸下心理包袱。信任的建立需要时间，辅导员应通过持续关注和真诚互动积累学生的信赖，避免急功近利。案例中，李老师耐心等待小婧主动倾诉，而非强行追问，体现了她对学生情感节奏的尊重。

2. 非语言信任的构建

在构建信任关系的过程中，非言语沟通技巧起着至关重要的作用。辅导员应当特别注重谈话环境的布置和自身肢体语言的把控。首先，在空间选择上，建议避免

传统办公室中隔着办公桌面对面的座位安排，这种布局容易让学生产生被审问的压迫感。取而代之的是，选择圆桌或沙发区等更为平等的交流环境，这样的布置能够有效降低学生的心理防御。其次，在微表情管理方面，辅导员可将身体适度前倾约15°，这样既能表示关心、专注，又不会显得咄咄逼人。在眼神交流上，将目光聚焦于学生的眉心位置，这种注视方式比直接对视更为柔和，能让学生感到舒适。此外，当学生在谈话中出现停顿时，辅导员不必急于插话填补空白，适当的沉默反而能给学生整理思绪的时间。可以尝试在心里默数 5 秒后再作回应，这种等待正是案例中李老师运用的方法。案例中，李老师在谈话中始终以倾听为主，给予小婧充分表达的空间，并通过共情回应传递理解和支持。此外，李老师并未过早给出建议，而是通过共情帮助学生完成情绪宣泄，为后续干预奠定基础。

3. 信任度测评与升级

为了科学评估并提升信任关系的质量，辅导员可以采用一些简单有效的技术工具。其中，“信任温度计”可以让学生用 1～10 分来评价当前对话的舒适度，可以及时了解学生的心理状态。当评分低于 5 分时，辅导员应当及时调整话题或交流方式。在信任加固方面，辅导员可以这样表达：“刚才你提到的××事，如果后续需要进一步帮助，可以直接到办公室找我，或者加我微信交流。我每周×下午都在。”这样的表达既明确了辅导员的可及性，为学生提供了后续支持的渠道，又通过限定时间范围维护了专业的边界，避免学生产生过度依赖。这种平衡的表达方式有助于巩固初步建立的信任关系，为后续的深入交流奠定基础。

二、深度倾听——四层信息挖掘技术

真正的倾听不是被动地接收信息，而是要通过系统的方法挖掘学生话语背后的深层含义。这种深度倾听技术可以分为四个关键层面。

1. 第一层面：解码表层内容背后的真实需求

当小婧低声说“总觉得跟不上别人”时，李老师没有立刻进行安慰，而是敏锐地捕捉到这句话背后的三层含义：学业适应困难、社会交往带来的自卑感，以及深层的自我认同危机。李老师没有立即给出解决方案，而是通过“你的父母知道你在学校的这些感受吗”这样的提问，自然引导小婧谈及家庭期待这个核心痛点。这种处理方式完美诠释了如何将表面陈述转化为深层对话——当小婧提到“怕让父母失望”时，李老师进一步提出“你觉得父母最希望看到你什么样?”这个问题帮助小婧区分了外部期待与自我期待的矛盾。

2. 第二层面：情绪引爆点的识别与干预

当学生在谈话中出现情绪失控（如哭泣或愤怒）时，辅导员需要掌握专业的安抚技巧。首先是通过生理安抚来稳定情绪，如递上纸巾和温水，这种简单的动作能通过触觉转移帮助学生平复情绪。其次是帮助其进行情绪命名，可以用“你现在可能感到特别委屈和无助”这样的表述，让模糊的情绪变得具体可辨。最后要将谈话引向问题解决，可以说“让我们先把最难受的部分放一放，聊聊今天你能为这个情况做的最小改变是什么”。这种分阶段的处理方式，既能给予情绪宣泄的空间，又能避免谈话陷入情绪旋涡。案例中，当小婧谈到“闭上眼就会想到妈妈说的话”而情绪低落时，李老师展现出专业的情绪处理能力。她先是保持适度的沉默（非言语支持），然后轻声对小婧说“这种压力一定让你很难受”，这种情绪标注（Affect Labeling）帮助小婧将模糊的痛苦具象化。特别值得注意的是，李老师没有急于转移话题或给予安慰，而是允许这种情绪在安全的关系中自然流淌，这正是情绪引爆点处理的典范——既不情绪泛滥，也不强行压制，为解决后续的问题保留了心理空间。

3. 第三层面：潜在认知模式的发掘

在倾听过程中，辅导员要特别留意学生话语中反复出现的认知模式。比如，频繁使用“总是”“永远”等绝对化武断性词语，这反映出非黑即白的思维定式；习惯性自我贬低的表述，可能暗示出低自我价值感。这时，辅导员可以采用温和的认知重构技术，如当学生说“我什么都做不好”时，可以引导其回忆“有没有哪件事是你最近完成得还不错的?”，通过寻找例外情况来松动其固化的负面认知。在小婧反复出现“我注定不如城里同学”的表述中，李老师识别出其认知模式的两个关键特征：地域自卑的过度泛化和宿命论思维。虽然案例中没有直接展现其认知重构的过程，但从李老师做出转介心理咨询中心的决定可以看出，她迅速判定这个问题需要专业干预。这种专业判断本身就体现了对认知深度的把握——能够区分一般性适应问题和需要临床关注的认知扭曲。

4. 第四层面：资源与优势的发现

深度倾听的最终目的是帮助学生发现自身的内在资源和优势。辅导员要像“淘金者”一样，在学生看似消极的表述中寻找积极因素。比如，当学生说“虽然我很害怕演讲，但还是硬着头皮完成了”，要立即抓住这个展现勇气的瞬间问“你是用什么方法克服恐惧完成演讲的?”。这种优势取向的谈话方式，能帮助学生从问题视角转向资源视角，增强其改变的动力和信心。当多数人只看到这个“躲在角落的女孩”时，李老师注意到小婧虽然自卑但仍坚持上课（韧性）、愿意为家庭隐忍（责任感）、最终同意接受帮助（改变意愿）。这些观察点的获取都是优势视角的运用。李老师没有刻意夸奖，而是通过“你愿意为父母考虑这么多，真的很不容易”这样的反馈，强化了小婧的内在力量。这种优势发现不是简单的积极评价，而是建立在深度理解基础上的专业确认。

掌握上述倾听技术，辅导员就能在谈话中实现从“听话语”到“听人心”的转变，真正触及学生的核心问题，为后续的干预奠定坚实基础。这种倾听技术不是简单的技巧堆砌，而是需要辅导员培养专业的敏感性，在每一个互动瞬间都能灵活运用不同层面的倾听技术。

三、精准转介——构建安全过渡的专业桥梁

辅导员需要确定谈心谈话与心理咨询的边界，把握职业边界意识，既能提供情感支持，又能避免越俎代庖。辅导员需要掌握基础心理问题识别能力，对超出自身专业范畴的情况（如抑郁症、创伤反应）应及时转介，同时通过陪同咨询、持续跟进等方式消除学生的顾虑。

在案例中，李老师面对小婧疑似抑郁的状况，运用了教科书级的转介技巧。当李老师察觉到小婧的心理困扰超出自身专业范畴时，她没有贸然给予小婧心理干预，而是巧妙地运用“消除病耻感三重策略”：首先以“情绪感冒”的比喻（类比法）淡化心理咨询的特殊感，其次透露“很多优秀学生都曾寻求过心理老师帮助”（数据法），最后强调“我可以陪你一起去，优先安排咨询”（特权法）。这种层层递进的话术，有效化解了小婧对心理咨询的抵触心理。

四、保密与安全——守护信任的边界艺术

辅导员需在保密原则与安全责任间取得平衡：对于无即时危险的学生，应优先维护其隐私以巩固信任；但若发现自伤、自杀倾向或危及他人安全的行为，则需突破保密承诺，联动家长和专业机构。案例中，李老师承诺“不告知家长”的前提是小婧无自伤风险，这既尊重了学生的自主权，又符合心理危机干预的伦理要求。此外，辅导员应注重“痕迹管理”，做好记录谈话，为后续可能的危机干预提供依据。

李老师对小婧的保密承诺堪称典范。她明确表示“不会随意告知家长”，但谨慎避免使用“绝对保密”等绝对化表述。这种“有限保密”策略既建立了信任，又为危机干预预留了空间。在案例中，她通过观察小婧的睡眠状况、情绪稳定性等指标，暗自完成了风险评估，这正是“5 分钟快速评估法”的生动体现——既没有机械地逐条提问引发恐慌，又系统性地排除了即时风险。

五、长效赋能——从危机干预到人格成长

针对小婧的家庭自卑心理，李老师制订了阶梯式赋能方案。在资源链接方面，她推荐的是普适性的“新生成长营”而非标签化的贫困生团体；在身份重构方面，她后续邀请小婧在班会上分享“家乡的春节习俗”，将其文化背景转化为独特优势；在学业支持方面则匹配了同系毕业的农村籍优秀研究生。这些干预都记录在她的谈话追踪表中，形成清晰的闭环管理。这种系统化的跟进机制，确保了帮扶不是昙花

一现，而是持续的生长陪伴。

第二节　谈心谈话的关键要素

案例导入

一场突如其来的会议

有一天，辅导员张老师收到班长小 A 的汇报，说感觉班上的欣怡同学状态不好，她的室友说她有一次说起“如果死了就好了”。

这个突如其来的消息让张老师有些惊讶。欣怡是班级的心理委员，平时并没有表现出明显的心理问题。尽管如此，张老师仍决定要想办法了解欣怡的具体情况。

如何避免欣怡因防备心理过重而无法敞开心扉，如何自然地和欣怡开启沟通呢？她想起欣怡是班级的心理委员，她决定把班级心理委员的集体会议作为切入点，这样既能为欣怡提供一个相对宽松的环境，又能借此机会为班级其他同学普及心理健康知识。

张老师立即召开了全体心理委员会议，其中包括欣怡。在会议中，张老师先讲解了心理健康问题的基本知识，如如何识别心理问题的早期迹象，如何正确看待和处理同学的心理困扰，特别是如何应对班级同学中出现的异常情况。会议结束后，张老师留下了个别同学单独交流，其中也包括欣怡，并把她排在最后一个谈话，在降低欣怡的防备心理的同时，使她能够在更私密、安全的环境中表达自己的真实想法。

谈话开始时，张老师向欣怡问到班级同学们的心理状况，欣怡自然地对答如流。“可是……可是老师，”欣怡显得有些拘谨，她低着头说，“我不知道自己怎么了，感觉自己压力很大……”欣怡的话语透出一些迷茫，辅导员张老师并没有急于打断，而是耐心地倾听，给她充分的时间来表达自己的感受。

会后，张老师把欣怡留下来，“听你刚才所说，最近状态不太好，和我具体说说吧”，欣怡点头答应。张老师和欣怡一起漫步到学校一片安静的草坪坐下。原来，欣怡在高中时曾得过抑郁症，家中强势的父亲对母亲态度粗暴，家中还有一个弟弟，家人都会更宠爱弟弟，唯一全力呵护自己的妈妈，在家中的话语权很弱。张老师静静地听着，偶尔点头表示理解，“那一定是一段难熬的时光，如果那时有个人能和你一起面对就好了”。看着欣怡轻声啜泣着，张老师问道：“你有想过伤害自己或者死亡来结束这些痛苦吗？”张老师的直接问话显然让欣怡愣住了：“偶尔会这么想，但我不能死，我要保护妈妈！”张老师轻声说道：“欣怡，只有你自己更强大，才有能力保护妈妈！你是妈妈的骄傲和依靠，只有你过得好好的，才能让妈妈以后过上更好的生活。”张老师轻轻拍拍她的肩膀说道。“嗯，我可以保护妈妈！”仿佛在自我肯定一般，欣怡含着眼泪重重地点头。

“欣怡，现在你不是一个人面对了，张老师会一直支持你！也请你答应我，如果你再有轻生的念头时，请你一定第一时间想起我、告诉我，我们一起面对，好吗?”欣怡点点头，那一刻张老师看到欣怡的眼神里透出一丝坚毅。

当天，张老师为欣怡预约了心理咨询，也和她的家长取得了联系，提示家长重视孩子的生活和心理状况。通过这样一次突如其来的会议，顺其自然地打开了这个女孩儿尘封的心。

案例综合点评

在这个案例中，辅导员张老师面临了一项挑战：如何在一个突如其来的紧急心理危机中，快速、有效地为学生提供帮助，并帮助学生走出困境。她用巧妙的方式开启了一场本来“严肃”“刻意”的谈心谈话。

1. 灵活运用集体活动为个别干预铺路

为了降低欣怡的防备心理，张老师没有直接与她进行单独对话，而是以召集全体心理委员的集体会议为切入点，既普及了心理健康知识，又在轻松的集体环境中为后续的个别谈话做好铺垫。通过集体活动的方式，张老师成功为自己和学生之间的沟通建立了一个相对自然的过渡，减少了欣怡的心理压力。这种方式是非常有效的，尤其对于那些比较内向、难以主动表达的学生，集体活动提供了一个较为宽松的情境。

2. 耐心倾听与共情支持

在与欣怡的个别谈话中，张老师展现出有效的倾听技巧和情感支持。她并没有急于插话或给出建议，而是耐心地听欣怡倾诉，给她足够的时间和空间表达内心的痛苦和困惑。这种做法符合心理干预的基本原则，即通过倾听让学生感受到被理解和支持，从而打开心结。

“你已经很棒了，你是妈妈最大的骄傲和依靠”，这句回应显示出张老师的共情能力——及时给予了欣怡心理上的支持，帮助她看到自己在家庭中的重要性，并为她提供了情感上的鼓励。这种正向的支持，有助于学生重新认识自己，从而增强自信心和责任感，减少自卑感和孤独感。

3. 情感引导与心理健康教育结合

在谈话过程中，张老师并没有仅仅局限于“安慰”，而是通过情感引导让欣怡意识到她自己在家庭中的独特作用和责任感，这种引导有助于学生建立更为积极的自我认知。特别是张老师的一句“你是妈妈的支撑”，让欣怡意识到自己对母亲的保护和支持是建立在自己强大的基础之上的，这不仅让欣怡产生了“责任感”，还使她重新思考了自己的人生价值和未来方向。

此外，张老师通过鼓励欣怡更加积极地面对生活，帮助她意识到自己的潜力，为后续的心理干预打下了良好的基础。

有理有据

一、合适的谈心谈话时机

1. 紧盯关键节点，做到应谈尽谈

辅导员开展学生思想政治教育应当把握“四季”，即迎新季、毕业季、开学季、考试季。

（1）迎新季。新生入学后的第一个学期，尤其是军训期间，是学生最为单纯和敏感的阶段。此阶段辅导员可以接触到学生的学籍信息、档案信息、心理测评状况、家庭经济情况等，学生的防备心理也相对较弱；再通过谈心谈话进一步了解学生的家庭情况、成长经历、情感状态、发展意愿等，进行全体新生全覆盖式谈话，为之后的工作打下基础；结合问卷或生涯测评工具，以班级或宿舍为单位，依托志愿者、班级助理等力量，全面掌握学生情况。

（2）毕业季。毕业学生容易面临升学、就业等多重选择而陷入迷茫，或因发展状态暂不如人意陷入焦虑，尤其是因学业问题难以毕业、待就业、心理困难而容易陷入情绪困境。辅导员要结合学生个体特点，充分为学生分析利弊、厘清思路、研判形势，推动学生强化自我认知选择合适道路。

（3）开学季。新学期初期是各类问题高发期，辅导员需尤其注意。这是因为：假期期间，学生一般不在学校，辅导员无法完全掌握学生的状况，难以识别特殊变动情况；原生家庭存在家庭关系紧张、原生家庭不幸等的学生群体，在假期期间更加容易诱发心理问题。辅导员要加强谈心谈话工作，及时发现苗头、有效识别问题。

（4）考试季。在考试季，辅导员尤其需要关注两类学生：一是保研意愿较强的学生，他们非常在意学业绩点，容易引起过度的焦虑和紧张，担心任何一门考试成绩不佳而影响个人发展，想赢怕输，陷入焦虑；二是学业困难的学生，学习压力过大或是出现自暴自弃现象。

2. 紧盯突出现象，做到谈深谈透

大学生遇到的突发变故一般包括家庭变故、情感变故、人际关系变故、个人受到处分等，辅导员应及时关注和干预。

（1）家庭变故。辅导员要第一时间谈心谈话，安抚情绪，与学生充分共情，理解并抚慰学生；引导学生“角色意识唤醒”，人所扮演的角色很多，每一种都需要承担责任，学生直面自身角色，意识到所要承担的责任，辅导员需唤醒学生振作的力量。

(2) 情感变故。大学生正值青春年华，情感需求强烈容易产生情感问题甚至引发极端情绪，辅导员要及时通过谈心谈话，引导学生树立正确的幸福观、恋爱观、友谊观。一是耐心倾听和理解，给予他们情感的支持和认可；二是帮助其识别和调节相关情绪，引导他们通过合适的方式表达和宣泄情感变故产生的情绪，将注意力更多的放在自身；三是树立积极的情感观，鼓励他们寻找解决问题的方法，关注积极的方面，并从中学习和成长。

(3) 人际关系变故。人际关系出现问题，学生很容易产生焦虑、抑郁、自卑等情绪，也可能引发打架斗殴，甚至形成危机事件。其中，寝室人际关系问题对学生的生活影响更大，辅导员要快速反应，通过多方谈话了解情况，查明原因，引导学生主动沟通解决，彼此尊重包容。

(4) 个人受到处分。学生受到处分或批评后，辅导员要及时谈心谈话安抚情绪，教育引导学生正确认识问题，及时承担责任并努力改正。在此谈心谈话过程中，辅导员既要批评教育、讲清道理，也要注意态度不能过于严肃刻板，言辞更不能过于激烈，要给予学生充分的尊重与帮助。

3. 紧盯特殊人群，困难群体必谈

大学期间学生遇到的困难一般分为以下五类，即思想困惑、学习困难、心理困扰、经济困窘、就业困境（“五困”），这类特殊群体学生辅导员要重点关注，定期谈话。

(1) 思想困惑。针对这类学生群体，辅导员要定期谈话了解与持续密切关注相结合。思想较为极端、偏激或是有不当思想的同学往往需要在深度的谈话交流中才能够了解到其真实想法，需要通过多次的、隐私的谈话逐步了解、逐步引导，避免价值观上的“一票否决”，引发学生逆反情绪。

(2) 学习困难。学生出现学习问题，甚至出现多门课程不及格导致可能无法按期毕业的情况时，辅导员要进行个别谈话并与家长针对性沟通。谈话过程中可以先了解客观原因，再探究主观因素，防止学生产生抵触情绪。在客观原因方面，重点关注学习基础薄弱或是学习方法不科学等，进而探究学习动力缺乏的内因，再根据不同原因进行针对性帮扶。

(3) 心理困扰。谈心谈话不能够解决所有的心理困扰，也不能取代专业的心理咨询。针对心理困扰学生，辅导员的识别和应对是非常重要的。辅导员要正确地对学生心理问题进行识别和分类，针对出现严重心理问题的学生，应当转介给专业机构进行心理咨询或精神治疗，绝不能擅自干预、盲目自信，导致延误时机、耽误治疗。辅导员和学生的谈心谈话更加侧重于识别问题，提出合理建议，转介心理咨询，给予持续关注理解和支持。

(4) 经济困窘。家庭经济困难情况可能对学生的思想和心理均产生影响，家庭经济状况不佳、遭遇家庭变故、监护人未尽应有责任等都可能导致学生经济窘迫，并引发自卑情绪、人际交往问题，间接导致心理问题。一方面，辅导员可以结合学校相关资助政策为他们提供援助；另一方面，辅导员需引导学生正确看待这些问题，并给予精神陪伴。

（5）就业困境。针对此类困境，首先探究其具体原因（如发展状态低迷、择业期望过高、职业选择迷茫等），其次对症下药，利用生涯规划工具，帮助其进行正确的自身认知和期望认知。

二、恰当的谈心谈话氛围

1. 时机场地得当

要成功进行一场谈心谈话，时机和环境是基础。时机是否成熟是谈心谈话能否谈到学生心里的前提，环境好坏是谈心谈话能否顺利推进的另一个条件。因此，谈心谈话先要确定的是谈话的时间与环境。

辅导员应当结合访谈对象的状态或者事件发生的进程来恰当选择谈话时间，还要做好谈话环境、相关物品等方面准备，如涉及学生隐私的谈话最好避开人多的公共办公室，而选择在专门的谈话室进行；涉及情感话题的谈话，最好提前备好纸巾、水杯等，以便安抚学生情绪；涉及学生就业问题、生涯规划的谈话，可以提前准备好相应的测试量表供谈话时使用。

2. 态度真诚友善

人与人沟通的基本原则是真诚和友善的交流，辅导员和学生的交流更需要建立在真诚友善的基础之上。这需要辅导员在谈话前不要带入过多的个人情绪和个人判断，在谈话过程中保证自身情绪足够稳定。

在谈心谈话开始之前，辅导员通常需要做好充足的谈话准备，了解学生的个人情况，但是不要主观地“下定义”“贴标签”，如“心理困难学生都不正常”抑或是“他考试挂了几科，性格肯定也比较顽劣”。如果遇到突发事件第一时间进行的谈心谈话，辅导员更应该注意到谈话前了解到的信息可能并不完整，甚至是一面之词。根据片面说辞或是主观臆断先行做出判断，且这种情绪带入谈心谈话中容易疏远师生关系，难以客观有效的谈话。

在谈心谈话过程中，辅导员也要注意保持友好交流沟通的态度，无论学生反映出何种思想、观点，辅导员都应保持自身的情绪稳定，理性把握谈心谈话的整体思路和节奏。如果辅导员在这个过程中情绪难以自控，与学生冲突争论或是过度共情难以自控，不稳定的情绪也会影响学生的表达。

三、规范的谈心谈话过程

1. 谈话前的准备

(1) 掌握学生的信息

在谈话开展前，辅导员需要提前了解学生情况，掌握学生材料，熟悉学生的家庭背景、成长经历、社会支持系统，做到对学生情况了然于心、心中有数。

辅导员可以通过翻阅档案、学籍卡片、微信朋友圈、微博、空间动态等了解学生近况，对学生可能出现的困难问题和情绪状态作出预判，也可以查看之前自己与学生的各类谈话记录、对话资料。

针对资料比较缺乏的学生，辅导员可以通过班级骨干、宿舍同学等侧面获取学生信息，也可以主动询问学生，在谈话前请学生讲述近期情况。

(2) 准备相关政策

当谈心谈话内容涉及专业问题时，辅导员需要提前查阅好相关文件或政策要求，在谈心谈话过程中保持明确的目标、坚定的态度，从而提升学生的信任感与依赖感；必要时可以尝试性直击学生身上存在或者可能发生的关键问题，突出重点，精准发力，解之有道。

(3) 确定谈话目标

在有限的准备时间内，辅导员要根据自身的工作经验、针对学生出现的问题来确定采用什么方法、通过什么方式来帮助学生解决哪些问题，以及在这个过程中所要扮演的角色和起到的作用，从而找准与学生谈话的切入点、预判学生可能提出的问题、思想和情绪上可能出现的波动、针对问题我们如何作答、如何给学生意见，以及对谈话效果的一个预估。

2. 谈话中的阶段

(1) 开篇引题

就发生的情景而言，谈心谈话可以归纳为两种可能：第一种是辅导员主动联系学生开展，第二种是学生主动求助于辅导员开展。针对两种不同的情况，辅导员都要认真倾听，全面掌控谈心谈话的节奏。

谈话刚开始的铺垫阶段主要目标是传递辅导员对学生的关心，营造良好的谈话氛围，建立信任关系，尝试围绕日常生活以开放式提问的方式从轻松话题聊起，逐步打开话题，适时告知学生谈话目的。

(2) 进程扣题

进入主题谈话阶段，辅导员可以按照“3 个 15 分钟”的安排，把握谈话节奏，紧扣谈话主题。

在第一个 15 分钟里，请学生澄清问题，倾听学生对主要问题的理解，理顺学生的逻辑思路，明晰学生态度，不要着急下判断，鼓励引导学生释放情绪。

在第二个15分钟里，要站稳立场，坚持原则，用学生能够理解接受的话语、案例、故事讲明政策方针，讲清一般性原则程序和处理办法。针对宗教信仰、入党问题、参与党团班活动、学业辅导、就业咨询、心理健康等，要具体问题具体分析，针对性地加以教育引导。

在第三个15分钟里，要尽量达成共识，不直接给建议，与学生一起探讨可操作的方案，引导学生提出下一步行动方案。

(3) 交锋破题

谈心谈话是辅导员与学生的双方互动过程，而不应是辅导员的独角戏。听是谈的前提，谈心谈话要尽量多听学生说，一方面让学生自己输出、倾诉、静息，另一方面让学生自己抓题、破题。辅导员要尽量在情感上达到共鸣，感受对方的感受，体察对方的需求。从学生所处的位置、角色和情景去思考、理解和处理，深刻体察其潜在的行为动因。在双方的互动交流中交换观点，逐步找到帮助学生破题的关键。

(4) 总结留题

在谈话的尾声，我们不能单纯地以为学生找到解决办法或者以制订相应规划作为谈话的结束，而是应该对本次谈话进行一个回顾：即学生出现了什么问题，通过与学生交流，明确产生问题的原因是什么，如何正确看待问题的出现，以及整改措施和努力的方向在哪里。

同时结合学生自身的优势，要向学生传递信心，充分表示鼓励肯定，表达感谢理解支持并寄予希望，并预判在整改过程中可能出现的问题及相应的解决办法，约定好下一次谈话的时间。

3. 谈话结束的复盘

在谈心谈话结束时，除了让学生回顾本次谈话的问题、收获和改进外，辅导员也需要进行自我梳理和复盘。

(1) 对标目标。再次回顾谈话目标，通过此次谈话是否达到了目标？对目标的影响程度如何？目标是否产生改变？

(2) 评估效果。客观的评价此次谈心谈话中的优点和不足，如和学生的关系有何进展或疏离？对学生的了解是否加深？通过此次谈心谈话，学生的收获如何？

(3) 分析原因。分析谈心谈话中的关键环节和要点，找到关键因素并总结梳理规律，更好地掌握学生个体特点和群体成长规律。

4. 谈话后的跟踪

对学生的教育和培养是一个长期的过程，一次谈心谈话往往不能够解决问题，还要注重谈话后的跟踪。

(1) 学情记录。对于谈话中了解掌握的学生情况要及时补充记录，遇到心理困难学生更要做好案例记录，厘清谈话概况、谈话主要内容、具体帮扶措施、启示与改进方法等。

(2) 持续关注。针对学生谈话中反映出的问题，辅导员可以结合工作实际，为学生提供帮促行动。比如，针对心理困难学生，可以委托其室友或学生干部持续关注、及时汇报；针对就业发展问题的学生，辅导员可以提供就业信息；针对学业困难学生，辅导员可以在“查课”“查寝”时特别关注。

(3) 家校沟通。针对心理困难学生或家庭问题学生，必要时可以联系家长，让家长及时了解事件始末和学生状态，配合学校改善学生情况。

他山之石

对自杀的常见误解

1. 与想自杀的人讨论自杀将诱导其自杀

事实正好相反，与一个能够与之共情的人讨论自杀，可能使其产生相信和安心的感觉，并愿意花时间重新获得对自己的控制力。

2. 自杀无法预防

事实上，自杀者在自杀前会有言语或行为上的征兆，这为我们预防自杀提供了重要的线索。自杀死亡者中，大部分威胁过别人或者对他人公开过自己的想法。一些自杀者会慷慨分享个人财产，这种个人财产的安排有时类似于最后的愿望与遗嘱，也是重要征兆。

3. 自杀总是一种冲动的行为

事实上，有些自杀是冲动行为，有些则是在仔细考虑之后才实行的，而后者自杀完成的概率会更大。

4. 一个人自杀未遂后，自杀危险就结束了

事实上，大多数自杀行为发生在“改善”开始后的三个月内。一个危险的信号就是经过一段情绪上的欣快期后，紧接着出现情绪抑郁或者发生一些与自杀有关的行为。这往往意味着这个人已经安排并计划好了一切事情，正处在下定决心自杀的冷静阶段。自杀未遂者中大约有10%的人会再次自杀。

案例要点分析

本案例聚焦心理委员欣怡突发的自伤倾向干预，辅导员以集体会议为契机，通过倾听共情唤醒其责任意识，并家校联动构建起支持网络，展现了辅导员在心理危机中灵活创设沟通场景、赋能引导与系统联动的关键实践。

1. 灵活创设沟通情境以降低防御心理

针对防备心理强的学生，辅导员应避免单刀直入的谈话方式，转而通过日常事

务、集体活动或室友、班干部等第三方间接介入。集体活动既能普及心理健康知识，又能为敏感学生提供“隐蔽”的求助机会。

当面对具有心理委员身份的欣怡时，张老师敏锐地采取了“角色一致性”策略。根据社会心理学研究，个体在正式角色（如心理委员）中会不自觉地保持角色行为的一致性。通过召开心理委员专业会议，张老师激活了欣怡的“助人者自我认知”，这种认知与其潜在的“需要帮助”状态产生温和的失调，为后续自我披露创造了心理条件。案例中，辅导员张老师通过召开心理委员集体会议，为欣怡的个别谈话营造了自然过渡的环境，将欣怡安排在最后谈话，既减轻其心理压力，又为深度交流预留了私密空间，具体操作可分三步。

（1）会前准备：制作包含“心理工作者自我关怀”板块的会议议程（潜移默化植入求助正当性）；

（2）会场布置：采用U形座位而非课桌式排列（降低权威感，增强团体的凝聚力）；

（3）会后过渡：以“个别工作反馈”名义自然过渡到私密谈话（避免“标签”效应）。

2. 危机干预中倾听与赋能并重

针对存在自伤意念的学生，辅导员应优先稳定情绪，通过赋能激发内在动力。在欣怡透露家庭暴力与抑郁经历时，张老师并未急于提出解决方案，而是通过倾听和共情帮助其重构自我价值，在了解到欣怡对母亲的情感后，张老师的回应既肯定了欣怡的坚强，又引导其将自我伤害的冲动转化为保护母亲的责任感，这种“责任唤醒”策略能有效缓解欣怡的绝望情绪。

张老师在化解欣怡的自杀意念时，运用了专业的危机干预技术。自杀干预的协作评估与管理模型（CAMS）提出的关键操作包括：

（1）使用“阶梯式提问法”进行风险评估：“最近是否有过特别难熬的时刻?”→“那种时候会想到结束生命吗?”→“这种想法出现的频率怎样?”

（2）绘制“痛苦-希望天平”：用可视化工具帮助欣怡认识“保护母亲”等生存动力。

（3）情绪稳定技术：实施“安全计划”而非“不自杀协议”，共同制订包含“触发信号-应对策略-支持人员”的具体方案。

（4）运用“时间投射技术”：“如果五年后的你回头看现在，她会给你什么建议?”

（5）资源激活：建立“紧急联系人树状图”，将母亲、朋友、辅导员纳入不同层级的支持网络。

（6）设计“心理急救包”：包括舒缓音乐清单、心理咨询热线等即时可用资源。

3. 把握谈话节奏与阶段性目标

辅导员需根据谈话内容选择合适的场景，如果涉及隐私的话题应在封闭安静的空间进行，如果涉及情感疏导类，谈话可借助自然环境缓解压力。案例中，张老师在集体会议后选择户外漫步的轻松环境进行个别谈话，通过调整环境来消除学生的紧张感。张老师选择草坪作为深度谈话场所的做法，暗合了环境心理学的研究发现：绿色空间能降低皮质醇水平，进而选择有自然光照、植物景观的半开放空间；动态座位调整，初始阶段并排而坐减少压力，关键阶段转为45°角促进眼神交流；空间转换的象征意义，从会议室到草坪的移动过程本身具有“心理过渡”的隐喻作用。

同时，谈话应分阶段推进，初期以情绪疏导为主，中期聚焦问题核心，末期制订具体行动计划。案例中，张老师按照“倾听—共情—赋能—转介”的节奏，逐步引导欣怡从倾诉走向行动。

第三节　谈心谈话的艺术

案例导入

重生后的新生

“男孩子就该有个男孩子的样子。”这是从小到大父母长辈最常对小刘说的一句话，这句话如同阴霾一般笼罩着他。不知道从什么时候起，他痛恨自己的身体，更希望自己是个女生。小刘的家庭并不完整，父母离异后，他一直跟随母亲生活。母亲身患疾病，行动不便。大一学期，小刘在医院诊断为异性症，其性别为男性，心理认知为女性。他在休学期间做了变性手术，术后生理性别和心理认知均为女性。

手术后，小刘重新回到了学校，然而，复学之路并不平坦。她和母亲强烈希望住进学校宿舍，但学校担心她的特殊情况会引起不必要的麻烦，建议她继续校外住宿。

1. 第一次谈话——渴望与顾虑

手术后的小刘带着对新生活的期待和不安，第一次走进了黄老师的办公室。她坐在沙发上，双手紧紧握着，眼神里透着一丝紧张。

“小刘，现在感觉怎么样？”黄老师轻声问道，语气里带着关切。

小刘抬起头，微微一笑：“黄老师，手术很成功，我很喜欢现在的自己！”

“不过……”，小刘沉默了一会儿，眼神里闪过一丝犹豫，说道，“黄老师，我……我想住进女生宿舍。我想和她们一起生活，交朋友，感受正常的大学生活。”

黄老师微微皱眉，她知道小刘的特殊情况，也理解她的渴望，但内心仍有些顾虑：“小刘，我明白你的想法，但你知道，你的经历可能会让其他同学感到困惑，我也担心这不利于你自己的生活和成长。你觉得呢？”

小刘低下头，声音里带着一丝哽咽：“我知道，但我真的很害怕被孤立。我想试试，哪怕只是一次。”

黄老师沉默了一会儿，最终点了点头：“好，我帮你打听一下，看看有没有合适的宿舍。但小刘，你要做好心理准备，可能遇到一些困难。”

小刘抬起头，眼神里满是感激：“谢谢您，黄老师。”

2. 第二次谈话——尝试与拒绝

几天后，黄老师找到了有空床位的宿舍。在大致和舍友介绍了小刘的情况以后，舍友表示愿意先和小刘聊一聊，认识一下再做决定。黄老师陪着小刘来到约定的奶茶店。小刘虽已经手术成功，但发型、外貌和声音尚未完全转变，一时间，微妙的气氛弥漫，舍友们的眼神里带着好奇和不安。

“小刘，这是小 A、小 B、小 C，以后你们也都是一个班的了。”黄老师微笑着说道，语气里带着鼓励。

小刘有些紧张地向大家打招呼：“大家好，我是小刘，很高兴认识你们。”

舍友们礼貌地回应着，但眼神里仍带着一丝距离感。

“小刘，你平时喜欢做什么?”黄老师率先打开话匣子创造话题。

“我喜欢摄影，记录下美好的事物。”小刘轻声说道。

“哇，好有趣！小 A 也很喜欢拍照，说不定你们会有很多共同话题呢。”平日里最活泼的小 B 抢着说道。

黄老师又问了几个问题，引导大家交流，然后借口有事提前离开了，给她们留下交流空间。

然而，谈话结束以后，室友们还是找到了黄老师，拒绝了小刘住进宿舍的请求——她们对小刘的状况表示尊重和理解，但对她尚存的男性特征依然有所顾虑。这样的拒绝在黄老师的意料之中，也更加验证了小刘贸然入住女生宿舍可能对其他女同学以及她自己引发无法预测的麻烦。黄老师决定劝说小刘，先在校外住一段时间，既方便恢复身体，也可以创造一个过渡期进一步调整自己的性格特征。

3. 第三次谈话——温暖与希望

黄老师约了小刘和她的母亲进行一次深入的沟通。

“小刘，小刘妈妈，我能懂你们的需求和顾虑，小刘是个好孩子。但我希望你们能理解，这是一个需要时间的过程。”黄老师轻声说道。

小刘的母亲叹了口气：“黄老师，小刘真的很不容易，我们只是希望她能像其他孩子一样正常生活。”

黄老师点了点头，说：“小刘妈妈，我理解您的想法。小刘可以先行校外住宿，通过课堂和学生活动认识和熟悉同学，也给她一个缓冲期调整身体，对小刘也更好一些，不是吗?”

“可是……可是校外租房也是一笔不小的费用，况且我的身体也……”小刘妈妈的眼睛里闪过一丝愧疚和自责。

“学校有相关的补助政策，我们可以为小刘申请一些经济上的支持。同时，她有摄影方面的特长，如果她愿意的话，可以到我们办公室来勤工助学，每个月也会有一些助学金补助。”

小刘抬起头，眼神里闪过一丝惊喜：“真的吗?”

黄老师微笑着点了点头：“当然，我们都会陪着你，一起面对困难。”

“小刘，生活总是会有起起落落，但只要我们不放弃，就一定会有希望。”黄老师在离开时拍拍小刘的肩膀说道。

案例综合点评

本案例反映出跨性别学生在校园环境中面临的复杂挑战，涉及性别认同、社会接纳、心理健康及制度适应性等多个议题。小刘作为已完成变性手术的跨性别女性，其核心诉求是获得身份认同与正常的校园生活体验，但实际中遭遇了宿舍安置、同侪接纳及经济压力等现实阻碍。

该案例的复杂性体现在以下几点。一是身份认同冲突。小刘的生理与心理性别经过手术达成一致，但社会性别（如外貌、声音）尚未完全过渡，导致其在群体融入中遭遇认知落差。二是制度滞后性。学校尚缺乏针对跨性别学生的住宿政策，导致辅导员在操作需依赖主观判断时，易引发公平性质疑。三是家庭与社会压力。母亲的疾病带来的经济负担与小刘对“正常生活”的渴望形成矛盾，加剧其心理脆弱性。在本案例中，有几点值得关注：

1. 跨性别学生的权益边界

小刘入住女生宿舍的诉求涉及隐私权与集体权益的平衡问题。尽管其法律性别已变更，但尚未完全符合社会性别特征，可能引发室友不适。此矛盾需在尊重个体权利与维护群体利益之间寻找平衡点。

2. 辅导员的角色定位

黄老师既是制度执行者（遵循学校建议），又要扮演支持者（满足学生合理需求），双重身份易导致决策困境。例如，初次谈话中承诺“帮忙打听宿舍”可能传递过度乐观的信号，而后续未能兑现或引发学生信任危机。

3. 家校协作的局限性

母亲因健康和经济压力难以提供有效支持，学校需承担更多责任，但现有资助政策（如勤工助学）能否足以覆盖跨性别学生的特殊需求（如医疗恢复、外貌调整费用）仍存疑。

案例中，辅导员在谈心谈话过程中，使用了倾听、共情等技巧，以“术后恢复情况”为切入点，避免直接讨论敏感话题，降低小刘的防御心理。三次谈话逐步推进，从试探需求到提供替代方案，渐进式引导，避免一次性施压导致学生情绪崩溃。

此案例的不足是辅导员未在谈话前做好调研、未提前评估成功入住宿舍的可行性，初次谈话承诺的兑现可能加剧学生心理落差。此外还应注意，小刘在术后可能面临的校园歧视、身份焦虑等问题，易导致问题反复，需长期关注跟踪。

有理有据

1. 倾听

倾听是在任何交流过程中都看似最为简单的技巧，但有效的倾听并非那么简单。在心理服务中，倾听的含义是：在接纳的基础上，积极地、认真地、专注地倾听，对听到的内容适度参与，有效把握事件背后所传达的情感，并给予对方反馈。辅导员在倾听时要注意将主动权留给学生，学会换位思考，对其中正确的想法给予适当鼓励。

在倾听学生问题诉求的过程中不要急于“下定义”“贴标签”，要注重让学生完整地表达其内心的真实想法，不随意打断讲述过程，或者过早地判定是某一类典型事件；要换位思考，站在学生角度，对不良情绪进行安抚，对正确想法适当鼓励，在学生感到被重视和被支持的基础上，帮助其梳理思路，而非为学生灌输自己的想法和思路。

2. 共情

共情指的是走进对方的内在世界，感受对方内心情感的能力，通过内在模拟形成心理意向的过程。对于辅导员来说，与学生心理换位而达到师生无阻碍情感交流的目的。共情不是鹦鹉学舌、有话接话，而是让学生把很隐晦的情绪通过一定的方式表达出来。当学生的焦虑、无力、逃避被辅导员觉察后，学生才会感到“我的伤痛被了解，我不至于那么孤独惶恐了，我可以有点儿力量继续面对了”。下面介绍一些常见的共情反馈方法。

（1）对深层情感的反馈。把辅导员观察到但学生自身并没有意识到的情感直接点出来，如“我能很明显地感到你是以非常认真的态度对待这项任务的，你很希望做好这个这项工作，也付出了很多努力”。

（2）指出有冲突性的感觉和想法。这类回应方式可以帮助学生全面地认识自己，如“我听到了两部分的你。一部分，你觉得担任学生干部能够锻炼和提升自己；但另一部分，你认为学生干部需投入的时间和精力过多”。

（3）运用视觉意象。画面式描述可以让学生知道你理解他的情况，如“听完你讲的，我能够想象你在寝室门外听到其他室友在议论你时的委屈和无力感”。

(4) 运用类比。此方法会让学生用到与基本情绪反馈不一样的神经回路，如“你就像一只蚂蚁，其他所有蚂蚁都忙碌着，你却找不到忙碌的方向”。

(5) 有目标性的自我暴露。有时揭露自己和对方相似经历可以很好地表示你对他的理解，如“你知道吗，不止你会碰到这种情况，在我的经历中，我也有这样一段时间”。

(6) 运用媒体来反馈。可以围绕着电影、电视或书中的角色来进行讨论，如“你所经历的让我想起了《老人与海》这本书。老人虽然总是经历挫折，却从未被打败”。

(7) 以可感触的方式给予回应。通过身体的感觉反馈，学生感到自己的情绪被了解，如“当你告诉我你的经历时，我感受到揪心的疼痛，我想这也许是你所感受到的”。

3. 澄清

在谈心谈话过程中，学生陈述的事件和倾诉的情感通常带有强烈的主观性，较为模糊、不够聚焦，从而给自我带来很多困扰。这时，辅导员需要运用心理学中的一个技术——澄清。澄清的核心是协助学生厘清当下的困境，明确自身位置，确定边界关系，同时起到一定的情绪宣泄作用。

“我全完了”“我太没用了，什么事情都做不好”等这类情绪表达方式并不少见，这说明学生正处于情绪低迷的状态，情绪已经超越理智。他暂时无法自己梳理问题，以至于沉溺在低迷情绪中，不断否认自己。在碰到这类状态时，辅导员可以先刻意转移一下话题，如让学生喝点儿水或者做下深呼吸，使其缓解情绪后，再切入话题。

在使用澄清技术时，辅导员在谈心谈话的过程中需要注意抓住学生语言表述不太清晰的地方，并在恰当的时机针对性提出澄清申请，以保证学生所表达的内容被层层剖析、逐步具体。在心理咨询中，澄清可以分为提问性澄清和封闭性澄清。

(1) 提问式澄清。提问式澄清是指辅导员发觉了学生语言表述不清晰的地方后，主动提问并引导学生重新进行更为精准的表述。需要注意的是，辅导员在应对学生澄清的过程时不可一次性提出太多问题或者提的问题跨越性太大，应逐步引导、层层剖析来引导学生有条理地回答，这样才能达到有效的澄清效果。

(2) 封闭式澄清。封闭式澄清侧重于学生进行自我复盘，当学生表述完自己的观点后，让其再次回顾自己传达的信息是否准确、妥当、完整。自我复盘和回顾能让学生发现其中的问题和漏洞，并进行澄清和补充。需要注意的是，进行封闭式澄清时辅导员需选择合适的时机进行复盘和回顾，这个时机要与首次表达的间隔时间短，才能更清晰具体地在回顾中发现自身语言表述的漏洞，澄清效果才会理想。

4. 提问

在心理咨询领域，常用的提问方式分为封闭式提问和开放式提问，我们可以先通过以下几个问题感受一下：

同学，今天的考试你感觉怎么样？（开放式）

同学，今天的试卷答起来感觉难吗？（封闭式）

你为什么不讲话？（开放式）

你是因为紧张才不讲话吗？（封闭式）

你喝什么饮料？（开放式）

你喝茶还是喝咖啡？（封闭式）

可见，虽然一组开放式和封闭式提问问的内容相同，但是回答者的切入点和内容可能完全不同。

（1）封闭式提问

在谈心谈话过程中封闭式提问应用广泛，往往有明确的提问范围，属于预先设定好答案的提问。这种方式可以有效聚焦谈话方向和重点，对于辅导员来说，谈话过程更为可控。

封闭式谈话常用“是否”“能否”“可不可以”“会不会”等词，答案较为明确，选择范围窄，适用于核实信息、征求意见、统一方向和态度等。需要注意的是，谈话过程中封闭式提问占比不宜太大，否则可能约束学生表达，谈心谈话难以达到预期效果。

封闭式谈话也能起到启发的作用。比如，“你为什么不说话?”这样的提问给学生的压迫感可能较强，学生容易无从下手、不利于引导学生回答；“你不说话是担心我会把谈话内容告诉别人吗?”这样简单的选择题更容易引导学生做出回应，逐步深挖话题。

（2）开放式提问

开放式提问在谈话中能使得学生更加开放和自由的阐述自身的观点认知，便于辅导员了解事件的全貌或者学生的特质特点。在进行开放式提问时无须预设答案，而是在学生回答之后，在回答内容基础上开展即时性探讨，这类问题更容易激发学生谈话欲望。

开放式提问常用到“2W1H”［“what（是什么）”“why（为什么）”“how（怎么样）”］，其答案较为开放，内容相对广泛多样。学生在回答的过程中具有较大的灵活度，容易感受到尊重；对于辅导员来说，开放式提问可以进行多方面的了解，掌握信息主动权。

但是，开放式提问往往需要花费较长时间挖掘信息，且更依赖学生的配合意愿和理解程度。比如，对于“这项活动办得如何?”这样的提问，学生可能从活动的优点、缺点、特点、收获等多方面回答，而非简单谈及好或者不好；对于“这项活动办得好吗？”这一提问的回答可能是单一的，且没有估量“好”或者“不好”的标准，能了解的内容非常有限。

（3）封闭式提问与开放式提问的灵活运用

谈心谈话中的提问是一门艺术，无论采取哪种方式，其核心目的是引导学生谈出关键性内容。这两种提问方式不是独立存在的，而是相互融合、相互切换的。我们需要根据谈话情景和目标合理搭配提问方式，兼顾学生的感受，使得双方沟通顺畅。

5. 自我开放

在心理咨询中，自我开放（自我暴露）是把自己的经验和想法分享给学生，使学生打开心结，开放自我。辅导员在谈心谈话过程中能够用到的自我开放技术也分为两种：分享自身看法感受和分享个人经历经验。

（1）分享自身看法感受。把自己对学生的感受告诉他，如果是正面积极、赞扬性感受，能够帮助学生获得正强化，使其感受到被鼓励、被理解、被认可，在赞扬的同时需要确定传达的信息是切合实际的、真诚的；如果是反面消极、批评性的感受，在一定程度上能够帮助学生了解自身问题，但也要非常注意表达的形式和学生可接受的程度。

（2）分享个人经历经验。辅导员主动吐露与学生所谈内容相关的个人经历经验，这种自我开放的目的不在于谈论自己，而在于通过自我暴露传达出理解和愿意帮助学生的情绪，增强双方信任感；给学生举例示范，进行正向实例鼓励引导。辅导员自我开放不是目的，而是手段，其重点始终在学生自身。

需要注意的是：辅导员自我开放的时间不宜过早，在学生没有充分表达的情况下，过早的自我开放容易陷入单方面输出的困境；在让学生感到真正的共情之前先输出自己的价值观和经历，不利于调动学生情绪，没有满足学生的倾诉欲望。辅导员自我开放的内容不宜过多，不能喧宾夺主，且暴露的内容应当紧扣学生所讨论的问题，既不做延展性的扩充和开放，也无须进行程度太深的自我开放，太深的自我开放会对辅导员自身造成伤害，也可能对学生产生消极影响。

6. 肢体语言应用

统计数据显示，只有7%的信息是通过语言传递的，剩下的93%来自非语言交流。当然这个统计数据仅针对感情和态度交流，并不能精准概括所有情况，可见肢体语言在人际交往中具有举足轻重的作用。辅导员在谈心谈话中的肢体语言可以从两个方面把握：一是正确解读和判断学生的肢体语言，二是善于通过肢体语言拉近师生关系。

（1）正确解读和判断学生的肢体语言。与学生谈话时，如果学生有展示双臂交叉在身体前方、面部表情紧张、身体背对着你、眼睛向下看避免眼神接触等行为，证明他们可能对谈话内容不感兴趣、不开心或者不愿参与。辅导员在观察到这类行为时，应当即时调整自己的谈话思路和表达方式，抑或是引导学生主动抒发，减少自己的无效输出。

(2) 善于通过肢体语言拉近师生关系。辅导员在谈心谈话过程中不仅仅需要流畅的语言表达能力，精心设计适当的肢体语言同样非常重要，注意通过眼神、体态、面部表情等肢体语言向学生传达信息、表达感受。比如，交流和倾听时，保持眼神交流，看着学生的脸；对学生的倾诉内容给予一定的肢体反应（如轻轻点头、适时微笑、即时皱眉、变化眼神等），给对方情绪反馈，鼓励其继续讲述；安抚学生情绪时，辅以拍肩膀、握手、拥抱等方式。不过，肢体语言也要注意分寸，尤其是异性师生之间注意肢体交流边界。

他山之石

卡尔·霍夫兰的说服研究

第二次世界大战中，美国大量新兵入伍，训练新兵进行武器操练并非易事，更重要的是激发他们的作战意志和士气，教导新兵们仇恨敌人并培养其爱国卫国、牺牲奉献和置个人生死于度外的情操。卡尔·霍夫兰同耶鲁大学担起重任，开始了相关研究，催生了传播学研究史上的“说服理论”。

研究显示，一个对某问题有专业知识储备的人往往比没有相关知识的人更能引起更多人的态度改变，即信源的可信度越高，其说服效果越好。来源较为偏颇和不正常的信息，其可信度不足的负面影响会随着时间减弱，阅听人已经忘记消息来源，传播效果逐步回升。

霍夫兰认为，自我评价比较差的人更容易受到他人的影响，而对他人抱有较大敌意具有精神性神经症倾向的人则不容易受到影响。主动参与的阅听人比被动参与的阅听人容易改变态度。

案例要点分析

本案例以跨性别学生小刘的宿舍安置诉求为主线，面对家庭压力与身份认同冲突，辅导员通过渐进式的三次谈话，从了解需求到提供过渡方案，以倾听赋能与资源链接缓解矛盾，呈现了辅导员在特殊群体引导帮扶中的策略探索。

1. 建立信任关系的专业技巧

在初次接触跨性别学生时，辅导员需要特别注意沟通方式。黄老师在与小刘的第一次谈话中，始终使用“她”这个人称代词，这个细节看似简单，却传递出对学生性别认同的尊重。办公室的布置也很有讲究，摆放的彩虹标志和中性化装饰都在无声地营造安全氛围。谈话时，黄老师保持适度的目光接触，既不刻意回避打量，也不过分关注学生的身体特征，这种行为表现让敏感的小刘逐渐放下戒备心理。

2. 渐进式引导与替代方案提供

对于敏感议题，辅导员应以“现状—需求—资源”为逻辑链，引导学生理性评估现实条件，如黄老师通过三次谈话逐步推进：第一次接纳需求，第二次尝试落实，第三次提供替代方案。这种“试探—调整—落实”的策略既能维护学生自尊，又能避免冲突激化。同时，黄老师并未拒绝小刘的诉求，而是给出“过渡期调整外貌”建议，将谈话议题转入阶段性目标内容，减少学生的挫败感。

3. 正向激励的技巧运用

对于因身份焦虑而自卑的学生，辅导员可通过“能力肯定＋资源赋能”的组合策略重建其自我价值感。案例中，黄老师通过介绍学校补助政策、提供勤工助学岗位等，增强小刘对解决问题的信心；肯定小刘的摄影特长，并将其转化为实际支持，既能提升经济能力，又能增强社会归属感。

4. 特殊沟通技巧的运用

在谈话内容上，黄老师特别注意措辞的选择。她避免使用“变性”这个带有病理色彩的词语，而是采用“身份探索”这样的中性词组表述。当涉及可能引发焦虑的话题（如宿舍安排）时，她会先询问小刘的预期和担忧，而不是直接告知学校的决定。这种以学生为中心的沟通方式有效降低了学生的防御心理，使对话保持建设性。

5. 长期关注与多方协同支持体系

小刘的案例反映出跨性别学生可能面临反复性心理危机，辅导员需建立长期跟踪机制，通过定期谈话、活动开展观察其适应情况。同时，联动心理咨询中心、学生社团等构建支持网络。此外，辅导员需与家长保持适度沟通，避免因家庭压力加剧心理冲突。

6. 辅导员的自我准备要点

处理此类案例前，辅导员需要做好充分准备。黄老师提前了解了与跨性别相关的医疗知识，熟悉本地友好医疗机构信息。她也反思了自己可能存在的性别偏见，参加了相关培训。在专业边界上，她明确区分出心理支持和医疗建议的界限，必要时及时转介专家。这些准备使她能够在复杂情境中保持专业判断力。

锦囊妙计

本章以大学生心理问题干预为核心，系统重构了谈心谈话的理论框架与实践路径。

谈心谈话的本质是教育性对话，目的不仅是解决具体问题，更要通过情感联结促进学生心理资本的积累。既要以“同理心—耐心—敏锐心—责任心”构成情感支持四维模型，也要通过“情境创设术—资源链接术—赋能引导术”形成干预闭环，涵盖从危机识别到长效跟进的完整链条，还要整合倾听、共情、开放式提问、目标拆解等技术，提升谈心谈话的有效性。

归根结底，谈心谈话是关于“人”的教育实践。它要求辅导员超越技术层面，以教育者的情怀理解学生的困境，以科学家的严谨设计干预路径，以哲学家的智慧平衡多方诉求。唯有如此，方能真正实现从“救火式干预”到“成长性陪伴”的范式转变，让谈心谈话成为照亮学生心灵的一盏明灯。

谈心谈话有玄机，四心三术要熟记。
同理共情是根本，耐心倾听莫着急。
察言观色抓细节，保密红线心中立。
时机场景巧设计，资源联动解难题。
赋能引导破迷障，点亮心灯添动力。

武理分享

谈心谈话是辅导员工作中的核心技能，既是情感联结的桥梁，也是心理干预的关键工具，能否成功，取决于策略是否科学与方法是否灵活。以下从“心法”与“方法”两个维度，总结辅导员谈心谈话的实践要义。

1. 谈心谈话的心法——以“四心”筑牢沟通根基

（1）同理心：搁下评判与预设，以开放的姿态走进学生内心。采取换位思考理解学生的困境，避免以“解决问题”为导向的功利性对话，转而关注情绪接纳与情感共鸣。

（2）耐心：情绪释放需时间，有时沉默胜于言语。辅导员需克制指导冲动，给予学生充分的表达时间，通过倾听表示尊重与支持。

（3）敏锐心：从细微处捕捉危机信号，观察学生的非语言行为（如回避眼神、肢体紧绷）、语言矛盾（如消极自我评价）及行为异常（如社交退缩）情况，及时识别潜在风险。

（4）责任心：平衡隐私保护与安全责任。严守保密原则，巩固信任关系，但对自伤、自杀或危及他人安全的行为，需果断突破保密原则，联动专业资源进行干预。

2. 谈心谈话的方法：以“三术”破解实践难题

（1）情境创设术：谈心谈话的时机选择，要结合学生状态与事件进程，避免在情绪高潮期强行介入。在设计场景时，应根据谈话内容进行安排，交谈隐私性话题选择在封闭空间进行，情感疏导可借助自然环境缓解压力。辅导员可以以日常事务或共同兴趣为话题切入点，逐步过渡至核心问题，降低学生的防御心理。

(2) 资源链接术：辅导员要做好“家-校-社”三者的资源协同。家庭方面，注意与家长沟通时要强调“共同支持”而非“问题追责”，引导家庭成为助力而非压力源；学校方面，可以联动心理咨询中心、学生资助中心、学生社团等，构建多维支持网络；社会支持方面，可以引入外部专业机构或社区资源，应对复杂心理问题或特殊群体需求。

(3) 赋能引导术：在谈心谈话过程中，应注意挖掘学生优势（如特长、责任感等），将其转化为解决问题的资源；通过重申学生的家庭责任、未来规划等，激发学生内在动力。此外，将抽象的困扰应对转化为具体的行动步骤，帮助学生从“无力感”转向“掌控感”。

资源推荐

✲ 专业好书

书名：辅导员深度辅导的谈心谈话技术
作者：田宝伟、胡心怡、张平、牛勇
出版社：高等教育出版社
出版时间：2021 年 2 月

✲ 精彩视频

1. 播客节目《迫切提问》
2. 播客节目《问题不大》

参考文献

[1] 安江燕，张丽芳．高校辅导员谈心谈话技能提升实践探索研究［J］．河北农业大学学报（社会科学版），2020，22（6）：85-91.
[2] 潘珊珊，魏炜．主题预约式高校教师谈心谈话模式实践研究［J］．呼伦贝尔学院学报，2024，32（1）：38-41.
[3] 王博古．基于心理咨询技巧的辅导员谈心谈话模式研究［J］．陕西教育（高教版），2023（11）：58-60.
[4] 朱旭，等．心理咨询师的咨询效果会随着训练和经验提高吗［J］．中国临床心理学杂志，2024，32（1）：238-242.
[5] 林凡悦，王海巧．探寻“封闭”与“开放”的有效融合［J］．才智，2019（8）：

194-195.

[6] 崔中良. 感知共情：共情的第四维度探析 [J]. 东北大学学报（社会科学版），2024，26（2）：18-26.

[7] 何俊，饶方喜，周志豪，徐秋. 共情对话研究进展 [J]. 计算机应用研究，2024，41（1）：1-9.

[8] 杨逍，王子丰. 倾听：被忽略的传播维度 [J]. 湘潭大学学报（哲学社会科学版），2023，47（6）：171-177.

第八章　家校沟通

本章导读

家庭是人格塑造的第一课堂，学校是社会化进程的核心场域，家校沟通是连接这两个教育主体的桥梁。阿尔弗雷德·阿德勒的“不了解一个人的幼年，就无法了解他的成年”深刻揭示了家庭对学生成长的基础性作用。

中国家庭深受儒家文化的熏陶，特别重视父母与子女之间的血脉传承。家庭的每个成员不只是独立的个体，更是整体家庭环境（关系）中的一环，家庭关系成为不可分割的联系。孩子作为一个家庭的缩影，辅导员在工作时要面对的往往不只有学生一个人，还有学生的整个家庭。因此，了解学生的家庭背景对辅导员开展学生工作具有重要的意义。辅导员应将家长的支持视为一种资源，而不要将这些学生的家庭关系置于学生工作的对立面。

本章剖析家校协同育人中的核心命题：突破信息壁垒的“物理阻隔”与信任危机的“心理屏障”，将家校关系从“被动应对”转化为“主动共建”。通过小宇的学业预警突围、小雨的心理危机干预等典型案例，揭示防御型家长的病耻感认知、代际沟通错位、线上教育监管真空等现实痛点，提出“数据化信任渗透”“情感化破冰行动”“制度化隐私保护”等创新策略。本章既是对家校沟通本质的深度思辨——家庭与学校不是非此即彼的学生教育主体，而是互为镜像的学生成长合伙人；也是对辅导员专业能力的系统建构——在家校协同中，教育者需同时扮演信息桥梁的架构师、认知偏差的校正者、危机干预的协调人三种角色，最终实现从“单向告知”到“双向赋能”的教育生态重构。

第一节　正确认识家校沟通

案例导入

双向奔赴：从学业预警到成长同盟的家校协同实践

“之前学校一直给家里寄成绩单，但后来故意给了错误的地址，我一直没收到……”小宇的妈妈有些懊悔地说着。

小宇从小成绩位居班级前列，学习上从来没让我们操心，所以孩子进入大学，我们挺放心的。孩子考上大学报到时，我们想是时候该锻炼锻炼孩子了，就没有送他去学校。到学校后，小宇不常和我们联系，我们偶尔给他打电话问他在学校的情况，他也不多说，只回答“都挺好的”。想到孩子已经成年，可以照顾好自己，我们便只是按时给足生活费，其他的没有太过问，更没想着要去和学校老师联系。

就这样过了一年，直到大一结束，小宇回家过暑假，一直在房间玩游戏。我原本猜想着是小宇是平时学习压力大，利用放假放松一下，也太没在意。直到有一天凌晨，我发现他还在玩游戏，担心影响他身体，于是第二天，我劝他不要只顾玩游戏，假期可以做点儿有意义的事情，或者去和中学同学聚会交流一下，没想到小宇突然很生气，还很暴躁地大声说让我不要管。这时，我才察觉到小宇的异常。后来，我又试图问他在学校的情况，学习上是不是不顺利，结果小宇依旧是什么也不愿意说，成绩单也不愿意给我看，只说叫我不要管。

我开始越来越担心小宇，联系学校问问小宇在学校的情况，才发现我竟然完全没有小宇老师的联系方式！那时，我心里真是又着急又懊悔。小宇读大学一年了，我们既没有去过学校，也没有想过要和老师联系，到如今想了解孩子在学校的学习和生活情况，竟然都没有途径。

正着急呢，想着开学了一定要到学校当面和老师交流时，我惊喜地接到了学校辅导员老师打来的电话，说想和我们交流小宇的情况。当老师问“学校寄送的《给家长的一封信》收到了吗?”我才知道，原来学校每个学期末都会给家长寄送《给家长的一封信》，信中会反馈孩子的在校情况和学业成绩，可小宇到大学两个学期了我竟然一次都没有收到！

经过和老师半个多小时的沟通，我们才了解到，小宇进入大学后，学业进展并不理想，第一个学期成绩还能保持在班级中游；第二学期，小宇的学习状态变差了，上课时小宇总坐在最后排，有时玩游戏，有时打瞌睡，寝室里、自习课上老师也常发现他在玩游戏。这次期末考试后，小宇有两门课程不及格。

听到这个消息，我心里很难接受，从前学习很好的小宇，怎么到大学一年就两门不及格了呢？老师却告诉我，小宇可能是刚进入大学，还不适应大学的学习方式；同时，心理上也没有接受自己不再是“佼佼者”的心理落差，这些学业和心理适应性问题导致他学业困难。事实上，这也是不少初入大学的新生容易出现的问题。

老师还告诉我，小宇可能担心我们给家长反馈消息，让家长担心，非常排斥老师和家长联系，一直没有提供有效的家长联系方式，这次也是通过查阅中学档案找到电话才和家长取得了联系。老师还提醒我，父母前期可以利用假期好好和小宇交流，千万不能简单粗暴地批评他，容易让小宇产生逆反心理，而要先安抚情绪，多鼓励，帮助小宇分析问题、找到症结、建立信心；后期也要适时监督，让小宇调整学习态度和方法，尽快适应大学的生活节奏。

挂掉老师的电话，我的心绪久久不能平静，反思自己一年以来忽视了对孩子应有的了解和关心。假期里，我和小宇进行了几次长谈，刚开始并不顺利，但慢慢地小宇对我说，大学的课程难度和深度明显高于高中，大学老师不会像高中老师一样对一个问题反复地讲解，还有很多知识需要课后自学研究。第一个学期自己费力跟上了，但看到身边的同学似乎并不用太努力，就可以取得不错的成绩，对自己很失望。第二学期的课程难度更大了，自己开始学不进去，见身边的同学玩游戏，想着他们平时玩游戏也可以考得不错，自己也开始玩游戏，结果就越来越跟不上学习进度。

当问到学校寄的信时，小宇支支吾吾许久才说不想让我们失望担心，所以就给了老师错误的电话和地址。听了小宇的话，我只觉得一阵阵后怕，如果不是老师联系上我们，我还会对小宇的情况和他面临的压力一无所知，一直被蒙在鼓里，以后小宇会怎样简直不堪设想。我强迫自己平静地告诉小宇，爸妈不会因为一次考试的失利而失望，爸妈很自责最近对你的关心太少；也很遗憾你不信任我们，不愿意把自己面对的困难告诉我们，要相信爸妈愿意永远支持你。

自那以后，假期里我时常和老师联系，反馈小宇在家里的情况，咨询老师帮助小宇的办法，了解开学后学校的补考安排和学习课程。在老师的指导下，我们和小宇一起制订了复习计划，监督小宇控制游戏时间，备战补考。

小宇补考结束后一周，我接到了老师的电话，老师告诉我小宇的高等数学补考通过了，但大学物理还需要继续努力，并邀请我去一趟学校，和小宇一起聊聊后续的计划。接到老师的电话，我悬着的心终于有了着落，同时担心小宇会因为一门课程补考没及格而再次丧失信心，便立刻赶到学校，鼓励和陪伴他，告诉他我们看到了他的改变，也为他取得的成绩而高兴。

征得小宇的同意，我和小宇一起去见了他的任课老师。老师没有着急谈成绩，反而夸赞小宇在近期的物理实验课上动手能力很强，得到了实验课老师的表扬。随后，老师拿出了一份小宇的专属学习档案，上面详细记载了小宇的课堂出勤、作业提交以及课程学分等情况，分析小宇当前存在的问题和薄弱环节，并给出相应建议。老师也鼓励了小宇，告诉小宇不是孤军奋战，家人、老师、同学都会支持帮助他，还为小宇安排了学长做小宇的学习互助员，利用课余时间指导和监督小宇学习。谈话的最后，老师还提醒我，小宇接下来还可能在学习上、心理上面对不少困难和挑战，很需要家人的支持，希望家长能和学校互通消息、相互配合、共同努力，帮助小宇慢慢走出低谷。

回顾这段经历，我的触动很大，过去自己把教育和管理孩子的责任完全寄希望于孩子本身和学校，这是严重的缺位。我深刻认识到，孩子需要父母的理解、支持和鼓励，家庭教育在孩子的成长中必不可少。未来，我会与学校共同肩负起培养责任，希望小宇能在家庭、学校、社会形成良好的教育环境中成长。

案例综合点评

小宇——一个在中学时期成绩优异的学生，进入大学后却遭遇了前所未有的挑战。面对课程难度陡增、自主学习要求提升的大学环境，他逐渐陷入“佼佼者心理落差”的困境——既难以接受自身学业优势的消失，又因缺乏有效支持陷入逃避性游戏行为。该案例暴露出家校沟通的严重缺失——小宇故意提供错误地址使学校错寄信件，家长因过度信任孩子而疏于主动联系教师，双方的信息壁垒导致家长对其学业滑坡、心理适应问题一无所知，以致错过了大学生关键适应期的干预窗口。

在案例中，辅导员通过多方面干预展现出家校协同教育的核心价值。当发现小宇学业滑坡且刻意阻断家校联系时，辅导员主动查阅中学档案，突破信息壁垒，第一时间与家长沟通，并精准识别出学生因“佼佼者心理落差”产生适应性问题，体现了危机干预的敏锐性与责任感。通过组织三方会谈、制定专属学习档案、量化分析课堂出勤与作业数据，辅导员搭建起家校之间的沟通桥梁，将实验课表现等过程性评价转化为沟通素材，帮助家长理解大学学习特点；通过安排学长互助、指导非批判性沟通策略，构建起学业支持与心理疏导的双重防线。这些做法不仅打破了家长对子女“成年即独立”的认知误区，更通过可操作的行动清单（如监督游戏时长、错题整理计划）将抽象的教育责任转化为具体的协作路径。

然而，案例中辅导员的做法也暴露出高校学生工作中常见的短板。第一，预警机制的前置性不足，过度依赖期末考试之后的集中反馈，未能通过课堂行为监测、期中学业评估等进行早期识别风险，导致危机发生之后才干预。第二，对游戏成瘾等行为问题缺乏专业干预方案，心理支持停留于现象解读而缺少持续追踪工具。第三，聚焦补考通过等短期目标，未将学生的动手能力优势与科创竞赛、职业规划衔接。

从学业预警到成长同盟的双向奔赴证明，有效的家校沟通一般包含三个层次：一是基础信息互通，包括学业预警，心理状态通报等；二是教育认知对齐，包括大学学习模式的解读、亲子沟通策略的指导等；三是资源协同配置，包括家长监督任务清单、学校支持资源对接等。

有理有据

随着社会的发展和教育环境的变化，当代大学生正处于信息爆炸、认知多维的时代。他们不仅要在学业上取得优异成绩，还要在人格塑造、心理健康、社会实践等方面发展。在这样的背景下，高校学生的教育和管理工作面临前所未有的挑战。家校沟通，作为连接家庭与学校的重要纽带，不仅关乎学生的成长成才，更是实现教育目标、提升教育质量的关键环节。此外，根据教育部等 13 个部门联合印发的

《关于健全学校家庭社会协同育人机制的意见》，家校沟通是健全学校家庭社会协同育人机制的重要组成部分，事关学生全面发展健康成长。因此，加强家校沟通是落实国家政策、履行教育职责的必然要求。

一、家校沟通的意义和作用

1．促进信息共享，形成教育合力

家校沟通的首要意义在于促进家庭与学校之间的信息共享。家长作为孩子的第一教育主体，对孩子的性格、兴趣、习惯有着深入的了解，学校则承担着专业知识传授、技能培养、价值引领等重任。通过有效的家校沟通，双方可以相互补充、相互支持，形成教育合力，共同促进学生的全面发展。

2．增强教育针对性，提升教育质量

家校沟通还有助于增强教育的针对性。与家长交流，辅导员可以全面地了解学生的家庭背景、成长经历、性格特点等，从而制订出更加符合学生实际情况的教育方案。家长也可以从辅导员那里了解到孩子在学校的表现、进步与不足，进而在家庭教育中采取相应的措施，配合学校教育，共同提升教育质量。

3．及时解决问题，预防潜在风险

在实际工作中，辅导员经常会遇到学生出现的各种问题，如学业困难、心理问题、行为偏差等。这些问题如果得不到及时解决，很可能对学生的成长产生负面影响。通过家校沟通，辅导员可以及时向家长反映学生的问题，并与家长共同探讨解决方案。家长也可以在日常生活中关注孩子的变化，及时与老师沟通，从而有效预防潜在风险，为学生的健康成长保驾护航。

4．构建和谐关系，提升教育满意度

家校沟通还有助于构建和谐的关系。一方面，通过积极的沟通与交流，家长可以加深了解学校的教育理念、管理模式、师资力量等，从而增强对学校的信任与支持；另一方面，辅导员也可以通过与家长的互动，了解家长的需求与期望，进而在工作中不断优化服务、提升质量，提升家长对教育工作的满意度。

二、家校沟通的目标设定和角色定位

1．目标设定

家校沟通的最终目标是促进学生的全面发展，包括学业成绩的提升、综合素质的培养、心理健康的维护等多个方面。对于辅导员来说，家校沟通的目标更是提升教育管理水平，建立和谐的师生关系，以及加强与家长的信任与合作。在具体实践中，家校沟通应围绕以下几个具体目标展开。

(1) 加强信息交流。通过家校沟通，辅导员可以更深入地了解学生的家庭背景、成长经历和家庭教育环境，确保双方及时了解学生的最新动态，从而更准确地把握学生的性格特点和心理需求，为制订个性化的教育方案提供依据。

(2) 促进家校合作。辅导员应主动与家长建立联系，共同关注学生的学习、生活和情感状态，形成家校合作的良好氛围，针对学生的实际困难与问题，双方应携手合作、共同应对。通过定期交流，双方可以共同制订教育计划，共同解决学生面对的问题，促进学生的健康成长。

(3) 增进理解与支持。通过有效的沟通与交流，增强家长对学校的信任与支持；同时，辅导员可以向家长传递学校的教育理念和管理制度，增强家长对学校的认同感和归属感。

(4) 提升教育管理水平。家校沟通是辅导员提升教育管理水平的重要途径。与家长交流，辅导员可以了解家长对教育工作的期望和要求，进而不断调整和优化自己的工作方法和策略，提高教育管理的针对性和实效性。

(5) 构建和谐师生关系。家校沟通有助于辅导员更好地了解学生的需求和期望，从而在日常工作中更加关注学生的成长和发展，及时给予关爱和支持。这有助于建立和谐的师生关系，增强学生对辅导员的信任和依赖，也可以提升辅导员在学生心中的地位与影响力。

2. 角色定位

在家校沟通中，家长、学生和辅导员扮演着不同的角色。

家长作为家庭教育的主体，应积极配合学校的教育工作，主动参与学生的成长过程。具体而言，家长应扮演好以下角色：一是信息接收者，及时关注学校发送的各类信息，了解学生的在校表现；二是教育合作者，与辅导员共同制订教育方案，共同关注学生的成长；三是资源提供者，根据自身的经历与优势，为学校的教育工作提供必要的支持与帮助。

学生在家校沟通中也扮演着重要的角色。他们不仅是家校沟通的对象与内容，更是家校合作的桥梁与纽带。因此，应充分尊重学生的主体地位，调动他们的积极性与主动性，引导他们积极参与家校沟通。

在家校沟通中，作为学校教育的代表，辅导员应明确自己的角色定位，既要扮演好教育者的角色，又要成为家校合作的桥梁和纽带。具体而言，辅导员的角色定位应该包括以下几个方面。

(1) 教育指导者。辅导员应充分发挥自己的专业优势，为学生提供科学的教育指导和帮助。在与家长的交流中，针对学生的具体问题与需求，分享自己的教育理念和教学方法，为家长提供科学的教育建议与指导，引导家长树立正确的教育观念，共同促进学生的全面发展。

(2) 信息提供者。辅导员应成为家校沟通的桥梁和纽带，积极搭建家校合作的平台。辅导员应主动与家长建立联系，通过定期家访、家长会、电话沟通等方式，及时向家长反馈学生的学习、生活情况，传递学校和家庭的信息，共同关注学生的成长和发展。

(3) 组织协调者。在家校沟通中，辅导员应扮演好组织协调者的角色。当家长和学校之间出现分歧或矛盾时，辅导员应积极调解，寻求双方都能接受的解决方案。辅导员还应关注学生的心理和情感需求，及时为他们提供心理支持和帮助。

(4) 服务提供者。辅导员应树立服务意识，为家长和学生提供优质的服务，如解答家长的疑问、提供教育咨询、协助解决学生面对的问题等。通过优质的服务，辅导员可以赢得家长的信任和支持，为家校合作打下良好的基础。

(5) 持续学习者。家校沟通不仅是辅导员向家长传递信息的过程，也是辅导员向家长学习、提升自己的过程。在与家长的交流中，辅导员可以了解不同家庭的教育方式和经验，从中汲取营养和灵感，不断完善自己的教育方法和策略。

三、家校沟通的问题和误区

1. 缺乏主动性

在实际工作中，部分辅导员和家长在家校沟通中缺乏主动性，他们往往等到学生出现问题时才想到与家长联系或寻求学校的帮助。这种被动的沟通不仅延误了解决问题的最佳时机，还可能因为问题的积累而对学生的成长产生更大的负面影响。因此，双方应树立主动沟通的意识与观念，定期开展家校交流活动，及时分享学生的成长点滴与收获。

2. 沟通内容单一

家校沟通往往局限于学生的学习成绩与行为表现等方面。虽然这些内容是教育的重要组成部分，但过度关注这些方面容易忽视学生的情感需求、心理健康等非物质层面的因素。学生的成长是一个全面的过程，除了学业成绩外，他们的兴趣爱好、人际关系、职业规划等同样重要。因此，家校沟通应拓宽沟通内容与领域，关注学生的全面发展与个性化需求，包括学生的兴趣爱好、人际关系、职业规划等多个方面。

3. 沟通方式不当

有效的沟通方式对于家校沟通的成功至关重要。然而，在实际操作中，部分辅导员和家长往往采用不当的沟通方式，如使用过于严厉或指责性的语言、在公共场合讨论学生的私人问题等。这些不当的沟通方式不仅容易引发双方的矛盾与冲突，还可能对学生的自尊心与自信心造成打击。因此，为了改善沟通效果，双方应采用恰当、温和的沟通方式，以平等、尊重的态度进行交流与讨论。在沟通时，辅导员要注意语言的选择和场合的适宜性，避免使用伤害学生自尊心的言辞，营造和谐的沟通氛围。

4. 忽视学生的意见与感受

学生在家校沟通中往往处于被动地位，他们的意见与感受容易被忽视。这种忽视可能导致学生对家校沟通产生抵触情绪，影响他们的成长和发展。为了尊重学生的主体地位，家校双方应给予他们充分的表达机会和空间。在沟通时，要倾听学生的声音，了解他们的想法和需求，在制订教育方案和解决问题时要充分考虑他们的意见。同时，鼓励学生主动参与家校沟通，培养他们的责任感和主人翁意识。

5. 过度依赖家校沟通

虽然家校沟通在教育工作中发挥着重要作用，但它并不能完全替代家庭教育与学校教育。部分家长可能过度依赖家校沟通，认为只要与辅导员保持密切联系就能解决所有问题，这种观念是错误的。家庭教育与学校教育各自具有独特的功能与价值，双方应相互配合、相互补充，共同促进学生的成长与发展。因此，家校双方应明确各自的职责和定位，相互配合、相互支持，共同为学生的成长和发展贡献力量。同时，要引导学生树立正确的价值观和学习态度，培养他们的自主学习能力和社会责任感。

四、家校沟通的法律议题

1. 教育法律法规概述

在我国的教育法律体系中，多部法律法规均对家校沟通有着不同程度的涉及与规范。《中华人民共和国教育法》确立的教育基本原则和制度为家校沟通奠定了基础。例如，它强调教育应当培养德、智、体、美、劳全面发展的社会主义建设者和接班人，这个目标的达成需要学校与家庭携手合作。学校在课程设置、教学方法选择等教育教学活动中，应考虑如何与家庭协同，以更好地贯彻全面发展理念，并且有义务向家长传达学校在落实教育法要求方面的举措与进展，保持紧密联系。

《中华人民共和国义务教育法》则进一步细化了家校沟通在义务教育阶段的要求。它规定适龄儿童、少年的父母或者其他法定监护人应当依法保证其按时入学接受并完成义务教育。这就要求学校与家长之间建立信息互通机制，学校及时向家长反馈学生的入学情况、学业表现以及可能影响义务教育完成的各类因素，家长则向学校提供学生家庭环境、特殊需求等信息，以便双方共同努力确保学生顺利完成义务教育阶段的学习任务，促进其全面发展。例如，在学生出现无故旷课等情况时，学校需第一时间与家长取得联系，共同寻找解决办法，防止学生辍学。

2. 家长的权利与义务

(1) 家长的权利

知情权：家长有权知晓学校的教育教学计划，包括课程安排、教学大纲、教学进度等，以便给予孩子相应的辅助与引导。例如，学校在新学期开始前，应向家长提供课程表以及各学科的教学目标与大致教学内容简介。同时，家长有权了解孩子在学校的日常表现，如学习成绩、品德行为、奖惩情况等。学校可以通过定期的家长会及寄发成绩报告单、在校表现评语等形式向家长传达这些信息。此外，学校组织的各类活动（如运动会、文艺汇演、社会实践等），家长有权提前了解活动的时间、地点、内容及安全保障措施等详情。

参与权：家长可以参与学校的管理决策过程，如参与家长委员会的选举与组织。家长委员会作为家长参与学校管理的重要组织形式，有权对学校的重大事项（如学校的发展规划、校园建设、教育教学改革方案等）提出意见和建议。在学校的课程开发方面，家长可根据自身的职业背景、生活经验等提供资源与思路。学校在制定招生与入学政策的过程中，家长也可以通过合法途径表达诉求与看法，政策会制定得更加合理公正。

监督权：家长有权监督学校的教育教学质量。他们可以对教师的教学方法、教学态度、师德师风等进行监督评价。如果家长发现教师存在教学不认真、体罚学生等不当行为，有权向学校领导或教育行政部门反映情况。家长对学校的后勤保障服务，如食堂卫生、宿舍管理等也具有监督权，确保学校为学生提供安全、健康、舒适的学习与生活环境。例如，家长可以不定期检查学校食堂的食材采购渠道、加工过程以及环境卫生状况，保障孩子的饮食安全。

(2) 家长的义务

支持学校教育：在思想上，家长应认同学校的教育理念与教育目标，并在家庭中积极传播与强化。在经济上，家长要承担孩子接受教育所需的必要费用，如学费、书本费等，确保孩子能够顺利参与学校组织的各项教育教学活动。在行动上，家长应根据学校的要求，积极参与学校组织的亲子活动、家长志愿者活动等。

配合学校活动：学校组织的家长会、家长学校培训活动等，家长应按时参加并认真参与其中。家长会是学校与家长沟通交流的重要平台，家长通过家长会可以深入了解孩子在学校的学习情况、班级整体状况以及学校的近期工作重点等；同时能与教师进行面对面的交流，共同探讨孩子的教育问题。家长学校培训活动则有助于家长提升自身的教育素养与教育技能，更好地履行家庭教育职责。学校布置的社会实践活动组织等任务，家长要积极配合，督促孩子按时完成作业，协助孩子开展社会实践活动并做好安全保障工作。

关注孩子成长：家长要时刻关注孩子的身心发展变化，不仅要关心孩子的学习成绩，更要注重孩子的品德修养、心理健康、兴趣爱好等方面。在日常生活中，家长要与孩子保持良好的沟通交流，及时发现孩子在成长过程中遇到的问题与困惑，并给予正确的引导与帮助。例如，当孩子在学校与同学发生矛盾而情绪低落时，家长要及时察觉并与孩子谈心，了解事情的经过，引导孩子正确处理人际关系。同时，家长要关注孩子的身体健康，保证孩子有充足的睡眠、合理的饮食以及适当的体育锻炼，为孩子的学习与成长提供良好的身体条件。

3. 学校的责任与界限

(1) 学校的责任

建立有效的沟通机制：学校应构建多元化的沟通渠道，确保与家长的信息交流畅通无阻。例如，设立专门的家校沟通办公室或指定专人负责家校沟通工作，及时处理家长的来电、来信、来访等。利用现代信息技术手段，建立学校网站、微信公众号、家长群等家校沟通平台，定期发布学校的通知公告、教育教学成果、学生活动动态等信息，方便家长与教师进行即时沟通交流。定期组织家长会、家访等活动。家长会的形式可以多样化，除了传统的班级家长会外，还可以针对不同年级、不同学科或特定教育问题举办专题家长会。家访能让教师深入了解学生的家庭环境、家庭氛围以及家庭教育情况，增进教师与家长、学生之间的感情与信任。例如，班主任可以每学期对班级内的学生进行至少一次家访，重点关注特殊家庭（如单亲家庭、留守儿童家庭等）学生或学习困难学生的家庭情况，与家长共同制订个性化的教育帮扶计划。

提供必要的教育资源：学校要为学生提供良好的教学设施设备，如宽敞明亮的教室、先进的多媒体教学设备、丰富的图书资料、完善的实验室器材等，满足学生的学习需求。在师资队伍建设方面，学校要配备高素质、专业化的教师队伍，教师应具备扎实的学科知识、良好的教学技能以及高尚的师德师风，能够为学生提供优质的课堂教学服务。学校还应组织开展丰富多彩的课外活动，如各类兴趣小组、社团活动、学术讲座、文化艺术活动、体育竞赛等，为学生提供广阔的发展空间，培养学生的综合素质与个性特长。

关注每个学生的个性化需求：学校要通过多种方式了解学生的个体差异，包括学生的学习能力、学习方式、兴趣爱好、家庭背景、心理特点等方面的差异。在教学过程中，教师应根据学生的不同特点实施分层教学、个别辅导等个性化教学策略，满足不同层次学生的学习需求。例如，对于学习成绩优秀的学生，可以安排拓展性学习任务与学科竞赛辅导；对于学习困难的学生，可以安排教师进行一对一的辅导帮扶，制订个性化的学习计划。在学生的心理健康教育方面，学校要配备专业的心理教师，建立心理咨询室，为学生提供心理咨询与辅导服务，关注学生的心理变化，及时发现并干预学生可能存在的心理问题。例如，心理教师可以定期开展心理健康教育课程与讲座，采用心理测试、个体访谈等方式了解学生的心理状况，对有心理困扰的学生进行及时的心理疏导与咨询。

(2) 学校的界限

避免过度干预家庭事务：学校在开展家校沟通与合作过程中，要尊重家庭的教育自主权与家庭隐私。虽然学校有指导家庭教育的责任，但不能过度干涉家长对孩子的教育方式与家庭事务。对于家庭内部的矛盾纠纷或特殊家庭情况（如父母离异、家庭成员患病等），学校应在尊重家长意愿的基础上，提供必要的支持与帮助，而不是过度介入或公开讨论。

保护学生的隐私权：学校在与家长沟通交流过程中，要严格保护学生的个人隐私信息。学生的成绩、健康状况、心理问题等属于个人隐私范畴的信息，学校应在合法合规的前提下向家长披露。例如，向家长反馈学生的学习成绩时，应避免公开学生的排名或在公众场合讨论个别学生的成绩问题，以免给学生造成心理压力或伤害。对于学生的心理健康问题，学校心理教师在与家长沟通时，应遵守保密原则，只向家长透露与学生问题解决相关且必要的信息，防止因信息泄露对学生造成二次伤害。学校在处理学生的违纪行为等问题时，也要注意保护学生的隐私权，不能随意公开学生的违纪细节或个人信息，应在遵守教育法规与学校规章制度的基础上，妥善处理学生的问题并与家长进行适当沟通。

他山之石

大学新生适应性危机

大学新生适应性危机（First-Year Adjustment Crisis）是指学生在从高中阶段过渡到大学阶段时，由于环境、学习方式、人际关系以及心理角色的转变，所经历的一系列心理和行为上的适应困难。这种危机通常发生在大学第一年，表现为学业成绩下滑、社交障碍、心理压力增大甚至焦虑或抑郁情绪。心理学研究表明，新生适应性危机是一种较为普遍的现象，尤其是在学习自主性要求更高、社交环境更复杂的大学环境中。

在案例中，小宇的情况是典型的大学新生适应性危机的表现。小宇在高中阶段成绩优异，学习上从未让家长操心。然而，进入大学后，他发现大学的学习方式与高中截然不同——大学课程难度更高，老师不再像高中那样反复讲解，更多的需要自主学习。这种学习方式的转变让小宇感到不适应，导致成绩下滑。同时，小宇在高中阶段是“佼佼者”，但在大学中，他发现身边的同学似乎不需要太努力就能取得好成绩，这让他对自己的能力产生怀疑，心理落差较大，这种心理落差进一步影响了他的学习动力和自信心。此外，小宇看到身边的同学玩游戏，逐渐被吸引，开始沉迷游戏，逃避学习。这种逃避行为进一步加剧了他的学业问题，形成了恶性循环。为了避免家长担心，小宇故意隐瞒了自己的学业问题，甚至提供了错误的联系方式，导致家长无法及时了解他的情况。这种隐瞒行为反映了他在面对压力时的无助感和逃避心理。

大学新生适应性危机可以从以下几个心理学角度进行分析：

（1）环境变化与心理压力：大学环境与高中截然不同，学生需要从依赖性学习转向自主性学习，同时要面对新的社交环境和更高的学业要求。这种环境变化会给学生带来较大的心理压力，导致适应困难。

（2）角色转变与心理落差：在高中阶段，学生往往是班级或学校的“佼佼者”，但在大学中，他们可能不再是中心人物。这种角色的转变会让学生产生心理落差，影响自信心和学习动力。

（3）自主性与逃避行为：大学学习更强调自主性，学生需要自己管理时间、安排学习进度。对于不适应这种学习方式的学生来说，可能选择逃避学习、沉迷游戏或其他娱乐活动，从而加剧学业问题。

（4）沟通障碍与家庭支持缺失：学生在面对压力时，可能选择隐瞒自己的问题，避免让家长担心。这种隐瞒行为不仅阻碍了问题的及时解决，还可能导致家长与学校之间的沟通障碍，进一步加剧学生的心理负担。

针对大学新生适应性危机，辅导员可以从以下几个方面提供专业支持：

（1）新生入学教育与心理测评：在新生入学时，开展系统的入学教育活动，帮助学生了解大学的学习和生活特点。同时，进行心理测评，重点关注学生的适应能力、焦虑水平和自信心等指标，及时发现潜在问题。

（2）早期预警与心理干预：建立学业和心理预警机制，对学生的出勤率、成绩、课堂表现等进行动态监测。当发现学生出现异常情况时，及时安排心理咨询师进行一对一辅导，帮助学生缓解心理压力，调整学习策略。

（3）家校协同支持：主动与家长建立联系，定期反馈学生在校情况。家长培训和沟通平台可以指导家长如何在家庭环境中为学生提供支持，避免过度批评，增强学生的自信心。

（4）建立学习互助小组：为学业困难学生安排学习互助小组，邀请成绩优异的学长学姐提供辅导和监督。通过朋辈支持，帮助学生重建学习动力，提高学业成绩。

（5）心理调适与成长教育：定期开展心理健康教育活动，如讲座、工作坊等，帮助学生掌握心理调适技巧，增强应对压力的能力；同时，引导学生树立正确的成长观念，理解适应性危机是成长过程中的正常现象，鼓励他们积极面对挑战。

案例要点分析

小宇的故事不是个例。很多高中成绩优秀的学生进入大学后，就像突然被扔进深海——课程变难、竞争更激烈，身边的同学好像轻轻松松就能学好。这种落差让一些学生选择“躲起来”——就像小宇，他不想让父母知道自己跟不上学习进度，干脆不让家长收到学校寄回家的信。等家长发现时，问题已经像滚雪球一样严重。案例的核心矛盾为：学生想要独立，家长却还把他们当小孩；学校想帮忙，但学生把沟通的门关死了。针对案例中面临的难题，辅导员应该怎么办呢？

1. 当家长缺乏主动沟通的意识时

部分家长可能缺乏教育经验，不知道如何与学校进行有效的沟通。为了应对这一挑战，辅导员可以定期举办家长会、线上交流会等活动，向家长传授教育知识和沟通技巧，这样可以帮助家长更好地了解学生的成长需求和教育方法。此外，如果家长在教育过程中遇到难题或困惑，建议家长寻求专业心理咨询师的帮助，以获得个性化的教育建议和指导。

2. 当家校沟通存在信息壁垒时

辅导员应着手构建全面的家校沟通平台，确保信息的透明流通。如定期举行家长会、开放日，以及利用家校联系册、电子邮件或专门的 APP 等方式，让家长便捷地获取孩子在校的最新动态。定期更新学生家长联系方式，不定期打电话与家长沟通，避免学生故意错填或漏填。同时，强化辅导员培训，提升沟通技巧专业性，确保信息传递的准确性和有效性，从而逐步打破信息壁垒。

3. 当学生说“别告诉我爸妈”时

首先，向学生划定安全区，告知学生平时不会随便给家长打小报告，只有特殊情况会联系家长，如一学期累计旷课 20 课时、有伤害他人或自己的风险、挂科超过两门且补考不合格等。让学生知道自己什么行为会触发“警报”，从而规范自身言行，也能逐步与辅导员建立起信任关系。其次，安排朋辈互助员密切关注学生动向，将学生的正向表现积极反馈给家长，既让家长安心，又不触碰学生隐私。最后，如果学生坚决反对辅导员与家长沟通，可以分步骤向家长透露信息，从最不敏感的信息开始反馈，等学生态度软化之后再做进一步沟通。

4. 家校沟通的边界在哪里

大学家校沟通应当遵循“尊重自主、必要适度、合法合规”的原则，在保障学生安全与促进独立成长之间寻求平衡。根据我国《普通高等学校学生管理规定》及《中华人民共和国个人信息保护法》，学校对涉及学生重大安全、学业危机等事项需及时告知家长，但对成年学生的日常学习生活应尊重其隐私权。沟通内容应以学业预警和心理危机干预为必要限度，方式上避免替代学生自主决策，频率上随年级升高递减，同时注意城乡家庭的信息接收差异，通过签订三方协议等方式明确权责，既可以防范法律风险，又可以实现教育合力。

第二节　因人而异的家校沟通

案例导入

从对抗到同行：家校协同助力心理危机学生重返课堂

1. 阻隔与挫折

2020 年 11 月的一天，“老师，我知道你对我好，但是爸爸不让我把自己真实的病情告诉你，他会自己想办法。”在读大二第一学期的小雨同学跟我反馈了她最近出现了抑郁的状态，但是爸爸不想让辅导员“多管闲事”。原以为自己用多年的辅导员工作经验可以快速与家长建立信任关系、形成育人合力，原以为自己的真心不仅能换来学生的信任也能换来家长的真意，但我还是错了。这是工作以来，我第一次深深地体会到挫败感、无力感。

一个心理问题学生的治疗康复过程肯定要有家长的支持。之前我也带过好几个有严重心理问题的学生，虽然大部分经历休学、住院、留级，帮扶过程也很曲折，但好在跟学生家长配合非常默契，最终都顺利毕业。这些学生已毕业多年，每到教师节，学生和家长都会给我发信息，感谢我在求学期间给学生提供的帮助。而小雨爸爸对我的不信任，让我感到有一场硬仗要打，但是我又不能把这种压力转移给小雨。我跟小雨说：“爸爸可能有他自己的顾虑，也需要给爸爸一段时间来调整适应，你放心，老师会尽最大的努力帮助你。”我观察到小雨从小喜欢画画，鼓励她在状态不好的时候，做自己最喜欢的事情对调节情绪有帮助。虽然嘴上在宽慰小雨，但是我心里感到焦虑，甚至有些反感小雨爸爸——心想这个家长怎么这么不近人情呢？我和他的初衷是一样的，都是为了让孩子更快地好起来，家长不把实际情况反馈给辅导员和学校，我们就得不到很多关键信息，导致提供的帮助就没那么有针对性。这个家长的顾虑到底是什么呢？来不及过多思考，只能全力以赴。

征得小雨的同意，我介绍了心理老师赵老师给小雨做咨询。小雨爸爸仍然半信半疑，只相信自己才最了解自己的女儿。之后，小雨办理了校外住宿手续，在签署相关材料的过程中，小雨爸爸依然表现得不耐烦，认为没有必要搞那么复杂。我一一跟小雨爸爸解释学校的相关规定和要求，但小雨爸爸话里话外都透露着对学校和老师的不信任。其实我心里不止一次地反问自己：小雨爸爸那么不信任我，我还要热脸贴个冷屁股吗？自己做得再多，家长也不领情，何苦呢？但是，我记得自己当初选择辅导员岗位时的初心和使命，就是不让任何一个学生掉队。所以，即使遇到家长的冷言冷语，我依然没有选择放弃。

2. 探索与改变

小雨的状态还是时好时坏，最低谷的时候不想去教室，最后办理了休学手续，回老家治疗。休学期间，我也隔三岔五询问小雨的情况。时间转眼到了2021年春季，小雨原本准备复学，但疫情不稳定，学校采取线上课程与线下课程相结合的方式授课，小雨老家正好有疫情，所以她迟迟未返校，在家里上网课。按照惯例，我询问小雨上网课的效果以及在家休养的状态。小雨说自己没上网课。听到这个消息，我急得要命。后来了解到，小雨刚休学的时候状态不佳，为了避免过多打扰，她屏蔽了所有的群消息，所以没有关注到班级群里的消息，任课老师也没联系上她。当时，小雨父亲也特别着急，频繁给我打电话，问我有没有解决问题的办法。我开始联系任课老师询问课程进度，并将小雨的特殊情况告知任课老师，希望他们多多帮助小雨。任课老师反馈，课程已经上了一大半，而且有些课程是小组合作，小雨不仅没上网课，也没有参加小组活动，没有提交相关作业，没有平时分，基本上也就没有考试资格了。考虑到小雨已经降级，至少要读5年，而且一直在服药康复中，我又跟任课老师们“软磨硬泡”：一个孩子就是一个家庭的全部，希望老师们能给小雨继续上课并参加考试的机会。老师们最后勉强同意了，前提是没有平时分。我把争取到的上课机会反馈给小雨和小雨爸爸。小雨认为没有平时分不要紧，只要能让继续上课就行。小雨爸爸在电话里的态度也发生了重大转变，他对我的帮助表示感谢，同时检讨自己忽视了女儿没上网课的情况，也提到了休学期间都是我主动联系小雨或者小雨爸爸，而作为家长未曾主动跟老师沟通过女儿的情况。小雨爸爸也跟我坦白，之前小雨患病不想让我知道是因为不重视心理疾病，觉得就是孩子心情不好，稍微调整休息一下就能好转；同时担心孩子一旦被打上“抑郁症”的标签，会在学校受到歧视。经过这段时间，他意识到了自己的错误，也愿意积极配合学校。我感觉到小雨爸爸已经慢慢接受并认同我的做法，至少感觉到我是真心实意为了学生考虑。小雨也在默默努力着，期末考试在没有平时分的情况下时全部通过。

3．成长与奔赴

休学结束了，小雨重新回归课堂，她的心理状态也相对稳定了。小雨爸爸陪同小雨一起来学校办理复学手续时，小雨送给我一幅自己画的画，感谢我一直以来对她的关心和帮助。我很喜欢这幅画，把画一直放在我的办公桌上。画面色彩鲜亮，我想也代表了小雨那时那刻的心情吧。小雨爸爸也跟我当面表达了感谢，说如果没有我及时处理网课事件，小雨会落下更多的课程，而且主动跟我说小雨复查和服药的情况。虽然小雨爸爸的话不多，但是我能体会到他对我态度的转变——没有“拒人于千里之外”的感觉了。其实，人与人之间的感情是相互的，小雨爸爸对我的戒备心理慢慢减少，让我对小雨的康复更有信心。学生、家长、学校老师终于站在了统一战线上，我们的初衷和目标也都是一致的。做老师的最希望的就是得到自己学生和家长的认可，这也是我们工作的动力源泉。小雨慢慢补修剩下的课程，同时听取了我的建议，在服药的同时找赵老师进行心理咨询。我陪同小雨找过学院的教务老师，也咨询过教务处课程中心，帮助小雨把欠下的学分都补完。后来，赵老师跟我说，小雨其实特别感谢我，只是不擅长表达。小雨认为，如果在大学里没有我的帮助，她不知道自己会坚持到什么时候。我听了以后特别欣慰，知道自己的付出终于有了回报。其实做老师的，要求的回报特别少。小雨也明白了在这个世界上，除了自己的父母，还有老师们也在关心她支持她。

案例综合点评

高校心理咨询师的工作往往伴随复杂多变的学生情况和家庭背景。本案例讲述了高校辅导员在面对一名患有抑郁症的学生小雨及其家长时的工作经历。小雨的父亲最初对辅导员的工作持有不信任态度，拒绝与辅导员沟通，导致辅导员在开展帮扶工作时面对诸多困难。然而，通过辅导员的不懈努力，最终赢得了家长的信任，成功帮助小雨康复并顺利完成学业。本案例呈现了心理危机干预中家校协同的典型困境：家长因对心理疾病的认知偏差与对学校的不信任，主动阻断信息沟通渠道，导致学生心理危机升级与学业危机并发。

本案例中有四个值得关注和探讨的关键点。一是家长的不信任与顾虑。小雨父亲最初对辅导员和学校持有明显的不信任态度，原因可能是对心理问题的误解（认为只是心情不好）、对学校可能存在的歧视的担忧，以及对辅导员工作的误解。这种不信任给辅导员的工作带来了巨大的阻碍，如何打破这种信任壁垒是本案例的核心问题之一。二是辅导员的角色与沟通策略。辅导员在面对家长的不信任时，始终保持初心，积极寻找解决问题的方法，体现了高度的责任感和职业素养。辅导员通过与小雨建立信任关系，间接影响家长的态度；同时，通过实际行动，如争取网课机会、协调课程补修等逐步赢得家长的认可。三是学生心理状态的复杂性。小雨的心理状态时好时坏，甚至在休学期间出现失联的情况。辅导员需要敏锐地捕捉学生的情绪变化，并及时调整帮扶策略。四是家校合作的重要性。本案例最终取得成功的关键在于辅导员、家长和学生三方形成了统一战线。这表明，家校合作在学生心理康复过程中具有不可替代的作用。

尽管面对家长的冷言冷语和不信任，辅导员依然没有放弃对小雨的关心和帮助。这种坚守初心的态度是赢得家长信任的基础。辅导员在沟通策略上也表现出因人而异的智慧。辅导员没有采用强硬的方式与家长沟通，而是通过实际行动逐步消除家长的顾虑。此外，辅导员还关注到小雨的个体差异，注意到她喜欢画画，并鼓励她通过兴趣爱好调节情绪，这种因材施教的方式有助于缓解学生的心理压力。然而，辅导员在工作中也存在一些不足之处。例如，在与家长沟通时，缺乏更有效的沟通技巧，没有深入分析家长的心理根源，导致在沟通中未能直接回应家长的核心关切。此外，辅导员在沟通方式上也较为单一，未能充分考虑家长的需求和偏好。

总之，本案例展示了高校辅导员在面对家长不信任时所做的坚持与努力，以及采取因人而异的沟通策略最终赢得家长信任的过程。辅导员在工作中应注重建立信任关系、展示专业能力、关注家长情绪，并通过多样化的沟通方式和心理教育的普及，逐步消除家长的顾虑。辅导员也需要不断反思和改进自己的工作方法，以便更好地应对类似问题，为学生的成长和发展提供更有力的支持。

有理有据

在当今的教育环境中，家校沟通已成为促进学生健康成长、推动教育质量提升的重要一环。作为高校辅导员，我们肩负着连接学校与家庭、协调教育资源、助力学生全面发展的重任。然而，每个家庭都有其独特的文化背景、教育理念及沟通习惯，这要求我们在家校沟通中必须做到因人而异，精准施策，深入了解每位家长和学生的具体情况和需求，制定出有效的沟通策略和方法。辅导员可以通过科学民主、耐心细致、尊重理解、专业引导等沟通方式，与家长共同构建一个和谐、积极、有效的家校合作机制，为学生的全面发展提供有力支持。本节将从“家长群体画像”“不同类型的家校沟通方式”“不同类型家庭沟通方式”“不同问题的沟通方式”四个角度，深入探讨如何开展因人而异的家校沟通，以期为辅导员的工作提供有益的参考。

一、当代大学生家长群体画像

在当今社会，家长群体具有多样性，他们来自不同的社会背景、拥有不同的教育理念和方式，这些多样性使家校沟通变得更加复杂和更具挑战性。因此，为了更好地进行家校沟通，辅导员有必要对家长群体进行深入的分析和画像，才能制定出有效的沟通策略。

1. 年龄结构

“70后”和“80后”在家长中占据主体地位，他们大多受过良好的教育，有较高的文化素养，对孩子的教育投入较大。“90后”家长也逐渐崭露头角，他们更加开放、注重孩子的个性化发展。

“70后”家长：这一代人往往经历过较为艰苦的生活，他们更加珍惜教育机会，对孩子的学业成绩较为关注，同时注重培养孩子的品德和习惯。

“80后”家长：这一代人通常受过良好的教育，他们更加开放和包容，愿意尝试新的教育理念和方法。他们更加注重孩子的全面发展，包括艺术、体育等方面的培养。

“90后”家长：作为新一代家长，他们更加年轻、有活力，对科技和网络更加熟悉。他们更加注重孩子的个性化和差异化发展，愿意为孩子提供更多的选择和机会。

2. 经济状况

一线城市家庭的经济条件普遍较好，而二、三线城市家庭的经济状况参差不齐。但总体而言，随着生活水平的提高，家庭对孩子的教育投入呈现增加趋势。

一线城市家庭：一线城市的经济发达，这个地域的家长通常拥有较高的收入和较好的生活条件，他们愿意为孩子提供更好的教育资源和环境，包括参加各种辅导班、兴趣班等。

二、三线城市及农村家庭：相对于一线城市家庭，这个地域的家庭的经济条件可能较为有限，可能更加关注孩子的学业成绩和未来的职业发展，但也可能因为经济压力而无法为孩子提供更多的教育支持。

3. 教育观念

家长们普遍重视孩子的综合素质培养，而不仅仅是学习成绩，更加关注孩子的道德品质、生活习惯、沟通表达能力等。

传统型家长：他们更加注重孩子的学业成绩和道德品质的培养，认为教育就是让孩子学好书本知识，将来能够有一份稳定的工作。

现代型家长：他们更加注重孩子的全面发展和个性化发展，认为教育不仅仅是书本知识的学习，还包括艺术、体育、社交等方面的培养。他们愿意为孩子提供更多的选择和机会，让孩子能够自由地发展自己的兴趣和特长。

4. 家校合作态度

大部分家长对家校合作持积极态度，愿意与学校共同承担教育责任；但也有部分家长对学校教育存在疑虑，或过度依赖学校教育，忽视了家庭教育的重要性。

积极型家长：他们愿意与学校保持密切联系，共同关注孩子的成长情况。他们积极参与学校的各项活动，与老师保持良好的沟通和合作。

消极型家长：他们可能对孩子的教育缺乏关注和支持，或者对学校的教育持怀疑态度。他们可能不愿意与老师进行过多的沟通，甚至对孩子的学业成绩和表现漠不关心。

二、因人而异的家校沟通策略

1. 面对不同类型家长的沟通策略

(1) 科学民主型家长

类型特点：科学民主型家长通常具有较高的文化素养和教育能力，他们愿意与学校保持密切联系，共同关注孩子的成长。科学民主型家长倾向于以一种平衡且理性的方式教育孩子，既给予孩子足够的关爱与支持，又注重培养孩子的独立性和责任感。从心理学角度来看，这类家长的行为往往基于对孩子个体差异的深刻理解和尊重，以及对孩子成长需求的全面把握。他们不会将自己的期望或未满足的情感需求强加于孩子，而是鼓励孩子根据自己的兴趣和潜能去探索和发展。在马斯洛需求层次理论中，科学民主型家长不仅关注孩子的生理需求和安全需求，还非常重视孩子在尊重需求和自我实现需求方面的满足。他们鼓励孩子表达自己的意见和感受，尊重孩子的个性和选择，为孩子提供自我实现的机会和平台。例如，当孩子面临困难或挑战时，这类家长会给予适当的引导和支持，但不会完全代替孩子解决问题，从而让孩子有机会学习和成长。从社会学层面分析，科学民主型教育模式往往与开放的家庭氛围、多元的社会文化背景，以及重视个体发展的教育理念有关。

沟通方式：对于这类家长，辅导员可以采用一种基于平等、尊重和合作的方式，尊重他们的意见和建议，与他们共同商讨教育方案。在沟通时，辅导员应肯定家长的教育理念和做法，认可他们对孩子成长的关注和投入，共同探讨孩子的成长需求和目标，分享彼此的观点和建议。在交流过程中，辅导员可以引入心理学相关理论（如自我效能感理论）来支持自己的观点和建议，强调学生可通过自主解决问题和克服困难来增强自信心和能力的重要性。同时，辅导员可以引入成长心态理论，鼓励家长和孩子一起培养积极面对挑战和失败的态度。在提供具体建议时，辅导员可以与家长一起制订个性化的教育计划，关注孩子的兴趣和潜能，注重培养孩子的自理能力、社交能力和批判性思维能力。例如，可以建议家长鼓励孩子参与课外活动、志愿服务或社区项目，以拓宽视野、增强社会责任感。此外，辅导员还可以与家长分享一些有效的教育方法和技巧，如设定合理的期望和目标、给予孩子积极的反馈和鼓励等。通过持续的沟通和合作，辅导员与科学民主型家长可以共同为孩子的全面发展提供有力的支持和引导。

(2) 溺爱放纵型家长

类型特点：溺爱放纵型家长往往过于宠爱孩子，忽视了培养孩子的独立性和责任感。从心理学角度来看，这类家长的行为往往源于其内心深处对孩子的过度依赖和投射心理。他们将自己未完成的期望、未得到满足的情感需求等投射到孩子身上，试图通过对孩子的全方位保护和无节制满足来弥补自己内心的空缺。从马斯洛需求层次理论角度出发，他们过度关注孩子的生理需求和安全需求，而忽视了孩子在尊重需求和自我实现需求方面的培养。例如，当孩子面临与同伴的冲突时，家长会立即介入，这不仅剥夺了孩子学习社交冲突解决技能的机会，还可能导致孩子形成依赖心理，缺乏独立应对问题的能力。从社会学层面分析，这种溺爱型教育模式可能与家庭结构、社会文化背景有关。在一些家庭中，孩子数量较少，家长有更多的精力和资源倾注于单个孩子身上；同时，部分社会文化中对孩子的珍视观念被过度放大，使家长走向溺爱的极端。

沟通方式：对于这类家长，辅导员需要耐心地向他们解释溺爱对孩子成长的危害，并帮助他们树立正确的教育观念。在沟通时，辅导员可以采用先扬后抑的技巧，先肯定孩子的优点和进步，肯定家长对孩子的爱，然后指出存在的问题和不足。辅导员还可以提供一些具体的家庭教育建议，如培养孩子的自理能力、鼓励孩子参与社会实践等。从教育心理学的角度，可以引入“延迟满足”理论向家长解释培养孩子耐心和自我控制能力的重要性。实验研究表明，能够忍受延迟满足的孩子在未来的学业成就、社会适应能力等方面往往表现更优。在提供教育方法时，可以结合行为塑造理论，建议家长逐步设定小目标，让孩子在达成目标后获得适当奖励，从而培养孩子积极的行为习惯。例如，当孩子自己解决了一个小问题时，给予肯定和鼓励，逐渐引导孩子学会独立面对困难。

(3) 放任自流型家长

类型特点：放任自流型家长往往对孩子的教育缺乏关注和支持，他们可能将教育责任完全推给学校或认为孩子的学习成绩无关紧要。从家庭系统理论出发，这类家长的教育方式可能反映出家庭角色定位的失衡或模糊。家长未能在孩子的教育系统中承担起应有的引导者、监督者作用，可能是由于自身对家庭角色认知的偏差或者家庭内部其他因素（如夫妻关系紧张等），分散了其对孩子教育的注意力。在教育社会学的视野中，现代社会的快节奏和高压力环境（如工作竞争激烈、生活成本高昂等）使部分家长无暇顾及孩子的教育细节，进而选择放任的态度。这种放任自流可能导致孩子在成长过程中缺乏必要的规范和约束，难以形成良好的学习习惯和社会行为准则——因为孩子在成长过程中需要明确的边界和指导来构建自我认知和社会认知体系。

沟通方式：针对这类家长，辅导员需要激发他们的教育热情，帮助他们认识到家庭教育的重要性。在强调家庭教育重要性时，可以引入家庭功能理论，向家长阐述家庭在孩子社会化过程中的核心作用，如家庭是孩子学习价值观、道德规范和社会技能的首要场所。基于教育反馈理论，定期发送孩子的学习和生活情况报告不仅是一种信息传递，还能让家长及时了解孩子的行为表现与教育目标之间的差距，从而调整家庭教育策略。在情境学习理论指导下，邀请家长参加学校活动，让家长在真实的教育情境中感受孩子的成长需求和教育氛围，增强其教育参与感。与家长共同制订教育计划时，可以运用目标管理理论，将孩子的教育目标分解为具体的、可衡量的、可实现的、相关联的和有时限的小目标，便于家长理解和执行，逐步建立起有效的监督和引导机制。

(4) 粗暴严厉型家长

类型特点：粗暴严厉型家长往往采用简单粗暴的教育方式，容易对孩子造成心理伤害。粗暴严厉型家长的教育风格往往受到传统权威观念的影响。在传统家庭文化中，家长被赋予绝对的权威地位，孩子被要求无条件服从。从社会学习理论的角度分析，这类家长可能自身成长于类似的专制家庭环境，从而模仿了上一辈的教育模式。他们在制订规则和计划时，更多是基于自己的经验和认知，而忽视了孩子作为独立个体的发展需求和心理特点。在教育过程中，这种粗暴严厉型的教育方式可能抑制孩子的创造力和个性发展，因为孩子缺乏自主决策和自我表达的机会，长期处于压抑状态，不利于他们形成健康的心理和积极的自我概念，也容易引发他们与家长之间的对抗情绪，破坏家庭关系的和谐稳定。

沟通方式：针对这类家长，辅导员需要耐心地向他们解释科学育儿的重要性，并帮助他们调整教育方式。在沟通时，辅导员可以采用温和的语言和态度，先肯定家长对孩子的关爱和付出，然后指出存在的问题和改进的方向。在尊重家长教育理念的基础上，以多元智能理论为依据，向家长展示孩子在不同智能领域（如语言智能、逻辑-数学智能、空间智能、人际智能等）的潜在优势和发展可能性，让家长认识到孩子的多元性和独特性。通过讲述成功案例或教育实验研究成果，如关于个性化教育促进孩子全面发展的案例，引导家长理解尊重孩子意愿对孩子长远发展的积极影响。在沟通中，运用积极倾听技巧，如反馈性倾听（重复家长的关键观点以确认理解）和共情性倾听（表达对家长感受的理解），先建立良好的沟通氛围，然后以合作式沟通理论为指导，提出双方都能接受的教育建议，促进家校教育理念的融合。辅导员还可以提供一些替代性的教育方法，如正面管教、情绪管理等，帮助家长更好地理解和教育孩子。

（5）经济型家长

类型特点：经济型家长往往将金钱作为激励孩子学习的手段，忽视了孩子的精神需求。从心理学角度来看，这种行为可能源于家长对教育的功利化理解，以及对孩子内在学习动力的误解。经济型家长可能认为，通过提供金钱或物质奖励，可以激发孩子的学习兴趣和积极性，但实际上这种做法可能适得其反，导致孩子对学习产生外在动机，而非内在的动力和好奇心。在马斯洛需求层次理论中，经济型家长过度关注孩子的生理需求（如金钱奖励）和安全需求（如稳定的学习环境），却忽视了孩子在归属与爱、尊重和自我实现方面的更高层次需求。例如，当孩子取得好成绩时，家长可能只会给予金钱奖励，而不是表达对孩子的情感支持和认可，这可能导致孩子感到孤独和不被理解。从社会学层面分析，经济型教育模式可能与家庭的经济条件、社会竞争压力以及家长自身的成长经历有关。

沟通方式：与经济型家长沟通时，辅导员需要以一种理解、耐心和尊重的态度来引导他们认识到金钱激励的局限性，并帮助他们探索更加全面和有效的教育方式。辅导员可以肯定家长对孩子教育的重视和投入，然后指出金钱激励可能带来的负面影响，如削弱孩子的内在学习动力、导致孩子对金钱的过度依赖等。在沟通过程中，辅导员可以引入“内在动机”理论来支持自己的观点，强调孩子对学习本身的兴趣和好奇心是持续学习的关键。辅导员可以分享一些研究案例，说明内在动机比外在动机更能促进孩子的长期发展和学业成就。辅导员可以结合“情感支持”理论，强调家长在孩子成长过程中的情感支持和陪伴对孩子心理健康的重要性。辅导员可以鼓励经济型家长尝试更加全面和多元化的激励方式，如给予孩子更多的情感支持和认可、与孩子共同设定学习目标和计划、鼓励孩子参与感兴趣的课外活动或志愿服务等。这些方式不仅可以满足孩子的精神需求，还能增强孩子的内在学习动力和社会责任感。此外，辅导员还可以与家长一起探讨如何培养孩子的自律性和责任感，帮助孩子建立正确的价值观和人生观。

2. 面对特殊家庭家长的沟通策略

(1) 单亲家庭

单亲家庭的孩子往往面临更多的心理压力和挑战。辅导员在与单亲家庭沟通时，需要给予更多的关爱和支持。首先，辅导员要了解单亲家庭的实际情况和困难，帮助他们解决一些实际问题。其次，辅导员要与单亲家长保持密切联系，共同关注孩子的成长情况。在沟通时，辅导员可以采用倾听和理解的方式，给予单亲家长情感上的支持和安慰。最后，辅导员可以提供一些实用的家庭教育建议和资源，帮助单亲家长更好地教育和照顾孩子。

(2) 双职工家庭

双职工家庭的孩子可能面对缺乏陪伴和关注的问题。辅导员在与双职工家庭沟通时，需要引导他们认识到陪伴孩子的重要性。首先，辅导员可以了解双职工家庭的工作时间和孩子的作息安排，帮助他们制订合理的家庭教育计划。其次，辅导员可以与双职工家长共同探讨一些有效的陪伴方式，如共同参与孩子的课外活动、利用周末时间进行亲子阅读等。在沟通时，辅导员可以采用鼓励和引导的方式，激发双职工家长的教育热情。

(3) 隔代抚养家庭

隔代抚养家庭的孩子可能面对代沟和沟通障碍的问题。辅导员在与隔代抚养家庭沟通时，需要尊重老人的教育方式和经验，同时要引导他们更新教育观念和方法。首先，辅导员可以了解老人的文化背景和教育经历，尊重他们的教育选择。其次，辅导员可以与老人共同探讨一些适合孩子的教育方法和资源，如利用现代科技手段进行亲子沟通、引导孩子参与社会实践等。在沟通时，辅导员可以采用耐心和细致的方式，帮助老人理解和接受新的教育理念和方法。

(4) 特殊需求家庭

特殊需求家庭的孩子可能面对身体或智力上的障碍问题。辅导员在与特殊需求家庭沟通时，需要给予他们更多的关注和支持。首先，辅导员要了解孩子的具体情况和需求，帮助他们制订个性化的教育方案。其次，辅导员要与特殊需求家庭保持密切联系，共同关注孩子的成长情况。在沟通时，辅导员可以采用理解和尊重的方式，给予特殊需求家庭情感上的支持和安慰。辅导员还可以提供一些专业的教育建议和资源，帮助他们更好地教育和照顾孩子。

3. 针对不同问题的沟通策略

在高校辅导员的工作中，与家长沟通是至关重要的一环。家长是学生成长的重要支持力量，辅导员则是学生在校期间的引导者和管理者。有效的家校沟通能够帮助辅导员更好地了解学生，为学生提供更有针对性的指导和支持，同时能增强家长对学校工作的理解与配合力度。然而，由于每个家庭的背景、教育观念、学生情况等各不相同，辅导员在与家长沟通时会面对各种不同类型的问题。

(1) 学习动力与兴趣问题

问题表现：这类问题主要体现在学生对学习缺乏积极性，对专业课程不感兴趣，甚至出现逃课、挂科等现象。家长往往对此感到焦虑和困惑，不知道如何激发孩子的学习动力。

沟通策略：一是深入了解学生兴趣。辅导员应与学生进行一对一的交流，了解他们的兴趣爱好和职业规划，从而找到与专业学习的结合点，激发学习动力。例如，如果学生对艺术设计感兴趣，辅导员可以引导他将这个兴趣与所学专业相结合，如在相关课程中选择艺术设计方面的课题进行研究。二是与家长共同制订学习计划。根据学生的兴趣和学习情况，辅导员与家长共同制订个性化的学习计划。计划中应明确学习目标、时间安排和奖惩机制，以增强学生的学习动力和自律性。例如，设定每学期需要达到的绩点目标，以及为了实现这个目标需要完成的学习任务和时间安排，同时约定如果达到目标给予一定的奖励（如一次家庭旅游或购买心仪的书籍），等等。三是分享学习方法与资源。辅导员向家长和学生分享有效的学习方法和学习资源（如推荐相关的学习书籍、在线课程、学术讲座等），帮助学生拓宽学习渠道，提高学习效率。例如，针对某一专业课程，推荐一些知名的在线学习平台上的相关课程，让学生在课余时间进行补充学习，加深对课程内容的理解。

(2) 行为纪律问题

问题表现：学生在校园生活中可能出现违反校规校纪的行为，如迟到、早退、旷课、考试作弊、宿舍违规用电等。家长可能对学生的这些行为感到失望和愤怒，但又不知如何正确引导和纠正。

沟通策略：一是明确纪律要求与后果。辅导员应向家长和学生明确宣传学校的纪律要求和违反纪律的后果，让学生清楚地认识到自己的行为所带来的影响和责任。例如，详细解读学校的考勤制度、考试违规处理办法和宿舍管理规定等，让学生明白迟到、旷课、考试作弊等行为会受到相应的纪律处分（如警告、记过、留校察看等），这些处分会记录在学生的学籍档案中，对其未来发展产生不良影响。二是了解行为背后的原因。与家长一起探讨学生出现行为纪律问题的原因，是学习压力过大、对规则意识淡薄还是其他心理问题导致的。例如，学生可能因为对某一课程难度过大感到压力，从而产生逃避心理而旷课；或者学生可能因为缺乏对规则的重视，认为偶尔迟到、早退没什么大不了，而养成不良习惯。针对不同原因，制订相应的解决方案。三是家校联动监督与引导。建立家校联动的监督机制，辅导员与家长保持密切沟通，共同关注学生的行为表现。家长可以在家中加强对孩子的纪律教育和监督，辅导员则在学校中及时发现和纠正学生的违纪行为，并给予适当的引导和教育。例如，家长可以定期检查孩子的作业完成情况和作息时间，辅导员可以在课堂上和校园活动中关注学生的出勤和表现，及时与家长反馈沟通，共同督促学生养成良好的行为习惯。

（3）人际交往问题

问题表现：学生在与同学、老师或室友的相处中可能出现矛盾和冲突，如与同学发生口角、与老师意见不合、与室友关系紧张等。这些问题会影响学生的学习和生活情绪，甚至可能导致孤立和心理问题。

沟通策略：一是倾听学生的心声。辅导员应给予学生充分的倾听机会，让他们表达在人际交往中遇到的问题和感受，从而了解事情的全貌和学生的心理状态。例如，当学生与室友发生矛盾时，辅导员可以安排一个合适的时间和空间，让学生详细讲述事情的经过和自己的感受，辅导员在倾听过程中给予适当的回应和共情，让学生感受到被理解和支持。二是教授人际交往技巧。针对学生在人际交往中出现的问题，辅导员可以向学生和家长传授一些实用的人际交往技巧，如沟通技巧、解决冲突技巧、团队合作技巧等。例如，通过组织人际交往主题的班会或工作坊，邀请专业的心理咨询师或社交专家进行讲解和指导，让学生在模拟情境中学习如何与他人有效沟通、化解矛盾和建立良好的人际关系。三是家校共同营造和谐氛围。家长和辅导员应共同营造一个和谐、积极的氛围，鼓励学生积极参与集体活动，增强与同学之间的交流和互动。例如，家长可以在家中组织一些家庭聚会或活动，邀请孩子的同学和朋友参加，让孩子在轻松愉快的氛围中与他人交流和相处；辅导员则可以在学校中组织各类团队活动、社团活动和志愿服务活动，为学生提供更多的社交机会，帮助他们拓展人际关系网络，提高人际交往能力。

（4）心理适应问题

问题表现：学生在进入大学或面临重大生活事件时，可能出现心理适应困难，如焦虑、抑郁、孤独、迷茫等情绪问题。这些情绪问题可能影响学生的学习和生活，甚至导致严重的心理疾病。

沟通策略：一是开展心理健康教育。辅导员应定期开展心理健康教育活动，向学生和家长普及心理健康知识，提高他们对心理问题的认识和重视程度。例如，举办心理健康讲座、心理健康知识竞赛、心理电影展播等活动，让学生和家长了解常见的心理问题及其表现、成因和应对方法，增强他们的心理健康意识和自我调适能力。二是建立心理预警机制。辅导员要建立心理预警机制，密切关注学生的心理状态变化，及时发现潜在的心理问题。辅导员通过与学生日常交流、课堂观察、宿舍走访，收集学生的心理信息，对出现异常情况的学生及时进行干预和辅导。例如，当发现学生情绪低落、行为异常或学习成绩突然下降时，辅导员要及时与学生进行谈心，了解其心理状况，并根据情况采取相应的措施（如安排心理咨询、提供学习支持等）。三是家校协同心理支持。与家长共同为学生提供心理支持，当学生出现心理问题时，辅导员要及时与家长沟通，共同关注孩子的心理状态，给予孩子足够的关爱和支持。家长可以在家中营造一个温馨、和谐的家庭氛围，多与孩子交流沟通，关注孩子的情绪变化，给予孩子情感上的支持和鼓励；辅导员则可以在学校中为学生提供专业的心理辅导和咨询服务，帮助学生缓解心理压力，调整心态，增强心理韧性。

（5）职业规划问题

问题表现：学生在面临职业选择和未来发展时，可能感到迷茫和困惑，不知道自己适合什么样的职业，如何制定职业规划。家长可能对孩子的职业选择有不同的期望和想法，这也会给学生带来一定的压力。

沟通策略：一是职业兴趣与能力评估。辅导员可以为学生提供职业兴趣和能力评估工具，帮助学生了解自己的兴趣爱好、优势能力和个性特点，从而为职业选择提供参考。例如，使用霍兰德职业兴趣测试、MBTI 性格测试等工具，让学生了解自己在不同职业领域的适配度，为制定职业规划提供科学依据。二是职业信息分享与交流。辅导员向学生和家长分享各类职业信息，包括不同职业的发展前景、就业形势、所需技能和素质等，帮助学生拓宽职业视野，了解社会对人才的需求。例如，邀请各行各业的校友或专业人士来校举办职业分享会，介绍他们的职业经历和行业动态；组织学生参加职业招聘会、企业参观等活动，让学生亲身体验职场环境，了解不同职业的工作内容和要求。三是家校共同制定职业规划。辅导员与家长共同参与学生的职业规划制定过程，结合学生的兴趣、能力和家庭背景等因素，为学生制定个性化的职业发展规划。在制定过程中，充分尊重学生的意愿和选择，同时要考虑家长的期望和建议，寻求双方的平衡和共识。例如，辅导员可以组织家长和学生一起参加职业规划工作坊，在专业指导下，共同探讨学生的职业目标、发展路径和行动计划，确保职业规划的科学性和可行性。

（6）家庭环境问题

问题表现：家庭环境对学生的学习和成长有着重要影响，如家庭经济困难、父母离异、家庭氛围紧张等，都可能给学生带来心理压力和生活困扰，影响其在学校的表现。

沟通策略：一是了解家庭实际情况。辅导员要与学生交流，或采用家访等方式，深入了解学生的家庭环境和实际情况，以便更好地理解学生的行为和心理状态。例如，针对家庭经济困难的学生，辅导员可以了解其家庭收入来源、经济压力程度等，以便为其提供相应的资助和帮助。针对父母离异的学生，辅导员可以了解其家庭关系和心理需求，给予更多的关爱和支持。二是提供针对性帮助与支持。根据学生的家庭情况，辅导员与家长共同商讨解决方案，为学生提供针对性的帮助和支持。例如，针对家庭经济困难的学生，辅导员可以帮助其申请助学金、助学贷款或勤工俭学岗位，减轻家庭经济压力；针对父母离异的学生，辅导员可以安排心理辅导，帮助其调整心态，适应家庭变化，也可以与家长沟通，建议他们尽量减少家庭矛盾对孩子的影响，给予孩子更多的关爱和陪伴。三是家校共同营造积极氛围。辅导员与家长共同努力，为学生营造一个积极、健康的家庭和学校氛围，帮助学生克服家庭环境带来的负面影响。例如，家长可以在家中营造一个温馨、和谐的家庭氛围，多与孩子交流沟通，关注孩子的情绪变化，给予孩子情感上的支持和鼓励；辅导员则可以在学校中组织各类关爱活动、心理辅导活动和成长小组活动，为学生提供一个支持性的成长环境，帮助他们树立积极向上的人生态度。

他山之石

心理危机干预中的“知情同意”与“隐私保护”原则

在心理危机干预中，“知情同意”与“隐私保护”是两个至关重要的伦理原则，它们不仅保障了学生的权益，也为辅导员与家长之间的沟通提供了坚实的基础。

“知情同意”原则是心理危机干预中的重要伦理要求，其核心在于尊重学生的自主性，确保学生及其家长在充分了解干预的性质、目的、方法、潜在风险和收益后，自主决定是否接受干预。这个原则的重要性体现在多个方面：首先，它尊重了学生及其家庭的自主权，让他们能够基于充分的信息做出决策；其次，透明的信息沟通可以增强家长对学校和辅导员的信任，减少因信息不对称而产生的误解和抵触情绪。

在实施“知情同意”时，辅导员需要做到以下几点：

(1) 提供详细信息：向学生及其家长详细介绍干预的性质、目的、方法、潜在风险和收益。例如，解释心理干预的具体方式（如认知行为疗法、艺术治疗等），以及干预可能带来的好处（如情绪改善、学业进步）和潜在风险（如初期情绪波动）。

(2) 书面同意：要求学生及其家长签署知情同意书，明确记录干预的详细信息、隐私保护措施以及家长和学生的签字确认。这不仅是伦理要求，也是法律保护的依据。

(3) 持续沟通：即使签署了知情同意书，辅导员仍需在干预过程中保持与家长的沟通，及时反馈干预进展，并在必要时重新获得同意。例如，如果干预计划需要调整，应再次向家长说明调整的原因和内容，并获得新的同意。

“隐私保护”原则同样至关重要，它要求在心理干预过程中严格保护学生个人信息和干预内容的保密性。心理干预涉及学生的敏感信息，如心理健康状况、家庭背景、治疗过程等，这些信息必须得到严格保护，以防止泄露对学生造成伤害。隐私保护的重要性在于保障学生的基本权益，减少家长因担心隐私泄露而产生的抵触情绪，同时维护学校和辅导员的专业性。在实施隐私保护时，辅导员需要做到以下几点：

（1）明确保密范围：向学生和家长明确说明哪些信息属于保密范围，如心理评估结果、咨询过程中的具体内容，以及学生的个人信息等。

（2）说明例外情况：需要向学生和家长说明隐私保护的例外情况，如当学生存在自杀风险或可能对他人造成伤害时，信息可能需要被披露。

（3）信息管理：确保所有涉及学生隐私的信息都得到妥善管理。例如，咨询记录应存放在安全的地方，电子记录应加密存储，避免数据泄露。在必要的情况下，信息的披露应严格遵守法律和伦理要求。

在实际案例中，这两个原则的遵守至关重要。例如，小雨的父亲最初对辅导员的建议存在抵触情绪，其部分原因是担心女儿的心理问题被泄露后会受到歧视。如果辅导员在与小雨父亲沟通时，能够明确践行“知情同意”与“隐私保护”这两个原则，就会更早地赢得家长的信任。向小雨父亲详细介绍心理干预的必要性和方法，提供知情同意书，并解释干预的潜在收益和风险，可以让家长感受到学校的专业性和透明度。同时，强调学校会严格保护小雨的隐私，除非涉及安全问题，否则不会向任何人透露干预内容，这种明确的承诺可以有效减轻家长的担忧。

案例要点分析

在高校辅导员的日常工作中，面对心理危机学生的家长不接受建议是较为常见的挑战。这种情况下，辅导员需要采取更加细致、耐心且富有策略性的方法来开展工作，以确保学生能够得到有效的帮助和支持。面对这种类型家长，辅导员在日常开展工作时可从以下几个方面入手：

（1）洞察家长顾虑，理解心理根源。在与心理危机学生的家长沟通时，辅导员需要深入了解家长的顾虑和心理。许多家长对心理问题存在误解，担心孩子在被贴上“心理疾病”的标签后会受到歧视。因此，辅导员在沟通初期应通过倾听、保持同理心，理解家长的担忧，从而找到沟通的切入点。例如，可以先与家长进行一次深入的交流，了解他们对心理问题的看法和担忧，然后有针对性地进行解释和引导。通过这种方式，辅导员不仅能更好地理解家长的心理状态，还能为后续的沟通打下良好的基础。

(2) 展示专业能力，建立信任桥梁。家长对辅导员或学校不信任的一个重要原因是缺少对学校专业性的了解。因此，辅导员需要在沟通中展示学校在心理健康教育方面的专业能力，包括心理咨询师的资质、心理咨询的保密性以及过往的成功案例等。这些信息能让家长感到学校对学生的关心和专业支持。例如，辅导员可以向家长介绍学校的心理健康教育体系，包括专业的心理咨询团队、丰富的心理辅导经验以及严格的保密制度。同时，辅导员可以分享一些成功帮助学生康复的案例（注意保护学生隐私），以增强家长的信心。

(3) 采用多元沟通，适应家长需求。在与家长沟通时，辅导员应采用多元化的沟通方式，以适应不同家长的需求和偏好。除了传统的电话沟通外，还可以通过书面信件、电子邮件、线上会议等方式进行交流。书面沟通不仅可以帮助家长更清楚地了解学校的观点和建议，还能减少面对面沟通时可能产生的紧张情绪。此外，辅导员可以邀请家长参加学校组织的心理健康讲座或家长培训活动，通过这种方式，家长可以更直观地了解心理问题的相关知识和应对方法。这种“间接沟通”的方式往往能有效缓解家长的抵触情绪。

(4) 以学生为纽带，逐步赢得信任。当家长对辅导员的建议存在抵触情绪时，辅导员可以通过学生作为沟通的纽带，间接影响家长的态度。辅导员可以在尊重学生隐私的前提下，与学生建立良好的信任关系，鼓励学生主动与家长沟通自己的需求和感受。同时，辅导员可以向家长反馈学生在校的积极表现和进步，让家长看到学校对学生的关心和支持。例如，在案例中，辅导员通过帮助小雨争取网课后的补修补考机会等方式，逐步赢得了家长的信任。这种“以行动赢得信任”的策略非常有效，能够让家长感受到辅导员的诚意和专业性。

(5) 制定灵活策略，推动家长接受。面对心理危机学生，辅导员需要制定灵活且个性化的帮扶策略。对于家长不接受建议的情况，辅导员可以先从家长能够接受的方面入手，逐步引导家长接受更全面的干预措施。例如，家长可能不愿意让孩子接受心理咨询，但可能愿意让孩子参加一些心理拓展活动或兴趣小组。辅导员可以从这些方面入手，逐步引导家长接受更专业的心理支持。此外，辅导员可以与家长共同制定一个阶段性目标，如先帮助学生恢复学业，再逐步解决心理问题。这种方式能让家长感到学校和辅导员的诚意，从而更容易接受后续的建议。

(6) 引入第三方支持，增强专业说服力。当家长对辅导员的建议存在严重抵触情绪时，辅导员可以考虑引入第三方支持。例如，邀请学校的心理咨询师或专业医生与家长进行沟通，从专业的角度解释心理问题的严重性和干预的必要性。第三方的专业性往往更容易被家长接受，能够有效缓解家长的抵触情绪。此外，辅导员还可以与家长共同参加学校组织的心理健康咨询活动，通过专家的讲解和指导，帮助家长更好地理解心理问题的应对方法。

（7）保持耐心同理，缓解抵触情绪。面对家长的不接受和抵触，辅导员需要始终保持耐心和同理心。家长的抵触情绪往往源于他们对心理问题的误解和对孩子的过度保护。因此，辅导员在沟通中要避免指责或批评，而是以理解和关心的态度对待家长，让他们感受到辅导员的真诚和善意。例如，当家长对学校的做法表示质疑时，辅导员可以耐心地解释学校的初衷和目标，同时表达对家长的尊重和理解。通过这种方式，逐步缓解家长的抵触情绪，赢得他们的信任。

（8）建立长期机制，巩固家校合作。家校合作是帮助心理危机学生康复的关键。辅导员需要建立长期的家校沟通机制，定期与家长保持联系，及时反馈学生在校的情况，同时了解学生在家的表现。通过定期的沟通，家长可以感受到学校对学生的持续关注和支持，从而增强家长对学校的信任。例如，辅导员可以定期通过电话或微信与家长沟通，每个月或每个季度安排一次面对面的家长会，共同讨论学生的康复进展和下一步计划。这种长期的沟通机制能够有效增强家校之间的合作，为学生的康复提供有力支持。

第三节 高效的家校沟通

案例导入

小林的蜕变：高效沟通在家校合作中的作用

在两年前的那个九月，新生报到前的准备工作正如火如荼地进行。为了初步了解新生，掌握未来学生骨干的基本情况，我决定让有意竞选班干部的学生提前向我发送个人简历。在众多简历中，小林的简历尤为引人注目。

小林在简历中表达了自己竞选班级心理委员的强烈意愿，并坦诚地提到自己的抑郁症病史：在高中阶段，由于学业压力巨大，他陷入了长时间的焦虑，最终转化为抑郁。然而，他并没有放弃，而是利用暑假时间积极调整心态，通过阅读心理学书籍，坚持服药，定期做心理咨询，逐渐找回了自我。小林在自我陈述中流露出对心理学的热爱和一定的知识基础，这让我深感欣慰。

看到小林的简历，我既感动又担忧。我深知，抑郁症病史可能给小林带来一定的心理压力，但他的勇气和决心让我觉得他有潜力成为一名优秀的心理委员。为了更好地了解小林的情况，我决定第一时间与他的家长取得联系。

电话接通后，我温和地说道："您好，我是小林的辅导员赵老师，我刚刚看了小林的简历，了解到他在高中经历了一些心理上的挑战，但现在已经调整得很好。我想向您了解一下他在家的情况，看看学校这边能提供哪些支持。"

小林的妈妈在电话那头显得有些犹豫，但还是坦诚地说道："赵老师，您好。小林在高中时期确实经历了一段艰难的时光，那时候他压力特别大，整个人都变得沉默寡言。不过经过一段时间的调整，他的情绪已经稳定多了。他平时特别喜欢看心理学的书，总对我说他对心理学知识特别感兴趣。”

听后，我更加坚定了让小林担任班级心理委员的想法。我认为，小林不仅有着丰富的心理学知识，更有战胜心理疾病的勇气和决心，他完全有能力在班级中担任“心理委员”的工作，可以为同学们提供心理健康方面的帮助。于是，我在电话中对小林的妈妈说道：“小林妈妈，我觉得小林的经历和他对心理学的热爱，让他特别适合担任班级心理委员。他可以利用自己的经验，帮助同学们解决心理上的困惑。当然，我们也会密切关注他的状态，确保他不会因为这个角色而感到压力过大。”

小林的妈妈听后，有些惊喜地说道：“赵老师，您真的这么认为吗？其实我们也挺担心他，怕他因为过去的经历而在大学里受到歧视。不过，如果他能做自己喜欢的事情，那我们当然全力支持。”

我连忙说道：“小林妈妈，您放心。我们学校非常重视学生的心理健康，也会为小林提供必要的支持。我相信他在大学里会越来越好的。”

开学后，我对小林进行了悉心的指导，帮助他克服自身的困难，逐步适应大学生活。我经常与小林谈心，了解他的学习和生活情况，鼓励他积极参与班级活动。有一次，我在办公室里对小林说道：“小林，你的班级心理委员工作做得很好。同学们都很信任你，愿意向你倾诉他们的烦恼。你也要注意自己的情绪，不要给自己施加太大的压力。”小林听后，感激地说道：“赵老师，谢谢您的关心。我真的很喜欢这个角色，能帮助同学们解决心理问题，我自己也感到很开心。我会注意自己的情绪的，您放心。”

然而，事情并没有想象中那么顺利。在开学后不久，小林在班级心理委员的工作中遇到了一些挑战。小林在日常交流中跟同学们透露过自己有抑郁症史的事情，一些同学对他的病情表示担忧，甚至有人在背后议论，这让小林感到非常沮丧。他开始怀疑自己的选择，甚至想要放弃心理委员的工作。我发现这一情况后，及时与小林进行了沟通，鼓励他要坚持下去，并表示会与家长一起帮助他渡过难关。

我把小林叫到办公室，关切地问道：“小林，我听说你最近在班级里遇到了一些困难，是不是有些同学对你的病史有误解？”

小林低着头，有些沮丧地说道：“赵老师，我不知道该怎么办。有些同学在背后议论我，说我可能不适合担任心理委员。我是不是真的做不好这个工作？”

我轻轻地拍了拍小林的肩膀，鼓励道：“小林，你不要因为别人的误解就轻易放弃。你的经历和能力让你特别适合这个角色。那些议论你的人，只是因为他们不了解你。你要相信自己，也要相信老师和同学们会支持你。”

小林听后，抬起头来，眼中闪过一丝坚定：“赵老师，谢谢您。我会努力的，不会轻易放弃。”

随后，我再次与小林的家长进行了深入的交流，详细说明了小林在班级中遇到的情况。家长听后非常心疼，但也表示理解和支持。他们决定给予小林更多的鼓励和支持，同时会与我保持密切联系，共同关注小林的心理状态。小林的妈妈在电话中对我说：“赵老师，我们真的很感谢您对小林的关心和帮助。他在家的时候，我们也会多鼓励他，让他知道我们一直在支持他。”

在家长和我的共同努力下，小林逐渐调整了自己的心态，重新找回了自信。他没有辜负我的期望，不仅在学业上取得了优异的成绩，还积极投身班级心理建设工作。他经常利用课余时间组织心理健康主题班会，与同学们分享自己的经历和心理学知识，帮助他们解决心理困惑。在他的带领下，班级的氛围变得更加和谐，同学们之间的关系也更加融洽，成为同学们心中的“心理小达人”。

案例综合点评

本案例讲述了高校辅导员在通过有效的家校沟通，帮助学生克服心理障碍，促进学生全面发展的工作情况；展示出辅导员在面对学生心理问题时，通过与家长的紧密合作，共同为学生提供支持和帮助的工作技巧，体现家校沟通在学生心理健康教育中的重要作用。

该案例中有四个值得关注和探讨的点：一是辅导员的主动沟通。赵老师在了解到小林的情况后，第一时间与家长取得联系，主动了解小林的家庭背景和心理状态，体现了辅导员对学生心理健康的高度重视和责任感。二是家长的积极参与。小林的家长在得知学校对小林的关注后，表示全力支持，并在家中给予小林更多的鼓励和支持，体现了家长在学生心理健康教育中的重要作用。三是学生的自我成长。小林在担任班级心理委员的过程中，虽然遇到了一些挑战和误解，但在辅导员和家长的鼓励下，逐渐调整心态，重新找回了自信，体现了学生在面对困难时的自我成长和心理韧性。四是家校沟通的持续性。赵老师在小林遇到困难时，再次与家长进行深入沟通，共同关注小林的心理状态，体现了家校沟通的持续性和重要性。

在本案例中，辅导员赵老师有诸多值得肯定的做法。

（1）主动了解学生情况。赵老师在新生报到前，用学生提交个人简历的方式，提前了解新生的基本情况，特别是小林的抑郁症病史。这体现了赵老师对学生心理健康的高度重视和责任感。通过采取这种方式，赵老师提前掌握了学生的心理状态，为后续的沟通和支持奠定了基础。

（2）及时与家长沟通。赵老师在了解到小林的情况后，第一时间与家长取得联系，详细询问小林的家庭背景和心理状态。这种主动沟通的态度不仅让家长感到学校对学生的关心，也为家校合作创造出良好的开端。通过与家长的深入交流，赵老师全面地了解小林的情况，从而制定出更有效的支持策略。

（3）积极鼓励学生。赵老师在与小林的交流中，多次鼓励他积极参与班级活动，担任心理委员，帮助同学们解决心理问题。这种鼓励不仅增强了小林的自信心，也让他在班级中找到了自己的位置。赵老师的信任和支持让小林感受到被认可，从而更加积极地面对学习和生活中的挑战。

（4）持续关注学生状态。赵老师在小林遇到困难时，及时与他进行沟通，了解他的心理状态，并再次与家长进行深入交流。这种持续关注的态度体现了赵老师对学生的关心和负责。通过及时的沟通和反馈，赵老师能够帮助小林调整心态，重新找回自信。

（5）家校合作共同支持。赵老师与小林的家长建立了良好的合作关系，共同为小林提供支持和帮助。这种家校合作的方式不仅让家长感受到学校对学生的关心，也为小林提供了更全面的支持。通过家校合作，赵老师能够更好地了解小林的家庭环境和心理状态，从而制定更有效的支持策略。

有理有据

一、家校沟通的关键要素

1. 相互尊重：家校沟通的基石

（1）尊重双方角色与贡献的理论根源

从社会学的角色理论来看，家长和学校在学生教育过程中分别扮演着不同的角色，各自具有独特的功能与价值。家长作为孩子的第一任老师，在家庭环境中通过日常生活的点滴互动，对孩子进行着潜移默化的价值观、生活习惯与情感态度的培养，这种早期的社会化过程对孩子的人格塑造起着基础性的作用。班杜拉的社会学习理论强调了观察学习在个体发展中的重要性，孩子在家庭中通过观察父母的行为举止、应对方式等，习得了大量的社会行为模式。

学校是专门的教育机构，依据教育教学的专业理论与实践体系，为学生提供系统的知识传授、技能训练，以及社会规范教育。学校教育具有规模性、系统性与专业性等特点。教师凭借其专业素养与教育教学方法，在班级授课制的环境下，促进学生在学业上的进步与综合素质的提升。正如涂尔干指出的，学校是社会的缩影。在学校里，学生不仅学习知识，还学习如何在群体中与他人相处、遵守社会规则等。因此，家长与学校的角色相互补充，共同构成了学生完整的教育生态系统。

在教育伦理学中，尊重是一种基本的道德原则。教师尊重家长的角色与贡献，体现了教育者对多元教育主体的认可与包容。这有助于建立良好的家校关系，为后续的沟通与合作奠定起积极的道德基础。教师尊重家长在孩子兴趣培养方面的独特作用，能够更好地引导学生在学校与家庭中保持学习与发展的连贯性。

(2) 建立平等沟通关系的理论支撑

平等沟通关系符合现代教育民主理念的要求。在民主教育理论中，教育过程应该是平等主体之间的互动与合作。家长与教师作为学生教育的共同参与者，享有平等的话语权与决策权。这种平等性有助于激发双方的积极性与创造性，促进信息的充分交流与共享。罗杰斯的人本主义教育理论强调了师生之间、家校之间的平等关系对于促进学生自我实现的重要性。当家长与教师处于平等地位时，他们能够更加开放地表达自己的观点与想法，共同探讨最适合学生的教育策略。

从社会互动理论角度看，平等的沟通关系能够促进积极的社会互动效应。双方在互动中相互影响、相互学习，不断调整自己的教育行为与观念。例如，家长可能在工作领域具有独特的经验与资源，教师可以从中汲取有益的元素融入教育教学，教师的专业教育知识与方法也能够为家长提供家庭教育的参考与启示。这种平等互动有助于打破传统的家校界限，形成全方位的教育合作网络。

2. 理性：家校沟通的桥梁

(1) 保持冷静与客观的理论依据

情绪智力理论表明，个体在面对复杂情境时，能够有效地识别、理解和管理自己的情绪以及他人的情绪是至关重要的。在家校沟通中，教师和家长都需要运用情绪智力来保持冷静与客观。当遇到分歧或争议时（如对学生的评价差异或教育方式的不同），如果双方不能控制情绪，可能导致沟通的失败；通过情绪智力的调节，双方就能够以理性的思维分析问题的实质，避免因情绪冲动而产生的误解与冲突。

从认知心理学的角度来看，冷静与客观的态度有助于提高信息加工的准确性。人们在情绪激动时，往往会出现认知偏差，如选择性注意、过度概括等。保持冷静，能够使双方全面、客观地收集和分析与学生教育相关的信息，从而更准确地把握问题的根源。例如，在处理学生成绩下滑的问题时，家长和教师如果能够冷静客观地分析学生的学习态度、家庭环境变化、学校教学安排等多方面因素，而不是指责或推诿，就能够制订出更有针对性的解决方案。

(2) 基于事实与逻辑进行沟通的理论阐释

实证主义教育理论强调教育决策与沟通应该建立在可靠的事实依据之上。在家校沟通中，双方提供的信息必须真实、准确、可验证。例如，在讨论学生的行为问题时，教师不能仅凭主观印象或个别事例就对学生进行定性评价，而应该提供详细的观察记录、学生的作业表现、与同学的互动情况等事实依据；家长也应该如实反馈学生在家中的行为习惯、学习时间安排等信息。

逻辑思维在沟通中起着组织和引导信息的作用。根据逻辑推理的原则，双方的观点和结论应该有合理的前提和论证过程。例如，在探讨是否为学生增加课外辅导时，不能仅仅因为其他学生都在参加就盲目跟风，而应该从学生的学习需求、现有学习水平、时间精力分配等多方面进行分析，权衡利弊后做出合理的决策。

(3) 寻求双赢解决方案的理论导向

博弈论中的合作博弈理念为家校寻求双赢解决方案提供了理论框架。在家校沟通中，家长和学校可以被看作两个博弈参与者，他们的目标都是促进学生的成长，但在具体的教育策略、资源分配等方面可能存在分歧。通过合作博弈，双方能够在相互协商、妥协的基础上，找到双方利益最大化的解决方案。例如，在学校活动安排与家庭度假计划冲突时，双方可以通过调整时间、灵活安排任务等方式，既保证学校活动的顺利开展，又满足家庭休闲与亲子互动的需求。

该理论认为，学生具有多种智能（如语言智能、逻辑-数学智能、人际智能等），也为双赢解决方案提供了思路：家校双方可以根据学生的多元智能特点，共同制订个性化的教育计划。学校在学科教学中注重培养学生的学术智能，家庭则在日常生活中通过亲子活动、社会实践等方式发掘和培养学生的其他智能，从而实现学生全面发展的双赢目标。

(4) 针对不同类型家长采用不同沟通方式的理论解析

因材施教理论不仅适用于学生教育，也可应用于家校沟通中的家长应对。对于素质较高、容易共情的家长，他们具有较强的理解能力和自我反思能力。教师可以采用开放、深入的沟通方式，与家长共同构建对学生教育问题的理解与解决方案。双方基于平等对话与知识共享，充分发挥各自的优势，为学生创造更优质的教育环境。

根据行为矫正理论，对于溺爱孩子的家长，教师先要肯定孩子的积极行为，以强化其正面表现；然后温和地指出不足，并通过具体事例分析溺爱行为对孩子长期发展的潜在危害。例如，过度溺爱可能导致孩子缺乏独立性与挫折承受能力，依据埃里克森的人格发展理论，这会影响孩子在自主性与自我同一性等阶段的顺利发展。教师通过科学的教育理论与实际案例相结合，引导家长逐步调整教育方式。

针对不关注家庭教育的家长，社会支持理论可以为我们提供启示。教师要让家长认识到家庭作为学生社会支持系统的重要组成部分，其教育支持对学生的心理健康、学业成就等有着深远影响。教师向家长介绍相关研究成果（如家庭教养方式与学生学业成绩的相关性研究成果），使家长明白自己在孩子教育中的不可替代的责任，从而激发其主动参与家庭教育与家校沟通的意识。

针对蛮不讲理的家长，冲突管理理论中的回避策略是一种有效的应对方式。在家长情绪激动、难以沟通时，暂时回避可以避免冲突的升级，给双方冷静思考的时间。待家长情绪平复后，选择合适的时机与环境（如在学校的家长接待室），以平和的态度重新开启沟通，营造有利于理性交流的氛围，逐步解决问题。

3. 倾听：家校沟通的艺术

(1) 耐心倾听的理论内涵

积极倾听理论强调倾听者不仅要听到对方的话语，还要理解其背后的情感与意图。在家校沟通中，教师的耐心倾听体现了对家长（意见和感受）的尊重。从人本主义心理学的角度来看，每个人都有表达自己观点和情感的需求，当教师耐心倾听家长时，满足了家长的这种心理需求，有助于建立良好的人际关系。例如，家长在讲述孩子在家中的学习困难时，可能夹杂着焦虑、无奈等情绪，教师耐心倾听并给予情感回应，能够让家长感到被理解与支持，从而增强家校合作的意愿。

(2) 诚意与尊重在倾听中的理论体现

社会交换理论认为，人与人之间的互动是一种交换关系，包括情感、信息等的交换。在倾听过程中，教师通过点头、微笑、重复对方话语等方式表达诚意与尊重，是一种积极的情感交换。这种情感交换能够促进家长与教师之间信任关系的建立。例如，家长在感到教师的尊重后，更愿意分享家庭的一些隐私信息（如家庭关系对孩子学习态度的影响等），这些信息对于教师全面了解学生、制订个性化教育方案具有重要价值。

(3) 及时反馈与回应的理论意义

反馈理论在教育沟通中具有重要地位。教师对家长意见的及时反馈是一种信息回路的建立，让家长了解自己的意见是否被接收和重视。对于合理建议的采纳与感谢，符合激励理论的原则，能够增强家长继续参与家校沟通、提供建设性意见的动力；对于不合理建议的理性解释，则有助于家长更新教育观念，提高其教育认知。例如，当家长提出增加作业量以提高学生成绩的不合理建议时，教师可以依据教育心理学中关于学习负担与学习效果的关系研究结论进行耐心解释，引导家长应关注学生的全面发展而不是单纯的成绩提升。

4. 专业：家校沟通的力量

(1) 提升专业素养与教育能力的理论驱动

教师专业发展理论指出，教师的专业素养与教育能力是一个不断发展和完善的过程。在当今知识快速更新、教育理念不断创新的时代背景下，教师需要持续学习和实践，以适应不断变化的教育需求。例如，建构主义教育理论强调学生的主动建构学习过程，教师需要掌握相应的教学方法（如情境创设、合作学习等），才能更好地引导学生学习。通过参加专业培训、教育研究等活动，教师不断更新完善自己的教育知识体系，提升教育教学技能，从而在家校沟通中能够以专业权威的形象为家长提供科学的教育指导。

(2) 运用专业知识解答家长疑惑的理论依托

教育科学理论为教师解答家长疑惑提供了丰富的资源。例如，发展心理学关于儿童身心发展规律的研究成果，可以帮助教师解释学生在不同年龄阶段的行为特点、学习能力变化等问题。当家长对孩子的青春期叛逆行为感到困惑时，教师可以依据青少年心理发展的特点（如自我意识增强、情绪波动较大等）向家长提供应对策略，如加强沟通技巧、给予适当自主权等。同时，应用学科教学知识能够让教师针对学生的学业问题进行专业分析，如学生在数学学习中遇到困难，教师可以从数学认知规律、教学方法优化等方面为家长提供指导。

（3）建立专业家校沟通平台的理论价值

教育信息化理论为建立专业家校沟通平台提供了技术支撑与理论指导。通过信息技术手段（如移动应用程序、在线教育平台等），实现家校沟通的数字化、便捷化与高效化。例如，学习管理系统（LMS）理论可以应用于家校沟通平台的功能设计，家长可以通过平台查看学生的学习进度、作业完成情况、考试成绩等学习数据，教师也可以及时发布教学资源、教学计划等信息。这种基于信息技术的沟通平台打破了时间与空间的限制，促进了家校之间的实时互动与信息共享，提高了家校沟通的效率与质量。

5．换位思考：家校沟通的灵魂

（1）站在对方角度思考问题的理论根基

共情理论是换位思考的核心理论依据。共情是指个体能够理解和感受他人的情感、观点和处境。在家校沟通中，教师与家长通过共情，能够深入了解对方的需求与关切。例如，教师站在家长的角度，能够体会家长对孩子未来的担忧、对孩子在学校生活的关心，以及对家庭教育投入的期望回报等。家长站在教师的角度，能够理解教师面临的教学任务压力、班级管理的复杂性，以及教育评价的挑战等。这种共情能力有助于双方建立情感联系，减少沟通障碍。

从社会角色理论来看，角色选择能力也是换位思考的重要基础。个体能够想象自己处于对方的角色位置，从而更好地理解对方的行为逻辑。例如，教师在与家长沟通时，教师通过角色选择，能够明白家长在家庭环境中对孩子教育的独特视角和方式，从而避免片面地评判家长的教育行为；家长通过角色选择，能够理解教师在学校教育中的规范要求和整体教育规划，减少对教师工作的误解与抵触。

（2）增进理解与信任的理论逻辑

人际关系理论中的相互作用分析表明，理解与信任是良好人际关系的重要组成部分。在家校沟通中，换位思考、促进相互理解能够增强双方的信任关系。当教师理解家长的期望与担忧后，会更加注重教育教学工作的针对性与实效性，以满足家长的合理需求；家长理解教师的工作压力与付出后，会更加信任教师的专业判断与教育决策，从而积极配合学校的教育工作。信任修复理论指出，在出现家校沟通误解或冲突时，通过换位思考增进的理解与信任能够为双方修复关系提供良好的心理基础，双方能够以更加积极的态度重新进行有效的沟通与合作。

二、家校沟通的时机与内容

家校沟通的时机与渠道是影响沟通效果的关键因素。高校辅导员应把握恰当的时机，选择适合的渠道，与家长建立稳定、高效的沟通机制。

1. 沟通时机

入学初期：学生刚进入大学，是适应新环境、建立新关系的关键时期。辅导员应在此阶段及时与家长沟通，了解学生的家庭背景、成长经历及性格特点，为后续的个性化教育打下基础；同时，向家长介绍学校的教育理念、管理模式及规章制度，增强家长对学校的认同感和信任感。

学业预警：当学生出现学业困难（如成绩下滑、学分不足等情况）时，辅导员应及时与家长沟通，共同分析原因，制定改进措施。通过家校合力，帮助学生调整学习状态，提高学业成绩。

心理危机：心理危机是影响学生身心健康的重要因素。辅导员应密切关注学生的心理状况，一旦发现异常，应立即与家长取得联系，共同进行心理疏导和危机干预，通过家校合作，为学生提供全方位的心理支持。

重要时间节点：学期初、学期末、节假日等，辅导员应主动与家长沟通，了解学生在家的表现，反馈学生在校的学习生活情况。通过定期沟通，保持家校信息的同步更新，形成教育合力。

2. 沟通内容

学业情况：学业情况是家长关心的问题之一。辅导员应向家长详细介绍学生的学习成绩、学习态度及学习方法等方面的情况，提出针对性的建议和指导；同时，鼓励家长积极参与学生的学习过程，共同促进学生的学业进步。

心理状况：心理状况是影响学生健康成长的重要因素。辅导员应向家长介绍学生的心理健康状况，包括情绪状态、人际关系及压力应对等方面的情况。针对存在心理问题的学生，辅导员应与家长共同制订心理疏导和危机干预方案，为学生提供全方位的心理支持。

生活情况：生活情况是家校沟通的重要内容之一。辅导员应向家长介绍学生的生活习惯、兴趣爱好及社交情况等方面的情况。了解学生的生活情况，有助于辅导员更好地把握学生的思想动态和需求，为学生提供更加个性化的教育和服务。

家庭教育：辅导员应根据学生的实际情况和家长的教育理念，向家长提出针对性的家庭教育建议，包括家庭教育的方法、内容及环境等方面。通过提供科学的家庭教育建议，帮助家长提高家庭教育水平，形成家校共育的良好氛围。

三、家校沟通的渠道与方式

家校沟通的方式与内容直接影响沟通的效果和质量。高校辅导员应采用灵活多样的沟通方式，注重沟通内容的针对性和实效性。

1. 日常沟通渠道

电话沟通：具有即时性、便捷性的特点，是辅导员与家长沟通的重要手段。辅导员可通过电话定期与家长联系，了解学生的思想动态和学习生活状况，及时传递信息，增强互动。比如，辅导员每隔两周拨打一次家长电话，汇报学生近期学习进步、参与活动情况，询问家长在家庭教育中遇到的问题，共同商讨解决方案，确保沟通的持续性和针对性。

网络沟通：随着信息化发展，网络沟通成为主流。辅导员可利用微信、QQ等即时通信工具，与家长建立群聊或私聊关系，快速传递信息并共享资源。同时，学校可搭建家校沟通平台，方便家长查询教育资讯、反馈意见，加强家校联系。例如，建立班级家长微信群，辅导员每天发布学生课程安排、作业要求、校园活动照片视频等信息；家长也可随时在群内咨询问题、反馈意见。

书面沟通：书信、邮件等传统方式，具有正式性与持久性等优点。辅导员通过书面形式与家长交流，明确双方责任义务，留存沟通痕迹为后续工作提供依据。如期末时，辅导员撰写一封书信寄给家长，详细总结学生的学业成绩、获奖情况及存在问题；同时，提出假期学习生活建议，让家长全面了解孩子成长状况，并对新学期抱有期待。

2. 深入沟通方式

家访：家访是辅导员走进学生家庭，与家长面对面交流的重要方式。通过家访，辅导员能够深入了解学生的家庭环境、成长经历和家长的教育观念，为制订个性化的教育方案提供全面的依据。家访也是加强家校联系、建立信任关系的有效途径。例如，辅导员可以定期安排家访，提前与家长预约时间，了解家庭的基本情况和学生的日常表现。在家访过程中，辅导员要耐心倾听家长的诉求和建议，积极解答家长的疑问，并与家长携手制订学生的教育计划。家访结束，辅导员要及时总结家访情况，跟踪学生的教育干预效果，不断提升家校沟通的频度、深度与信度，携手画出立德树人的“最大同心圆”。

家长见面会：是家校沟通的重要形式之一。通过召开家长见面会，辅导员可以向家长介绍学校的教育理念、教学计划、学生工作情况等重要信息，让家长全面了解学校的工作和学生的在校生活。在会期间，家长可以提出自己的意见和建议，与辅导员和其他家长共同探讨学生的教育问题。家长见面会为家校之间的深入交流提供了一个良好的平台，有助于形成教育合力，共同促进学生的成长和发展。例如，每学期开学初，辅导员可以组织一次家长见面会。在会前，辅导员要精心准备发言材料，详细介绍学校本学期的教学安排、学生活动规划和家校合作方式等；在会上，积极鼓励家长发言，认真记录他们提出的问题和建议；并在会后及时反馈和落实相关措施。家长见面会加强了家校之间的联系，增进了家长对学校工作的理解和支持，为学生的发展创造了更好的环境。

他山之石

家校沟通的多元会商模式

多元会商是一种综合性的沟通策略，旨在通过多种渠道和方式，与家长共同探讨和解决学生在学习、生活和心理等方面的问题。这种模式强调家校之间的紧密合作，通过信息共享、共同决策和持续沟通，为学生提供全方位的支持。多元会商模式不限于辅导员与家长之间的沟通，还可以涉及学校其他部门、专业心理咨询师、社会等机构，形成一个协同合作的网络。

在小林的案例中，辅导员赵老师通过多元会商模式，成功帮助小林适应大学生活并担任班级心理委员。赵老师在了解到小林的抑郁症病史后，及时与家长沟通，共同制订了支持计划。在小林遇到困难时，赵老师再次与家长沟通，共同调整支持策略。通过这种多元会商模式，赵老师不仅帮助小林克服了心理障碍，还促进了小林的全面发展。

为什么家校沟通中需要多元会商模式？

信息共享：通过多元会商模式，辅导员可以更全面地了解学生的背景信息，包括既往病史、家庭环境等，从而为学生提供更有针对性的支持。例如，在小林的案例中，辅导员赵老师通过与家长沟通，了解到小林的抑郁症病史和家庭支持情况，为后续的干预提供了重要依据。

共同决策：家长和辅导员共同参与学生的教育和心理支持计划，确保双方的意见和建议都能被充分考虑。这种共同决策的过程不仅能增强家长的参与感，还能提高干预措施的有效性。

持续沟通：通过定期的沟通和反馈，家长和辅导员可以及时了解学生的最新情况，调整支持策略。这种持续沟通体现了辅导员对学生的关心和责任感，也有助于建立家长对学校的信任。

资源整合：多元会商模式能够整合学校、家庭、社会等多方面的资源，为学生提供更全面的支持。例如，学校可以邀请专业心理咨询师参与会商，提供更专业的心理支持。

在实际工作过程中，如何实施多元会商模式呢？

主动了解学生情况：在新生入学前，辅导员可以通过多种方式主动了解学生的基本情况，特别是那些有特殊经历或需要关注的学生。例如，可以让学生提交个人简历或通过问卷调查了解学生的背景信息。

及时与家长沟通：在了解到学生的情况后，辅导员应及时与家长取得联系，了解学生的家庭背景和心理状态。这种主动沟通不仅能让家长感到学校对学生的关心，也能为家校合作建立良好的开端。

共同制订支持计划：在与家长的沟通中，辅导员应与家长共同制订支持计划，明确双方的责任和目标。例如，可以与家长讨论如何在家中给予学生更多的支持，如何在学校中为学生提供必要的帮助。

保持持续沟通：在家长到校沟通后，辅导员应保持与家长的持续沟通，定期向家长反馈学生的情况。持续沟通能让家长感受到学校对学生的持续关注，增强家校合作的效果。

整合多方资源：在必要时，辅导员可以邀请学校的其他部门、专业心理咨询师、社会专业机构等参与会商，形成一个协同合作的网络。

案例要点分析

在高校辅导员的工作内容中，与家长的高效沟通是帮助学生克服心理障碍、促进学生全面发展的重要手段。下面结合小林的案例，从辅导员的视角出发，探讨如何在面对类似情况时，与家长进行高效有效的沟通。

1. 从家长处获取学生过往情况或病史

在新生入学前，辅导员可以通过多种方式主动了解学生的基本情况，特别是那些有特殊经历或需要关注的学生。例如，可以让学生提交个人简历或通过问卷调查了解学生的背景信息。在本案例中，赵老师让学生提交个人简历，提前了解到小林的抑郁症病史及其对心理学知识的热爱，这为后续的沟通和支持奠定了基础。

建立信任关系：在与家长初次沟通时，辅导员应主动介绍自己，并表达对学生的关心和关注。温和、真诚的沟通可让家长感受到学校对学生的重视，从而建立信任关系。例如，赵老师在与小林的家长沟通时，温和地说道："您好，我是小林的辅导员赵老师，我刚刚看了小林的简历，了解到他在高中经历了一些心理上的挑战，但现在已经调整得很好。我想跟您了解一下他在家的情况，看看学校这边能提供哪些支持。"

明确沟通目的：在与家长沟通时，辅导员应明确表达沟通的目的，即为了更好地了解学生，为学生提供更有效的支持和帮助。例如，赵老师在与小林的家长沟通时明确表示："我们非常重视学生的心理健康，希望通过与您的沟通，更好地了解小林的情况，为他提供必要的支持。"

尊重家长意愿：在获取学生过往情况或病史时，辅导员应尊重家长的意愿，避免过度追问或强迫家长提供信息。这种温和的方式可让家长自愿分享相关信息。例如，赵老师在与小林的家长沟通时，尊重家长的意愿，没有过度追问，而是让家长自愿分享小林的情况。

2. 心理风险学生家长打电话时的注意事项

选择合适的时间：当面对心理风险学生的家长时，电话沟通显得尤为重要。辅导员在给家长打电话时，应选择一个合适的时间，避免在家长忙碌或不方便接听电话时打扰，如可以提前发送一条信息，询问家长是否方便接听电话。

保持专业的态度：在电话中，辅导员应保持专业的态度，用温和、真诚的语气与家长沟通，避免使用过于生硬或命令式的语言，应让家长感到尊重和关心。例如，赵老师在与小林的家长打电话时，始终保持温和、真诚的语气，让家长感到学校的关心。

倾听家长的意见：在电话中，辅导员应给予家长充分的发言机会，认真倾听了家长的意见和建议。辅导员通过倾听，了解了家长的担忧和需求，从而更好地制定支持策略。例如，赵老师在跟小林的家长打电话时，认真倾听了家长的担忧，并表示理解和支持。

及时反馈信息：在电话中，辅导员应及时向家长反馈学生在校的情况，包括学习、生活和心理状态。通过及时反馈，家长了解了学生的最新情况，增强家校合作的效果。例如，赵老师在与小林的家长打电话时，及时反馈了小林在校的表现和状态，让家长放心。

3. 心理风险学生家长到校后如何进行有效沟通

安排专门时间：当家长到校后，辅导员应安排专门的时间与家长进行面对面的沟通。避免在家长到校后匆忙见面，确保有足够的时间进行深入交流。例如，赵老师在小林的家长到校后，安排了专门的时间与家长进行面对面的沟通。

选择合适的地点：选择一个安静、舒适的地点进行沟通，避免在嘈杂或不私密的环境中进行。可以安排在办公室或会议室，确保沟通的私密性和舒适性。例如，赵老师在与小林的家长沟通时，选择了一个安静、舒适的会议室，确保沟通的私密性。

详细说明情况：在与家长面对面沟通时，辅导员应详细说明学生在校的情况，包括学习、生活和心理状态。通过详细说明，家长可以全面了解学生的在校情况，增强家校合作的效果。例如，赵老师在与小林的家长沟通时，详细说明了小林在校的表现和状态，让家长全面了解小林的情况。

共同制订支持计划：在沟通中，辅导员应与家长共同制订支持计划，明确双方的责任和目标。辅导员可以与家长讨论如何在家中给予学生更多的支持，如何在学校中为学生提供必要的帮助。例如，赵老师在与小林的家长沟通时，共同制订了支持计划，明确了双方的责任和目标。

保持沟通：在家长到校沟通后，辅导员应保持与家长的沟通，定期向家长反馈学生的情况。持续沟通可让家长感到学校对学生的持续关注，增强家校合作的效果。例如，赵老师在小林的家长到校沟通后，保持与家长沟通，定期向家长反馈小林的情况。

锦囊妙计

本章聚焦“家校沟通”这个核心主题，从正确认识家校沟通、因人而异的家校沟通和高效有效的家校沟通三个方面展开探讨，旨在为高校辅导员提供一套系统且实用的家校沟通策略，以应对日常工作中的各种挑战。

首先，正确认识家校沟通是基础。它不仅是信息的传递，更是情感的交流和教育理念的碰撞，有助于辅导员深入了解学生，增强家长对学校的信任感。

其次，因人而异的家校沟通是关键。辅导员需根据学生的具体情况和家庭背景采取不同的沟通策略，关注学生的个体差异，提供个性化的教育支持。

最后，高效的家校沟通是目标。把握恰当的沟通时机，丰富沟通内容，多样化沟通渠道，建立稳定、高效的沟通机制，为学生提供全方位的支持。

家校沟通很重要，学生成长离不了。信息情感双通道，信任桥梁要搭牢。
家长类型先分好，沟通策略有诀窍。主动被动加回避，对症下药才高效。
预警机制早建立，三级响应不能少。黄色橙色到红色，分级处理要记牢。
电话邮件加面谈，渠道多样灵活选。正向反馈多鼓励，问题沟通讲技巧。
证据留存不可少，法律红线别碰到。每月沟通有节制，隐私保护要做到。

武理分享

家校沟通是一门艺术，更是一份责任。辅导员在其中扮演着重要的角色，他们用智慧与爱心，搭建起家校之间的桥梁，让沟通成为促进学生全面发展的强大动力。

1. 正确认识家校沟通是基础

家校沟通不仅是信息的传递，更是情感的交流和教育理念的碰撞。通过有效的家校沟通，辅导员可以深入了解学生的家庭背景、成长经历和心理状态，为学生提供个性化的教育支持。家校沟通也是增强家长对学校信任感和认同感的重要途径，有助于形成家校共育的良好氛围。

2. 因人而异的家校沟通是关键

每个家庭都有其独特的文化背景、教育理念和沟通习惯，辅导员需要根据学生的具体情况和家庭背景采取不同的沟通策略。例如，对于不同类型的家长，辅导员应采用不同的沟通方式，以确保沟通的有效性。辅导员还应关注学生的个体差异，如性格特点、兴趣爱好等，为学生提供更加个性化的教育支持。

3. 高效有效的家校沟通是目标

辅导员应把握恰当的沟通时机，如入学初期、学业预警、心理危机等关键时刻，及时与家长沟通。沟通内容应全面且具体，包括学生的学业情况、心理状况、生活情况和家庭教育建议。沟通渠道应多样化，包括电话沟通、网络沟通、书面沟通和面对面沟通，以适应不同家长的需求和偏好。此外，多元会商是一种综合性的沟通策略，旨在通过多种渠道和方式，与家长共同探讨和解决学生在学习、生活和心理等方面的问题，为学生提供全方位的支持。

愿每位辅导员都能在实践中不断探索，找到最适合自己的家校沟通之道，为学生的成长保驾护航。

资源推荐

✲ 专业好书

书名：更好的家校沟通策略
作者：赵福江
出版社：上海教育出版社
出版时间：2021 年 9 月

书名：家庭教育心理学
作者：刘海娟
出版社：知识产权出版社
出版时间：2020 年 9 月

参考文献

[1] 罗杰斯 C. R. 论人的成长 [M]. 北京：中国人民大学出版社，2015.
[2] 涂尔干. 教育与社会学 [M]. 上海：上海人民出版社，2001.
[3] 埃里克森 E. H. 童年与社会 [M]. 北京：中国人民大学出版社，2018.
[4] 王蕊，孙小刚. 高校辅导员对大学生心理危机干预的作用与对策 [J]. 价值工程，2013，32 (23)：253-254.
[5] 虞景茜. 基于美育视角的高校辅导员学生心理健康教育模式探索 [J]. 源流，2025 (2)：84-88.
[6] 王硕. 校企合作背景下辅导员开展学生心理健康教育的改进路径探究 [J]. 中外企业文化，2024 (9)：232-234.
[7] 曹晓虹. 辅导员在学生心理健康教育中的作用//高校辅导员队伍建设与职业发展论坛论文集 [M]. 北京：北京大学出版社，2024.

第九章　心理危机干预

本章导读

心理危机干预是高校学生教育管理工作中至关重要的一环，既是维护学生身心健康的“生命线”，也是保障校园安全稳定的“防火墙”。当代大学生身处学业竞争、人际压力、价值多元的复杂环境中，心理危机的隐蔽性、突发性和复杂性日益凸显。如何科学识别危机、有效干预危机、系统防范危机，是每一位高校辅导员必须掌握的核心能力。

本章以“预防——处置——谨防”为逻辑主线，围绕心理危机的全周期管理展开，旨在为辅导员提供一套兼具理论深度与实践价值的干预框架。

第一节聚焦心理危机的本质与触发机制，从认知心理危机的定义、发展过程入手，剖析大学生心理危机的内在动因与外在诱因；通过案例分析，明确辅导员在危机早期识别中的核心角色——既是“心理守门人”，需敏锐捕捉学生的异常信号；也是“资源协调者”，需联动家校与社会力量构建支持网络。

第二节系统梳理危机干预的科学流程与关键策略，从预警评估到应急响应，从专业转介到长期跟踪，强调“生命第一、专业为本、协同为要”的干预原则；通过真实案例解析，提炼辅导员在危机处置中的核心能力——快速决策的应急力、情感支持的共情力、资源整合的协调力；深入探讨自杀风险评估、心理应激应对等专业工具的应用，为辅导员提供可操作的方法论。

第三节立足法律与伦理视角，探讨危机干预的边界与底线，通过司法案例警示，剖析干预失败的法律风险与道德困境；针对极端心理危机事件，提出预防性策略：建立心理预警机制、加强心理健康教育、完善社会支持系统，从源头上减少危机的“次生灾害”。

第一节　起因：心理突发事件的产生

案例导入

一份危机干预工作报告：小王的“意外”与背后的隐情

1. 基本信息

小王，男，汉族，2004 年 5 月出生，2022 年 9 月入学，现为 2022 级本科生。

他身材偏瘦，身高175厘米，戴着一副黑框眼镜，皮肤白净，给人一个文静的印象。性格上，他沉稳、踏实，虽略显内向、不善言谈，但思维活跃、条理清晰，对未来充满憧憬，有着明确的目标和规划。

2. 家庭背景

小王来自单亲家庭，母亲在他5岁时因病离世，此后便由父亲独自抚养长大。父亲辛勤工作，努力为他和姐姐提供良好的教育机会，尽管家境一般，经济状况较为紧张，但家庭氛围和谐，父子、父女、姐弟之间感情深厚，相处融洽。小王与姐姐都在大学就读，生活压力较大，但他们都十分珍惜来之不易的学习机会，努力学习。

3. 情况描述

入学初期表现：刚入学时，小王性格内向但积极适应大学生活，常独自前往图书馆学习，成绩优异，与同学相处融洽，未显异常。一次班会上，小王主动站上讲台，分享自己在高中阶段的学习经验。他思维活跃，见解独到，言辞恳切，给老师和同学们留下深刻的印象。

日常接触观察：日常交流中，小王言语不多但思维活跃，逻辑清晰，师生评价良好，无异常表现；经常在图书馆查阅专业书籍，对学科前沿知识有浓厚兴趣，未来有继续从事专业研究的想法和打算。

突发情况描述：2023年4月21日傍晚，小王在宿舍突然全身出现大面积红疹，随后陷入昏迷状态。室友见状连忙联系了辅导员。辅导员接到消息后第一时间赶往宿舍，在途中迅速联系了校医院和拨打了120急救电话，并向学院领导汇报了情况。辅导员到达宿舍后，发现小王昏迷不醒，脸上还留有抽泣的痕迹，急忙上前试图唤醒小王，但小王毫无反应，只是偶尔发出低低的抽泣声。在等待救护车的过程中，辅导员一直守在小王身边，轻声安抚，小王的情绪逐渐平稳了。救护车到达后，小王被紧急送往医院。在急诊室里，小王望着天花板，眼神空洞，低声抽泣。辅导员轻声安慰，让他联系父亲告知病情，小王眼眶湿润，迟迟不肯开口。最终，在辅导员的耐心引导下，小王哭着说出了真相："我真的很想爸爸，但我又不敢让别人知道，我怕他们会看不起我。"后与学生交流，辅导员得知小王父亲在寒假期间因一场突如其来的车祸不幸去世。这个消息对小王来说晴天霹雳，但他将这份痛苦深埋心底，从未向老师和同学提及，长期的情感压抑和身心疲惫，最终突发了过敏性休克。

4. 帮扶要点

心理障碍突破难：小王长期压抑情感，害怕被同情和看不起，不愿向他人敞开心扉，心理辅导初期难以深入挖掘问题根源。

家庭经济压力大：失去父亲后，小王家庭经济陷入困境，尽管申请了助学金和勤工俭学岗位，但后续稳定的生活保障和持续的心理支持仍需进一步完善。

5. 帮扶要点

心理帮扶：联系学校心理中心，为小王安排每周一次的心理咨询，教他如何表达和释放情绪；学习深呼吸、冥想、写日记等放松方法，引导小王正视父亲离世的事实，鼓励其参加社团活动，缓解压力。

经济资助：联系学校资助中心，为小王申请助学金和勤工俭学岗位，减轻其经济压力。帮助小王申请到图书馆整理书籍的勤工俭学岗位，小王工作认真，得到老师肯定。

生活关怀：定期与小王沟通交流，时刻关注他的生活和学习情况，鼓励他积极面对生活中的困难和挑战，引导他融入集体，增强归属感。

案例综合点评

在高校的日常管理中，学生的心理健康问题一直是备受关注的重要领域。本案例是一起典型的因家庭变故引发的心理危机事件。小王的父亲去世对他产生了巨大的心理冲击，而他选择了压抑自己的情感，导致心理问题未能及时得到疏导，最终以身体症状（过敏性休克）的形式爆发。本案例中有四个值得关注和探讨的关键点。

一是家庭变故对学生心理的影响。小王的父亲是他的精神支柱，父亲的离世让他再次面对失去亲人的痛苦（母亲在他小时候去世），这种叠加的创伤让他难以承受。案例中提到，小王害怕被同情，担心被视为软弱，因此选择独自承受痛苦，这反映了他内心深处的脆弱和对“坚强”的误解。

二是学生心理危机的隐蔽性。小王在日常表现中并未流露出明显的异常，甚至在辅导员和老师的交流中也表现得十分隐忍。这种隐蔽性使得心理危机难以被及时发现，反映出心理问题的复杂性和多样性。辅导员需要具备敏锐的观察力和高度的责任心，才能及时捕捉到学生的异常表现。

三是心理干预的及时性和专业性。在发现小王的异常表现后，辅导员迅速采取了措施，联系校医院并将其送往急诊室，确保了小王的生命安全。随后，辅导员又联系了心理咨询中心，通过专业心理老师的介入，帮助小王逐步释放内心的压力。这个过程体现了心理干预的及时性和专业性的重要性。

四是辅导员的角色与作用。辅导员在整个事件中发挥了关键作用。他不仅在紧急情况下果断决策，还在后续的心理干预中提供了持续的支持和关怀。他的行为体现了辅导员在学生心理危机干预中的多重角色：危机发现者、协调者、支持者和引导者。

在事件发生后，辅导员的表现值得肯定。一是快速反应与决策。他迅速赶到现场，果断将小王送往医院，确保了小王的生命安全，这一决策不仅体现了辅导员的责任心，也展现了他在紧急情况下的应变能力。二是关注细节与敏锐洞察。在小王病情稳定后，辅导员没有放过任何细节，主动联系小王的班主任和同学了解情况，这种敏锐的洞察力帮助他发现了小王背后隐藏的心理问题。三是协调资源与专业支持。辅导员迅速联系了心理咨询中心，引入专业心理老师的帮助，并为小王申请了助学金和勤工俭学岗位，从心理和生活两个层面为小王提供支持。四是持续关怀和陪伴。在小王的康复过程中，辅导员始终陪伴在他身边，定期与他谈心，给予他情感上的支持。

然而，案例中也暴露出一些可以改进的地方。一是日常关注的深度与广度方面。尽管辅导员在事件发生后表现得十分出色，但从日常工作中来看，小王的心理问题并未被及时发现。这提示辅导员在日常工作中需要进一步加强与学生的沟通，尤其是对性格内向、不善于表达的学生，要主动关注他们的心理状态，做到早发现、早干预。二是心理教育的普及与强化方面。小王之所以选择压抑自己的情感，部分原因是缺乏对心理问题的正确认识。这反映出学校在心理健康教育方面还有待加强。辅导员可以通过主题班会、心理健康讲座等形式，普及心理健康知识，帮助学生学会表达和释放情绪。三是心理预警机制方面。本案例中，小王的心理危机具有一定的隐蔽性，但并非完全不可预测。辅导员可以考虑建立心理预警机制，定期与学生进行谈心，了解他们的生活和心理状态，尤其是对家庭变故、人际关系压力等可能引发心理问题的因素进行重点关注。

有理有据

一、认识心理危机

1. 心理危机的定义

心理危机是指当人处在紧急状态时，原有的心理平衡状态被打破，正常的生活受到干扰，内心的紧张感不断积蓄，进而出现无所适从，导致情感、认知、行为功能出现失调，进入一种失衡状态。心理危机可以说是个人在运用一般应对方式不能处理目前遇到的内外部应激时产生的一种心理反应。心理危机的产生不但与激发的事件有关，还与个人解决事件的有效资源有关。

2. 心理危机的产生

(1) 产生机制

心理危机的产生机制在心理学中是一个复杂、多维的过程，它融合了应激理论、认知行为理论以及心理动力学等多个理论视角。外在事件作为应激源，通过影响个体的生理、心理和社会功能，进而触发心理危机。这些应激源可能包括自然灾害、人际关系冲突、学业或工作压力等。然而，在面对相同的应激源时，不是所有人都会产生心理危机，这取决于个体的内在因素，如认知、情感和价值观等。根据应激理论，个体在面对应激源时，会经历一系列的生理和心理反应，包括警觉、抵抗和衰竭三个阶段。如果应激源过于强烈或持续时间过长，个体的抵抗能力可能被耗尽，进而陷入心理危机。认知行为理论则强调了个体的认知模式在心理危机产生时的关键作用。不合理的认知模式（如绝对化要求、过分概括化和糟糕至极等）会加剧个体对负面事件的解读和反应，从而增加心理危机的风险。心理动力学理论更侧重于探讨个体潜意识中的冲突和欲望如何影响心理危机的产生。这些潜意识的内容可能通过梦境、幻想、行为障碍等方式表现出来，成为心理危机的潜在根源。

（2）外在因素

外在因素是指能够引起个体心理或生理紧张的刺激物或情境。在高校环境中，常见的应激源有学习压力、就业压力、人际关系紧张、家庭问题等，这些因素直接或间接地影响着学生的心理健康。

学习压力和对大学环境的不适应：随着高等教育的普及和竞争的加剧，学生对成绩、奖学金和保研等方面的期望不断提高，导致他们面对巨大的学习压力。同时，大学环境与中学环境存在显著的差异，如教学方式、学习方法、人际关系等，学生对这种环境不适应也可能引发心理危机。

慢性身体疾病：慢性身体疾病不仅会影响个体的生理功能，还可能通过疼痛、不适等生理症状引发焦虑、抑郁等负面情绪，进而增大心理危机的风险。

情感纠纷：失恋等情感问题，可能引发个体的情绪波动和心理压力，成为心理危机的诱因。

心理障碍和精神疾病：某些心理障碍和精神疾病（如抑郁症、焦虑症等），本身就可能导致个体陷入心理危机。这些疾病可能由遗传、环境或生物等多种因素引发。

未来前途：当前就业形势严峻，大学生对就业前景的担忧和不确定性可能引发焦虑和压力。如果个体未能进行有效的职业生涯规划，也可能导致他们在面对就业压力时感到迷茫和无助。

人际关系：宿舍矛盾、同学间的竞争与合作、师生关系的处理等，都可能成为心理危机的导火索。这些人际关系问题可能引发个体的孤独感、挫败感和愤怒等负面情绪。

家庭问题：家庭经济状况、父母关系、教育方式等，都可能对学生的心理健康产生影响。例如，家庭经济困难可能引发个体的自卑感和焦虑感，父母关系紧张可能导致个体缺乏安全感和信任感，教育方式不当可能抑制个体的自我发展和创造力。

（3）内在因素

个体内在因素是心理危机产生的根源所在，包括个体的认知模式、情感状态、应对方式等。

认知模式：不合理的认知模式是导致心理危机产生的重要原因之一。这些认知模式可能源于个体的成长经历、文化背景或社会环境等多种因素。例如，绝对化要求可能导致个体在面对失败时产生强烈的挫败感和自责感，过分概括化可能使个体将一次失败的经历泛化为对整个自我的否定，糟糕至极则可能使个体在面对困难时感到绝望和无助。

情感状态：它是个体心理健康的重要指标。焦虑、抑郁、愤怒等消极情绪的长期积累可能使个体陷入心理困境，这些消极情绪可能源于应激源的直接刺激，也可能由个体的认知模式所引发。例如，个体在面对失败时可能产生焦虑感，而这种焦虑感又可能加剧他们对失败的担忧和恐惧。

应对方式：它是指个体在面对压力或挑战时采取的策略。消极的应对方式（如逃避、否认、压抑等），不仅无法解决问题，还可能加重心理负担，导致心理危机的产生；积极的应对方式（如寻求支持、制订计划、调整认知等），则有助于个体更好地应对压力和挑战，减少心理危机的风险。

3. 心理危机的发展过程

卡普兰的危机理论中描述了危机中的个体要经历四个阶段。

第一阶段：当个体感受到自己的生活突然出现变化，或即将出现变化时，内心的基本平衡被打破，表现为警觉性提高、开始体验到紧张。为了达到新的平衡，个体试图用自己之前在压力下习惯采取的策略做出反应。

第二阶段：个体经过前一阶段的努力和尝试，发现自己解决问题的惯常方法不能奏效，因此焦虑程度开始增加。为了找到新的解决办法，个体试图尝试其他办法来解决问题。

第三阶段：如果采用其他方法仍未能有效地解决问题，个体内心的紧张程度会持续增加，并想方设法地寻求和尝试新的解决办法。这个阶段也是干预的重要阶段。

第四阶段：如果当事人经过前三个阶段仍未有效地解决问题，就很容易产生习惯性无助。个体会对自己失去希望和信心，甚至对整个生命的意义产生怀疑，产生绝望感。心理危机往往在这个阶段爆发。

临床实践研究表明，心理危机的发生必须满足下列三个条件：第一，生活中出现了导致心理压力的重大或意外事件；第二，躯体和意识出现不适感，但尚未达到精神疾病的程度，不符合任何精神疾病的诊断特征；第三，遭遇依靠自身能力无法应付的困境。

二、大学生心理危机中辅导员的角色定位

高校辅导员作为重要的学生管理人员，承担着多项工作，面对较大的工作压力。特别是在重大心理危机事件中，高校辅导员可能经历整个事件发生、发展直至结束的全过程，是整个事件的目击者和危机干预的参与者，扮演着“危机发现者”“危机

协调者”“情感支持者”“心理教育者”“心理预警者”的角色，肩负着维护高校和谐稳定的重要责任；也是践行心理育人的关键人员，在危机干预中发挥着十分重要的作用。

1. 危机发现者：敏锐感知与早期识别

在心理危机干预中，辅导员是危机的发现者。大学生心理危机往往具有隐蔽性和突发性，许多学生在面对心理困扰时会选择隐藏自己的真实感受，尤其是像小王这样性格内向的学生。心理学研究表明，个体在面对重大生活事件（如亲人离世、感情挫折等）时可能出现心理应激反应，但这些反应并不总是显而易见的。

辅导员需要具备敏锐的观察力和同理心，通过日常的接触和交流，捕捉学生行为、情绪和学业表现中的细微变化。例如，学生是否出现情绪低落、社交退缩、学习成绩下降或睡眠障碍等异常表现。这些信号可能是心理危机的早期预警，需要辅导员及时关注和进一步了解。

从心理学角度看，辅导员的这种角色类似“心理守门人”，通过早期识别潜在的心理危机，为后续的干预提供可能。这种角色定位要求辅导员不仅要有扎实的管理能力，还需要掌握一定的心理学知识，以便更好地识别和理解学生的心理状态。

2. 危机协调者：整合资源与专业支持

当发现学生出现心理危机时，辅导员需要迅速整合校内外资源，为学生提供专业的支持和帮助。心理学中的危机干预理论强调，及时的专业干预是缓解心理危机的关键。辅导员在这个过程中扮演着危机协调者的角色，需要与心理咨询中心、校医院、学生家长以及班级同学等多方进行沟通和协调。心理学研究表明，危机干预的成功与否不仅取决于干预的及时性，还取决于干预的专业性。辅导员作为连接学生和专业资源的桥梁，能够确保学生在危急时刻获得必要的帮助。

3. 情感支持者：提供持续关怀与安全感

在心理危机干预中，辅导员不仅是行动上的协调者，更是情感上的支持者。心理学中的依恋理论指出，个体在面对压力和危机时，需要一个安全的依恋对象来获得情感支持。辅导员可以通过定期谈心、主动关心学生的生活等方式，为学生提供持续的情感支持，帮助他们建立安全感。情感支持能够缓解个体的压力反应，增强心理韧性。辅导员的这种角色类似“心理港湾”，为学生提供一个可以倾诉和放松的空间，帮助他们在危机中得到力量。

4. 心理教育者：普及知识与预防危机

辅导员在大学生心理危机干预中还承担着心理教育者的角色。许多大学生对心理问题存在误解，认为心理问题是一种耻辱或软弱的表现，从而选择压抑自己的情绪。这种误解不仅阻碍了他们寻求帮助，还可能加剧心理问题的恶化。心理学中的健康教育理论强调，普及心理健康知识能够增强个体的心理保健意识。辅导员可以通过组织心理健康讲座、主题班会、心理电影分享等形式，向学生普及心理健康知识，帮助他们正确认识心理问题，学会表达和释放情绪。这种教育作用不仅有助于预防心理危机的发生，还能在危机出现时减少学生的抵触情绪，提高他们接受干预的意愿。

5. 心理预警者：建立机制与长期关注

辅导员在大学生心理危机干预中还应扮演心理预警者的角色。心理学中的预防医学理论指出，早期预警和干预是减少心理危机发生的关键。辅导员可以通过建立心理预警机制，定期开展心理健康普查，了解学生的整体心理状态；建立学生心理档案，记录学生的心理变化和干预情况；定期与学生谈心，关注他们的生活和心理状态。在小王的案例中，如果辅导员能够提前发现他的心理危机倾向，或许可以避免过敏性休克这样的突发状况。因此，建立心理预警机制不仅是辅导员的重要职责，也是心理学在高校心理健康工作中的重要应用。这种机制能够帮助辅导员更好地了解学生群体的心理动态，提前发现潜在的危机，从而及时采取干预措施。

三、大学生心理危机引发突发事件的影响

1. 社会影响

高校心理突发事件的社会影响深远，不仅触及学生的个人成长轨迹，还可能波及校园安全乃至社会稳定的大局。从心理学角度来看，这类事件往往会触发公众的敏感神经，成为舆论关注的焦点。媒体的广泛报道可能加大学校的舆论压力，影响学校的公众形象和声誉。特别是当事件涉及极端行为（如自杀、自伤或攻击行为）时，其震撼性和冲击力更强，容易引发社会恐慌和不安，对社会心理造成深远的消极影响。此外，心理突发事件还可能触发“替代性创伤”现象，即旁观者虽然没有直接经历创伤事件，但因以间接方式（如媒体报道、目睹或听说）接触创伤情境，从而产生与直接经历创伤者相似的情绪反应。这种情绪反应可能有恐惧、无助、愤怒、悲伤等，会进一步扩散社会层面的负面情绪。

2. 周边同学

心理突发事件对周边同学的影响是多维度的，涉及心理、情感和行为层面。从心理学角度看，目睹或得知同学的心理危机事件，容易触发周边同学的“共情”反应，即理解和分享他人的情感状态。然而，过度的共情可能导致自身的情绪负担加重，引发恐慌、焦虑等负面情绪。这种情绪不仅干扰了同学们的正常学习和生活，还可能影响他们的心理健康状态。此外，部分同学可能因为与危机事件者的社交关系（如朋友、室友等）而产生自责、内疚等情绪。这种情绪可能源于对危机事件未能及时察觉或提供帮助的自我责备，也可能源于对危机事件者过去行为或关系的反思。这些情绪反应可能进一步加深同学们的心理负担，甚至导致他们出现睡眠障碍、

食欲下降等生理反应。

3. 信任关系

心理突发事件对学生与学生之间、学生与辅导员之间的信任关系的破坏是显而易见的。从心理学角度看，信任是人际关系中的基石，它建立在相互理解、尊重和依赖的基础上。然而，在危机事件中，如果辅导员未能及时有效地介入和处理，可能使学生感到被忽视或无助，进而对辅导员和学校产生不信任感，这种不信任感的累积可能引发一系列负面后果。首先，它可能导致学生在未来遇到类似问题时更加倾向于自我封闭或寻求外部支持，而非向学校或辅导员求助。其次，它可能削弱学生对学校和辅导员的认同感和归属感，进而降低他们的参与度和满意度。最后，这种不信任感还可能成为未来危机事件的潜在诱因，加剧校园内的紧张氛围和不稳定因素。

他山之石

创伤后应激障碍

创伤后应激障碍（Post-Traumatic Stress Disorder，PTSD）是一种因经历或目睹极端创伤性事件（如战争、严重事故、自然灾害、性暴力、虐待等）后引发的心理健康障碍。患者通常在创伤事件后出现持续的心理和生理反应，严重影响日常生活和社会功能。根据《精神障碍诊断与统计手册》（DSM-5），PTSD 被归类为“创伤及应激相关障碍”。

创伤后应激障碍的核心症状主要表现为以下几个方面：

1. 侵入性症状（Intrusive Symptoms）

该症状主要表现为个体思维、记忆或梦中反复、不自主地涌现与创伤有关的情境或内容，我们常将这种现象称为“闪回”。此外，个体还可能出现强烈的情绪或生理反应，如因与创伤相关的线索（如地点、气味、声音）引发剧烈恐惧、心跳加速或出汗。

2. 回避症状（Avoidance）

该症状主要表现为个体长期或持续性地极力回避与创伤经历有关的事件或情境，拒绝参加有关活动，回避创伤的地点或与创伤有关的人或事；对日常活动失去兴趣，与他人疏离，情感反应迟钝；有些个体甚至出现选择性遗忘，不能回忆起与创伤有关的事件细节。

3. 认知与情绪的负面改变（Negative Alterations in Cognition and Mood）

该症状主要表现为持续的负面情绪，长期感到恐惧、愤怒、羞耻或内疚，产生自责或扭曲的认知，如“如果我当时做得更好，悲剧就不会发生”。有些个体还会出现选择性遗忘，无法回忆创伤事件的关键细节。

4. 唤醒与反应性症状（Arousal and Reactivity）

该症状主要表现为过度警觉、惊跳反应增强，可伴有注意力不集中、易激惹及焦虑情绪。个体还会出现过度唤醒的情况，出现夸张的惊吓反应或无法入睡。

在工作中，当得知学生及其家人出现严重创伤事件（车祸、重病、自然灾害）后，辅导员要及时关注学生的心理状态。在发生如地震、洪水等灾害时，辅导员要第一时间关心了解事件发生地学生及其家人的状况。

案例要点分析

作为高校辅导员，面对类似小王这样因家庭变故或其他重大生活事件引发的心理危机，需要具备敏锐的观察力、专业的干预能力以及持续的关怀与支持心态。

1. 日常观察与预防：早发现、早干预

在日常工作中，辅导员需要敏锐地捕捉学生的细微变化。许多心理问题在初期可能并不明显，但通过与学生的日常交流观察他们的行为举止，可以发现一些潜在的线索。例如，学生是否突然变得沉默寡言、是否频繁缺席集体活动、是否出现学习成绩下滑等情况，这些都可能是心理问题的早期信号。针对性格内向、不善于表达的学生，辅导员更应主动关注。可以通过定期的谈心、走访宿舍等方式，了解他们的生活和心理状态；同时，建立良好的师生关系，让学生感到辅导员的关心和信任，这样他们才更愿意在遇到问题时主动寻求帮助。此外，辅导员应定期开展心理健康教育活动，如主题班会、心理健康讲座等，普及心理健康知识，帮助这类学生正确认识心理问题，学会表达和释放情绪。这些活动可以增强学生的心理韧性，减少心理问题的发生。

2. 危机发生时的应急处理

发生类似小王这样的突发心理危机事件时，辅导员需要迅速采取行动，确保学生的安全。首先，要保持冷静，迅速评估情况的严重性。如果学生的身体状况出现异常（如昏迷、呼吸困难等），应立即联系校医院或拨打急救电话，并将学生送往医院。在等待救援的过程中，尽量安抚学生的情绪，避免其情绪进一步失控。其次，在处理危机时，辅导员还需要及时通知学生家长或其他监护人，确保家长能够及时了解情况并参与后续的处理。同时，辅导员应记录事件的详细经过，包括时间、地点、事件经过以及采取的措施等，以便后续分析和总结。

3. 专业支持与心理干预

在学生病情稳定后，辅导员应尽快联系学校的心理咨询中心，安排专业心理老师进行干预。心理老师可以通过认知疗法、情绪释放疗法等专业手段，帮助学生正视现实，释放内心的压力。辅导员需要与心理老师保持密切沟通，了解学生的心理状态和干预进展，以便及时调整支持策略。除了专业心理干预外，辅导员还可以组织班级同学开展帮扶活动，为学生提供情感支持。例如，安排性格开朗的同学与危机学生结对子，邀请他参加集体活动，让他感到集体的温暖。这种来自同学的支持往往能够起到意想不到的效果。

4. 持续关怀与长期支持

心理危机的干预并非一蹴而就，而是需要长期的关注和支持。辅导员应定期与学生谈心，了解他们的生活和心理状态，持续给予情感上的支持。同时，辅导员可以协调学校资源，为学生提供学业、生活等方面的支持。例如，帮助学生申请助学金、勤工俭学岗位，减轻其经济负担；与任课老师沟通，为学生提供学习辅导，避免其因心理问题影响学业。学生在康复过程中，辅导员还需要关注其家庭支持系统的完整性。如果学生家庭存在困难，辅导员可以与家长保持密切沟通，必要时邀请家长参与心理干预过程，共同为学生提供支持。

5. 建立心理预警机制

为了更好地预防和应对类似的心理危机事件，辅导员应建立心理预警机制。可以通过定期开展心理健康普查，了解学生的整体心理状态；建立学生心理档案，记录学生的心理变化和干预情况；定期与学生谈心，了解他们的生活和心理状态，尤其是对有家庭变故、人际关系压力等可能引发心理问题的学生进行重点关注。此外，辅导员还可以组织班级心理委员培训，让他们掌握基本的心理健康知识和危机识别能力，及时发现班级中可能出现的心理问题，并及时向辅导员汇报。

第二节　处置：心理危机干预的方法

案例导入

一场与时间赛跑的心理危机干预

林晓雨，2019 年经转专业后成了我的学生。她以优异的成绩和出色的能力迅速脱颖而出，成为班上的佼佼者。然而，在光鲜亮丽的背后，我却隐约察觉到她的忧郁。

1. 初现端倪：校外住宿的请求

半年后，晓雨找到我，提出希望在校外住宿，理由是寝室的嘈杂环境让她难以入眠。在与晓雨的深入交流中，她终于敞开心扉，告诉我她在高中曾因内心的迷茫与挣扎，连续一年接受了专业的心理咨询。这立刻引起了我的警觉，我意识到，晓雨的心理问题可能并未完全解决，她选择校外住宿，或许是想逃避，而不是真正解决问题。于是，我建议晓雨可以利用学校心理中心的平台，继续进行心理咨询，帮助她更好地调节状态。晓雨同意了。

2. 危机浮现：自杀自伤风险

我陪同晓雨来到学校心理健康中心，经过专业的心理评估，心理老师发现晓雨存在自杀自伤风险。心理老师提议与晓雨的父母沟通交流，邀请他们共同参与晓雨的心理干预。

然而，事情并没有想象中顺利。当晓雨联系母亲告知这一情况时，电话两端爆发了激烈的争吵。从争吵中，听得出来晓雨的母亲非常介意学校得知晓雨的心理状态，担心这会对晓雨的未来发展产生负面影响。随着争吵愈演愈烈，晓雨情绪失控，多次说出“我去死了你是不是就满意了?”这样令人揪心的话。

通话结束，我和心理老师连忙安抚晓雨的情绪。在进一步沟通中，我们也了解到，晓雨的父母都是外企高管，工作繁忙，父亲更是常驻上海，一家人团聚的时光少之又少。自幼在母亲严格管束下成长的晓雨，内心深处对父母的过多干涉感到反感。每当与父母交流时，她总会情绪激动，甚至产生争执。

3. 艰难沟通：与家长的博弈

晓雨母亲最终来到了学校。在学校心理健康中心，心理老师耐心地向她揭示了晓雨的心理状况以及正确认识和应对孩子心理危机的重要性。经过一番努力，晓雨的母亲意识到问题的严重性，同意陪同晓雨前往校外就医，并坚持服药和咨询。

晓雨在母亲的陪同下开始校外住宿，我始终保持对她的高度关注，并经常提醒晓雨的母亲加强监护、注意沟通方式。晓雨的情绪在药物和咨询的双重作用下逐渐稳定。

4. 生死边缘：一场与时间赛跑的救援

2021 年夏天的一个夜晚，晓雨母亲的电话打破了平静，她焦急地联系我，说晓雨给她发了一条遗书短信后手机就关机了。那一刻我的心猛地一紧，立刻意识到急需开展一场与时间赛跑的救援行动。

我迅速启动应急预案，一边安抚家长的情绪，一边提醒家长立即报警，并将情况上报相关领导和学校心理中心；同时，组织学院的辅导员和学生分头前往学校各处进行排查。

在与晓雨不断联系的过程中，我突然发现晓雨的手机开机了，但一直处于通话状态而无法接通。晓雨此刻会和谁联系？我提醒晓雨母亲试试联系晓雨的好友，随后得知了晓雨正在和中学同学通话。我们一边请晓雨好友帮忙安抚她，拖住晓雨千万不要挂断电话，一边试图获取晓雨的具体位置。

原来，晓雨是因为校外兼职被辞退，感到委屈而情绪崩溃的。她此刻正在学校某个教学楼的楼顶。于是，我立刻联系正在搜寻的老师学生，分头逐一排查学校所有教学楼，经过一番紧张的搜寻，终于找到了晓雨。

当我和警方、学校保卫处工作人员赶到现场时，看到晓雨就站在楼顶的围栏边。从她打电话的语气中不难听出，她的情绪异常激动，仿佛随时都有可能做出不可挽回的举动。那一刻，我的心提到了嗓子眼儿。警方悄悄地从背后靠近晓雨，趁其不备将她拉离了围栏；但反应过来的晓雨拼命挣扎，想要挣脱。我连忙走上前抱着她安抚，我知道，我们仅仅完成了救援行动的第一步。

5. 危机后的干预：理解倾听、重拾希望

接下来，在警方、学校保卫处工作人员的帮助下，我们将晓雨带到了安全地点。我和心理健康中心老师、晓雨的母亲陪在她身边。我们倾听她的心声，理解她的困惑，希望给予她最真挚的关怀和支持。在大家的共同努力下，林晓雨的情绪逐渐稳定下来，同意前往医院就诊。

案例综合点评

林晓雨的案例是一起典型的大学生心理危机干预事件，涉及家庭背景、个人心理状态，以及学校干预措施等多个层面。晓雨在高中时期就曾因心理问题接受过专业咨询，这表明她的心理问题并非新近产生，而是具有一定的持续性和复杂性。进入大学，晓雨虽然在学业上表现出色，但内心的忧郁和家庭关系的紧张一直是潜在的危机因素。

晓雨的父母都是外企高管，家庭经济条件较好，但父母工作繁忙，缺少对晓雨的情感支持和陪伴。这种“高压力、低支持”的家庭环境导致晓雨对父母的过度干涉感到反感，进而产生情绪问题。家庭沟通的不畅进一步加剧了她的心理负担，尤其是在与母亲的冲突中，晓雨多次表现出极端情绪。晓雨在大学期间表现出色，但她的心理问题一直被隐藏在光鲜的外表之下。直到她主动提出校外住宿并暴露心理危机，才引起辅导员的重视。这表明心理问题具有很强的隐蔽性，学生可能在日常生活中刻意隐藏自己的真实感受，导致问题在积累到一定程度后突然爆发。学校的心理健康中心在评估后发现晓雨存在自杀自伤风险，并建议与家长沟通，这是学校干预的积极一面。然而，家长的不理解和不配合（如母亲对学校干预的抵触）给干预工作带来了很大阻力。此外，晓雨的情绪反复波动，说明学校单一的干预难以完全解决问题，需要家庭、学校和社会协同联动。本案例中有四个值得关注和探讨的关键点。

一是家庭因素对心理危机的影响。晓雨的心理问题与家庭关系紧张密切相关。父母的高压管束和情感支持缺失，使晓雨在面对压力时缺乏有效的应对机制。这种家庭背景下的心理问题需要家庭成员的共同参与和改变，而不仅仅是靠学校的心理干预。

二是心理危机的隐蔽性与突发性。晓雨的案例提醒我们，心理危机往往具有隐蔽性，学生可能在日常生活中刻意隐藏自己的真实感受。辅导员需要具备敏锐的观察力和高度的责任心，通过日常交流和心理普查等方式，尽早发现学生潜在的心理问题。

三是家校协同的重要性。在晓雨的案例中，家长的不理解和不配合给干预工作带来了很大的阻力。这表明，家校协同在心理危机干预中至关重要。辅导员需要与家长保持密切沟通，帮助家长正确认识和理解孩子的心理问题，共同制订干预方案。

四是心理危机干预的长期性。晓雨的危机虽然通过紧急干预暂时解除，但后续的干预和关怀是一个长期的过程。辅导员需要持续关注晓雨的心理状态，定期与她谈心，帮助她建立良好的心理调适能力。

在整个事件过程中，辅导员有一些做得好的地方。一是敏锐的观察力。辅导员通过日常观察，察觉到晓雨的异常，并主动与她沟通，了解其心理状态。这种敏锐的观察力是发现潜在危机的关键。二是具有专业的干预意识。在发现晓雨的心理问题后，辅导员迅速陪同她前往心理健康中心进行评估，并建议与家长沟通，体现了专业的干预意识。三是应急处理能力。在晓雨发来遗书短信后，辅导员迅速启动应急预案，组织搜救队伍，并与警方、学校保卫处工作人员协同合作，成功将晓雨救下。这种应急处理能力体现了辅导员的责任心和专业素养。四是持续关怀与支持。危机解除后，辅导员继续保持与晓雨的密切联系，定期与她谈心，帮助她重建信任和希望，这种持续关怀是心理危机干预成功的重要保障。

当然，案例中也有一些可以改进的地方。一是家校沟通策略方面：在与晓雨母亲沟通时，辅导员可以更注重沟通策略，提前做好心理准备，帮助家长理解心理干预的必要性和重要性，避免因误解而产生抵触情绪。二是预防性心理教育方面：辅导员可以在日常工作中加强心理健康教育，通过召开主题班会、举办心理健康讲座等形式，普及心理健康知识，帮助学生正确认识和应对心理问题。

有理有据

一、危机干预理论的三大经典模式

危机干预理论是心理学和临床医学中的重要分支，旨在帮助个体在短期内应对突发的心理崩溃或重大创伤事件，恢复心理稳定并预防长期负面影响。该理论提出了以下三大经典模式：

1. 平衡模式

理论基础：平衡模式（Equilibrium Model）由林德曼（Erich Lindemann）与卡普兰（Gerald Caplan）提出，该模式认为个体在正常情况下处于一种心理平衡状态，当遭遇危机事件时，这种平衡被打破，个体出现焦虑、无助等情绪反应。危机干预的目标就是帮助个体恢复到危机前的心理平衡状态，或者达到一种新的平衡状态。

干预目标：通过帮助个体缓解情绪压力，恢复理性思考和问题解决能力，个体能够重新适应生活和应对危机事件。

干预方法：通常包括倾听、共情、支持和提供实际帮助等，帮助个体稳定情绪，恢复心理平衡。

2. 认知模式

理论基础：认知模式（Cognitive Model）由阿伦·贝克（Aaron Beck）与埃利斯（Albert Ellis）提出，强调个体对危机事件的认知和评价在危机反应中起着关键作用。个体对事件的不合理认知会导致不良的情绪和行为反应，改变个体的认知方式可以帮助其更积极地应对危机。

干预目标：帮助个体识别和纠正不合理的认知，建立更合理的认知模式，从而改变其情绪和行为反应。

干预方法：主要采用认知行为疗法中的技术，如认知重构、认知挑战等，引导个体重新审视和评估危机事件，调整其对事件的看法和态度。

3. 心理社会转变模式

理论基础：心理社会转变模式（Psychosocial Transition Model）由吉拉德·埃根（Gerald Egan）提出，认为危机不仅是对个体心理平衡的挑战，更是个体心理转变和成长的契机。在危机过程中，个体的心理状态、人际关系和社会角色等都可能发生变化，危机干预应关注这些变化，促进个体的心理转变和发展。

干预目标：帮助个体在危机中实现心理转变，增强心理韧性和应对能力，促进个人成长和发展。

干预方法：除了关注个体的情绪和认知，还会考虑其社会支持系统和生活环境。通过提供心理支持、社会资源链接等方式，来帮助个体更好地适应变化，实现心理转变。

这三大经典模式为高校辅导员在开展危机干预工作时提供了理论依据和实践指导。在实际应用中，辅导员可以根据危机事件的性质、个体的特点以及具体情况，灵活运用或整合这些模式，以便更有效地帮助学生应对危机，恢复心理健康。

二、心理危机干预理论的三大经典模型

1. 林德曼危机干预四阶段模型

该模型是危机干预的奠基性理论模型，适用于急性哀伤反应与重大丧失事件。1944 年，林德曼通过对波士顿夜总会火灾幸存者的研究发现，危机是“个体对重大丧失的异常反应”，并提出危机干预需围绕哀伤处理展开，具体流程如下。

（1）冲击期（事发 72 小时内）：在这个阶段，个体通常会表现出震惊、麻木、否认现实等状态。他们可能无法接受所发生的事情，处于心理上的一种迷茫状态。高校辅导员在这个阶段应确保为学生提供安全、安静的环境，避免对其造成二次刺激或追问细节；同时，提供一些简单的事务性帮助，如联系家属、办理请假等。例

如，当学生家中突发亲人离世，辅导员应陪同学生至安静场所，给予其情感上的支持与陪伴，而非立即询问事件细节，以免加重学生的心理负担。

(2) 防御期 (1 周左右)：这一时期，学生可能出现情绪爆发、自责、寻找归因等情况。他们试图利用各种方式来缓解内心的痛苦。辅导员要接纳学生的情绪宣泄，通过开放式问题引导学生表达内心感受，如“你现在最担心什么?”切勿使用“坚强点儿”等话语否定学生的感受，以免阻碍学生情绪的正常表达与释放。

(3) 解决期 (2～4 周)：学生开始逐步接受现实，并尝试寻找新的应对方式来处理危机带来的问题。辅导员应协助学生制订短期计划，如调整课业安排，以减轻学生的学习压力；同时，建立朋辈支持小组，让学生在同龄人中获得更多的理解与支持。

(4) 成长期 (1～3 个月后)：学生能够整合创伤经历，重建生活意义，从危机中获得成长。通过团体活动引导学生积极作出改变，如更加珍惜人际关系、更加懂得时间的宝贵等。

2. 卡普兰危机干预六步模型

该模型是一个通用性框架，适用于多数突发心理危机。该模型通过以下系统化的操作流程，帮助辅导员有效地应对学生的心理危机。

(1) 定义问题：避免泛泛而谈，快速评估危机性质，通过提问聚焦具体事件，如从对“发生了什么让你如此痛苦?”的回答中准确把握问题的核心。例如，当学生因情感问题出现心理危机时，辅导员应引导学生具体描述情感困扰的来源，如与恋人的分手原因、与伴侣的矛盾焦点等。

(2) 确保安全：按照自伤风险、伤人风险、环境安全的优先级排序，采取相应措施 (如带离危险环境、暂保管危险物品等)。若发现学生有自杀意念，辅导员应立即将学生带离可能引发自伤的环境，如从天台带到安全场所，并暂时代为保管可能用于自伤的工具。

(3) 提供支持：非评判性倾听和温情式陪伴 (如“我在这里陪你，我们一起想办法”)，避免过早说教，让学生感到被理解与支持。例如，当学生因考试失败而陷入情绪低落时，辅导员应耐心倾听学生的烦恼，不急于给予建议，而是先让学生充分表达内心的感受。

(4) 探索应对策略：通过发掘学生既往的成功经验 (如“过去遇到困难时，什么方法对你有帮助?”) 来引导学生利用自身资源应对当前危机。例如，针对在人际交往中遇到困难的学生，辅导员可引导其回忆以往成功处理类似问题的方法，如主动沟通、寻求共同兴趣等。

(5) 制订计划：将应对策略细化到可执行步骤 (如“今晚你能联系哪位朋友一起吃饭？明早 9 点我们再通一次电话”)，明确具体行动，增强学生的行动力。针对有社交恐惧的学生，辅导员可以制订逐步接触社交场合的计划，如先从参加小型聚会开始，逐步增加社交活动的频率与规模。

(6) 获得承诺：通过签署书面协议（如安全计划书），明确紧急联系人、24 小时热线等信息，让学生承诺按照计划行动。对于有自杀意念的学生，辅导员可以使用“协议化询问”（如“你愿意承诺在下次见面前不做伤害自己的事吗？”）。

3. 罗伯茨七阶段生命周期模型

该模型是一个整合性模型，强调系统协作与后续跟进。该模型适用于较为复杂的危机情境，通过多阶段的干预，全面促进学生的心理恢复与成长，具体流程如下。

(1) 快速建立关系：通过身体语言传递稳定感（如与学生保持同一视线高度，适度目光接触），学生可以感到尊重与关注。例如，当学生因焦虑而来找辅导员时，辅导员可以采用平视的方式与学生交流，保持适度的眼神接触，营造轻松、信任的氛围。

(2) 评估危机三维度：从认知功能、情绪状态、行为表现三方面进行评估。如评估学生能否清晰叙述事件经过、焦虑（抑郁、解离）的程度、是否有自伤工具准备等。对于疑似存在心理危机的学生，辅导员可以观察其是否能够连贯、清晰地描述近期发生的事件，判断其认知功能是否受损；通过与学生的交流，了解其情绪状态，如是否长期处于焦虑、抑郁等情绪；检查学生宿舍等环境，看是否有自伤工具等。

(3) 排序优先级：使用 SUD 量表（主观痛苦程度）量化评估，如通过得到“如果最痛苦是 10 分，现在是几分”的答案，来根据评估结果确定干预的优先级。当学生同时面临学业压力、情感困扰等多重问题时，辅导员可通过 SUD 量表评估学生在各个问题上的主观痛苦程度，优先解决给学生带来最大痛苦的问题。

(4) 选择干预技术：在急性期以“情绪着陆技术”为主，如引导学生“说出你看到的 5 种蓝色物体，感受椅子支撑身体的感觉……”，帮助学生快速稳定情绪。当学生因突发的坏消息而情绪激动时，辅导员可立即运用情绪着陆技术，引导学生关注周围的环境细节，如房间的颜色、桌椅的形状等，帮助学生平复情绪。

(5) 执行干预方案：启动校院两级联动，向心理中心报备情况，协调宿管、同学组成监护小组，共同关注学生的状态。对于存在严重心理危机的学生，辅导员应及时向学校心理中心报告，与心理老师共同制订干预方案；同时，与宿管人员、学生室友等沟通，组成监护小组，随时关注学生的动态。

(6) 危机解决计划：对于因心理危机而休学的学生，在其复学后，辅导员可以制定阶梯式目标，如先确保学生在复学后的 24 小时内安全，再通过一周的情绪稳定辅导，最后在一个月内帮助学生逐步恢复与同学的正常交往等社会功能。

(7) 跟进与转介：建立定期回访机制，首周每日沟通，次周隔日沟通，使用危机跟踪记录表归档，记录学生的恢复情况。对于需要提供进一步专业帮助的学生，及时转介给专业心理咨询师或医疗机构。在危机干预结束后，辅导员应持续关注学生的状态，按照既定的回访机制与学生沟通，记录其恢复情况。如发现学生在回访过程中出现新的心理问题或原有问题未得到根本解决，应及时转介给学校心理中心的专业老师或校外的心理咨询机构。

学习掌握以上三种危机干预模型，辅导员可以更加系统、科学地开展危机干预工作。在实际操作中，辅导员应根据危机事件的性质、学生的个体差异以及具体情况，灵活运用或整合这些模型，以更有效地帮助学生应对危机，恢复心理健康，促进其个人成长和发展。

三、大学生心理危机干预的关键要素

1. 关键人

大学生心理危机干预的过程涉及多个关键人物，他们各自扮演着不可或缺的角色，共同构成了一个完整而有效的干预体系。

（1）辅导员：干预的核心与纽带

在大学生心理危机干预复杂而精细的体系中，辅导员作为核心协调者，扮演着至关重要的角色。辅导员不仅是日常学生管理的直接责任人，还是心理危机干预的发起者和初步评估者，他们通过日常的接触与交流，能够敏锐地捕捉到学生的波动情绪和异常行为，进而及时启动干预机制。辅导员需运用自身的专业知识和经验，与学生建立信任关系，倾听学生的心声，为学生提供初步的心理支持和引导。

（2）当事学生：干预的主体与受益者

当事学生是心理危机干预的主体，他们的态度、反应和配合程度直接影响着干预的效果。在面对心理危机时，当事学生的主动寻求帮助、积极配合干预以及自我调整的能力都至关重要。辅导员应加强心理健康教育，引导当事学生正确认识自己，提升自我觉察能力，识别自己的心理状态变化，并勇于表达内心的困惑和需求。辅导员还需要引导当事学生保持开放的心态，接受来自老师、心理健康教育专家等多方面的帮助和指导，共同努力克服心理困境。

（3）心理健康教育专家：专业的指导与支持

心理健康教育专家在干预过程中可以提供专业指导和支持。他们运用心理学理论和治疗方法，对学生的心理状态进行全面评估，制订个性化的干预方案。通过与学生进行深入交流，心理健康教育专家能够帮助学生理解自己的心理问题，提供有效的应对策略，逐步引导学生走出心理困境。他们的专业知识和经验为干预工作提供了坚实的科学基础。

（4）学院领导：资源的调配与保障

学院领导在心理危机干预中发挥着资源调配和保障的作用。他们为干预工作提供必要的政策和资金支持，确保各项措施能够顺利实施。学院领导可以通过制定相关政策和制度，加强对学生心理健康教育的重视和投入，为干预工作创造有利的环境和条件。他们的支持和关注为干预工作的顺利开展提供了有力的保障。

（5）当事学生家长：情感的支撑与配合

当事学生家长在心理危机干预中扮演着情感支撑和配合的角色。他们是学生最亲近的人，能够提供无条件的情感支持和关爱。在干预过程中，当事学生家长需要关注学生的心理状态变化，与辅导员和心理健康教育专家保持密切沟通，共同制订和实施干预方案。他们的理解和支持对缓解学生的心理压力、增强干预效果具有重要意义。

（6）朋辈支持者：情感的陪伴与引导

同辈支持者在大学生心理危机干预中具有独特优势。根据埃里克森的心理社会发展理论，大学生正处于亲密关系建立与自我认同发展的关键阶段，同辈间的相互理解与支持有助于其形成健康人格。朋辈支持者包括班级心理委员、宿舍室友及亲密朋友等，他们与学生相处密切，能第一时间察觉异常情况并提供初步帮助。如心理委员可定期组织心理健康活动，宣传心理知识，增强班级学生的心理保健意识；室友在发现室友情绪低落时，可主动陪伴、倾听，鼓励其表达内心感受，必要时向辅导员反馈。

（7）校内外相关机构人员：资源的整合与协作

此外，校内外相关机构人员也是心理危机干预不可或缺的力量。他们通过提供专业的服务和资源，为干预工作提供有力的支持。这些机构包括心理咨询中心、精神卫生中心、心理健康协会等，拥有丰富的经验和资源，能够为学生提供全方位的心理支持和帮助。同时，医疗机构在必要时能够为学生提供及时的医疗救治服务，确保学生的身心健康得到全面保障。

2. 关键事

（1）学生的心理状况评估

在危机干预决策过程中，要充分考虑学生的心理状况评估结果。这需要依靠专业心理健康专家运用科学的评估工具和方法，对学生当前的心理状态进行全面、准确的评估。例如，通过心理测评问卷、访谈等方式，了解学生是否存在抑郁、焦虑、自杀倾向等心理问题，以及这些问题的严重程度。根据评估结果，确定采取何种程度的干预措施。比如，具有轻度心理问题的学生，可能只需安排定期的心理咨询；具有严重自杀倾向的学生，则需要立即启动高强度的监护和干预机制。

（2）危机严重程度判断

准确判断危机严重程度是决策的关键因素之一。除了参考心理状况评估结果外，还要结合学生的具体行为表现、所处环境等因素来综合判断。例如，如果学生只是偶尔表现出一些消极情绪，但日常生活和学习并未受到明显影响，那么危机程度可能相对较轻；如果学生出现了自伤行为或者明确表现出自杀意图，在行为上已有相应的准备（如收集危险物品等），那么危机程度显然是非常严重的。领导根据不同的危机严重程度制定相应的干预策略，确保干预措施与危机的实际情况相匹配。

(3) 现有资源状况

此外，需要考虑学校现有的资源状况，包括人力、物力和财力资源。在人力方面，要清楚学校内部有多少专业心理健康专家、辅导员、教师等可以投入危机干预工作，以及他们的专业能力和经验水平。在物力资源上，要了解学校心理健康教育中心的设备是否齐全，是否有足够的场地用于开展不同类型的干预活动，等等。在财力方面，要明确预算能否支持采取各项危机干预措施。只有充分考虑现有资源状况，才能合理调配资源，实现资源的最优利用，确保干预工作的顺利开展。

(4) 可能造成的社会影响

学生的心理危机事件如果处理不当，可能造成一定的社会影响，这也是决策者在决策时需要考虑的因素之一。决策者要考虑如何采取措施尽量减少这种负面影响，如加强校园安全管理、及时发布准确的信息以安抚学生和家长的情绪等。同时，对于一些特殊情况的学生心理危机事件，如涉及社会关注的热点问题（校园欺凌导致的心理危机等），就要考虑如何在处理事件的过程中回应社会关切，维护学校的社会形象。

3. 关键节点

心理危机的发展具有阶段性特征，在不同阶段存在关键节点。根据危机发展理论，个体在面临危机时会经历从冲击到恢复的心理变化过程，每个阶段都有其特定的心理需求与干预重点。

(1) 应急阶段

应急阶段是突发事件发生后的初期阶段，个体或群体处于生命救援和情绪高度紧张的状态。此阶段的主要任务是提供紧急心理支持，稳定情绪，减少恐慌和焦虑。此阶段的干预重点是快速响应，通过倾听、安抚等方式，帮助个体或群体度过最初的危急时刻。

从应急阶段开始，辅导员便需迅速响应，第一时间到达现场。确保学生生命安全的同时，运用倾听、安抚等技巧稳定学生情绪，减少恐慌和焦虑，并与校医院、保卫处、心理咨询中心等部门紧密合作，协调专业资源为学生提供紧急心理支持和必要的医疗援助。

(2) 过渡阶段

过渡阶段是物资救援和情绪调整的阶段，个体或群体开始适应突发事件后的新环境。这个阶段的主要任务是继续提供心理支持，帮助个体或群体处理丧失、内疚等复杂情绪。此阶段的心理干预重点是情绪调节和认知重构，通过团体辅导、放松训练等方式，帮助个体或群体逐步恢复心理平衡。

进入过渡阶段，辅导员根据学生心理评估结果，继续提供心理支持，帮助学生处理复杂情绪，学会情绪调节和认知重构，与家长保持密切联系，共同关注学生的心理状态。同时，协调学校各部门，为学生提供学习与生活支持，如调整课程安排、提供经济援助等。

(3) 恢复阶段

恢复阶段是突发事件处理后的恢复重建期，个体或群体逐渐恢复正常生活。此阶段的主要任务是开展长期心理辅导，帮助个体或群体重建心理韧性，预防创伤后应激障碍。此阶段的心理干预重点是心理重建和预防复发，通过心理健康教育、心理咨询等方式，帮助个体或群体建立积极的心态和生活方式。

到了恢复阶段，辅导员则侧重于开展长期心理辅导，通过心理健康教育、心理咨询等方式，帮助学生重建心理韧性，预防创伤后产生应激障碍；同时组织丰富多彩的校园文化活动和社会实践活动，引导学生树立积极心态，培养他们的兴趣爱好和社交能力，为学生的心理健康成长奠定坚实的基础。在整个干预过程中，辅导员需要时刻保持高度的责任心和敏锐性，密切关注学生的心理变化，不断提升自身的专业素养和应对能力，以便更好地服务于学生的健康成长。

四、大学生心理危机干预的转介

在高校心理危机干预工作中，转介是一个重要的环节。面对复杂多样的心理危机情况，辅导员和校内心理咨询师往往需要借助外部专业力量，为学生提供更全面、更专业的支持。因此，掌握科学合理的转介机制和策略，对有效干预心理危机、保障学生心理健康具有重要意义。

1. 定义与目的

在大学生心理危机干预中，转介是指当校内心理咨询师或辅导员评估后认为学生的心理问题超出了自身处理能力和资源范围时，将学生推荐给其他更专业的机构或人员进行进一步诊断和治疗的过程。转介的目的是确保学生能够获得最适合自己的专业帮助，避免因干预不足或不当而延误治疗时机。

2. 转介原则

转介的有效运行需要遵循以下原则，以确保干预过程的科学性和人性化。

学生利益优先原则：转介的首要目标是确保学生能够获得及时、有效的帮助。在转介过程中，应充分考虑学生的心理状态和需求，选择最合适的转介对象和方式，避免因转介不当对学生造成二次伤害。

尊重学生意愿原则：转介过程中应充分尊重学生的自主权和隐私权。在决定转介之前，辅导员需与学生充分沟通，解释转介的必要性和目标，争取学生的理解和同意。针对不愿意转介的学生，辅导员应耐心对其解释并提供其他支持方案。

信息保密原则：学生的心理信息属于个人隐私，转介过程中应严格遵守保密原则，仅在必要时向转介机构提供相关信息，并确保信息的安全。信息传递需经过学生和家长的同意，避免隐私泄露。

协同合作原则：转介并非简单的“移交”，而是需要校内与校外机构、辅导员与家长等多方面协同合作，共同为学生提供支持。转介前后应保持密切沟通，确保干预的连续性。

3. 转介机制

在大学生心理危机干预中，转介机制通常分为多个层级，以满足不同严重程度和类型的心理问题需求。

校内转介：当辅导员或班级心理委员发现学生存在心理问题时，应将学生转介至学校的心理健康中心。学校的心理咨询师通过初步评估，判断问题的严重程度，并决定是否需要进一步转介。校内转介是心理危机干预的第一步，能够为学生提供初步的支持和评估。

校外专业机构转介：对于超出校内心理咨询师处理能力范围的情况，如严重的心理障碍、自杀自伤风险等，应及时将学生转介至校外专业心理机构或精神病医院。这些机构通常具备更专业的诊断和治疗能力，能够为学生提供更有效的干预。

家庭与社会支持转介：在一些情况下，家庭和社会支持系统的介入对学生康复至关重要。辅导员可以建议家长参与干预过程，或联系社会支持机构（如公益心理热线、社区心理服务中心等），为学生提供多方面的支持。家庭和社会支持的参与能够为学生提供更全面的心理支持网络。

4. 转介策略

转介的成功不仅取决于完善的机制，还依赖具体的转介策略。

评估决策：在转介前，学校的心理咨询师需对学生进行全面评估，明确问题的性质和严重程度。根据评估结果，决定是否需要转介以及转介的目标机构。针对有自杀自伤风险的学生，应立即启动紧急转介程序，确保学生安全。

沟通协调：转介过程中，辅导员和心理咨询师需与学生及其家长充分沟通，解释转介的必要性和目标，争取他们的理解和配合；同时，与转介机构保持密切联系，确保信息传递的准确性和干预的连续性。良好的沟通是转介成功的关键。

信息传递：在转介时，需向目标机构提供学生的基本信息、心理评估结果、干预历史等必要资料，但应严格遵守保密原则，仅提供与治疗相关的必要信息。信息传递需经过学生和家长的同意，确保信息传递的安全性和合法性。

后续跟进：转介并非干预的终点，辅导员需持续关注学生的康复情况，定期与学生、家长及转介机构沟通，了解治疗进展，并提供必要的支持。针对康复后返校的学生，辅导员应继续提供心理支持和关怀，帮助其顺利回归校园生活。持续的关怀是转介成功的重要保障。

他山之石

辅导员心理危机干预胜任力

在高校学生管理工作中，辅导员作为学生日常生活的直接管理者和心理健康的守护者，其心理危机干预胜任力是保障学生心理健康和校园安全的关键因素。

1. 专业知识与技能

辅导员需要具备扎实的心理学专业知识和心理危机干预技能，这是胜任心理危机干预工作的基础。具体包括以下几个方面。

心理学基础知识：了解大学生常见的心理问题类型（如焦虑、抑郁、创伤后应激障碍等），掌握心理问题的成因和表现形式。

危机干预理论与技术：熟悉心理危机干预的基本流程（如危机评估、紧急干预、转介等），掌握常用的心理干预技术（如认知行为疗法、情绪释放疗法等）。

心理评估能力：能够通过观察、访谈等方式，快速识别学生是否存在心理危机倾向；掌握基本的心理测评工具的使用方法，以便更准确地评估学生的心理状态。

2. 观察力与同理心

心理危机往往具有隐蔽性，许多学生在面对心理问题时会选择隐藏自己的真实感受。因此，辅导员需要具备敏锐的观察力，能够通过学生的言谈举止、情绪变化、学业表现等细微之处发现潜在的心理问题。同理心也是辅导员不可或缺的素质，能够帮助辅导员更好地理解学生的内心世界，建立信任关系，从而让学生更愿意敞开心扉。

3. 应急处理能力

面对突发的心理危机事件，辅导员需要具备快速反应和应急处理能力，能够在第一时间采取有效的措施，确保学生的安全。具体包括以下几个方面。

紧急情况的判断与处理：能够迅速判断危机的严重程度，果断采取措施，如联系校医院、拨打急救电话等。

情绪安抚与稳定：在危机现场，辅导员需要保持冷静，通过言语和行为安抚学生的情绪，避免其情绪进一步失控。

信息记录与沟通：及时记录事件的详细经过，包括时间、地点、事件经过、采取的措施等，并与学生家长、心理咨询中心等相关人员保持密切沟通。

4. 资源整合与协调能力

心理危机干预往往需要多方面的支持和配合，辅导员需要具备资源整合与协调能力，能够迅速调动校内外资源，为学生提供全方位的支持。具体包括以下几个方面。

校内资源协调：与心理咨询中心、校医院、学生事务管理部门等校内机构密切合作，确保学生能够及时获得专业的心理支持和必要的医疗救助。

校外资源对接：必要时，能够联系校外的专业心理机构或医疗机构，为学生提供进一步的帮助。

家庭与社会支持：与学生家长保持密切沟通，争取家长的理解和支持；同时，鼓励学生利用社会支持系统（如朋友、亲戚等），共同为学生提供情感支持。

5. 持续关怀与陪伴能力

心理危机的干预并非一蹴而就，需要长期的关注和支持。辅导员需要具备持续关怀与陪伴能力，能够通过定期谈心、关注学生的生活等方式，为学生提供情感上的支持，帮助他们逐步走出心理阴影。

6. 心理预警与预防能力

心理危机的预防胜于干预。辅导员需要具备心理预警与预防能力，能够通过建立心理预警机制，提前发现潜在的心理危机，从而采取有效的预防措施。具体包括以下几个方面：

心理健康普查与建档：定期开展心理健康普查，建立学生心理档案，记录学生的心理变化和干预情况，以便及时发现潜在的心理问题。

心理教育与宣传：通过组织心理健康讲座、主题班会等活动，普及心理健康知识，帮助学生正确认识心理问题，增强心理保健意识。

心理预警机制建设：建立完善的心理预警机制，明确危机识别、报告、干预等流程，确保在危机发生时能够迅速响应。

案例要点分析

在高校工作中，辅导员不仅是学生日常生活的管理者，还是学生心理健康的守护者。面对类似林晓雨这样的心理危机案例，辅导员的角色至关重要。通过林晓雨的案例，总结出辅导员在心理危机干预中的转介工作中应采取的普适性建议和做法。

1. 敏锐察觉与早期识别

(1) 日常观察的重要性。辅导员需要具备敏锐的观察力，通过日常接触和交流，捕捉学生行为、情绪和学业表现中的细微变化。例如，学生是否出现情绪低落、社交退缩、学习成绩下滑或睡眠障碍等异常表现。这些信号可能是心理危机的早期预警。在林晓雨的案例中，辅导员通过日常观察察觉到她的异常，从而开启了后续的干预工作。

(2) 主动沟通与建立信任。辅导员应主动与学生沟通，了解他们的生活和心理状态。通过定期走访宿舍、开展谈心活动等方式，与学生建立信任关系，让学生感到辅导员的关心。这种信任关系能够帮助学生在遇到问题时主动寻求帮助，而不是选择隐瞒。

2. 专业评估与初步干预

(1) 及时转介至学校心理健康中心。当发现学生可能存在心理危机时，辅导员应迅速将学生转介至校内心理健康中心。校内心理咨询师具备专业的评估能力，能够对学生的问题进行初步诊断，并决定是否需要进一步的外部干预。在林晓雨的案例中，正是学校心理咨询师的专业评估发现她存在自杀自伤风险，从而推动了后续的转介工作。

(2) 陪伴与支持。在学生前往学校心理健康中心的过程中，辅导员应陪同前往，给予学生情感上的支持。这种陪伴能够缓解学生的紧张情绪，增强他们面对问题的信心。

3. 科学转介与协同合作

(1) 明确转介对象与目标。当校内干预无法满足学生需求时，辅导员需迅速启动转介校外程序。根据学生的具体情况，选择最适合的转介对象，如专业心理机构、精神病医院或社区支持系统。在林晓雨的案例中，校外就医是必要的选择，因为她的心理问题较为严重，需要更专业的治疗。

(2) 与家长沟通的策略。与家长沟通是转介过程中不可忽视的环节。辅导员需要耐心解释转介的必要性，帮助家长了解心理干预的重要性，避免因误解而产生抵触情绪。在林晓雨的案例中，辅导员和心理咨询师通过耐心沟通，最终说服晓雨的母亲配合转介工作。

(3) 信息传递与保密。在转介过程中，辅导员需向校外机构提供必要的学生信息，包括心理评估结果、干预历史等，以确保校外机构能够快速了解学生情况并展开治疗；同时，严格遵守保密原则，保护学生的隐私。

4. 持续关注与后续支持

(1) 跟进学生康复情况。转介并非干预的终点，辅导员需持续关注学生的康复情况，定期与学生、家长及转介机构沟通，了解治疗进展。针对康复后返校的学生，应继续提供心理支持和关怀，帮助其顺利回归校园生活。

(2) 建立长期支持机制。辅导员应与校内心理健康中心、家长以及校外机构共同建立长期支持机制，为学生提供持续的心理支持。例如，定期组织心理辅导活动、开展心理健康讲座等，帮助学生养成良好的心理调适能力。

第三节　谨防：别让“危机”多次发酵

案例导入

“偏颇”的代价：当心理危机被误解

“因为学校和辅导员在处理学生矛盾时失之偏颇，才令我儿子病情加重，最终导致其自杀身亡。”李先生对于儿子的死亡耿耿于怀，于是将儿子就读的学校及辅导员告上了法院，索赔190余万元。近日，松江区人民法院对这起生命权纠纷作出了一审判决。

1. 大学毕业后他选择轻生

李先生夫妇膝下有一子，就是案件中的核心人物——李岩。李岩从小学业优秀，2018年考入了上海某大学。

本以为儿子进入“象牙塔”深造，父母就能放下担子；但自从李岩进大学后，李先生夫妇因为儿子的情况而忧心不已。李先生告诉法官，儿子在大学就读期间，经常说多次受到同学辱骂、殴打。2019年，儿子李岩被诊断为重度抑郁症。

“只要是李岩和同学们发生矛盾，当时的辅导员林老师总将矛盾冲突归咎于李岩的抑郁症病情，甚至在告知书中阐述为‘李岩的病情导致其与其他同学发生冲突’。”李先生说，学校也因此安排李岩更换寝室，后又建议其休学。

针对此事，李岩曾致电政府投诉热线，也曾以电话、短信方式联系校长，以此寻求多方帮助，却都不了了之。李先生说，李岩因此事件病情加重，在2022年三次出现过量服药试图自杀的行为，后又被鉴定为患有分裂型障碍。最终，病情日益严重的李岩在大学毕业后的2023年11月自杀身亡。

李先生认为，该大学作为李岩的就读学校、林老师作为其辅导员老师，在处理学生矛盾冲突时失之偏颇，罔顾事实将责任归咎于李岩的抑郁，使李岩受到不公正待遇，致其病情加重，最终致其身亡，应当承担赔偿责任。为此，李先生夫妇将学校和辅导员一起告到法院，要求索赔死亡赔偿金、丧葬费、律师费等合计190余万元。

2. 校方：已尽到关爱和照顾义务

被告大学则表示，李岩在校期间，学校对其已经尽到关爱和照顾义务，不存在任何侵权行为。李岩是毕业以后自杀身亡，要求学校承担赔偿责任，无事实与法律依据，不同意原告的诉讼请求。

学校表示，李岩进入大学后不久，就与寝室同学产生了矛盾，使李岩产生困惑。学校关注到这一情况后，立即将李岩列为重点关注对象，并为其设立档案，每季度对其进行心理咨询并予以记录。在《关于李岩同学的情况告知书》中，学校建议李岩休学治疗，继续在专业医疗机构进行心理干预和治疗，遵医嘱按时按量服药；建议家长监督李岩同学进行治疗，确保服药并关注心理变化，保证学生安全。但李岩及家人表示不接受休学，李岩因情绪低落到医院进行诊疗，被诊断为抑郁症。

学校为李岩调换了寝室，调整后李岩仍与新寝室同学有矛盾。2019 年 12 月，李岩即开始在校外居住，但李岩对之前寝室更换一事存有心结，并认为林老师作为当时的辅导员对此失之偏颇。

此后，学校再次向李岩的父母送达《关于李岩同学的情况告知书》，并建议：李岩继续在专业医疗机构进行心理治疗，遵医嘱按时按量服药；由家长陪同就医并监督李岩同学的治疗过程，确保按时按量服药，并关注心理变化，确保学生人身安全；学生在外居住期间，个人注意交通安全、人身安全和财物安全；由家长陪护，照顾学生生活，帮助其改善生活习惯，增强生活技能；李岩坚持进行心理咨询，学校为李岩提供心理咨询服务，帮助李岩处理不良情绪问题，进行人际关系辅导和咨询。李岩如临时要回校居住，需提前告知辅导员；学院为李岩提供勤工助学岗位，帮助其缓解经济压力。

3. 法院：学校和辅导员均未实施侵权行为，不承担责任

法院在审理中发现，林老师曾因被李岩威胁多次报警。公安机关在处理该案过程中，委托鉴定机构对李岩进行精神状态鉴定及有无受处罚能力予以评定。鉴定意见为：被鉴定人李岩患有分裂型障碍，涉案时及目前处于发病期；对本案应评定为限定受处罚能力。

法院认为，根据《中华人民共和国民法典》第一千一百六十五条第一款的规定：“行为人因过错侵害他人民事权益造成损害的，应当承担侵权责任。”本案是侵权之诉，两被告是否应当承担过错赔偿责任，应从各被告是否有侵权行为、主观过错、损害事实、侵权行为与损害事实之间是否有因果关系四方面予以考量。

本案中李岩是自行购药后服毒自尽，无证据证明被告大学、辅导员林老师对李岩实施了侵权行为，并造成了其死亡的损害后果。从两被告提供的证据来看，李岩在本科就读期间，其确诊为重度抑郁症，大学及辅导员均对李岩尽到了其职责范围内的关心、教育、管理、引导义务。李岩购药、服药自尽均系其自主行为，应对自己的死亡承担责任。李岩父母要求两被告对李岩的死亡承担赔偿责任缺乏事实与法律依据，法院不予支持。

——案例改编自上海市松江区人民法院民事判决书［案号：（2024）沪 0117 民初 4314 号］

案例综合点评

李岩的案例是一起典型的心理危机处理不当而导致的悲剧。李岩在大学期间被诊断为重度抑郁症，随后发展为分裂型障碍，最终在毕业后自杀身亡。从案例描述来看，学校和辅导员在处理李岩的心理问题和同学矛盾时，存在明显的“偏颇”和不足。这种偏颇不仅未能有效缓解李岩的心理压力，反而加剧了他的心理负担，最终导致他自杀。案例反映了心理危机干预中常见的问题，如对心理问题的片面理解、处理矛盾的单一化以及家校沟通的不足。

李岩的心理问题具有复杂性和多样性。他不仅患有重度抑郁症，还被鉴定为分裂型障碍。这些心理问题不仅影响了他的情绪和行为，还对他的社交和学业产生了重大影响。然而，学校和辅导员在处理问题时，未能充分认识到李岩心理问题的复杂性，而是将其简单归因于抑郁症，忽视了其他的因素。案例提到学校及辅导员林老师在处理李岩与同学的矛盾时，总是将责任归咎于李岩的抑郁症，学校甚至在告知书中公开提及李岩的病情。这种处理方式不仅未能有效解决问题，反而让李岩感到被误解和孤立。李岩多次尝试通过投诉和寻求帮助，但都未能得到有效的回应。这种偏颇的处理方式加重了李岩的心理压力。李岩的父母对学校和辅导员的处理方式表示不满，认为他们的偏颇导致了李岩病情的加重。学校和辅导员在处理过程中，未能与家长进行充分的沟通和协商，导致家长对学校的处理方式存在误解。此外，学校虽然为李岩提供了心理咨询服务和就医建议，但未能确保这些措施得到有效落实，也未能持续关注李岩的心理状态。

案例中有四个值得关注和探讨的关键点。一是心理问题的复杂性与全面系统评估。李岩的心理问题具有复杂性，学校和辅导员在处理时未能进行全面系统评估，而是简单归因于抑郁症。同时，应结合专业心理咨询师的意见，制订科学合理的干预方案。二是处理矛盾的公正性与敏感性。辅导员在处理学生矛盾时，应保持公正和敏感性，避免将问题简单归咎于某一方。案例中的辅导员应学会倾听学生的诉求，理解他们的感受，避免因偏见而加剧矛盾。三是家校沟通与协同干预的重要性。案例中，李岩的父母对学校的处理方式存在误解，认为学校的偏颇导致李岩病情的加重。辅导员在处理学生心理问题时，需要与家长保持密切沟通，及时反馈学生的情况，争取家长的理解和支持。家校协同干预能够为学生提供更全面的支持，有助于缓解心理压力。四是心理危机干预的持续性与动态性。李岩的心理问题在大学期间多次反复，但学校和辅导员未能持续关注他的心理状态，导致问题不断发酵。辅导员在心理危机干预中，应保持持续性和动态性，定期评估学生的心理状态，及时调整干预措施。针对高风险学生，应建立长期跟踪机制，确保干预的有效性。

在李岩的案例中，辅导员的表现既有值得肯定的地方，也有需要反思和改进之处。这些表现不仅影响了李岩的心理状态，也在一定程度上决定了事件的发展方向。

值得肯定的地方：及时关注与记录，辅导员在关注李岩的心理问题方面表现出积极的一面。学校将李岩列为重点关注对象，为其设立了档案，并定期进行心理咨询和记录。这种做法体现了学校对李岩心理问题的重视，为后续的干预提供了重要的依据。学校为李岩采取了心理咨询服务、勤工助学岗位等支持措施，帮助他缓解心理压力和经济负担。这些措施在一定程度上体现了学校对学生的关爱和支持，也为李岩的康复提供了一定的条件。

学校及辅导员的不足：在处理李岩与同学的矛盾时，总是将责任归咎于李岩的抑郁症，甚至在告知书中公开提及李岩的病情。这种失之偏颇的处理方式加剧了李岩的心理负担，使他感到自己被标签化，无法得到公正对待。与家长沟通不足，辅导员未能与李岩的家长进行充分沟通，导致家长对学校的处理方式存在误解。同时，辅导员未能持续关注李岩的心理状态，未能确保干预措施的有效落实。缺乏专业性，辅导员在处理李岩的心理问题时，未能充分结合专业心理咨询师的意见，缺少系统的心理危机干预措施。这种缺少持续性和动态性的干预方式，使李岩的心理问题未能得到及时有效的解决。

有理有据

一、危机干预中的法律与道德界限

1. 核心争议场景

(1) 强制干预的合法性争议

在高校心理危机干预中，强制干预是一个极具争议性的问题。一个典型的场景是：当学生有自杀倾向但明确拒绝接受心理咨询时，校方是否有权强制将其送医，或者要求家长将其接回？根据《中华人民共和国精神卫生法》第 28 条的规定，只有对于“疑似严重精神障碍患者”且存在“伤害自身或他人危险”的情况，才可以实施非自愿住院治疗。然而，在实际操作中，高校经常会陷入困境。例如，抑郁症、焦虑症等心理疾病未必达到“严重精神障碍”的标准，但如果学生具有强烈的自杀倾向，校方可能会面对“不作为”的追责压力。在这种情况下，如何平衡学生的自主权与校方的保护责任，是一个亟待解决的问题。一种可行的平衡策略是遵循“最小限制原则”，即优先尝试劝导学生自愿接受帮助，在必要时联合家属签署安全监护协议，而不是直接采取强制送医等过于强硬的措施。

(2) 隐私保护与信息共享的矛盾

隐私保护与信息共享之间的矛盾也是高校心理危机干预中的一个难题。例如，学生被确诊为双相情感障碍，要求心理咨询师对其病情保密，但如果其情绪失控可能会威胁到室友的安全，此时校方是否应该告知相关人员？从法律角度来看，《中华人民共和国个人信息保护法》明确规定，除非涉及“生命健康紧急情况”，否则不得泄露个人敏感信息。教育部制定的《学生伤害事故处理办法》明确学校对已知风险有义务采取预防措施，这就需要校方在实际操作中找到一个平衡点。一个合理的做法是实行分层披露，即仅向必要人员（如辅导员、室友）告知风险防范措施，而不是透露具体的诊断信息。

(3) 家校权责划分的模糊地带

家校权责划分的模糊性也是高校心理危机干预中的一个争议焦点。例如，成年学生拒绝让家长知晓其抑郁症病史，但家长坚持要求校方通报病情，这种情况应该如何处理？根据《中华人民共和国民法典》，18 岁以上的成年人具有完全民事行为能力，其医疗信息自主权受到法律保护。然而，如果学生存在“丧失行为能力”的风险，校方则可以根据《××省（市）校园安全条例》联系家属。在伦理层面，建议优先尊重学生的意愿，同时签署知情告知书，明确告知学生“若病情危及生命，将突破保密原则通知家属”。

2. 法律框架及伦理原则

(1) 法律边界：权利与责任的博弈

高校心理危机干预中法律边界的确定，实质上是权利与责任的博弈。在强制干预方面，如前所述，《中华人民共和国精神卫生法》第 28 条对非自愿住院治疗的条件进行了严格限定。高校在实际操作中经常会面临困境，尤其是在面对抑郁症、焦虑症等未达到“严重精神障碍”标准但自杀风险极高的学生时。为了平衡各方利益，校方应遵循“最小限制原则”，优先尝试劝导，必要时联合家属签署安全监护协议。例如，某高校通过司法鉴定确认学生因重度抑郁丧失现实判断能力后，依法强制转诊，避免了悲剧的发生。

在隐私保护与信息共享方面，《中华人民共和国个人信息保护法》和《学生伤害事故处理办法》分别为隐私保护和风险预防提供了法律依据。高校在实际操作中应遵循分层披露的原则，仅向必要人员告知风险防范措施，而非透露具体诊断。例如，学生因幻觉欲伤害同学，心理咨询师在匿名化处理后，通知辅导员加强宿舍巡查，既保护了隐私权，又履行了预防义务。

在家校权责划分方面，《中华人民共和国民法典》明确了 18 岁以上成年人具有医疗信息自主权，但在学生存在“丧失行为能力”风险时，《中华人民共和国校园安全条例》赋予校方联系家属的权利。伦理上，应优先尊重学生意愿，同时签署知情告知书，明确在病情危及生命时突破保密原则通知家属。

(2) 道德困境：生命权与自主权的拉锯

在高校心理危机干预中，道德困境主要体现在生命权与自主权的冲突上，如

“善意欺骗”的伦理争议。为了阻止学生自杀，辅导员谎称“你母亲突发心脏病住院”，迫使其暂时放弃轻生念头。从功利主义视角来看，救人为先，手段的正当性可以妥协；但从义务论视角来看，诚实是基本道德义务，欺骗会损害长期信任。在这种情况下，可以采用折中方案，即仅在极端紧急情况下使用有限度的“治疗性谎言”，但事后需向学生说明原委并道歉。

另一个道德困境是资源分配中的公平性质疑。例如，高校心理咨询中心优先服务“高风险”学生，导致普通心理困扰学生需要排队等待。这涉及效用最大化与普惠正义的冲突。为了改善这一状况，需建立“分级分流”机制：高危个案即时干预，中低风险学生通过朋辈互助、自助课程缓解等待焦虑。

此外，文化价值观对干预手段的冲击也不容忽视。例如，学生因同性恋身份被家庭排斥而抑郁，咨询师面对两难选择：遵从家庭要求的“性取向矫正治疗”（违背心理学伦理），还是支持学生自我接纳（可能引发家长投诉）。《中国心理学会临床与咨询心理学工作伦理守则》（第二版）规定，禁止实施歧视性干预。这样，解决方案是通过家庭治疗引导家长理解，而非妥协于非科学要求。

二、危机干预中的极端情况

在高校心理危机干预过程中，极端情况的出现往往标志着心理危机达到最严峻的阶段，这些情况不仅对学生的身心健康构成严重威胁，还可能引发一系列不可预知的后果，对校园安全与社会稳定造成深远影响。极端情况主要包括以下几类：

（1）自杀行为。自杀是高校心理危机干预中最为严峻的极端情况，它通常是个体在面对无法逾越的心理困境时采取的终极逃避方式。在高校环境中，学生可能因学业压力、情感挫折、家庭变故等陷入深度的心理绝望，进而产生自杀念头并付诸行动，其往往伴随长期的心理痛苦和无助感，是个体心理平衡完全崩溃的结果。自杀未遂的情况同样不容忽视，它既可能是学生寻求关注与帮助的信号，也可能是其心理危机进一步加剧的前兆。无论是自杀身亡还是未遂，都反映出学生在心理危机面前已超出自身应对能力的极限，急需外界的有效干预与支持。

（2）他杀行为。他杀作为高校心理危机干预中的另一类极端情况，是个体心理严重失衡后通过暴力行为向外释放的结果。当学生因长期的心理压抑、人格缺陷或精神障碍而无法正常处理内心冲突时，他们可能将这种消极情绪转向他人，以攻击性行为来宣泄自己的痛苦和愤怒。这种行为不仅对受害者造成极大的伤害，也破坏了校园的安全、和谐氛围。在高校中，因心理问题引发的他杀行为，通常与学生的人际关系、情感纠纷或对周围环境的不满等因素密切相关，是心理危机在极端情况下的危险外化表现。

（3）严重自伤行为。严重自伤行为是学生在心理危机中通过伤害自身肉体的方式来缓解内心痛苦的一种极端手段。这种行为虽然并非直接针对生命，但反映出学生心理状态的极度不稳定和对情绪调节的严重困难。自伤行为往往伴随深层次的心理问题（如抑郁、焦虑等），是学生在面对心理压力时缺乏健康应对机制的一种表现。它既可能是学生对自身不满和自责的极端表达，也可能是其试图通过身体的疼痛来转移心理痛苦的一种方式，是心理危机干预中必须高度关注的极端情况之一。

（4）极端情绪失控。极端情绪失控是指学生在遭遇重大挫折、突发变故或长期压力积累的情况下，情绪调节机制完全失效，导致情绪以一种不可控的方式急剧爆发。这种情况下，学生可能出现极度愤怒、悲伤、绝望等情绪，甚至伴随冲动性行为，对自己或他人直接构成威胁。极端情绪失控往往具有突发性和难以预测性，是心理危机在短期内迅速恶化的表现，需要及时采取有效的危机干预措施，帮助学生恢复情绪平衡，避免发生更严重的后果。

（5）精神疾病的急性发作：患有精神分裂症、躁郁症等精神疾病的学生，在疾病急性发作时，可能出现幻觉、妄想、冲动等行为，对自己和他人构成威胁。这种情况下，学生的认知、情感和行为调节能力受到病理性影响，无法正常应对现实生活的压力和挑战。精神疾病的急性发作不仅是心理危机的极端表现，也是高校心理危机干预中最为复杂和棘手的情况，需要专业的医疗和心理支持来确保学生的安全并帮助其恢复健康。

三、难以避免的危机干预失败

在大学生心理危机干预工作中，尽管辅导员和相关专业人员付出了巨大的努力，但有时仍难以避免发生干预失败的情况。在高校心理健康教育领域，尽管专业干预体系取得了显著进展，但仍然存在一定的局限性。根据世界卫生组织（WHO）2024年的数据，即便是最专业的干预体系仍有12%～15%的失败率。

心理危机干预失败指的是在对学生心理危机进行干预的过程中，由于各种原因，未能达到预期的效果，甚至可能导致危机进一步升级或恶化的情况。一般干预失败包括：

（1）即时性失败。在干预过程中，因方法不当、时机选择不当或学生抵触情绪强烈等，导致干预措施未能立即产生效果。例如，辅导员在与学生沟通时，未能有效建立信任关系，导致学生拒绝接受帮助。

（2）长期性失败。尽管在初次干预时取得了一定的效果，但随着时间的推移，学生心理问题反复发作，未能从根本上得到解决。例如，学生在短期内情绪有所缓解，但从长期来看，心理问题依然存在甚至加剧。

（3）完全性失败。干预措施完全未起作用，学生心理状态持续恶化，甚至导致严重后果（如自杀、自残等）。这种失败往往意味着干预措施的严重失误或干预人员的专业能力不足。

干预失败可能导致学生的心理创伤进一步加重，出现严重的焦虑、抑郁等心理问题，甚至导致学生自杀等极端行为，也可能引发校园安全事件、社会信任危机等。

他山之石

自杀风险评估

在高校心理危机干预中，自杀风险评估是辅导员和心理咨询师必须掌握的关键技能。自杀风险评估不仅是识别潜在危机的重要手段，更是预防自杀行为的关键环节。科学、系统的评估可以让辅导员更准确地判断学生的心理状态，及时采取有效的干预措施，保障学生的生命安全。

1. 自杀风险评估的重要性

自杀行为是心理危机中最严重的后果，具有突发性和隐蔽性。许多学生在自杀前可能释放多种预警信号，但这些信号往往被忽视或误解。自杀风险评估的目的是识别那些处于高风险状态的学生，并及时采取干预措施。在林晓雨的案例中，正是通过专业的自杀风险评估，校内心理咨询师才发现了她的自杀自伤风险，从而推动了后续的转介和干预工作。

2. 自杀风险评估的关键步骤

（1）收集信息。自杀风险评估的第一步是全面收集信息，包括学生的个人背景、心理状态、行为表现、家庭关系、社会支持系统等。辅导员可以通过以下方式收集信息。

a. 与学生直接交流：通过一对一的谈话，了解学生的内心感受和困扰。

b. 观察学生的行为：注意学生是否出现情绪低落、社交退缩、学习成绩下降等异常表现。

c. 与家长和同学沟通：了解学生在家庭和生活中的表现，获取更全面的信息。

d. 查阅心理档案：如果学生之前接受过心理咨询或治疗，应查阅相关记录，了解其心理问题的历史。

（2）识别自杀风险因素。自杀风险因素是指那些可能增加自杀风险的变量。常见的自杀风险因素包括：

a. 心理因素：如严重的抑郁情绪、焦虑、绝望感、无助感等。

b. 行为因素：如自伤行为、自杀未遂史、突然的行为改变（冲动性行为增加）等。

c. 家庭因素：如家庭关系紧张、父母离异、家庭暴力等。

d. 社会因素：如缺乏社会支持、学业压力、人际关系冲突等。

（3）评估自杀意图和计划。自杀意图是指个体想要结束自己生命的愿望，而自杀计划是指个体已经制订了具体的自杀方法和时间。评估自杀意图和计划是自杀风险评估的核心环节，辅导员可以通过以下问题进行评估：

a. 自杀意图：你有没有想过要结束自己的生命？你是否觉得生活没有意义？

b. 自杀计划：你有没有想过具体的方法？你有没有想过什么时候实施？

c. 自杀准备：你有没有采取一些具体的行动（如囤积药物、购买工具等）？

（4）评估支持系统和保护因素。支持系统和保护因素是指那些能够减少自杀风险的因素。常见的保护因素包括：

a. 家庭支持：家庭成员的理解和支持。

b. 社会支持：朋友、同学、老师等的支持。

c. 个人资源：如良好的应对能力、乐观态度、宗教信仰等。

d. 学校资源：如心理咨询中心、辅导员等的支持。

3. 自杀风险评估的实践建议

（1）定期培训与学习。辅导员应定期参加心理健康培训，学习自杀风险评估的专业知识和技能。通过培训，辅导员可以掌握科学的评估方法和工具，提高识别自杀风险的能力。

（2）建立多层评估机制。在实际工作中，辅导员应建立多层评估机制，联合校内心理咨询师、校外医疗机构等多方力量，对学生进行全面评估。针对高风险学生，及时启动紧急干预程序。

（3）注重沟通与合作。自杀风险评估不仅需要辅导员的专业能力，还需要与学生、家长、心理咨询师等多方面沟通与合作。通过良好的沟通，争取学生的理解和配合，确保评估和干预工作的顺利进行。

（4）持续关注与支持。自杀风险评估并非一次性的过程，而是一个持续的动态过程。辅导员应持续关注学生的心理状态，定期进行评估，及时调整干预措施。针对康复后返校的学生，继续提供心理支持和关怀，帮助其顺利回归校园生活。

案例要点分析

李岩的悲剧不仅是个人的不幸，还是对整个教育体系和社会支持系统的深刻警醒。在深入剖析这一案例后，我们认识到，要想有效防范高校心理危机事件，必须采取综合防范策略，从多个层面入手，共同构建一个全面、细致且富有弹性的心理健康保护网。我们总结了一些普适性的建议和做法，可以帮助辅导员在实际工作中更好地应对心理危机，避免发生类似悲剧。

1. 全面评估与系统干预

（1）全面评估心理问题。辅导员在面对学生心理问题时，不能仅凭单一的诊断或表面现象进行判断，而应进行全面、系统的评估，包括了解学生的心理状态、行为表现、家庭背景、社会支持系统等。例如，案例中，辅导员如果能全面地评估李岩的心理问题，而不是草率地归咎于抑郁症，或许能更早发现他潜在的危机。

（2）制订系统干预方案。在评估的基础上，辅导员应联合专业心理咨询师、家长等多方力量，制订科学合理的干预方案。干预方案应包括心理治疗、药物治疗、家庭支持、社会支持等多方面的内容，确保干预全面和有效。

2. 公正处理矛盾与冲突

（1）公正地对待学生。在处理学生之间的矛盾和冲突时，辅导员应保持公正和客观，避免因偏见或片面信息而将责任归咎于某一方。案例中，辅导员将矛盾归咎于李岩的抑郁症，这种处理方式不仅未能解决问题，反而加重了李岩的心理负担。辅导员应学会倾听学生的诉求，理解他们的感受，避免因偏见而加剧矛盾。

（2）敏感处理学生隐私。辅导员在处理学生问题时，应特别注意保护学生的隐私。公开提及学生的心理问题（如案例中的告知书）可能给学生带来二次伤害，导致学生感到被误解和孤立。辅导员应谨慎处理学生信息，确保其隐私得到保护。

3. 加强家校沟通与协同

（1）主动与家长沟通。辅导员应主动与家长保持密切沟通，及时反馈学生的情况，争取家长的理解和支持。案例中，家长对学校的处理方式存在误解，部分原因是学校未能及时、有效地与家长沟通。通过定期的家校沟通，可以避免误解，增强家校协同干预的效果。

（2）建立协同干预机制。家校协同是心理危机干预的重要环节。辅导员应与家长共同制订干预方案，明确各自的责任和义务，确保干预的连续性和有效性。例如，家长可以在校外监督学生的治疗过程，而学校可以在校内提供必要的支持和帮助。

4. 持续关注与动态干预

（1）持续关注学生状态。心理危机干预是一个长期的过程，辅导员需要持续关注学生的心理状态，定期对其进行评估和调整。案例中，学校虽然提供了心理咨询服务，但未能持续关注他的心理变化，导致问题不断发酵。辅导员应建立长期跟踪机制，确保干预有效。

（2）动态调整干预措施。学生的心理状态是动态变化的，辅导员需要根据学生的情况及时调整干预措施。例如，当学生的病情加重时，应及时建议休学或转介至专业机构；当学生的情绪有所缓解时，可以逐步增加心理支持和社会活动。这种动态调整能够更好地适应学生的需求，提高干预效果。

5. 提升专业能力与心理危机干预素养

（1）加强心理学专业知识学习。辅导员应定期参加心理健康培训，学习自杀风险评估、心理危机干预等专业知识和技能。案例中，辅导员在处理复杂的心理问题时表现出专业能力不足，需要不断提升自身的专业素养。

(2) 建立心理危机预警机制。辅导员应建立心理危机预警机制，通过定期的心理健康普查、建立学生心理档案等方式，提前发现学生潜在的心理危机；同时，辅导员应掌握心理危机干预的基本流程，确保在危机发生时能够迅速采取有效的措施。

锦囊妙计

本章聚焦大学生心理危机干预的核心议题，系统探讨了心理危机的成因、识别方法，以及有效的干预策略。通过实际案例分析，揭示了辅导员在面对学生心理危机时应如何敏锐识别早期预警信号，运用专业方法进行评估与干预，并通过家校协同、持续跟踪等措施防止危机的多次发酵。

本章强调了辅导员在提升自身专业素养、建立心理危机预警机制以及加强与家长沟通等方面的重要性，旨在为辅导员提供实用的指导，帮助他们更好地应对工作中的挑战，保障学生的心理健康和校园安全。

心理危机隐蔽险，辅导员需眼力尖。情绪行为细观察，学业睡眠查异变。

预警普查早发现，评估干预步骤全。跟踪反馈莫松懈，专业支持护心田。

处理危机要周全，谨防发酵再蔓延。家校联动齐沟通，守护青春向阳天。

武理分享

本章总结了辅导员在面对学生心理危机时应采取的策略和方法，旨在为辅导员在实际工作中提供实用的指导和建议。

1. 心理危机的起因与识别

心理危机往往具有隐蔽性和突发性，辅导员需要具备敏锐的观察力，通过日常接触和交流，捕捉学生行为、情绪和学业表现中的细微变化。例如，学生是否出现情绪低落、社交退缩、学习成绩下滑或睡眠障碍等异常表现，这些信号可能是心理危机的早期预警。在小王的案例中，辅导员通过日常观察察觉到他的异常，从而开启了后续的干预工作。此外，我们还强调了辅导员在识别心理危机时需要关注多个维度，包括学生的心理状态、行为表现、家庭背景、社会支持系统等。通过全面评估，辅导员可以更准确地识别潜在的心理危机，及时采取干预措施。

2. 心理危机干预的方法

心理危机干预是一个系统而细致的过程，旨在确保学生在面临心理困扰或危机时能够得到及时、专业且有效的帮助。这个流程通常包括预警、识别、评估、干预、跟踪和反馈等环节。

(1) 预警：建立预警系统，普及心理健康知识，提高学生的心理健康意识。

(2) 识别：通过日常观察和心理健康普查，及时发现潜在的心理问题。

(3) 评估：由专业心理咨询师或精神科医生进行评估，确定危机的严重程度。

（4）干预：制订个性化的干预计划，包括心理咨询、心理治疗、药物治疗、家庭干预和社会支持等。

（5）跟踪：对接受过干预的学生进行定期跟踪和回访，了解其恢复情况。

（6）反馈：收集学生、教师和家长的反馈意见，总结干预效果，发现存在的问题和不足。

3. 谨防心理危机多次发酵

心理危机如果处理不当，可能导致问题的多次发酵，甚至引发悲剧。辅导员在处理学生心理问题时，应保持公正和敏感性，避免偏颇和误解，确保干预措施的有效性和持续性。辅导员应与家长保持密切沟通，及时反馈学生的情况，争取家长的理解和支持。

资源推荐

✲ 专业好书

书名：心理学与生活
作者：理查德·格里格、菲利普·津巴多
出版社：人民邮电出版社
出版时间：2021 年 10 月

书名：心理危机干预 36 计
作者：徐中收
出版社：清华大学出版社
出版时间：2020 年 11 月

✲ 精彩视频

纪录片：施图茨的疗愈之道

参考文献

[1] 大学生心理危机干预辅导员手册［M］. 北京：人民卫生出版社，2022.
[2] 江开达，周东丰，李凌江. 精神病学高级教程［M］. 北京：人民军医出版社，2009.
[3] 杨振斌，李焰. 大学生非正常死亡现象的分析［J］. 心理与行为研究，2015

（5）：698-701.

［4］王生辉．高校学生非正常死亡事件应对研究［J］．泰州职业技术学院学报，2020（5）：24-26.

［5］陈建文，贺青霞．“键对键”与“面对面”的联动：大学生心理健康教育新模式［J］．大学教育科学，2018（3）：33-37.

［6］马喜亭，李卫华．大学生心理危机的研判与干预模型构建［J］．思想教育研究，2011（1）：103-107.

［7］孙耀胜，刘丽娟．学校心理辅导与德育工作浅析［J］．学校党建与思想教育（下半月），2008（11）：38-39.

［8］戴纽特·沃瑟曼．自杀：一种不必要的死亡［M］．李鸣，等译．北京：中国轻工业出版社，2003.

［9］林孟平．辅导与心理治疗［M］．香港特别行政区：商务印书馆（香港）有限公司，1988.

［10］杨启梅．辅导员在大学生心理危机干预中的角色定位及应避免的问题探究［J］．学校党建与思想教育，2012（27）：62-63.

［11］孟令玲．高校辅导员在大学生心理危机干预中的作用探究［J］．辽宁师专学报（社会科学版），2020（4）：121-123.

［12］王蕊，孙小刚．高校辅导员对大学生心理危机干预的作用与对策［J］．价值工程，2013，32（23）：253-254.

［13］尹航，周婷．高校辅导员心理健康问题探析［J］．科教导刊，2016（34）：161-162.

第十章　辅导员的自我保健

本章导读

习近平总书记在全国教育大会强调，要牢牢把握教育的政治属性、人民属性、战略属性。在全面深化教育综合改革的时代背景之下，高校辅导员的角色愈发重要。他们不仅承担着学生思想政治教育和日常管理工作，还需要对学生进行心理健康的引导，维护校园的和谐氛围，促进教育的全面发展。

然而，随着社会对大学生思想政治教育和心理健康等工作的关注度提高，辅导员面临的工作环境、工作场景也日益复杂。辅导员这一职业的工作压力显著提升，导致辅导员自身的心理健康问题逐渐凸显。因此，探讨辅导员的自我保健和心理调适尤为重要。

本章旨在深入分析辅导员工作应激情景、工作中的价值冲突以及心理自助与自我保健，帮助辅导员更好地应对工作中的压力，实现自身的心理健康和职业发展。本章将通过案例分析和理论探讨，深入解析这些内容，为辅导员提供实用的建议与指导，以帮助他们在复杂多变的工作环境中保持身心健康，实现职业生涯的可持续发展。

第一节　工作应激与工作应激源

案例导入

新手辅导员小张的成长之路

今天是我入职的第 42 天，也是我成为辅导员的第 42 天。说实话，从事这一职业对于我来说就像一场漫长的马拉松，而我却还在起跑线上徘徊。

作为一名刚工作不久的辅导员，我的工作生活被各种事务填满，每天早上一睁眼，就有一堆事情在等着我。毕业生的资助和贷款还款事务复杂得像一团乱麻，我得一项一项地梳理清楚，生怕出一点儿差错。还有师生合唱排练，我除了协调时间、安排场地，还要指导学生练习，常常连嗓子都喊哑了，更别提还要指导学生参加各种竞赛，从选题到准备，每一个环节我都得操心。

为了完成这些工作，我常常熬夜加班，有时连饭都顾不上吃。最近一个月，我感觉自己像被压在一座大山下，喘不过气来。每天晚上躺在床上，满脑子都是白天的工作，翻来覆去就是睡不着。焦虑像一只无形的“手”，紧紧地“掐”着我的喉咙，让我喘不过气来。我开始怀疑自己的能力，担心在处理这些事务时会犯错，影响职业生涯。

就在我为工作焦头烂额的时候，一个突发事件如晴天霹雳砸向了我。我所带年级的两名学生因为情感纠纷发生了冲突。我曾试图调解，但效果不佳。就在前天，这两名学生再次因为感情问题发生了激烈的肢体冲突，其中一名学生使用了利器，导致另一名学生严重受伤，甚至危及生命。更糟糕的是，由于种种原因，受伤学生未能及时送医，最终因失血过多而不幸去世。

当我得知这个消息时，整个人都蒙了。我无法相信，这样的悲剧会发生在我的学生身上。我赶紧赶到现场，看到那名受伤的学生躺在地上，血迹斑斑，我的眼泪忍不住掉了下来。我一边安抚其他学生的情绪，一边协助学校处理后续事宜。然而，事情并没有就此结束。

被害学生的家长得知消息后，情绪激动，强烈控诉学校和我的失职。他们认为我没有及时发现并有效调解学生的矛盾，导致了悲剧的发生。面对家长的指责，我满心愧疚，却无力辩解。同时，过错方学生的家长也向我求助，希望我能帮助他们的孩子减轻罪责。我夹在中间，左右为难，压力巨大。

更让我难以承受的是网络上的舆论风波。事件经过网络传播后，负面评论如潮水般涌来——有人指责我工作不力，有人质疑学校管理混乱。看到这些评论，我的心像被刀割一样疼。我每天都在自责和反思，如果当时我能更果断一些，或者能更好地与学生沟通，是否就能避免这样的悲剧发生？这些想法像沉重的枷锁，压得我喘不过气来。

在学校和学院领导的帮助下，我努力调整自己的状态，开始尝试寻求帮助。我向经验丰富的同事请教，他们耐心地给我提供建议和指导。我也参加了心理辅导课程，希望通过专业的帮助来缓解自己的焦虑情绪。在与同事的交流中，我了解到许多辅导员在面对突发事件时也经历过类似的困境，但他们通过积极的沟通和自我反思，逐渐走出了阴影。这让我意识到，我并不是一个人在战斗，成长的过程必然伴随挑战和磨难。

我开始反思自己的工作方式，尝试合理分配精力。我制订了详细的工作计划，优先处理重要事务，并留出时间进行自我调整和放松。我意识到，只有保持良好的心理状态，才能更有效地帮助学生，更好地履行辅导员的职责。

随着时间的推移，我的心理状态有了一些微妙的变化。我不再完全沉浸在自责和焦虑中，但也不确定自己是否真的走出了阴影。我知道，这段经历将成为我职业生涯中无法抹去的一部分，它让我明白，辅导员的工作不仅仅是帮助学生，还有与他们共同面对生活的挑战。

我不知道未来会怎样，是否还会有类似的悲剧发生，是否还能真正从阴影中走出来。但此刻，我只能告诉自己，要继续前行，尽管前路依然布满荆棘，尽管心中依然充满迷茫。

案例综合点评

在本案例中，小张老师作为一名年轻的辅导员，刚入职不满一年，面临着多重工作压力。毕业生资助及贷款还款、师生合唱排练、学生竞赛项目指导等多项任务使他在工作中异常繁忙，几乎没有时间安排自己的饮食和休息。工作时间短、经验不足加剧了他的焦虑和不安，尤其是在面对突发事件时。此时，他不仅要承担日常工作带来的压力，还需要处理突发的学生冲突事件。

辅导员的职责包括学生的日常管理、心理疏导、学业指导、活动组织等。小张老师在短时间内需承担如此多的责任，容易导致工作应激。辅导员不仅需要具备扎实的专业知识和管理能力，还要具备较强的心理素质。小张老师在事件发生前的工作安排和时间管理显得相当紧张，缺乏必要的支持和指导，导致他在面对突发事件时的应对能力受到挑战。

在学生出现情感纠纷并最终导致严重后果的情况下，小张老师不得不迅速做出反应。尽管在学校和学院领导的帮助下，他妥善处理了突发事件，但这件事对他的心理影响巨大。首先，事件的性质极其严重，涉及生命的损失，难免让他感到内心的沉重和责任的压迫。其次，作为辅导员，他可能自责于未能有效预防冲突的发生，对自己在调解过程未尽责任感到懊悔，这种心理负担进一步加重了他的焦虑感。

小张老师在事件发生后应主动寻求心理支持，学校应提供专业的心理辅导服务。通过心理咨询，可以帮助他缓解因事件带来的负面情绪（如缓解焦虑和恐惧感）。定期的心理健康教育和辅导员心理素质培训也应成为学校工作的重点之一，增强辅导员面对突发事件的应对能力是重中之重。

学校也应建立健全辅导员工作支持机制，包括明确的职责分工、合理的工作流程、有效的沟通渠道等。对于年轻辅导员来说，尤其需要建立传帮带制度，通过经验丰富的老师给予指导和支持，帮助他们更快地适应岗位要求，提升处理突发事件的能力。

对于新入职的辅导员而言，需要学习时间管理技巧，合理安排工作和休息时间。小张老师可以通过制订详细的工作计划，厘清工作先后次序，减少因工作量过大带来的焦虑。同时，适当的运动、放松活动及兴趣爱好有助于缓解压力，增强身心健康。学校应定期组织危机管理与应对能力的培训，增强辅导员在面临突发事件时的应变能力。培训内容可以包括危机处理流程、心理疏导技巧、有效沟通策略等，使辅导员能够更冷静、有效地应对各类突发事件。

小张老师的案例反映出辅导员在工作中面临的诸多挑战与压力。作为一名年轻的辅导员，他在工作中需要不断提升自己的能力，以应对日益复杂的学生管理工作。同时，学校应重视辅导员的心理健康与职业发展，为他们提供必要的支持和培训，以帮助他们更好地应对工作中的应激与挑战。通过完善的支持体系和有效的培训机制，辅导员的工作压力将得到缓解，进而提升其工作效率和职业满意度。

有理有据

辅导员在工作上出现应激反应时，学会正确的应对方法，学会用适当的方式方法进行调节非常重要。本节将分享辅导员的主要工作应激源、应激警示信号，以及工作应激的负面影响的相关知识。

一、工作应激与工作应激源的概念

工作应激已成为与传统的物理、化学和生物性有害因素相同的，直接或间接地威胁职工生命质量和作业能力的新的职业性有害因素。职业应激作为首要因素可引起职业人群疲劳、抑郁、焦虑、沮丧甚至工作倦怠；作为危险因素或促进因素，职业性应激可导致或诱发职业人群某些心身疾病。随着人们对职业应激的认识，尤其是对工作有关的社会心理因素与职业人群健康、组织工作绩效关系认识的深化，对职业应激因素进行科学的识别、评价和控制已愈显重要和迫切。

应激过程是个体体内外应激源刺激个体，个体通过应激中介机制（生理中介机制、心理中介机制、应激中介变量）进行应答，输出应激反应，决定应激反应的结果。因此，应激源可被看作应激发生的始动因子，即应激发生的前提和条件，对应激的结果也会产生重大影响。

工作应激（Occupational Stress）又称职业紧张、职业应激、职业压力或工作紧张、工作压力，是指工作者由于工作或与工作有关的因素引起的应激。目前，大多数学者认为工作应激是“在人体的需求与反应能力之间的一种功能紊乱，是当用以描述不良的职业心理因素时，其含义是在某种职业条件下，客观需求与主观能力之间的失衡所带来的心理、生理压力”。研究者认为，对工作应激产生影响的因素主要包括个体因素、社会支持、职业因素。

工作应激源（Occupational Stressor）也称工作压力源、职业应激因素、职业紧张因素，即工作过程中对工作者的工作适应、紧张状态产生影响的各种刺激因素，包括工作本身及与工作相关的因素（如工作负荷、工作条件、轮班作业、工作中的人际关系、工作环境等）。

二、高校辅导员的主要工作应激源与应激警示信号

1. 主要工作应激源

（1）工作负荷。辅导员的工作涉及广泛的领域，包括但不限于学生的日常管理、心理健康辅导、职业规划指导、危机干预等。这些工作任务不仅数量庞大，而且往往具有紧迫性，要求辅导员能够迅速响应并有效处理。繁重的工作负荷可能导致辅导员长期处于高压状态，影响其身心健康，降低工作效率和生活质量。

（2）工作条件。辅导员的工作环境可能存在资源不足、设施不完善等问题，这些问题限制了他们提供高质量服务的能力。例如，缺乏足够的办公空间、教学资源、心理健康支持等，都可能增加辅导员的工作难度，使他们难以满足学生的需求。此外，不稳定的工作环境（如频繁的政策变动、预算削减等）也会给辅导员带来额外的工作压力。

（3）角色多样性。高校辅导员经常需要在多个角色间进行切换，包括管理者、服务者、教育者、心理咨询师等。角色的多样性可能导致角色冲突和角色模糊，使辅导员在不同职责间感到困惑和压力。例如，作为管理者，辅导员需要执行学校的规章制度；作为服务者和教育者，他们又需要关注学生的个性化需求。这种角色间的拉扯可能导致工作方向不明确，增加工作的复杂性和不确定性。

（4）人际关系。辅导员需要与学生、同事、家长等多方进行频繁的沟通和协调。在这个过程中，可能出现沟通不畅、期望不一致、利益冲突等问题，这些都可能给辅导员带来额外的压力。特别是在学生的关系管理方面，辅导员需要在保持专业边界的同时，建立信任和支持，这在面对学生的心理问题或行为问题时尤为严峻。

（5）发展压力。在高校环境中，职业晋升的机会可能有限，竞争可能激烈。辅导员可能对未来的职业发展感到不确定和焦虑，特别是对于那些有志在学术或管理领域进一步发展的人来说。职业晋升的不确定性和竞争压力的加剧可能导致辅导员在工作中感到不安，影响他们的工作满意度和承诺。

2. 工作应激的警示信号

高校辅导员在面对繁重的工作任务和多样的角色要求时，可能出现一系列应激警示信号。及时识别和关注这些信号，对辅导员自身的身心健康及工作效果都具有重要意义。

（1）心理信号

情绪变化：辅导员可能经常感到焦虑、烦躁、情绪低落等，在面对学生问题或工作压力时，容易变得不耐烦或情绪化。例如，当处理学生之间的矛盾冲突时，他们可能因为压力而表现出过度的愤怒或焦虑，这可能是应激反应的表现。

兴趣减退：原本对工作充满热情的辅导员，可能突然对工作中的各种活动、项

目等失去兴趣，甚至对职业发展也变得漠不关心。比如，不再主动参与学校组织的辅导员培训或交流活动，对提升自身专业能力的机会也提不起兴致。

注意力不集中：在处理工作事务时，辅导员可能难以集中精力，容易分心，导致工作效率明显下降。比如，在撰写学生工作报告时，思绪容易飘散，难以专注于报告内容，反复出现思路中断的情况。

对他人态度冷漠：辅导员对学生的关心度可能降低，对学生的问题反应迟钝，甚至表现出冷漠、不耐烦的态度。例如，在学生寻求帮助时，可能以工作繁忙为由敷衍了事，不再像以往那样耐心倾听和给予指导。

(2) 生理信号

睡眠障碍：辅导员可能会出现失眠、多梦、早醒等睡眠问题。长期的应激状态会影响睡眠质量，导致身体疲惫。例如，即便没有熬夜，白天也总是感到困倦，精神不振。

身体不适：频繁出现头痛、胃痛、肌肉紧张等身体症状，这可能是身体在长期压力下发出的警示信号。比如，在处理紧急的学生突发事件后，可能会感到头部胀痛或者胃部不适，甚至出现肌肉酸痛的情况。

免疫力下降：容易生病，如经常感冒、发烧等，这与长期应激导致身体机能下降有关。辅导员可能发现自己比以往更容易受到病毒和细菌的侵袭，生病的频率增加，康复时间可能也相对较长。

(3) 行为信号

工作拖拉、效率低下：原本能够高效完成的工作，现在却经常拖延，工作效率大不如以前。例如，对学生信息的整理和更新工作，可能一拖再拖，导致数据的及时性和准确性受到影响。

人际关系紧张：在与同事、学生、家长等的交流中，容易产生冲突或误解，人际关系变得紧张。比如，在与其他辅导员合作组织学生活动时，可能因为意见不合而发生争执，或者对学生的要求回应生硬，引发学生的不满。

过度依赖不良应对方式 ：一些辅导员可能通过吸烟、酗酒、暴饮暴食等方式来缓解压力。例如，在工作压力大的时候，可能增加吸烟的频率，或者在晚上加班时喝大量咖啡来提神，长期下来对身体造成不良影响。

频繁请假或想离职：频繁地以各种理由请假，或者经常表达对工作的不满，甚至产生离职的念头。例如，可能以身体不适、家庭事务等为由频繁请假，或者在与同事的交流中经常抱怨工作的压力和困境，甚至开始在暗中寻找新的工作机会。

3. 辅导员的工作应激应对策略

面对工作应激，辅导员可从心理调适、时间管理、能力提升、人际沟通、身体保健等方面积极应对，以缓解压力，提升工作效率与幸福感。

（1）心理调适。依据斯金纳的操作性条件作用理论，辅导员可以通过正强化和负强化来调整自己的情绪，如完成一项工作任务后给予自己一些奖励，从而增强积极行为出现的概率。此外，根据认知行为理论，辅导员需要识别和挑战自己的负面思维模式，将消极的认知转化为积极的认知，从而改变对工作压力的感知和反应方式。比如，当面对学生问题时，不要直接认为这是自己的失败，而是将其视为一个可以提升自己能力和帮助学生成长的机会。学校也应建立心理支持系统，为辅导员提供专业的心理咨询服务和同行支持小组，让他们在遇到工作压力时，可以在这个支持系统中获得情感上的理解和支持，以及专业的指导和建议。

（2）时间管理。辅导员应学会根据工作任务的重要性和紧急程度进行排序，优先处理重要且紧急的任务，合理安排时间，避免时间分配不合理导致的工作压力。辅导员可以通过一些专注力训练方法，如冥想、正念等，提高工作专注度，减少外界干扰，从而提高工作效率。这些方法在心理健康教育研究中被证明了对提升注意力和减轻压力有积极作用。

（3）能力提升。基于教育心理学中的学习理论，辅导员需要不断学习新的知识和技能，以适应不断变化的工作要求。学校可以定期组织专业培训，涵盖学生心理辅导、危机干预、职业规划等多个领域，帮助辅导员提升专业素养，增强应对工作应激的能力。此外，基于社会学习理论，辅导员之间可以通过分享经验和交流活动，互相学习处理问题的方法和技巧。例如，组织定期的工作坊或研讨会，让有经验的辅导员分享他们在学生管理、心理辅导等方面的成功案例和应对策略，其他辅导员可以从中学习并应用到自己的工作中。

（4）人际沟通。辅导员可以运用心理学中的沟通理论来提升自己的沟通能力。例如，辅导员与学生交流时，运用共情理论，应学会站在学生的角度去理解他们的感受和需求，给予他们充分的关注和尊重，从而建立良好的师生关系。辅导员与家长沟通时，也要保持耐心和专业的态度，及时、准确地传达学生的情况，共同促进学生的成长。同时，根据教育学中的合作学习理论，辅导员在工作中应加强与同事的团队协作，共同分担工作任务，互相支持和帮助。通过团队的力量来应对工作中的各种挑战，减轻个体的工作压力。

（5）身体保健。根据健康心理学的研究，保持规律的作息、合理的饮食和适量的运动对心理健康具有积极的作用。辅导员应保重自己的身体，养成良好的生活习惯，以充沛的精力应对工作中的压力。学校也应依据心理健康服务体系建设的相关研究，为辅导员提供定期的体检和心理评估服务，及时发现和解决潜在的健康问题，确保辅导员的身体和心理健康状况良好，能够更好地投入工作。

他山之石

工作应激的负面影响

工作应激对个体的负面影响是深远的，它不仅影响身体健康，还会影响心理健康，并可能导致危害行为。

在心理层面，工作应激对辅导员心理健康的影响主要体现在容易陷入职业倦怠，其特征为情绪耗竭、去个性化和成就感降低。情绪耗竭使辅导员在面对学生问题时感到力不从心，去个性化导致辅导员对学生的态度变得冷漠，成就感的降低则让辅导员怀疑自己的职业价值。此外，辅导员还可能经常感到焦虑、烦躁、情绪低落等，面对学生问题或工作压力时，容易变得不耐烦或情绪化。这不仅影响个人幸福感，还可能对学生的心理健康产生负面影响，如传递负面情绪等。

在生理层面，长期的工作应激会导致辅导员出现各种生理问题，可能频繁遭受头痛、胃痛、肌肉紧张等身体不适的困扰。这些症状不仅降低了生活质量，还进一步削弱了身体的免疫力，使辅导员更容易感染疾病，如频繁感冒、发烧等。这种身体状态不仅影响个人健康，还可能因病假影响工作连续性，对学生的日常管理和教育活动产生连锁反应。

在行为层面，工作应激会显著降低辅导员的工作效率和质量。辅导员可能难以合理安排任务，导致工作拖延和效率低下，如学生信息的整理和更新工作一拖再拖，影响数据的及时性和准确性。在决策过程中，应激导致认知功能下降，辅导员可能无法全面分析问题，从而做出不恰当的决策，如处理学生冲突时考虑不周，采取不当措施，进一步加剧问题。此外，工作应激还影响辅导员的沟通效果，可能对学生和同事表现出不耐烦或冷漠，导致信任关系受损。例如，在与学生交流时态度生硬，引发学生的不满和抵触情绪，进而影响工作的顺利开展。

因此，识别和应对工作应激是非常重要的，可以避免这些负面影响对个体的长期健康和福祉造成损害。

案例要点分析

针对小张老师的案例，下面结合相关专业知识与实际工作经验整理出几个要点，供辅导员参考。

1. 角色认知

辅导员的工作涵盖学生学业、生活、心理等多方面，要求其具备较强的综合素质与应对能力。案例中，小张老师面临从学生到职场人的角色转变，这不仅是工作内容的改变，更是心理和责任的重大转变。他在初期对辅导员角色复杂性认识不足，导致他在面对多重事务时感到力不从心。学校和学院相关部门应加强新入职辅导员的角色认知培训，帮助他们全面了解工作职责和挑战；同时，建立传帮带制度，为新辅导员配备经验丰富的导师，提供一对一指导，助力其更快适应工作环境。

2. 时间管理

小张老师的工作压力源于工作事务繁杂和时间管理不足。他需要处理资助与贷款还款、组织活动、指导学生竞赛等任务，经常加班加点，影响日常生活。学校和学院相关部门应为新入职辅导员提供时间管理和工作效率提升培训，帮助其合理安排工作时间。辅导员要学会依据任务的重要性和紧急性划分工作的先后次序，合理分配时间、精力。

3. 心理调适

小张老师因工作压力和个人能力的自我怀疑，心理状态逐渐恶化，失眠和焦虑成为常态，这不仅会影响工作效率，也会波及生活质量。学校和学院相关部门应为新入职辅导员提供心理咨询服务，帮助他们应对工作压力和心理问题。辅导员自身也应学习自我调适技巧，如冥想、运动等，以缓解压力和焦虑。

4. 应急处理

学生因情感纠纷引发的冲突事件对小张老师是巨大挑战，他不仅要处理事件本身，还要面对家长和公众舆论压力。学校学生工作部门应定期组织突发事件应急预案培训，提升辅导员应急处理能力，同时强化团队协作。辅导员在处理突发事件时，应借助团队力量，共同应对挑战。

5. 职业规划

事件发生后，小张老师对自己的职业能力产生怀疑，担心事件对职业生涯产生不良影响，这种自我怀疑和担忧影响其工作表现和心理状态。学校学生工作部门应帮助辅导员制定职业发展规划，明确职业目标和路径。辅导员自身应定期进行自我反思，总结经验教训，促进个人成长。

6. 寻求支持

小张老师经历自我调适后，开始寻求同事帮助、学习心理辅导课程，这种积极求助行为对心理恢复和职业成长意义重大。学校学生工作部门应建立辅导员支持网络，促进经验分享和互助，为辅导员提供专业心理辅导，鼓励参与专业心理辅导课程，提升心理素质和应对能力。

7. 调整适应

小张老师反思调整工作方式，开始制订详细工作计划，优先处理重要事务，并留出时间自我调整放松，这种调整有助于提高工作效率和减轻压力。日常工作中，辅导员应注重工作方式优化，参与实际工作时不断总结经验，提升工作效率，注意工作与生活平衡，保持良好心理状态。

8. 自我成长

小张老师经历和反思后，逐渐走出心理阴影，重拾工作热情与信心，这种成长是个人和职业素养的提升。新入职辅导员在日常工作中可适当进行成长记录，鼓励记录成长历程，总结经验教训，持续学习，为自己赋能充电，促进职业成长。

总之，小张老师的案例是关于成长与自我救赎的故事。他学会了在困境中寻找希望，在挫折中成长。未来路途充满不确定性，但他已不再畏惧，将继续用热情与努力影响帮助更多学生。学校学生工作部门要积极帮助辅导员制定长期职业规划，明确发展方向，为年轻辅导员提供持续支持和资源，助其在职业道路上不断前进。

小张老师的案例揭示了新手辅导员在职业生涯初期可能面临的多重挑战，包括角色认知、工作压力、心理状态、突发事件处理、职业发展等。通过案例分析，我们可以知道，辅导员的成长不仅需要个人努力和调适，也需要学院和同事的支持与帮助。通过系统培训、心理支持、团队协作和持续学习，辅导员可以更好地应对工作中的挑战，实现个人和职业的成长。

第二节　工作的价值观冲突

案例导入

给学生纪律处分但同时会影响学生发展，辅导员该怎么办

小王是一名来自河南农村的大三学生，他的成长经历充满了励志的色彩。小王自小家庭经济拮据，他的父母在农村辛勤劳作，以微薄的收入维持全家人的生活。尽管生活艰难，小王从未放弃对知识的渴望和追求。他在小学和中学时期就展现了过人的学习能力和刻苦精神，成绩始终名列前茅，经常获得老师的表扬和同学的羡慕。在这样的环境中成长，他学会了珍惜每一次学习的机会，努力使自己变得更加优秀。

进入大学后，小王并没有因为新的环境而放松自己。相反，他更加努力地投入学习和生活，始终保持着积极向上的态度。他的勤奋和努力得到了回报，学习成绩在专业排名第一，成为同学们心目中的榜样。在大一和大二学年，小王分别获得了国家奖学金和校级一等奖学金，这些荣誉不仅是对他努力学习的认可，也为他缓解了家庭的经济压力。对于小王来说，奖学金的获得意味着他可以更好地专注于学业，而不必过多地担心生活费用的问题。

除了学业上的成就，小王还积极参与各类课外活动和志愿服务，用实际行动回馈社会。他的热心和奉献精神也让他在同学中赢得了良好的口碑。学院看重他的潜力和表现，将其发展为预备党员，给予他更多的锻炼机会和成长空间。然而，正当小王在求知路上不断攀登、展现优秀的综合素质时，一次意外的事件给他的大学生活带来了巨大的波动。

在大三下学期，小王在一次志愿服务活动中，因违规蹭刷工时被同学举报。这个行为在学生群体中造成了不良示范，影响了其他同学的积极性和对志愿服务活动的信任。尽管小王平时的表现都非常优秀，这次违规行为却使他的形象受到了一定程度的损害。他一向以诚信和责任感著称，这一事件让他陷入了道德和纪律的双重困境。

辅导员在面对小王的违规行为时，陷入了深深的思考与犹豫之中。辅导员深知维护纪律的重要性，学生的行为不仅影响个人，也会影响整个学生群体的风气。如果对此事不予以处分，其他同学可能认为违规行为没有后果，从而导致更多人效仿，最终影响学校整体的学习氛围与道德标准。然而，给予小王纪律处分又是另一番情形——小王可能失去申请奖学金和助学金的资格。小王的家庭经济状况本就不宽裕，奖学金对于他的日常生活至关重要。

小王的家庭背景也让辅导员倍感压力。小王的父母在农村辛苦耕作，微薄的收入几乎无法支撑他的大学生活，奖学金便成了他重要的经济来源之一。如果小王失去奖学金，他将面对生活费不足的问题。此外，小王还处在保研升学以及预备党员转正的重大关口，纪律处分将直接影响他未来的学业规划和职业发展。

在权衡各种利弊之下，辅导员开始考虑采取一种更为灵活的处理方式。或许可以通过教育与警示的方式，让小王意识到自己的错误，并给他一个改正的机会。辅导员决定与小王进行一次深入的谈话，了解事件的具体情况，帮助小王反思自己的行为；同时给他提供一些建议与指导，以便他能够在今后的学习和生活中更加谨慎、认真。

在谈话中，小王对自己的行为表示了深深的懊悔和自责，他意识到自己的错误不仅影响了自己，也给其他同学带来了不良示范。他表示会认真反思，并努力改正自己的错误，以后会更加注重自己的行为规范，绝不再犯类似的错误。辅导员也耐心地对小王进行了一番引导，强调了诚信和责任的重要性，并鼓励他继续发挥自己的优势，争取在今后的学习和活动中做出更大的贡献。

经过深思熟虑，辅导员最终决定给予小王一次通报批评，而不是纪律处分。这个决定得到了学院领导的支持，同时在学生中传递了一个积极的信号：学校在处理纪律问题时，既要维护规则，也要注重学生的成长与发展。小王在接受警告后，感受到学校的宽容与理解，决心用实际行动来回报老师的信任。他开始更加积极地参与志愿活动，用自己的努力来影响身边的同学，树立良好的榜样。

在后来的学习和生活中，小王不仅保持了优异的学业成绩，还积极参与各类社会实践活动和志愿服务。他用自己的行动证明了自己的改变与成长，努力成为一名有责任感、有担当的大学生。通过这次经历，小王更加明白了遵守纪律、道德的重要性，也更加坚定了自己的信念：无论在何时何地，都要坚持做一个有诚信、有责任感的人。

最终，小王顺利地完成了学业，获得了奖学金，并成功申请到了理想学校的研究生保送资格。他的成长故事也成为学院传颂的佳话，激励着学弟学妹，在追求知识的道路上，不断努力，勇敢前行。在这条路上，他们不仅要追求学业的成功，还要培养良好的品德与责任感，以便在未来的人生中，能够走得更加稳健与自信。

案例综合点评

本案例中，辅导员在面对成绩优秀且家庭困难的学生在志愿服务活动中弄虚作假的情况时，面临一个明显的价值观冲突——学校的规章制度与学生的特殊情况之间的矛盾：学校规章制度的存在是为了维护一个公平、透明的教育环境，确保所有学生都能在同等条件下竞争奖学金和资助；弄虚作假行为违反了这些规定，损害了学术诚信，理应受到相应的处分。然而，考虑到学生的特殊情况，如家庭经济困难和成绩优异，辅导员可能产生同情，担心处分会给学生带来额外的压力，影响其学业和未来的发展。这种同情与规则之间的冲突要求辅导员进行细致的权衡，寻找既能维护学校规定，又能考虑学生实际情况的解决方案。

在处理这一冲突时，辅导员需要采取一种综合性的方法。首先，与学生的深入沟通是必要的，这不仅能帮助辅导员更全面地了解学生蹭刷志愿服务工时的原因和动机，还能让学生认识该行为的后果和影响。通过沟通，辅导员可以探讨是否有其他方式来帮助学生解决经济困难，如提供额外的资助信息、指导学生申请助学金或奖学金，甚至协助学生寻找兼职工作机会。同时，辅导员需要强调诚信的重要性，让学生明白：尽管其出发点可能是为了解决经济问题，但弄虚作假不是一个可接受的解决方案，这种行为必须得到纠正。

最后，辅导员在处理这一价值冲突时，需要考虑对学生的长期影响。处分的目的不仅是惩罚，更是教育和预防。因此，在决定是否给予处分以及如何给予处分时，辅导员需要考虑如何最有效地促进学生的个人成长和道德发展，同时维护学校公平竞争的教育环境。这可能意味着采取一种更为宽容的方法，如给予警告或提供辅导，而不是直接惩罚，同时提供必要的支持和资源，帮助学生克服经济困难，确保学生能够在一个公平的环境中继续他们的学业。通过这种方式，辅导员不仅能够维护学校的规章制度，还能够体现对学生个体差异的关怀和理解。

在面对成绩优秀且家庭困难的学生在志愿服务活动中弄虚作假的情况时，辅导员所面临的价值观冲突考验着他们对教育公平和学生个体发展的理解与平衡。这种情况下，辅导员的决策不仅影响着当事学生的未来，也可能对校园文化和价值观产生深远的影响。因此，辅导员在做决策时，需要深思熟虑，兼顾规则的执行和对学生的人文关怀。

一方面，辅导员需要认识到，尽管学生的出发点可能是缓解家庭经济压力，但弄虚作假行为本身是对教育公平原则的挑战。这种行为如果不受到相应的处理，可能被其他学生模仿，从而破坏学校长期以来维护的公平竞争环境。因此，辅导员在处理这个问题时，必须明确表示学校对于诚实守信的重视，以及对违反诚信原则行为的零容忍态度。这不仅是对规则的维护，也是对所有学生公平权益的保护。

另一方面，辅导员也应该展现对学生个体情况的理解和同情。在坚持原则的同时，辅导员可以通过提供指导和支持，帮助学生认识到错误，并鼓励他们通过正当途径解决经济困难。例如，辅导员可以协助学生寻找校内的助学金、奖学金机会，或者推荐学生参与合法的兼职工作；同时，辅导员可以与学生一起制订一个改正计划，监督学生的行为，确保他们在未来能够遵守规则，诚实守信。

在这一过程中，辅导员的角色不仅仅是执行者，还是教育者和引导者。他们需要通过这一事件，教育学生认识到诚信的重要性，以及个人行为对自己和他人的影响。辅导员可以通过组织相关的教育活动，如诚信教育研讨会、工作坊等，来提高学生对诚信问题的认识，促进学生的全面发展。

辅导员在处理这一价值观冲突时，需要在维护学校规章制度和体现对学生个体差异关怀之间找到平衡点。通过综合考虑学生的具体情况、学校的教育目标以及社会的价值观，辅导员可以做出既公正又富有同情心的决策。这样的处理方式不仅能够帮助涉事学生认识到错误并成长，还能够彰显学校对诚信原则的坚守，促进形成一个更加健康、公正的教育环境。

有理有据

在日常管理工作中，辅导员有时难免会遇到一些价值观冲突的事情。熟悉了解相关理论知识，学会用适当的方式方法处理解决价值观冲突非常重要。下面分享有关辅导员工作的价值观相关理论，价值观冲突的根源与常见的价值观冲突场景，以及解决价值观冲突应遵循的原则等相关知识。

一、辅导员的职业价值观

价值观指主体（个体、群体、社会）看待客体（认识或实践的对象）及评价其重要性或社会意义所依据的观念系统。在实际生活中，人们总是有所选取有所舍弃，有所喜好有所憎恶，这就是价值观念在起作用。价值观作为体现社会理想和目标的观念，是推动并指引人们做出决定和采取行动的原则、标准。

职业价值观是人们对职业的看法和态度，体现为人们对各种职业优劣和重要性的评价，是人们进行职业选择的重要标准，是人们在其职业生活中表现出来的价值取向和价值实现方式。

辅导员职业价值观，是指辅导员认知大学生思想政治工作的态度，是辅导员在选择从事这一职业的活动过程中形成或持有的价值取向，是与大学生思想政治工作有关的稳定的信念与评价系统。它引导辅导员对与这一职业相关的行为进行选择与评价，影响并指引着辅导员的工作行为及其结果。辅导员职业价值观主要分为以下四种类型：

(1) 发展型。“发展型”的辅导员职业价值观以能否促进发展作为选择职业的主要评价标准。如果这个职业有足够的发展空间，就会激发辅导员的工作积极性，促进其自身的发展；反之，如果没有发展空间，就会减弱其工作积极性。持有这种职业价值观的辅导员从个人和社会的需要出发，以促进自我和社会的发展和完善来看待自己的职业，他们从事该职业是为了自我和社会的更好发展。他们有不断提升自己、发展自己的迫切愿望，不仅体现在物质报酬上，还体现在知识结构优化及技能和职务提升上。

(2) 利他型。辅导员把为社会和学生做出贡献作为自己的职业追求，使大学生从自己的学习生活中得到发展和成长，从而实现辅导员的自身价值。这种职业价值观以能否服务于他人作为选择职业的主要评价标准。在这类辅导员身上，可以反映出他们为大学生和我国高等教育事业的发展而努力奋斗的利他奉献精神。

(3) 生存型。“生存型”职业价值观是指辅导员以谋生和获得物质报酬作为自己的职业目标，是迫于生活压力的无奈选择。“生存型”职业价值观以是否满足自身生活的需要作为职业优劣的主要评价标准，不会把足够的热情投入学生工作。

(4) 享受型。“享受型”职业价值观认为，辅导员以享受生活及与学生的互相关爱作为自己的职业最高理想，是从自己的兴趣、爱好出发的。“享受型”职业价值观以能否品味生活、享受职业工作带给自己的快乐作为选择职业的主要评价标准。这类辅导员对自己的职业充满了热情，把自己的职业不仅当作谋生的工具，更看作自己生活的一部分。

辅导员职业价值观的这四种类型是辩证统一的，四者相互影响、相互作用，体现出由低到高的层次。“生存型”职业价值观是其他三种类型职业价值观的基础，在物质生活有了一定保障的基础上，辅导员会产生发展、奉献和享受的需要。在实际的生活中，单纯持有其中某一类型职业价值观的辅导员是很少的，大多数的辅导员具有两种及以上的混合价值观。

二、工作价值观冲突的理论基础

1. 社会角色理论

社会角色理论认为，个体在社会生活中扮演着不同的角色，每个角色都有其相应的权利、义务和行为规范，这些角色是由社会文化、组织结构和群体互动等因素共同塑造的。个体通过社会化过程学习和内化这些角色要求，并在实际行为中表现出与角色相符的行为模式。

辅导员在工作中扮演着多种角色，如教育者、管理者、服务者、心理咨询者等。这些角色之间可能存在矛盾和冲突，导致辅导员面临价值观的困境。例如，作为教育者，辅导员可能注重学生的全面发展和个性培养；作为管理者，又需要维护学校的纪律和秩序，强调对学生的规范和约束。这种角色冲突会使辅导员在工作中感到困惑和矛盾，不知如何平衡不同角色，从而引发价值观的冲突。

2. 认知失调理论

认知失调理论由费斯汀格提出，认为当个体面对两个或多个相互矛盾的认知元素（包括观念、态度、信念和行为等）时，会产生心理上的不适感，即认知失调。这种失调状态会促使个体采取措施来减少或消除矛盾，以恢复心理平衡。个体可以通过改变其中一个认知元素、增加新的认知元素来协调矛盾，或者对认知元素进行重新解释等方式来实现认知的一致性。

在工作中，辅导员可能面对多种相互矛盾的认知元素，从而导致价值观冲突和认知失调。例如，一方面，他们可能认同以学生为中心的教育理念，关注学生的个性发展和需求；另一方面，又需要遵守学校的规章制度和工作要求，这可能与学生的某些需求相冲突。这种情况下，辅导员会感到不适和困惑，需要通过调整自己的认知或行为来缓解这种冲突。如果他们不能有效解决这种认知失调问题，就可能影响其工作态度和行为表现，甚至导致职业倦怠等问题。

3. 职业伦理理论

职业伦理理论关注个体在职业活动中应遵循的道德原则和行为规范，强调职业活动不仅是实现个人利益的手段，还应服务于社会的共同利益。职业伦理通常包括诚实、公正、责任、尊重、保密等价值观，这些价值观为职业行为提供了道德指引和评判标准。不同的职业有不同的伦理要求，但它们都旨在确保职业行为的正当性、合理性和道德性。

辅导员在工作中需要遵循一系列职业伦理规范，如尊重学生的人格和权利、保护学生的隐私、公平对待每一个学生等。然而，在实际工作中，他们可能面对职业伦理与其他因素（如个人利益、组织利益、社会压力等）之间的冲突。例如，在处理学生违纪行为时，辅导员可能面对职业伦理中的保密原则与学校工作要求之间的矛盾。如果学生的行为危及其他同学的安全或学校的正常秩序，辅导员可能陷入是否披露相关信息的两难境地，这会引发职业伦理冲突和价值观的碰撞。

三、辅导员工作中常见的价值冲突情景及其应对方法

1.“大家”与“小家”冲突时先顾哪个

比如，学校要求辅导员在周末组织一次大型的学生活动，但同时辅导员的孩子生病需要照顾。面对“大家”与“小家”的冲突，辅导员遭遇的是职业责任与家庭责任之间的价值观冲突。作为学校的一员，辅导员被期望能够积极参与并支持学校组织的活动，尤其是在大型学生活动中，他们的角色对于确保活动顺利进行至关重要。这种责任感驱使他们将学校的利益放在首位，以维护教育环境的稳定和学生的利益。然而，作为家庭的一员，辅导员同样承担着对家庭成员，特别是对孩子的照顾责任。当孩子生病需要照顾时，这种家庭责任变得尤为重要。这种情况下，辅导员必须在履行职业责任和履行家庭责任之间做出艰难的选择，这不仅是对个人价值观的考验，也是对工作与生活平衡能力的挑战。

在处理这种价值观冲突时，辅导员可以采取一些实际措施来寻求平衡。首先，与其他同事协商是一个可行的解决方案。通过与同事沟通自己的困境，辅导员可能找到愿意分担工作责任的同事，或者重新安排工作，以适应当前的家庭需求。此外，辅导员可以与学校管理层讨论，探索是否有可能调整活动计划，或者安排其他人员临时接管自己的工作。这种沟通和协作不仅能帮助辅导员解决即时的问题，还能增强团队之间的理解和支持，促进工作环境中的人性关怀和灵活性。

辅导员在处理“大家”与“小家”的冲突时，需要考虑长期影响和个人福祉。选择照顾家庭并不意味着忽视职业责任；同样，投入工作也不应完全牺牲家庭责任。辅导员需要寻找一种既能满足职业发展，又能维护家庭和谐的解决方案。这可能涉及对工作和家庭角色的重新评估，以及与家庭成员共同制订应对计划。通过这样的努力，辅导员可以在履行工作职责的同时，也维护了家庭的幸福和健康，实现职业工作与家庭生活的和谐统一。这种平衡不仅有利于个人的心理健康和职业发展，也有助于构建一个更加包容和支持性的工作环境。

面对“大家”与“小家”的冲突，辅导员所面对的价值观冲突不仅是个人层面的挑战，也是对高校管理体系灵活性和人性化的考验。在这种情况下，辅导员需要在维护职业形象和履行家庭责任之间寻找一个合理的平衡点。这种平衡的寻求不仅涉及个人的时间管理和优先级排序，也涉及对职业和家庭价值观的深刻反思。辅导员可能发现，尽管他们对工作充满热情和责任心，但在家庭需要的时候，他们必须考虑重新分配自己的时间和精力，以确保家庭的幸福和健康不受影响。

为了实现这种平衡，辅导员可以考虑采取一些创新的工作安排，如远程工作或弹性工作，这样他们就可以在照顾家庭的同时，也能参与学生活动的组织工作。现代科技的发展为这种工作模式提供了可能，通过视频会议、在线协作工具等，辅导

员可以在家中有效地完成部分工作。此外，辅导员也可以利用这段时间与学生进行线上交流和指导，这样既能够保证学生活动的顺利进行，也能够在一定程度上减轻因无法到场而产生的愧疚感。

在处理这种价值冲突时，高校管理层的支持和理解至关重要。高校应当建立一个更加灵活和包容的工作环境，允许辅导员在面临家庭紧急情况时，能够获得必要的支持和理解。这可能包括提供临时的工作调整、兼职或临时工的支援，以及为辅导员提供心理和情感上的支持。通过这些措施，高校不仅能够帮助辅导员渡过难关，还能够传递出一个积极的信息，即高校重视员工的家庭生活和个人福祉，愿意为员工提供必要的支持，以帮助他们实现工作与家庭的和谐统一。

2. 该不该“关照”领导“打招呼”的学生

辅导员在面对领导特别关照学生的情况时，遭遇的是个人职业道德与组织层级之间的价值观冲突。教育公平是教育体系中的一个核心价值观，它要求所有学生应基于自身的能力和成就获得相应的机会和资源。然而，当领导要求对特定学生给予特别考虑时，这可能破坏公平竞争的环境，引发其他学生的不满和不信任。这种“关照”可能被视为对权力的不当使用，损害了教育的公正性和透明度，从而对整个教育环境产生负面影响。

在处理这种价值冲突时，辅导员可以采取一些策略来寻求平衡。与领导进行坦诚沟通是解决问题的关键一步。辅导员可以表达自己对教育公平原则的理解，同时指出任何形式的偏袒都可能对其他学生造成不公平，并损害学校的形象、声誉。通过沟通，辅导员可以试图理解领导的意图和关切，并探讨是否有其他方式来支持该学生，而不损害其他学生的利益。这种沟通不仅有助于维护教育公平，还能展现辅导员的专业判断和道德坚守。

辅导员在处理这种价值观冲突时，要考虑决策的长远影响。任何决策都应基于对学生整体福祉的考虑，以及对教育使命的忠诚。辅导员需要在尊重领导意见和保持教育公正之间找到平衡点，这可能意味着提出替代方案，如为该学生提供额外的指导和支持，而不是直接的优待。通过这种方式，辅导员既能够尊重领导的意见，又能维护教育的公平性，确保所有学生在公平的环境中竞争和发展。这种平衡的实现有助于建立一个更加健康和公正的教育环境，促进学生的成长和成功。

面对领导特别关照学生的情况，辅导员所面临的价值观冲突不仅涉及教育公平问题，还可能触及职业道德和个人诚信等问题。在这样的情况下，辅导员可能感到有压力，因为遵循领导的指示可能意味着违背自己长期以来坚持的原则，而坚持原则可能影响到与上级的关系，甚至可能对自己的职业生涯产生不利影响。因此，辅导员需要在维护个人职业道德和满足组织层级要求之间寻找一个合理的解决方案。

在这种情况下，辅导员可以采取一种既尊重领导又坚守原则的策略。一方面，辅导员可以主动与领导进行沟通，详细说明自己的担忧，并提出可能的解决方案。例如，如果领导关照的学生确实在某些方面表现出色，辅导员可以建议通过公开透明的程序来认可学生的努力和成就，如基于学生的实际表现提供奖学金或推荐信，而不是通过幕后操作。这样的做法既能够体现对学生的鼓励，又能保持教育的公正性。另一方面，辅导员可以寻求同事的支持和理解，共同探讨如何在遵循领导指示的同时，确保所有学生的权益不受损害。

此外，辅导员在处理这种价值观冲突时，也需要考虑对学生个人发展的影响。给予学生特殊的关照可能在短期内帮助他们获得某些机会，但从长远来看，这可能削弱学生的自我发展能力，影响他们独立解决问题的能力。因此，辅导员需要在维护教育公正的同时，也要考虑如何帮助学生建立正确的价值观和职业道德观，为他们未来的职业生涯打下坚实的基础。

辅导员在处理这种价值观冲突时，需要展现坚定的原则性和高度的责任感。通过与领导沟通和协商，辅导员可以寻求一种既能尊重领导意见又能保持教育公正的处理方案。这个方案不仅能够保护教育环境的公正性，还能够促进学生和辅导员自身的成长和发展。通过这样的努力，辅导员可以为学生树立一个正直的榜样，同时为建立更加公正和健康的教育环境做出贡献。

3.“规则”与“人情”冲突时怎么选

辅导员在学生管理中经常会遇到规则与人情之间的冲突。例如，学生因为家庭变故没有请假私自离校夜不归宿，这可能导致他违反学校的管理规定。在这种情况下，辅导员面临严格执行规则与考虑人情因素的两难选择。一方面，作为管理者，辅导员有责任维护校规的严肃性和公正性，确保所有学生都在同一标准下被对待；另一方面，作为教育者，辅导员也应关注学生的实际困难和需求，给予适当的理解和帮助。这种冲突不仅考验着辅导员的职业素养，也挑战着辅导员的道德判断和情感处理能力。如果辅导员过于强调规则，可能让学生感到冷漠和不被理解，从而影响学生的心理健康和对学校的信任；如果过于偏向人情，又可能破坏规则的公平性，引发其他学生的不满和质疑。

在这种情况下，辅导员应该全面了解情况，与学生进行深入的沟通，了解学生违反规则的真实原因和具体情境。这不仅有助于更准确地判断情况，还能让学生感到被尊重和理解。例如，与学生面对面交流，询问家庭变故的详细情况，以及是否还有其他相关问题需要帮助。通过查阅学生的过往记录和表现，辅导员可以更全面地评估学生的情况。如果该学生平时表现良好，这次的违规行为确实是特殊情况导致的，那么在处理时可以适当考虑从轻或减轻处罚。

在坚持原则的基础上，辅导员可以根据学生的实际情况，采取相对灵活的处理方式。例如，对于因家庭变故而违反规则的学生，可以适当延长处理期限，或者在处理过程中给予更多的关心和支持。辅导员可以与相关部门协商，看是否有可能为学生提供一些特殊的支持或资源，以帮助他们克服困难，同时能体现学校的关怀和人性化管理。

在处理过程中，辅导员应向学生说明规则的重要性，帮助他们理解规则存在的意义和必要性。要让学生感到学校的关怀，鼓励他们在面对困难时积极寻求解决办法，而不是简单地违反规则。辅导员可以通过组织一些教育活动或讲座，向学生普及规则意识和自我管理能力，让他们在今后的学习和生活中更好地平衡规则与人情之间的关系。

处理结束后，辅导员应持续关注学生的后续表现，建立一个有效的反馈机制。如果学生表现出积极的改正态度和良好的适应能力，可以考虑给予学生适当的鼓励或奖励，以强化其正面行为。若学生再次违反规则，辅导员则需重新评估处理方式，必要时可以采取更为严格的措施，以确保规则的严肃性和公正性得到维护。

4. “保密”与“告知”冲突时如何抉择

假设小明是同性恋，他向辅导员透露了自己的性取向，并表示因为家庭和社会的压力，他感到非常痛苦，甚至有过自我伤害的念头。小明请求辅导员不要将此事告知学校或家人，担心会受到歧视和不理解。一方面，保密是职业伦理的基本要求，旨在保护学生的隐私，建立信任关系；另一方面，小明的情况危及其生命安全，辅导员有责任及时告知相关人员或部门，以防止潜在危险的发生。与此同时，辅导员本身对隐性少数群体的价值观念不认同，认为这种性取向是不正常的，这让辅导员在处理小明的情况时更加纠结。

针对上述情况，辅导员需要意识到自己的价值观可能对工作产生影响，尤其是在处理与自己观念不一致的情况时。通过反思，辅导员可以更好地了解自己的偏见和局限，从而在工作中保持客观和中立，才能开展后续工作。

辅导员应对小明的状况进行全面评估，判断其是否存在自我伤害的高风险。可以通过与小明深入交流，了解他的情绪状态、自杀念头等具体情况（如有无具体计划等），也可以通过社会支持系统（如家人、朋友是否知晓他的情况）了解。辅导员可以借用专业心理评估工具对小明的抑郁程度进行量化评估，以更准确地判断其风险等级。

如果评估结果显示小明存在较高的自杀风险，辅导员应与小明进行坦诚沟通，解释告知的必要性，并尽量获得他的理解与同意。辅导员可以说“小明，我非常理解你希望保密的心情，但你现在的状况让我很担心。告诉你身边的人，让他们知道你的情况，这样他们可以更好地支持你，帮助你渡过难关”。在告知过程中，辅导员应遵循最小化原则，只向需要知晓的人员或部门提供必要的信息。例如，先告知学校的心理咨询中心专业老师，共同商讨应对方案；如有必要，再与小明的家人沟通，确保他们能够提供及时的支持和帮助。

告知之后，辅导员应继续为小明提供支持和帮助，如可以向其推荐学校可以提供的专业心理咨询服务，协助小明预约心理咨询师，并鼓励他积极接受治疗。辅导员还可以与小明一起制订安全计划，包括当他再次产生自杀念头时可以采取的应对措施、可以联系的紧急支持人员等。辅导员要关注小明的情绪反应，避免因告知行为给小明带来不必要的心理负担。

辅导员应详细记录整个处理过程，包括小明的陈述、评估结果、沟通情况，以及告知的内容和对象等。这不仅有助于跟踪小明的后续状况，也为可能的后续干预提供依据。在记录过程中，辅导员要确保信息的准确性和保密性，遵循相关的法律法规和职业伦理要求，避免记录不当导致信息泄露或其他问题。

他山之石

价值观冲突的处理原则

价值观冲突是指在特定情况下，两个或多个不同的价值观之间存在矛盾或不一致。辅导员在日常工作中经常会面对各种各样的价值观冲突，如自由与安全、个人利益与社会责任、个人权利与公共利益等。正确处理这些价值观冲突是非常重要的。处理价值观冲突需要遵循以下原则：

1. 尊重价值观多元性

在多元化的社会中，尊重价值多元性是处理价值观冲突的首要原则。辅导员在工作中面对的学生来自不同的文化和家庭背景，拥有不同的生活经历和信仰体系，这些因素共同塑造了他们多样化的价值观。当这些价值观在教育环境中发生碰撞时，辅导员的角色是促进理解和尊重，而不是强加自己的价值观。通过倾听和共情，辅导员可以更好地理解每个学生的立场，认识其价值观背后的深层原因。这种尊重不仅有助于缓解冲突，还能促进更加包容和和谐的校园文化。辅导员可以通过教育活动和研讨会来提高学生对多元价值观的认识，鼓励他们欣赏差异，从而在多元化的背景下共同成长。

2. 寻找平衡点

在尊重多元价值观的基础上，辅导员需要在冲突的价值观之间寻找平衡点。这个过程要求辅导员不仅要有深刻的洞察力，还要有协调和调解的能力。辅导员可以组织多方会议，让不同利益相关者坐下来讨论他们的观点和需求，寻找可能的共同点和妥协方案。这个平衡点的达成可能不是任何一方的完全胜利，但它应该能够被所有方接受，至少在一定程度上满足各方的需求。辅导员在这个过程中扮演着至关重要的角色，需要保持中立，提供公正的信息和建议，帮助各方理解彼此的立场，并引导他们朝着共同的目标努力。通过这种方式，辅导员不仅能够处理好冲突，还能够培养学生处理冲突的能力。

3. 尊重优先级

在处理价值观冲突时，辅导员需要识别并尊重某些价值观的优先级。这些价值观可能是教育公平、学术诚信、学生福祉等，它们构成了教育体系的基础。在某些情况下，这些价值观可能需要被优先考虑，即便需要牺牲或妥协其他价值观。例如，如果一个学生的个人需求与学校的教育公平原则相冲突，辅导员可能需要优先考虑维护教育公平，同时寻找其他方式来支持该学生。这种优先级的确定不仅基于价值观的重要性，还基于其对整个教育环境的长远影响。辅导员在确定优先级时，需要进行深思熟虑的分析，并在必要时与学校管理层和其他利益相关者进行沟通，以确保决策的合理性和公正性。

4. 采取适当的行动

解决价值观冲突，最终需要采取适当的行动。辅导员在做出决策时，需要基于对各种价值观的深入分析和权衡，选择最合理公正的解决方案。这些行动应当符合职业道德标准，并且能够经得起时间的考验。辅导员在采取行动时，应当考虑到行动对学生、学校和社会的长期影响，确保解决方案不仅解决当前的问题，还能够为未来可能出现的类似问题提供参考。此外，辅导员在执行解决方案时，应当保持透明和公正，确保所有涉及方能够理解决策背后的原因和过程，从而增加解决方案的接受度和有效性。通过这种方式，辅导员不仅能够解决眼前的冲突，还能够为建立一个更加公正和和谐的教育环境做出贡献。

总之，处理价值观冲突需要尊重价值观多元性，寻找平衡点，尊重优先级并采取适当的行动。这些原则旨在帮助我们在处理价值冲突时，更加公正和理性地进行决策。辅导员在处理繁杂的学生工作事务时，必须有一套专业价值理念，应当对自己的专业价值观念不断进行反思和批判，以便为判断是非和采取行动提供可靠的价值观准则。在工作实践中，以下基本价值占据优先地位：①人的价值与尊严。保护学生的生命健康是辅导员工作最基本、最重要的原则，假如学生流露出想伤人、杀人或自伤、自杀时，辅导员应当立即采取的行动是保护生命，预防和阻止对生命的伤害。②社会正义。社会正义意味着保证人们的平等机会和权利，保证人的价值和尊严。③助人。帮助学生成长成才通常被看作辅导员的一个职业特征，而不是被自觉地定义为辅导员工作最重要的基本价值。

案例要点分析

针对小王同学的案例，下面结合相关专业知识与实际工作经验整理出几个要点，供辅导员参考。

1. 坚持原则性与灵活性相结合，妥善处理学生问题

在处理学生违纪行为时，辅导员需在维护纪律严肃性与保护学生发展权益之间取得平衡。既要严格遵循规章制度，确保公平公正，避免因偏袒损害集体公信力；又要充分考虑学生个体差异，尤其是特殊家庭背景、过往表现及行为动机。通过综合评估事件的严重性、主观恶意程度及后续影响，选择合规且合适的处理方式，既体现纪律的约束力，又传递人文关怀，帮助学生认识错误的同时维护其成长机会。

2. 注重深度沟通与思想引导，强化学生自我反思

辅导员应通过一对一谈心谈话深入了解事件全貌，引导学生主动剖析行为背后的思想根源；需避免简单说教，而是通过共情式交流建立信任，帮助学生认识到违规行为对自身、他人及集体的负面影响；结合学生实际情况，引导其从道德、责任、规则意识等多维度反思，激发内在改正动力；通过价值观教育强化诚信、责任感等品质，将危机事件转化为育人契机，促进学生形成正确的行为准则。

3. 建立动态跟踪机制，推动学生持续成长

纪律处分不是终点，辅导员应持续关注学生的表现，提供必要的支持和指导。对于知错愿改的学生，辅导员应及时给予正向激励，如推荐其参与公益服务、学术项目等重塑形象的活动，帮助其用实际行动赢得信任。辅导员需联动家长、导师、党员联系人等多方力量，形成协同育人网络，定期评估学生思想动态与行为转变，防止问题反复，巩固教育转化成果。

总之，辅导员在处理学生纪律问题时，应综合考虑纪律的严肃性与学生的发展需求，采取灵活的处理方式，注重教育与引导，提供必要的支持与关怀，帮助学生认识错误并改正，促进他们的全面发展。通过这种方式，既能维护学校的纪律和风气，又能保护学生的权益和未来发展，实现教育与管理的双重目标。

第三节　心理自助与自我保健

案例导入

辅导员李老师的工作日记（节选）

2023 年 10 月 25 日　星期三　晴转多云

今晚月光很亮，我坐在办公室里，周围一片寂静，桌上堆满了学生的档案和资料，但我的心思并不在这些上面。我的目光呆滞，手中紧握着那杯已经凉透的茶，仿佛要从那微凉的触感中寻找到一丝安慰。

今天，我负责班级中的一名抑郁症学生，因为无法承受过去校园霸凌的阴影和内心深处的痛苦，选择了尝试结束自己的生命。幸运的是，我及时发现了学生的异

常，并果断地采取了行动，成功地把他从死亡边缘拉了回来。

然而，这场营救并没有给我带来一丝的喜悦和成就感。相反，我感到前所未有的挫败和无力。我回想起自己曾经多次尝试去帮扶这名学生，从心理疏导到学业辅导，从家校沟通到生活关怀，我几乎付出了所有的努力和耐心，但他的病情始终没有明显改善，甚至出现了更加严重的自杀倾向。

我开始怀疑自己的能力和价值。我问自己：我真的能够帮助学生走出阴影吗？我真的有能力去治愈他们内心的创伤吗？这种自我怀疑和挫败感像一把锋利的刀，深深地刺入了我的内心。

更让我感到痛苦的是，我在他的遭遇中看到了自己小时候的影子。我曾经也是一个被孤立和欺负的孩子，那种无助和绝望的感觉我至今还记忆犹新。我曾以为自己走出了那段阴影，但今天他的遭遇让我再次陷入那段回忆的旋涡。我开始怀疑自己是否有能力去帮助那些受过伤害的孩子，是否有能力去治愈他们内心的创伤。

我陷入了深深的自我怀疑和自我否定中。我觉得自己是一个失败的辅导员，是一个无法给学生带来希望和温暖的人。我开始怀疑自己的职业选择，我不知道自己是否还应该继续从事这份工作，是否还有能力去帮助那些需要我的人。是沉沦、逃避，还是破局、重生？我一次次考问着自己……

2023 年 11 月 2 日　星期四　阴

这周，已经好几次几乎整夜未眠，脑海里不断回放着那天发生的一切，反思着自己的工作，不断考问自己还有哪里做得不够，哪里做得不好。在心理疏导时，是否充分考虑到了他的个人经历和心理特点？在学业辅导上，是否给予了足够多的耐心和针对性的帮助？在与家长的沟通中，可否更加有效地建立起家校合作的支持网络？

今天下午的辅导员团体活动中，我鼓起勇气向同事们倾诉了自己的困惑和烦恼。他们非常理解和支持我，还分享了他们在工作中遇到类似情况时的一些经验和应对策略。他们告诉我，不应将学生的问题全部归咎于自己，每个学生都是独立的个体。我也是一个需要关爱和支持的人，不能独自承担所有的责任和压力。

2023 年 11 月 3 日　星期五　多云

今天的阳光透过窗户洒在办公桌上，给整个办公室带来了一丝温暖。我坐在桌前，心情比前两天平静了许多。经过昨天的交流和反思，我开始尝试调整自己的心态和工作方法。

首先，我更加客观地看待学生的问题。每个学生都有自己的独特经历和心理状态。作为辅导员，我不能期望通过自己的努力就能彻底改变他们的一切。我需要接受这样一个事实：学生的成长是一个复杂而漫长的过程，可能需要多方面的力量共同参与。

其次，我在寻求更多的专业支持和资源。我联系了学校的心理咨询中心，了解他们能够为这名学生提供哪些更专业的帮助。我也查阅了一些关于抑郁症治疗的资料，希望从中获取更多有用的信息和方法。

当然，我也开始关注自己的身心健康。长期的压力和焦虑影响了我的工作状态，我需要找到一些适合自己的放松方式。下班后，我去了健身房进行了一些简单的运动，出了一身汗后，感觉心情舒畅了许多。

作为一名辅导员，我不能治愈所有的创伤，但我可以给那些受伤害的孩子带来希望和温暖；我不能改变他们的过去，但我可以努力成为他们未来道路上的一盏明灯。

2023 年 11 月 4 日　星期六　晴

今天是一个阳光明媚的周六，我选择暂时放下工作，去公园散步，享受大自然的美好。走在湖边的小道上，看着周围的花草树木和嬉戏的人们，我的心情也逐渐变得轻松起来。

在这个过程中，我意识到自己需要在生活中找到新的平衡点。工作固然重要，但它不应该占据我生活的全部。我还有自己的兴趣爱好、家人朋友，他们都是我生活中不可或缺的一部分。只有在工作和生活之间取得平衡，我才能更好地保持身心健康，从而更有能力去帮助他人。

我也在思考如何将自己在这次经历中获得的成长和启示应用到未来的工作。我计划在接下来的日子里，与学生们进行更多的交流和互动，了解他们的需求和想法，建立起更加信任和支持的师生关系。我相信，通过我的努力和坚持，一定能够在辅导员的岗位上实现自己的价值，为学生们带来更多的帮助和关爱。

2023 年 11 月 6 日　星期一　晴

今天，我以一种稍微平和的心态重新投入工作。经过这几天的反思、调整和放松，我感觉自己有了一些小小的进步，但内心依然存在许多困惑和挣扎。

在办公室里，我整理了这名学生的相关资料，准备与心理咨询中心的老师一起制订更加详细的辅导计划。我明白，虽然我不能彻底治愈学生的创伤，但我可以尽我所能去支持和帮助他们。作为一名辅导员，我需要不断学习和成长，提升自己的专业素养和能力水平。

我知道，未来的道路上还会有各种挑战和困难等待着我去面对。但我相信，只要我保持积极乐观的心态，不断努力和进取，就一定能够克服一切困难，成为一名优秀且成熟的辅导员，为学生的成长和发展贡献自己的力量。尽管这个过程会很漫长，但我愿意一步步去探索和尝试。

案例综合点评

李老师的案例深刻地反映了辅导员在学生心理健康辅导中所面对的挑战与责任。辅导员不仅仅是学生生活的管理者，还是他们心理健康的重要支持者。李老师在面对一个患有抑郁症学生的自杀未遂事件时，展现了她的敬业精神与奉献精神。然而，这一事件也揭示了辅导员在工作中可能遭遇的心理压力、自我怀疑和情感耗竭。这种情况在当前教育环境中并不少见，我们需要从多个角度进行深入分析。

1. 心理负担与自我怀疑的成因

李老师在处理学生危机事件后，感受到的挫败与无力感，源于她对自身职责的高度认同与期望。作为辅导员，她承载着学生的希望与梦想，也承受着巨大的心理压力。当遇到无法解决的复杂问题（尤其涉及学生生命安全的重大事件）时，她的自我价值和专业能力受到严重挑战。李老师的自我怀疑反映了辅导员职业中的普遍现象：当学生的成长与康复未如预期时，辅导员经常将责任内部化，觉得自己未能尽到职责，进而陷入自我否定的循环。

2. 情感共鸣与职业边界

李老师在学生身上看到了自己小时候的影子，这种情感共鸣虽然使她更加理解学生的痛苦，但也使她的情感负担加重。作为辅导员，情感共鸣能够增强与学生的沟通，但过度的情感投入可能导致情感耗竭，影响专业判断。李老师需要在情感共鸣与职业边界之间找到平衡。她可以利用自己的经历作为理解学生的工具，但应避免让自己的情感经历过多干扰到专业判断。

3. 寻求支持的重要性

李老师最终选择寻求同事与朋友的支持，这是应对压力与挫败感的有效策略。在日常工作中，辅导员面临的压力往往是独有的，然而，通过建立支持网络，辅导员可以获得情感上的慰藉和专业上的指导。团队活动及同事间的交流不仅有助于缓解心理压力，还能促进信息与经验的共享。在面对复杂问题时，集体智慧往往能够提供更全面的解决方案。

4. 调整心态与专业发展

李老师的转变不仅是心态的调整，更是专业能力的提升。她意识到，学生的康复过程需要时间与耐心，而她作为辅导员的角色是引导而非全能。学习压力管理的方法（如深呼吸、冥想和放松训练）可以让李老师更好地照顾自己的心理健康。这种自我保健的意识对于辅导员尤为重要，只有保持良好的心理状态，才能更有效地帮助学生。

5. 关注学生的个体差异

李老师在与学生的交流中逐渐意识到，关注每个学生的独特性是辅导员工作的关键。每个学生都有自己的成长背景与心理状态，辅导员需要因材施教，针对不同情况制定相应的辅导策略。李老师通过深入了解学生的内心世界与成长经历，能够更好地识别他们的痛点与需求，这种个性化的关注能够有效促进学生的心理成长。

6. 辅导员的使命与职业认同

李老师最后得出的结论是，作为辅导员，她不能治愈所有的创伤，但她可以为受伤害的孩子带来希望和温暖。这一认识是辅导员职业认同的核心所在。辅导员的工作不仅仅是解决问题，更是陪伴与支持。李老师需要时刻提醒自己，她的价值不仅在于直接改变学生的现状，更在于为学生提供一个安全的支持环境，让他们感到关爱与理解。

7. 持续学习与自我提升

在面对不断变化的学生需求与心理健康问题时，辅导员需要持续学习与自我提升。李老师可以通过参加专业培训、心理健康研讨会、阅读相关书籍等方式，不断增强自己的专业能力与心理素养。这样不仅能提高她的工作效率，也能增强她在面对挑战时的自信心。

本案例中，李老师的经历为我们提供了深刻的反思，促使我们重新审视辅导员在学生心理健康支持中的角色定位。辅导员需要在专业与情感之间找到平衡，建立支持网络以应对压力，关注学生的个体差异，持续学习以提升自我。只有这样，辅导员才能真正对学生产生积极影响，帮助他们走出困境，迎接更加美好的未来。李老师的故事提醒我们，辅导员的工作不仅关乎学生的成长，更关乎自身的心理健康和职业发展。

有理有据

一、高校辅导员的心理压力及诱因

高校辅导员在教育体系中扮演着至关重要的角色，尽管其工作看似平凡，却承载着巨大的压力。这些压力并非偶然出现，而是由职业特性与外部环境相互交织产生的。

1. 工作负荷与时间管理压力

高校辅导员在日常工作中需要扮演多种角色——既是学生的“人生导师”，为学生提供学业指导、职业规划和人生建议，又是处理琐事的“大内总管”，负责学生日常事务的管理与协调。这种频繁的角色切换使辅导员身心疲惫。此外，许多辅导员将大部分时间投入繁杂的事务性工作（如数据统计、文档整理等日常性管理事务），这种工作状态使他们深感疲惫，难以实现自身的育人价值。

在信息化时代，辅导员处于 24 小时待命状态。微信消息的提示音频繁响起，无论是学生在深夜的求助，还是家长在清晨的电询，都要求辅导员做出及时回应。数据显示，近七成的辅导员因长期处于这种“在线”状态而出现睡眠问题，难以获得充分的休息，生活质量受到严重影响。

2. 职业发展困境

在职业发展方面，高校辅导员面对诸多困境。一方面，职称评定的标准往往偏向于科研成果，而辅导员的工作重心主要集中在学生管理与教育等事务性工作上，难以抽出时间进行科研论文的撰写与发表，因此在职称晋升时处于劣势。另一方面，转行政岗位的机会也十分少，让许多辅导员感到自己的职业发展陷入停滞状态。

3. 情感透支与磨损

辅导员在工作中需要倾听学生的心声，处理他们的情感问题，如失恋、学业压力、家庭矛盾等，在这个过程中，辅导员如同“情绪海绵”，不断吸收学生释放的负能量。长期处于这种情绪接收的状态，辅导员自身的情感资源被逐渐耗尽，下班后甚至不愿意与家人交流，内心感到极度疲惫和迷茫。

有时尽管辅导员全心全意地为学生付出，却难以获得学生的理解与认可。辅导员精心策划的班会活动可能无人问津，深夜的安慰与开导可能被学生视为“说教”，甚至还会受到家长的无端指责。付出与理解错位，让辅导员对自己的工作价值产生怀疑，内心充满委屈与失落。

4. 社会偏见与标签

尽管高校辅导员的工作涉及心理辅导、职业规划等专业领域，但在社会上仍存在一些偏见和误解。许多人认为，辅导员只是负责管理学生日常事务的“高级保姆”，忽视了其工作的专业性和复杂性。这种社会标签使辅导员在职业认同感和尊严感方面受到伤害，难以获得应有的尊重和认可。

当学生出现就业问题、心理障碍等状况时，辅导员往往被推到风口浪尖，成为各方指责的对象。家长可能将孩子的失败归咎于辅导员的失职，社会舆论也可能对辅导员的工作进行过度批评。这种无端的指责，让辅导员在面对复杂教育问题时承受了不应有的压力和委屈。

二、认识心理自助

1. 心理自助的概念

心理自助（Psychological Self-help）是指个体通过主动学习和实践心理学方法、技巧或资源，独立或在有限指导下改善心理健康、应对心理困扰、提升生活质量的过程。它强调个人在心理调适中的主动性和自主性，适合应对轻度情绪问题或作为专业治疗的补充。相比专业的心理咨询与治疗，心理自助有一些独特的优势。心理自助团体或互助论坛可以提供情感支持、经验知识、自我认同、有意义的角色以及归属感等专家无法提供的东西，而这些因素对于心理问题的康复和治愈都能起到一定作用。

心理自助既可以用于治疗抑郁、焦虑等情绪和心理疾病，也可以帮助人们进行自我探索，通过深入地了解和认识自己获得成长和发展。自我探索是对自身的心理状态、思维方式、情绪反应和性格能力等方面的深入觉察。很多科学研究发现，这种自我探索对心理问题就具有治疗的作用。此外，通过自我探索，人们能够看到自己的问题所在，明确需要改善的地方，从而“对症下药”。

2. 心理自助的类型

(1) 阅读型 (Reading)：通过阅读心理自助书籍、圣贤经典和其他相关图书，获得智者启发、学习专业知识、洞察和理解自己的问题所在，从而进行改变。这种心理自助类型的书籍适用性较好，但心理自助书中的建议通常无法兼顾读者个体的人格、诊断结果或背景情况等，缺乏针对性。

(2) 互助小组型 (Self-help Group)：包括心理自助/互助论坛、心理贴吧、阅读网络资料或参加线下的自助团体等。这种类型的心理自助可以提供情感支持、经验知识、自我认同和归属感。

(3) 音乐/运动/活动型 (Music/Sports/Activities)：包括收听音乐、观看文艺演出、演唱会，参加体育活动、公益活动、人际活动（向他人倾诉、寻求陪伴）等。身心是一个统一的整体，体育活动等不仅调节身体状态，也可以缓解低落情绪。

(4) 专家支持型 (Professional Instructed)：是一种新型的自助模式。心理学家使用科学方法构建多媒体或网络自助系统，以此训练人们的思维模式与情绪反应方式，改变大脑的功能紊乱，治疗心理疾病。这种类型的心理自助可以通过互动充分利用个体信息，向使用者提供适合自己性格、能力和反应习惯的自助服务。

3. 心理自助的核心理念

(1)“氧气面罩”理论：先为自己戴上氧气面罩，才能有效帮助他人

航空安全领域有一个广为人知的原则：在飞机出现紧急情况时，乘客应先为自己戴上氧气面罩，再帮助他人。这一原则同样适用于高校辅导员的心理自助。辅导员在日常工作中肩负着照顾学生心理健康的重要责任，但往往容易忽视自身的心理需求。如果辅导员自身心理状态不佳，就像没有氧气的救援者，无法有效地帮助学生。因此，辅导员必须先关注自己的心理健康，确保自己具备良好的心理状态和充足的心理能量，才能更好地为学生提供支持和帮助。

(2) 预防优于补救：将自我保健纳入日常，而非危机来临才行动

“预防优于补救”这一理念强调了提前采取措施的重要性。对于辅导员的心理健康而言，不应等到心理问题出现或危机来临时才开始关注和应对，而应将自我保健纳入日常生活。例如，每天花费 15 分钟进行正念练习，可以放松身心、减轻压力、

提高心理韧性。这种日常的自我保健习惯，就像为心理健康建立了一道防线，能够在危机来临之前增强辅导员的心理应对能力，减少心理问题的发生概率。

(3) 系统思维：个人、团队、制度三方协同

系统思维要求从整体和相互关联的角度看待问题。在辅导员的心理自助中，个人、团队和制度三个层面需要协同合作。个人层面：辅导员要主动关注和调节自己的心理状态。团队层面：同事之间应相互支持，共同面对工作中的压力和挑战。制度层面：学校应建立和完善相关的支持机制（如辅导员督导机制），为辅导员提供专业指导和心理支持。通过三方协同，形成一个完整的“自我关怀生态系统”，为辅导员的心理健康提供全方位的保障。

三、辅导员如何有效进行心理自助与自我保健策略

1. 认知重构：打破“全能拯救者”执念

高校辅导员在工作中经常会遇到各种复杂的情况，其中学生拒绝接受心理辅导是一个较为棘手的问题。当这种情况发生时，一些辅导员可能陷入一种执念，认为“这是我的失职，我必须说服他”，从而产生焦虑、自责等负面情绪，并采取过度干预的行为。这种执念就像一副沉重的枷锁，限制了辅导员的思维和行为，也对他们的心理健康造成了不良影响。

要消除这种“全能拯救者”的执念，辅导员可以运用 ABC 理论进行认知重构。ABC 理论认为，引发情绪和行为后果的并非事件本身，而是人们对事件的信念和解读。在这个案例中，事件 A（Activating Event）是学生拒绝接受心理辅导，信念 B（Belief）是“我必须说服他”，结果 C（Consequence）则是焦虑、自责和过度干预。通过重构信念 B，辅导员可以转变为一种更为合理和积极的认知，如“我提供支持，但改变的决定权在学生，我的价值不取决于个案成败”。这种重构不仅能够帮助辅导员减轻心理负担，还能使他们在工作中更加从容有效地应对类似情况。

为了进一步强化这种认知重构的效果，辅导员可以进行“允许清单”练习。在练习中，写下“我允许自己________”的句子，如“无法立刻回复非紧急消息”“向督导求助”等。通过这种方式，辅导员能够逐渐接受自己的局限性，允许自己在某些情况下不完美，并寻求外部支持来共同解决问题。这种练习有助于形成更加宽容和理性的自我认知，从而在根本上消除“全能拯救者”的执念，提升心理自助的能力。

2. 情绪急救：情绪快速恢复技术

在高强度的工作环境中，辅导员难免会遭遇突发的情绪危机，如被学生或家长误解、面对复杂的工作难题等。这些情况可能瞬间引发负面情绪，严重影响工作状态和心理健康。因此，掌握一些快速恢复情绪的技术显得尤为重要。

身体扫描法：辅导员可以闭上眼睛，从脚趾开始，逐步向上扫描身体的每个部位，逐部位放松，释放紧绷的肌肉。这个过程能够帮助辅导员从身体层面缓解紧张情绪，恢复身心的平衡。

情绪标签化：使用“三词法”，准确描述自己的感受，如“疲惫—无奈—担忧”，辅导员能够更清晰地认识自己的情绪状态，降低情绪的混沌感。这种对情绪的精准识别和表达，有助于辅导员更好地理解和管理自己的情绪，避免情绪的过度积累和爆发。

安全岛想象：构建心理避难所，缓解情绪压力。辅导员可以在脑海中构建一个包含视觉、听觉、触觉等多感官细节的“心灵避难所”，当情绪危机来临时，通过想象进入这座“安全岛”，获得片刻的宁静和放松。这种技术能够帮助辅导员在短时间内从心理上脱离压力情境，恢复情绪的稳定。

3. 行为管理：守护身心边界的实用技巧

清晰的身心边界是维护心理健康的重要保障。然而，在实际工作中，辅导员往往容易因为工作的特殊性而模糊了工作与生活的界限，导致身心疲惫。

因此，掌握一些守护身心边界的实用技巧对于辅导员来说至关重要。比如，仪式化抽离，通过特定行为来实现心理转换。下班前，辅导员可以通过更换外套、喷洒香水等，切换“工作—生活模式”，明确告诉自己工作时间已经结束，现在是属于个人和家庭的时间。同时，设立“过渡仪式”（如听一首歌、写交接清单等方式），能够更好地从工作状态过渡到生活状态，守护身心的边界。

4. 关系支持：打造“心理互助共同体”

良好的人际关系是辅导员心理自助的重要资源。通过与同事、家人等建立紧密的支持网络，辅导员能够在面对工作压力时获得情感上的支持和实际的帮助，共同打造一个“心理互助共同体”。

同行小组：辅导员可以定期与同事开展非正式的“茶话会”，约定遵守“不评价、只倾听”的会议规则，分享各自在工作中遇到的困境和挑战。通过这种方式，辅导员能够在轻松的氛围中获得同事的理解和支持，同时为同事提供帮助，增强团队的凝聚力。

专业督导：通过专业督导的学习，获得处理复杂案例的“第三只眼”视角。督导能够为辅导员提供专业的指导和建议，帮助辅导员更好地应对工作中的各种问题，提升专业素养和工作能力。

家人沟通：辅导员可以使用一些家庭沟通模板，如对家人说“我今天听到一些沉重的事情，需要安静半小时，之后希望能和你聊聊”，以一种温和坦诚的方式向家人倾诉工作中的压力和情绪。这种沟通方式能够获得家人的理解和支持，避免因工作压力而对家庭关系造成不良影响。同时，避免使用一些可能引发冲突的表达（如

“别烦我，你根本不懂我的工作有多难”），以维护和谐的家庭氛围，为自己的心理健康提供有力的支持。

他山之石

音乐治疗在高校辅导员心理自我调节中的应用

音乐治疗多针对人的心理和精神层面，并以此来调整人的心境，宣泄人内心的情感，唤醒被治疗者对社会和生活的正确认知及评价，使其获得自信和对环境的适应力。我国著名音乐治疗家高天老师说过：“除了对音乐没有丝毫感受的人，音乐治疗适应于各个阶层、各种心理状态及各个年龄层的人。”

音乐作为作曲家、演奏家或歌唱家内心情感的赋予和表达，是最容易和聆听者心情产生共鸣的，也很容易让聆听者随乐曲的播放而放飞心情，随节奏和旋律的进展而打开心扉。因此，从理论上讲，对于烦琐事宜环境中的高校辅导员而言，音乐治疗是缓解其内心及精神压力最适宜的方法。研究表明，不同乐曲的节奏、旋律、音色能不同程度地对人的身心起到兴奋、抑制、镇静等作用。快板节律的音乐节奏鲜明，强烈的音乐节奏感能振奋聆听者，使其心跳加快，肌肉绷紧，精神振奋；慢板节律的音乐平缓舒和，可使聆听者呼吸平稳，心态平和静怡，从而产生镇静作用。优美动听的音乐可使聆听者感到轻松愉快，并能减轻疲劳，缓解压力。

音乐治疗有多种形式，其中“音乐形象冥想心理治疗”“感受性音乐心理治疗”“主动性音乐心理治疗”最为常用。音乐形象冥想心理治疗和感受性音乐心理治疗都是通过聆听音乐，患者从音乐的节奏、旋律、音色、乐器、人声等因素中去想象和感受，从而对患者的心态产生良好影响，起到调整心理的作用。主动性音乐心理治疗则是患者参加音乐活动，如演唱、伴舞或演奏等，使其沉醉于音乐创作的快感中，从而起到调整心理压力的作用。在具体的音乐治疗应用中，可能是单独的一种形式，也可能是多种形式的交融进行。就自我心理调节而言，可采用先“择境选曲”、再“引导情绪”、后“身心相和”的应用策略。

音乐治疗作为心理疾病患者的治疗手法之一，它不同于药物治疗那样直接作用于人的肌体而达到控制病情的效果。音乐治疗是从激发患者内在情感的角度出发，感染患者的预期情绪，起到平和心理和缓解压力的作用。音乐治疗也有一定的局限性，它必须被患者接受才能予以实施；若患者对音乐表示抗拒或抵触，音乐治疗方案则无法实施。对于就职于高校的辅导员而言，即便心理压力和精神压力过重，但对于听音乐一般不会达到抗拒和抵触的地步，而高学历的中青年人一般会对音乐感兴趣。对于有心理压力和精神压力的辅导员来说，运用音乐治疗来自我调整心理压力和精神压力，是一种既便捷又实用的方法。

案例要点分析

针对李老师的案例，下面结合相关专业知识与实际工作经验整理出几个要点，供辅导员参考。

1. 辅导员的职业压力与心理健康

高校辅导员在职业过程中面临心理压力和挑战。辅导员作为大学生心理健康的第一线守护者，经常需要处理大学生的心理问题、学业压力、人际关系等复杂问题。这些工作不仅要求辅导员具备专业的心理辅导技能，还需要他们具备强大的心理承受能力和情绪管理能力。

在李老师的案例中，她面对一名患有抑郁症且有自杀倾向的大学生，尽管她付出了巨大的努力，但学生的病情并未明显好转，这使她感到挫败和无助。这种挫败感不仅源于她对改变学生状况的无力，还源于她对自己职业能力的怀疑。辅导员在工作中经常会遇到类似的情况，即尽管付出了大量努力，但学生的状况并未如期改善，这种“付出与回报不成正比”的落差感容易导致辅导员产生职业倦怠和自我怀疑。

2. 辅导员的心理边界与职业韧性

辅导员在面对学生创伤事件时，需建立心理边界，避免将学生问题过度内化为个人责任。可通过定期参与督导、心理咨询或同行互助活动，释放情绪压力，培养职业韧性。

案例中，李老师在学生的遭遇中看到了自己小时候的影子，这种共鸣使她更加痛苦，因为她不仅是在帮助学生，也是在面对自己过去的创伤。这种“双重压力”使李老师在职业和个人层面都陷入了困境。辅导员在工作中经常需要处理与自己经历相似的学生问题，这种“共情”虽然有助于理解学生，但也可能引发辅导员自身的心理创伤，导致情绪上的波动和自我认同的危机。

3. 辅导员的自我保健与心理调适

辅导员在工作中需要面对学生的心理危机、学业压力、家庭问题等情况，这些工作不仅消耗大量的精力和情感，还可能对辅导员自身的心理健康产生负面影响。因此，辅导员必须学会自我保健，及时调整自己的心理状态，避免职业倦怠和心理创伤。

在李老师的案例中，她最终选择了寻求帮助和支持。通过与同事、朋友的交流，她逐渐意识到自己不应将学生的问题全部归咎于自己，每个学生的成长和康复都需要时间和耐心。她也学会了通过运动、冥想等方式来减轻自己的压力和焦虑。这种自我保健的意识和方法对于辅导员来说至关重要，只有保持良好的心理状态，才能更好地帮助学生。

4. 辅导员的职业成长与自我反思

辅导员在职业成长过程中的自我反思和调整，是辅导员职业成长的重要组成部分。辅导员需要不断反思自己的职业行为和工作效果，及时调整自己的工作方法和心态。李老师在经历挫折后，开始更加客观地看待学生的问题，这种职业成长不仅能提升工作效果，也能增强职业信心和职业认同。

锦囊妙计

本章深入探讨了辅导员在工作中面对诸多应激源和价值观冲突的情景，这些因素对他们的心理健康和工作效率产生了显著影响。因此，理解工作应激与工作应激源和价值观冲突的本质，加强心理自助与自我保健，成为提升辅导员工作质量的重要课题。

首先，介绍了工作应激与工作应激源的概念，并梳理了高校辅导员在工作过程中的主要工作应激源与应激警示信号，也指出了高校辅导员工作应激的负面影响。从心理调适、时间管理、能力提升、人际沟通、身体保健五个角度提出了高校辅导员工作应激的应对策略，以增强高校教师的应对能力、管理能力和心理承受能力，才能促进高校教师的身心健康。

其次，梳理了工作价值观的概念及分类，基于工作价值观冲突相关理论深入剖析了辅导员工作中价值冲突的本质及根源，并结合辅导员工作中常见的价值冲突情景，给出了价值冲突相关问题的解决办法。本章还从尊重价值多元性、寻找平衡点、尊重优先级、采取适当等四个层面，给出了辅导员处理价值冲突问题应遵循的一般原则。

最后，详细分析了造成高校辅导员心理压力的诱因，深入探讨了心理自助的概念、类型及在使用过程中应遵循的核心原则，并提出了心理自助与自我保健的方式方法。本章还介绍了音乐治疗在高校辅导员心理自我调节中的应用。

通过学习本章，我们希望读者能够更全面地认识到辅导员自身的心理健康与工作效率息息相关；通过自我保健与心理自助更好地应对工作中的压力与挑战，提升自身的职业满意度与成就感。

认清自我常觉察，情绪波动勤梳理。规律作息不熬夜，饮食均衡多健体。

同事互助暖心房，运动冥想解压力。专业求助莫迟疑，身心康健育桃李！

武理分享

在当前社会和教育环境中，高校辅导员作为学生心理健康的重要支持者，肩负着引导和帮助学生建立良好心理状态的责任。然而，辅导员自身的心理健康同样重要。心理自助和心理健康自我保健不仅可以提高辅导员的工作效率，还能更好地服务于学生。以下是一些关于高校辅导员如何做好心理自助及心理健康自我保健的建议。

1. 认清自我，关注心理状态

辅导员需要认识到自身的心理状态，学会识别和表达自己的情绪。辅导员在面对学生问题时，经常需要压抑自己的情绪，但长此以往会造成心理负担，须定期进行自我反思，把握情绪变化，可以通过写日记、心理测评等方式帮助自己更好地理解内心的感受和需求；通过与同事交流、参加心理辅导等方式，适时倾诉和释放情绪。

2. 建立良好的生活习惯

规律作息、均衡饮食、适量运动等习惯对心理健康至关重要。辅导员应合理安排工作与休息时间，保持良好的作息习惯，确保充足的睡眠；注意饮食的营养均衡，保持身体的良好状态，从而增强心理抗压能力；选择自己喜欢的运动方式，如跑步、游泳、瑜伽等，通过运动释放压力，提高身体素质。

3. 建立良好的社交支持系统

高校辅导员的工作压力大，良好的同事关系能够提供心理支持和情感慰藉，定期进行团队建设活动，增进同事之间的了解和信任，形成赋能和互助的团队氛围。此外，拓宽社交圈，结识不同专业和领域的人士，在缓解工作压力的同时，还能获取新鲜的视角和想法，丰富个人心理世界。

4. 掌握心理自助技巧

辅导员可以学习一些放松技巧（如深呼吸、渐进性肌肉放松、冥想等），帮助自身在紧张工作后迅速恢复平静，减轻心理压力。

5. 寻求专业帮助

辅导员应定期参加心理健康培训，学习专业知识和技能，提升自身的心理素质和应对能力。这不仅能帮助个人成长，还能提升为学生服务的能力。

如果感到压力过大或情绪低落，辅导员应主动寻求专业心理咨询师的帮助，获得针对性的指导和支持。

总之，高校辅导员在做好学生思想政治教育和日常事务管理服务的同时，也应重视自身的心理健康。辅导员可以通过提高自我意识、养成良好的生活习惯、拓宽社交渠道、掌握心理自助技巧、寻求专业帮助，增强自身的心理韧性，更好地应对工作挑战。

资源推荐

✲ 专业好书

书名：自我关怀　让生命强大的必经之路
作者：克里斯汀娜·布莱勒
译者：刘晓
出版社：北京联合出版公司
出版时间：2017 年 1 月

书名：自我关怀的力量
作者：克里斯廷·内夫
译者：刘聪慧
出版社：中信出版集团
出版时间：2017 年 7 月

参考文献

[1] 张静平，姚树桥，唐莹. 工作应激与工作应激源测评研究进展 [J]. 国际精神病学杂志，2007 (1)：54-57.
[2] 贺腾飞. 高校教师工作应激研究 [J]. 山西大同大学学报（社会科学版），2012，26 (2)：96-98.
[3] 苗耀辉，姚奎栋，史丹. 高校辅导员职业价值观存在的问题与对策分析 [J]. 理论界，2013 (5)：200-202.
[4] 武小燕. 教师职业倦怠的心理自我调适 [J]. 现代职业教育，2016 (29)：116.
[5] 马福国. 教师心理健康的自我调适策略 [J]. 教书育人，2021 (8)：55-56.
[6] 刁蒙蒙，张琪珂，徐舒抒. 浅谈教师心理健康的自我调适 [J]. 教育现代化，2018，5 (41)：245-246.
[7] 杜金菊. 音乐治疗在高校辅导员心理自我调节中的应用 [J]. 当代教育理论与实践，2022，14 (4)：95-100.
[8] 梁信舅. 辅导员心理自助与大学生心理健康教育的协同发展研究//2024 年高校辅导员队伍建设研讨会论文集 [M]. 北京：北京大学出版社，2024.

后　记

在全书即将付梓之际，我们既如释重负，又心怀忐忑——释然于历时两年的耕耘终见雏形，忐忑于这本凝聚心血的书是否真能为一线辅导员们照亮些许前路。

回望成书历程，这既是一场专业知识的梳理，更是一段对生命价值的审视。编委会中既有深耕高校心理健康教育十余载的专家，也有刚告别学生身份的新手辅导员，多元视角的碰撞，让我们在无数次争论中逐渐明晰：一本真正服务于辅导员的书，既不能是晦涩的理论堆砌，也不应沦为碎片化的技巧合集，而必须扎根于“人”的温度与“专业”的深度之间。

我们致力于将一线辅导员的实战经验总结与心理学理论相融合，从心理健康观念的普及到心理疾病的正确认识，从了解心理咨询到大学生人际关系的和谐构建，从“特殊群体”学生的关爱与引导到高关怀学生的个性化支持，从谈心谈话的艺术到家校沟通的策略，全方位、多角度地呈现对辅导员心理健康教育工作的深入思考。

尽管我们竭力将理论、案例、工具熔于一炉，但仍有许多遗憾藏于字里行间：当写到“心理危机干预”时，我们删去了一些过于残酷的真实案例，不是为了回避现实，而是担心过度的细节可能成为某些读者的创伤扳机；在“家校沟通”章节，我们最终放弃了对极端控制型家长的批判性分析，换成更具建设性的沟通建议；关于辅导员自我保健的探讨，我们深知再详尽的指南也难解系统性压力，但仍固执地保留了对“教育体制人文关怀”的呼唤。这些取舍的背后，是我们的反复权衡——既要直面真相，又要守护希望；既要解剖问题，又需留存温度。或许正如心理咨询中的“留白艺术”，本书的未尽之处，正是留给每一位实践者的思考空间。

向所有为本书付出过努力与贡献的人们表示最诚挚的感谢！感谢所有为本书提供案例参考的一线辅导员，允许我们将那些惊心动魄的深夜来电、那些泣不成声的谈话记录、那些绝处逢生的干预故事化作文字。此外，本书的编写过程中，我们广泛参考了众多学术著作与研究成果，借鉴了国内外心理健康教育的先进理念与实践经验，得到了武汉理工大学相关领导的高度重视与鼎力支持，在此一并表示诚挚的谢意！同时，特别缅怀在本书撰写期间不幸永远离开我们的同行者——郭颖(1982—2024)老师。

最后，谨以本书献给在心路上前行的所有同人，愿本书能够成为你们开展心理健康教育和危机干预工作的得力助手，为守护大学生的心灵成长贡献一份力量。

限于编者学识水平与时间精力，书中难免存在不足之处，我们恳切地欢迎同行专家以及广大读者提出宝贵的意见和建议。

本书编委会
2025 年夏